Enfant terrible: Autobiographie
by Luc Besson

ブックデザイン　鈴木成一デザイン室

恐るべき子ども

リュック・ベッソン『グラン・ブルー』までの物語

Enfant terrible: Autobiographie

目次

はじめに

これまでぼくは何百というインタビューに答えてきた。だが、できあがった記事のなかに、ぼくという人間はいない。みんなが勝手にぼくのイメージを作り上げて、そこに自分の夢や挫折を投影しているだけだ。

だから、ぼくはこの本で、思いきって自分を露わにしようと思う。無防備になって、人前に自分をさらそうと思う。そうやって、自分をすべて見せること。それが〈創造する〉ということだ。それはすばらしいことであると同時に、恐ろしいことでもある。愛することと同じように……。

この自分をさらけだすという〈創造力〉は、人間なら誰もが持っている。だが、それは恐ろしいことなので、思いきってそうする人はあまりいない。それでもあえて創造しようとする人間を芸術家と呼ぶ。

芸術家はあらゆる意味において、自分をさらけだす。その結果、人々に多くのものを与えるのだが、それゆえに、人々は芸術家を愛する。だが反対に、自分をさらけだす勇気を持っているがゆえに、人々は芸術家を憎む。憎しみのあまり、芸術家は気ままで、社会のルールを守らないと罵《ののし》ったりもする。しかし、それは自分の気持ちをなだめるためだ。自分には自分をさらけだす勇気がなかったという後悔の気持ちが、そんな言葉を口にさせるのだ。

いずれにせよ、芸術家が自分をさらけだしてくれた結果、人々は芸術家の作品のなかに自分たち自身の姿を知って、成長することができる。誰のなかにもちょっぴり芸術家と同じところがあるし、芸術家のなかにも人々と同じところがあるからだ。つまり、芸術家がその作品で見せてくれるのは、その芸術を受け取る人々自身の姿なのだ。そういった意味で、人々は芸術家の作品を愛し、芸術家と一体感を持つ。フランスのナショナルチームが世界チャンピオンになれば、国民全員がほんの少し世界チャンピオンになるのと同じ理屈だ。ピカソやキューブリックやモーツァルトを愛することができるなら、誰だって少しはピカソであり、キューブリックであり、モーツァルトなのだ。

これからぼくは、この本のなかで自分をさらけだす。これはぼく自身が語る、ぼく自身の物語だ。そのなかで、ぼくは嘘もごまかしもなく、ぼく自身の姿を露わにしたいと思う。子どものぼくの声で、子どものぼくの心で、生の真実だけを……時を経て美化される前の体験を、そのままに……。

それが皆さんの役に立てば大変、嬉しい。

第一章　ぼくはまだ暗闇のなかにいた

一九七四年四月二日
ポンピドゥーが死んだ。
エクタクローム250を買った。

十五歳のときの日記だ。数年前、自分の日記を読み返したとき、このくだりでぼくは吹き出してしまった。

そのあと、急に恐ろしくなった。なんと不敬な……。

フランス大統領の死とフィルムを買ったことを同列に扱うなんて、この少年はいったい何を考えているのか？

まったくいかれているとしか思えない。

一九五九年

ぼくの生まれた年だ。もちろん、ぼくは何も覚えていない。だからこの場を借りて、その頃の記憶がある人たちのことを話すことにする。

まずは父のクロードについて。いろいろとエピソードには事欠かない人物ではあるが、それはあとにとっておいて、とりあえずはざっくりと紹介しておこう。クロードはノルマンディー地方の生まれで、一九四四年六月の上陸作戦の日をまさにノルマンディーの海岸で迎えた。

その日、ドイツ軍の砲撃を受けて、クロードの住む家は炎に包まれた。

家族は焼け出され、みんなで幼いクロードを囲うようにして、走って避難した。

だが、今度はドイツの爆撃機がひっきりなしに爆弾の雨を降らせてくる。そして、そのうちの一発が家族に命中した。全員死んだ。七歳のクロードを除いて……。みんなの死体の下敷きとなったおかげで助かったのだ。とにかく生き延びたい一心で、クロードは頭を吹き飛ばされた母親の体を押しのけ、死体の山から這い出した。頭は少し離れたところに転がっていた。母親の名前はローズという。

いっぺんに家族を失い、クロードには父親――ポールという名のぼくの祖父――しかいなくなった。その父親もドイツのどこかの捕虜収容所にいるということだった。

片脚に砲弾の破片を食らったまま、何日もノルマンディーの廃墟をさまよった末、クロードはアメリカ軍に保護され、テントのなかで手当てを受けた。そこでは大親友に再会できたものの、気の毒にその友だちは手術で片脚を切断していた。

それからの日々は大変だった。頼れる身内を見つけなくてはならないが、なにせ状況が状況だ。混乱のなかでは連絡のとりようもない。親戚のなかで、幼心に覚えていたのは、いくつかのファーストネームと、セル＝サン＝ドニという村の名だけだ。結局、数か月かけてようやく探し当てることができ、クロードはかなり年の離れた従兄のもとへ送られることになった。問題は、その従兄というのが二人いて、同じ村に住みながら仲が悪かったということだ。昔の諍《いさか》いがもとで口も利かない関係にあったらしい。

従兄の一人は村を貫く通りの上手《かみて》に、もう一人のほうは下手《しもて》に住んでいた。クロードは下手の一家に引き取られた。だが、それが上手の一家の怒りに火をつけた。孤児も同然の不憫《ふびん》な子どもの身を案じてのことではない。下手の一家がのうのうとクロードの後見人の座に納まるなどとうてい許せなかったからだ。その時点ではクロード一人が遺産の相続人に当たり、後見人には古い家屋が数軒といくばくかの牧草地からなる財産の管理が任されることになっていた。

そんなある日のこと、上手の一家が手に手に棍棒やバールを握り、下手の家に押しかけてきた。そして、テーブルの下に隠れたクロードの目の前で親族同士の乱闘が始まった。いわゆる〝争族〟というやつだ。鼻をへし折られる者が出るわ、家具類は徹底的に壊されるわで、あげくの果て、勝利を収めたのは上手の一家だった。連中はクロードを連れ出すと、すぐさま役場に向かい、一枚の書類を突きつけて、そこに×印をつけるように言いくるめた。少年が書類を読みもせず、せっせと×を書き込んだことは言うまでもない。おかげで、クロードは永遠に家族の財産とおさらばすることになった。

後見人となった従兄は手っ取り早く子どもをしつけるべく、一つだけ、しかし絶対的なルールを課してきた。それは、〈無駄口は叩くな〉というものだった。それからしばらくは、クロードにとって濃霧のなかにいるような、色も形もなく、輪郭すら判然としない、茫漠とした日々が続くことになる。肝心の父親にしても、捕虜収容所にいると聞いただけで、生きているかどうかもわからない。実を言えば、父親のポールは生きていて、当時は捕虜収容所ではなく刑務所にいたのだが、幼いクロードはそんなことを知る由《よし》もない。両親が戦争前に離婚して、父親がマルグリットという女性と再婚していたことも、もちろん知らなかった。

ということで、ここでちょっとクロードの父親、つまり、ぼくの祖父のポールについて触れておきたい。

まだ十七歳だったときの夏、ポールは両親とノルマンディーの高級ホテルにバカンスに出かけた。ある晩、ポールが浜辺から戻ってくると、ホテルのコンシェルジュから両親宛ての一通の手紙を差し出された。ポールは驚いた。一家がこのホテルに逗留していることは誰も知らないはずだからだ。そんなポールの様子を見て、コンシェルジュは即座に自分のミスに気づいた。ベッソン姓の宿泊客はほかにももう一組いたのだ。

きっと遠縁の親戚が来ているに違いない。ポールは従兄弟たちに会いたくて矢も楯もたまらず、自分にその手紙を届けさせてほしいと頼み込んだ。コンシェルジュが気前よく許してくれたので、ポールは手紙を手に階段を駆け上がり、もう一つのベッソン家の部屋を訪ねてノックした。扉を開けたのは、輝くばかりに美しい少女、十六歳のローズだった。ポールはたちまちその魅力の虜《とりこ》となった。これがぼくの祖父と祖母の馴《な》れ初《そ》めである。その数年後、ポール・ベッソン青年はローズ・ベッソン嬢と結婚した。だが、父が生まれたあと、第二次世界大戦が始まる前に、二人は離婚してしまう。

さて、一九三〇年代、ポールはフランス軍に入隊していた。軍隊では規律と士気が重んじられる。それなしには成り立たない。ところが、フランスの軍隊はあまりにいい加減だったので、ポールはうんざりしていた。どうにも周りが腑抜けどもの集まりにしか見えない。だからフランス軍を除隊し、ドイツ軍に志願した。ドイツ軍のほうがはるかに統制が取れていて、自分の価値観に合うように思われたのだ。まったく剛毅《ごうき》というか、なんというか、戦争で命を落とさなかったのが不思議なくらいだ。だが、せっかくドイツ軍に入隊したものの、ナチズムの台頭とヒトラーの躍進を目の当たりにして考えが変わった。ポールは極端なくらいまっすぐな人間だが、ファシズムは自分の規範とも価値観とも相容れない。それでドイツ軍を除隊し、再びフランス軍に志願してナチズムと闘った。

結局、ポールは士官に昇進したところで軍隊での経歴を終える。最後はドイツ軍の捕虜として……。だが、その性格からして、収容所から脱走したことは言うまでもない。そうして、一九四五年の終戦を迎えた。戦争は終わった。しかし、死者は何百万にものぼり、国土は荒廃し、人々は家族をばらばらに引き裂かれていた。ドイツ軍から解放されたことで、フランスには新しい政府ができていたが、戦後のその惨状を見て、ポールは怒り心頭に発した。

「おれは腑抜けどもに権力をつかませるために、戦争で戦ったわけじゃない！」

そこでポールがとった行動は、〈カグール団〉という超国家主義の右翼組織に加わることだった。そして、その組織で同志たちとともに、新しい政府を担う〝日和見主義〟の政治家たちを次々と暗殺する計画を立てた。だが、これは計画だけに終わり、ポールは爆弾で政治家たちを吹っ飛ばす前に捕まり、無期懲役を食らった。

そういったわけで、ポールがクロードに便りを出したのは刑務所のなかからだった。どんな経緯で知りえたのか、ポールは自分の息子が空襲で家族を失い、セル＝サン＝ドニ村の親戚に引き取られたことを知ったのだ。ポールの仕事は早かった。息子を取り返すべく、出所したてのムショ仲間三人をセル＝サン＝ドニ村に送り込んだ。このとき、クロードは九歳になっていた。

三人のムショ仲間は、ジャック・オディアールのギャング映画よろしく、この日のために拝借してきたキャデラックに乗って、さっそくその辺鄙《へんぴ》な村に出かけていった。まるでキリストの誕生の折にやってきた東方の三賢者のように……。この三賢者は村に着くと慈悲深くも孤児の面倒を見てくれているいい上手の一家にある申し出をした。それは、もし断りでもしたらろくな目に遭わないような申し出だった。

クロードは急いで荷物をまとめると、三賢者とともに車でパリへ向かった。少年の目にはその三人が守護天使のように映ったに違いない。クロードは、一度も会ったことのない父の再婚相手、マルグリットのところで降ろされた。新しい母親は父親から紹介してもらったほうがいいに決まっている。が、父親はサンテ刑務所にいたので、マルグリットが一人で自己紹介した。

「これからはわたしがあなたのお母さんよ」

「はじめまして、マダム」クロードは答えた。

その瞬間、二人の間にあった〝他人の壁〟は一気にダイナマイトで吹き飛ばされた。

義母のマルグリットはたくましい女性だった。夫のポールと同じくらいまっすぐな性格で、夫とは離ればなれになっていても堂々と胸を張って暮らしていた。夫に息子の面倒を見てくれと頼まれたからには、眉一つ動かさずに引き受けた。したがって、子どもには何一つ不自由させなかった。肝心かなめなものを除いては……。

つまり、それは愛情に溢れた環境のことだ。どんな子どもにも愛情をたっぷり注いで育ててもらう権利がある。けれども、当時は「戦争があったのだからしかたがない」の一言で片づけられていた。戦争こそがあらゆる不幸の元凶で、なんでもかんでも思いどおりにいかないのは、みんな戦争が悪いのだった。戦争のせいを言い訳にして、いろいろなことがないがしろにされた。大切なのは生きて、食いつないでいくこと。それができれば御の字、それ以上を望むなんて贅沢だというわけだ。子どもが愛情をかけられて育つことも……。というわけで、それからの五年間、クロードはパリのど真ん中にいながら、愛に渇いた砂漠で過ごすことになった。

マルグリットはクロードを厳しくしつけた。父親のポールにしても、息子の成績が良くないと、面会に行っても会おうとしない。一方、クロードにとっては、土曜日ごとのサンテ刑務所での面会はお世辞にも楽しいものではなかった。それもあってか、成績は急降下の一途をたどった。

そんななかで、クロードはますます愛情に飢えるようになった。けれども、十二歳のときに救世主が降臨する。一つ年上のジャッキーという少年だ。ジャッキーは貧しい家の生まれで、やはり戦争で家族を亡くしていたが、さまざまな困難を切り抜けてきていて、頼りがいのある兄貴分のような存在だった。クロードはたちまちジャッキーになつき、ジャッキーは生涯の親友となる。のちにサン＝ジェルマン＝デ＝プレで羽目を外す楽しさを教えてくれたのもジャッキーだ。

サン＝ジェルマン＝デ＝プレ地区は、興奮に沸き立つ若者の街で、戦後の若者たちが自由とお祭りさわぎを求めて集まってきていた。ジャズが新しい血潮となって、若者たちの体を駆けめぐる。十八歳になっていたクロードは、エンジン全開でぶっ飛ばす勢いだった。長い間、押さえつけられてきたエネルギーがここぞとばかりに解き放たれる。心も体も一気に弾けた。

学業の不振、刑務所にいる父親、厳格な義母、そして、自分にとってなんの意味もなさない廉直高潔を強いる生活。ビバップのリズムに乗ってジャズバーで夜を明かせば、それまでの不幸も孤独も忘れられた。クロードは人生を両手でしっかとつかまえ、口いっぱいに頬張った。ここでまた人生に見捨てられては大変とばかりに……。やがて疾走を続ける途中で、ぼくの母までつかまえた。母のダニエルとはそのときが初対面ではない。実は、この二人、それ以前にセル＝サン＝ドニ村で会ったことがあるのだ。母が四歳頃のことだ。母は当時の内気で無口な少年のことを幼心に覚えていた。母の言葉によれば、その頃の父は後見人に綱をつけて引きずられる怯えた子犬のようだったという。

だが、それから十二年後、サン＝ジェルマンで父と再会した母は、生まれてはじめて恋のときめきを感じることになったのだ。

母ダニエルの旧姓はベルジック。いかにもブルターニュ人らしい名前だ。ダニエルの祖母はサイゴンでいかがわしい安酒場を営んでいた。母親のイヴォンヌはアルコール依存症で、父親のモーリスは重婚罪で刑務所に入っていた。重婚の相手は一人や二人ではなかった。どうやら、自分が既婚者であることをお相手に告げるデリカシーは持ちあわせていなかったらしい。ダニエルはブルターニュの海沿いで、おばさんに育てられた。ベルジックおばちゃんと呼んで親しんでいたそのおばさんは背丈が一五〇センチほどで、艶《つや》だしワックスのにおいがした。耳が不自由だったが、広い心の持ち主で、骨身を惜しまず仕事に励む働き者だった。ダニエルがまっとうに育ったのは、すべてこのおばさんのおかげだ。なぜなら、ほかの家族からは良いところなど一つも学べなかったからだ。

ダニエルは父親や母親、祖母がすることには目をつむり、耳をふさいで、子ども時代を過ごした。悲しい思いをせずに大きくなるには、そうするしかなかったのだ。困った家族の存在や戦争がダニエルの体の成長に影響を及ぼした。いつも身を縮めて小さくなっていたので脊柱側弯症《せきちゅうそくわん》になってしまったのだ。理学療法士のところへ連れていかれる代わりに、ダニエルは修道院に預けられ、そこで思春期を過ごすことになった。身長も一六〇センチを超えることはなかった。

やがて戦争が終わり、家族からも修道女たちからも解放され、パリに出てきたダニエルがばったり出会ったのが、子ども時代に見かけたことがあるクロードだった。そのとき、クロードは二十一歳、ダニエルは十六歳になったばかり。クロードはボディビルを始めていて、美男でたくましく、人並みすぐれて踊りがうまかった。もはや内気で無口な少年ではない。サン＝ジェルマンのキングだ。少なくともダニエルの目にはそう映った。当時のダニエルは、自分という人間について理解していなかった。知能とか、体のこととかについてもきちんと把握できていなかった。ただちょっぴりわかったのは、胸のあたりがいつもと違う、すごくドキドキすることだった。そこまでときめくのは、生まれてはじめてのことだった。

クロードもまたダニエルのことをセル＝サン＝ドニ村で知っていた。そのせいもあったのか、自分の不遇な子ども時代に復讐するかのように、ダニエルを口説いた。ダニエルはその誘惑にあらがおうともしなかった。なんといったって、サン＝ジェルマンのキングが自分の王国に招いてくれているのだ。数か月後、ダニエルは妊娠していた。クロードはダニエルに惚れていたので、話はうまくまとまるはずだった。ただ、唯一の問題は、クロードが知らない娘と出会うたびに恋をしていたことだ。クロードが誰かからの愛情を求める気持ちは底なしの井戸のようなもので、かたや娘たちのほうはその井戸をのぞいただけで、たちまち恋に落ちてしまうのだ。ダニエルもまた恋に落ちていた。好きで好きでたまらなかったのだろう。相手をすっかり理想化していたほどだった。せっかく修道女たちが五年もの歳月を費やして、神への愛だけが本物の愛だと教え込んだのに、ダニエルはたった五分で神様からクロードに宗旨替えしてしまったのだ。

ダニエルが妊娠したという知らせに（お腹の子はぼくだったが）、双方の家はそれぞれ異なった反応を示した。ベルジック家のほうでは、話は簡単だった。ダニエルの父親のモーリスはちょうど出所したてのほやほやだったが、知らせを聞くなり即座に結婚するように勧めた。なにせこの御仁、結婚することにかけてはスペシャリストだったからだ。一方、母親のイヴォンヌは酒さえあてがっておけば、なんだって承知した。たとえ最初は反対だったとしても、酔っぱらってしまえば端から忘れてしまうのだから、大した問題になるはずもなかった。

それに対し、クロードの家ではこの知らせはまるで歓迎されなかった。偶然が重なることはあるもので、こちらの父親のポールもシャバに出てきていたのだが（全身を癌に蝕《むしば》まれていたため、「頼むから、死ぬなら塀の外で」と言われて釈放となったのだ）、義母のマルグリットともども、結婚前に子どもができたことに眉をひそめた。さりとて、できてしまったものはしかたがない。体面を保つため、二人は息子にすぐ結婚しろと命じた。

バタバタと結婚の準備がなされた。式はパリ近郊のヌイイの役場で挙げられた。参列したのは、わずかな親族とサン＝ジェルマンの遊び仲間が数人。仲間たちはみんな徹夜明けで、酒場からの直行だった。立会人はクロードの親友のジャッキーが務めた。参列者たちは、神妙な面持ちで結婚の誓いに耳を傾けているふりをし、そんななかで、指輪の交換と接吻がおこなわれた。

結局のところ、この結婚式は後味の悪いものとなった。実は、その日の朝、父は嫌がる母を連れて、洗面用具を女の部屋まで取りに戻っていたし、夜は夜で、花嫁の父親のモーリスがどうしてももてなすのだと言い張って、新婚夫婦を売春街のレストランに連れ出していたのだ。それでも、若い二人は愛し合っていた。これからどうやって暮らしていくのか、基盤もなければ、何を目安にしたらよいのかもわからない。生活設計などまったく立てていない、頭がお花畑の二人ではあったけれど……。戦争は数百万の人間を殺しただけでなく、前の世代から受け継がれるべきものを、生き残った者たちから奪ってしまったのだ。

その頃、ぼくはまだ暗闇のなかにいた。羊水の温もりに守られ、生まれる前からぼくの誕生を呪っている敵意に満ちたこの世界については何も知らずにいた。

そして、一九五九年三月十八日、ヌイイの街でついにぼくは産声を上げた。双方の祖父から名前をもらって、リュック・ポール・モーリスと名づけられた。祖父たちの名をとるというのはどうやら伝統のようだが、ぼく自身の気持ちを言えば、できればやめてほしかった。

母は一人で出産に臨んだ。父のほうはサーカス団に働き口を見つけて、イギリスのブラックプールにいた。サーカス団に雇ってもらえたのは怪我人が出たからで、父の役目はシーソーみたいな跳躍台に飛び乗って、ポーランド人のアクロバット・トリオを空中に放り上げることだった。これも大切な仕事だ。職業に貴賤はない。出産の当日、母の病室はひっそりしていた。孫が生まれたというのに、どちらの祖父母もやってこなかったからだ。次の妊婦が控えていたため、ぼくが生まれた翌日、母はぼくを連れて病院をあとにした。

といっても、生まれたばかりの赤ん坊を抱えて、すぐに一人でやっていくことはできない。母は夫の両親を頼った。呼び鈴を鳴らすと使用人が出てきて、旦那様と奥様は只今お食事中ですのでしばらくお待ちくださいと告げた。そこで、母は玄関に腰をおろし、赤ん坊を入れたバスケットを脚の間に置いて、少しだけ泣いた。大泣きしなかったのは、それまでにもうたっぷり泣いていたからだ。その足もとで、ぼくは眠っていた。すでに自分が親の失敗という烙印を押されていることなど、つゆ知らず……。みんなにとってぼくは邪魔者だったのだ。そこにはれっきとした理由があった。しかたがない。誰からも好かれないのは当然だろう。とはいえ、ぼくにとって人生はまだ始まったばかりだ。これから良くなることを期待するしかなかった。

産後の肥立《ひだ》ちを待って、母はぼくを連れて、父のいるブラックプールに向かった。父はぼくたちを小さなホテルに住まわせ、自分は新しい愛人のところに泊まっていた。父に言わせると、その愛人はサーカスの猛獣使いということだったが、母のほうは〈象の糞を拾い集める女〉と呼んでいた。しばらくすると、父は愛人に飽きてきて、日に三回、ポーランド人トリオを宙に放り上げる仕事にも嫌気がさしてしまったようで、サーカス団を辞めると言い出した。だが、すんなり辞めさせてもらえるどころか、逆に脅されたので、結局、ある晩、最後の出番が終わったあと、一家そろって夜逃げをすることにした。

その頃には、ぼくは生後数か月になっていた。両親の顔がはっきりとわかるようになる頃だ。ぼくはたぶん、両親に微笑みかけたに違いない。そして、少しでもそんな機会があったなら、両親も微笑み返してくれていたのだろうと思う。

ぼくは一歳になろうとしていた。とはいえ、当然ながらぼく自身には何の記憶もない。その後、折に触れて、両親が話してくれたことを聞いて、いわば知識として知っているだけだ。

それによると、ぼくたち一家はパリのセバストポール大通りに落ち着いていた。ゲテ＝リリック公園の向かい側だ。母は毎日を生き延びるだけで必死の状態だった。経済的な問題ではなく、夫からの暴力の問題で……。十五歳で学校をやめ、十六歳で妊娠してしまったので、それまでに母が教わったことと言えば、修道女から教えこまれたお祈りの言葉と、酒びたりの母親から飛んでくるびんたを我慢することだけだった。だから、このときも、母は夫からの暴力に耐え、それがやむように祈ることしかできなかった（その意味では、これまでの教育が役に立ったと言える）。母は父に口答えができるほど頭がまわらなかったし、たとえ口答えができたとしても、父はそれに耳を傾けなかったろう。

そのうちに父が家に寄りつかなくなった。踊りとばくちと女にうつつを抜かし、少年時代に奪われた時間を取り戻そうとしたのだ。あたかも明日という日がないかのような生き方だった。もちろん、父にしても母より高い教育を受けていたわけではない。それで二人が言い合うときには、いつも父が平手打ちをくれておしまいとなった。つけ加えるなら、父はボディビルのジムを始めていて、体重が百キロ近くあった。

父を中心とする一党ができあがったのもこの頃だ。ジャズクラブで知り合った友だちや中央市場の遊び仲間やそこで働いていた連中がこのマッチョな軍団に加わった。みんなはアンギャン通りにある父のジムに集まってはバーベルをあげていた。

話は前後するが、まだ父が家で一緒に暮らしていた頃、サーカス時代の知り合いが父に頼みごとを持ってきた。数か月間留守にしなければならないのでペットの世話をしてもらえないかというのだ。父は一も二もなく引き受けた。ペットをあてがっておけば、赤ん坊も淋《さび》しくないだろうと思ったのかもしれない。

それはそれで結構な話だ。だが、問題はそのペットというのがライオンの子どもだったことだ。子どもとはいえ、そいつはすでにぼくの母より体重が重かった。セバストポール大通りのアパルトマンで、ぼくたちは一緒に暮らした。父と母は寝室に、ぼくは揺りかごに、ライオンは大きな荷かごのなかに落ち着いた。父は毎朝六時頃になると、ライオンを向かいの公園へ連れ出して、用を足させていた。母は毎日三キロの肉を買い与えていた。すべてはまあまあうまく運んでいた。もっとも、ライオンを連れてセバストポール大通りを渡るのは、引き綱をつけていても、必ずしも簡単ではなかったけれど……。

その代わり、公園では犬たちに煩《わずら》わされることはなかった。みんな、尻尾を巻いて逃げてしまうからだ。なんだかんだ嚙みついてくるのは、アパルトマンの管理人のおばさんだけだった。このおばさんはポルトガル人で、ご多分に漏れず、言葉にきつい訛《なま》りがあった。

「モッショー・ベッソンヌ、アパルタモンで犬を飼ってはなりません」

「犬じゃないさ、ライオンだよ」父は言い返した。

今、パリのアパルトマンでライオンなんかと暮らしていたら、憲兵隊の特殊部隊がなだれ込み、メディアも殺到して大騒ぎになるに違いない。けれども、管理人のおばさんは口を結んで、扉に鍵をかけただけだった。

ぼくはまだ歩けなかったけれど、這い這いならできたから、同じ四足歩行同士、自然にライオンと友だちになれた。体の温もりと毛並みの柔らかさに惹かれたんじゃないかと思う。いつもライオンの荷かごに潜り込んでは昼寝をするようになった。実はこのライオンは雌ライオンで、あらゆる動物がそうであるように、母性本能は人間よりも（少なくともぼくの母より）発達していた。ライオンはぼくを受け入れてくれた。そう、愛情を求めるなら、愛情のあるところへ行けばいいのだ。

思うに、ぼくの動物愛はライオンの荷かごのなかから始まった。ぼくは動物たちの本能が好きだ。そのシンプルなものの見方が好きだ。動物たちは愛し、戯《たわむ》れ、空腹を満たし、攻撃されたときにだけ身を守る。ずっと前からぼくにはわかっていたのだ。動物たちの牙や爪が、人間の言葉や微笑よりはるかに危険が少ないことを。

やがてライオンの体重は八十キロとなり、管理人のおばさんは毎朝のように心臓発作を起こしかけた。そろそろ、ライオンがわが家を去らなくてはならないときが近づいていた。父は名案を思いつき、自分のジムで飼うことにした。したがって、今度は管理人さんではなく、郵便屋さんがひどい目に遭うことになった。その郵便屋さんも、ライオンに飛びつかれて以来、来なくなってしまった。当然ながら、ライオンはじゃれついただけだったのだが……。

その後、郵便屋さんが警察に通報したため（どうやらライオンの遊び相手になる気持ちはなかったらしい）、お巡りさんのお出ましとなった。お巡りさんは人のよさそうな感じのいい人だった。「ええ、むろん動物に罪はありませんよ。ですが、ライオンがやってきてから、犬の散歩ができなくなったと、近所のお年寄りたちから苦情が出ましてね」そう持ちかけて、穏便に解決を図ろうとした。結局、父はライオンを手放すことに決め、サーカスの働き口を見つけてきてやった。もちろん、ライオンに空中ブランコをさせようとしたわけではない。見世物にするためだ。そして、ぼくはまたひとりぼっちになってしまった。ライオンの代わりに熊のぬいぐるみを与えようと思いつく人間が周りにはいなかったからだ。

一九六一年

この頃のエピソードはまだぼく自身の記憶ではなく、他人の記憶によるものなので、パズルのピースを組み合わせるのは難しい。両親や両親の友人たちから思い出の断片を集めてくるのに何年もかかった。おまけに、父は、あまり悪いイメージを抱かれないように話を脚色したのではないかと疑われるし、母は母で、父のことをできるだけ貶《おとし》めるために、過激な話を聞かせた可能性がある。

そのあたりを整理して、ぼくが真実だと思えるようなものにするまでに、四十年近くを要することになった。過去の自分を美化することに意味はない。それによって、現在を変えることはできないのだから……。現在は常にありのままの自分の姿を見せつけるのだ。だが、そうやって真実の過去を求めたくても、ぼくのパズルには今なお、たくさんのピースが欠けている。

それでも、そういったピースを集めた結果、たとえば、ぼくは父が召集されて兵役に服したことを知っている。アルジェリアでの戦争が泥沼化したせいで、父はサン＝ジェルマン＝デ＝プレのナイトクラブに別れを告げ、バブ・エル・ウェドの駐屯地へ送られた。一九五七年のことだが、それ以上はわからない。その翌年に製作されたマルセル・カルネの映画『危険な曲り角』に父が出ていることも知っている。父はダンサーとして雇われたのだ。奇妙な巡り合わせというのはあるもので、父はそこでルネ・シラという女性と出会っている。なんと、四十年後にぼくの最愛の妻となるヴィルジニーの母親にあたる女性なのだ！

母はこの時期のことはほとんど覚えていない。父が家に帰ってこなくなったので、ぼくと母は、ヌイイにあるベルジックおばさん宅に身を寄せていた。しかし、ぼくはセバストポール大通りのことしか記憶にない。正確にはセバストポール大通り一二三番地。父方の祖父母――ポールとマルグリットは、そこの建物の二階に縫製のアトリエと店舗を兼ねた広いアパルトマンを所有していた。でも、ぼくが覚えているのは七階にあった使用人用の小部屋のことだけだ。父が寄りつかなくなってからもしばらくの間、ぼくと母はそこで暮らしていた。

ぼくが覚えている大通りは結構静かな場所だった。車の往来も少なくて、向かいの公園にもすぐに遊びに行くことができた。当時はまだ、早朝に中央市場へ向かう二輪荷馬車の姿も見られた。中央市場はパリ最大の市場で、母は毎度のようにぼくを連れていってくれた。市場の大屋根の下は、いつでもお祭りだった。何もかもが珍しくて、なにしろ規模が桁《けた》はずれなのだ。青果売り場では店の人が声を張り上げ、「うまいよ、うまいよ」と言いながら味見を勧めている。陳列台の上には色とりどりの葉物野菜、ポロネギやトマトが山と積まれ、生花コーナーは隙間もないくらいたくさんの花で埋まっていた。ぼくはわざわざ花のそばまで寄って、においを嗅いではうっとりとしたものだ。その一方で、屈強な男たちが枝肉をかついで通路を行き交う光景にも目を瞠《みは》らずにはいられなかった。当時、家にはテレビもラジオもなく、映画を見にいく余裕もなかったから、中央市場はぼくにとって唯一のエンターテインメントだったのだ。あれは、べらぼうにすばらしいエンターテインメントだった。あの感動は、今でも忘れられない。

市場の隣にはもう一つ、感動を覚えた場所があった。聖ウスタッシュ教会だ。市場から来ると、そこは別世界だった。空気はひんやりしていて、香のかおりが漂っている。ステンドグラスは外から入ってくる光をさまざまな色に染めている。日常から切りはなされた静謐《せいひつ》な空間。そのなかで、中央市場から伝わってくる、かすかなざわめきだけが生活のにおいを伝えていた。母はこの教会によくぼくを連れてきた。だが、それはお祈りをするためではない。バッハを聴くためだ。教会では定期的に無料コンサートが開かれていたのだ。それも、たいていはクラリネットによる演奏だった。

この教会で聴く音楽は格別だった。空間の音響効果が音に独特の質感と響きをもたらしている。音が遠くまで届き、回り込み、跳ね返ってくる。この教会堂で、ぼくははじめて、音楽を立体的に感じる体験をした。結局、この場所で信仰を得ることはなかったけれど、その代わりに、ぼくは自分の耳を育むことができた。それはのちに大いに役に立ってくれた。神に感謝を捧げたい。

一九六二年

とうとう父方の祖父が癌に屈した。あの煮ても焼いても食えない祖父のポールが……。祖父は自宅のベッドで亡くなった。この祖父についての思い出はたった一つしかない。祖母（父の義母のマルグリット）と一緒に、三人でパリ近郊のクルブヴォワのあたりにある公園を散歩したときの思い出だ。このときのエピソードは祖母もよく覚えていて、ぼくが二十五になるまで繰り返し聞かされた。

思い出のなかで、祖父は大きな外套にすっぽりと身を包み、背中を丸めて歩いていた。ぼくたちは公園にいた。ぼくはまだ幼く、ぬかるんだ小道を歩くのに手をつないでもらっていた。寒い季節だったので、タマネギのように重ね着をさせられていたと思う。と、冬枯れですっかり葉を落とした木の枝に、一羽の黒い鳥が止まるのを見つけて、ぼくは叫んだ。

「あっ、糞《メルド》だ！」

子どもは正直とは言うけれど、この場合は単に言いまちがえただけだ。黒歌鳥《メルル》と言うつもりで、糞《メルド》と言ってしまったのだ。だが、祖父は汚い言葉を使ったことを叱る代わりに、素知らぬ顔でぼくに合わせてくれた。

「ああ、本当だな。かわいい、かわいい糞鳥だ！」

それを聞くと、祖母はすかさず嫌な顔をしたが、ぼくは得意げにニンマリした。悪戯《いたずら》を大目に見てもらえたような気がしたのだ。調子に乗って、ぼくは繰り返した。

「ほら、あそこにも糞鳥がいるよ。こっちにも糞鳥がいる」

こうして糞鳥という言葉を何度か交わしたこと——それがこの祖父との唯一の思い出だ。それでももう一人の祖父よりはマシだろう。母方の祖父からはモーリスという名前を受け継いだだけで、何の思い出もない。写真だって一枚も残っていないのだ。顔さえ知らない。ぼくの記憶に残るほど、そばで一緒の時間を過ごしたことはなかったのだ。

前にも書いたとおり、ぼくの父は祖父のポールとは疎遠だった。自分の父親のことはほとんど知らなかったと言っていいだろう。二人がささやかなりとも親密な時間を過ごしたのは、サンテ刑務所の面会室だけだったからだ。

祖父が癌で死ぬと、父はセバストポール大通りの広いアパルトマンを相続することになった。父の義母のマルグリットは夫を亡くし、義母でもなくなったので、アパルトマンを出ていくことになり、パリ北西のラ・ガレンヌ＝コロンブにある二間のアパルトマンに引っ越していった。父が相続したアパルトマンはさっさと売り払われ、母が言うには、懐に入った金は一年以上続いたどんちゃん騒ぎで使い果たされてしまったということだった。

アンギャン通りのボディビルのジムでは、父の仲間たちが筋肉ムキムキになるまで体を鍛え上げていた。親友のジャッキーはもちろんのこと、ルネとジャン＝ピエールのペルネル兄弟、海辺のバカンスで知り合ったベランジェ・ロムとレーモン・ロム、建築学科を卒業したばかりのトム・ベグラン、名前は忘れてしまったがほかにも何人かいる。ジムの向かいには、トレーニングの合間に仲間がみんなでたむろするバーがあった。バーにはケケという名の給仕がいて、身長一六〇センチながら、その小さな体にあふれんばかりにエネルギーをみなぎらせ、元気がありあまって、次から次へと馬鹿なことをやっていた。動物にたとえるなら、アンドレ・フランカンの漫画に出てくる想像上の動物マルスピラミといったところだろうか。ガラスに貼りつけると、でんぐり返しを繰り返しながら、おりてくるぺったん人形にも似ていた。ケケはみずからもジムの会員となった。ケケが笑いかけると誰もがその虜となってしまうので、ケケはたちまち、みんなのマスコット的存在になった。

ジムの仲間たちはみな、かけがえのない子ども時代に戦争を経験し、楽しみがお預けになってしまった連中だった。だから、夜はサン＝ジェルマンで飲んで踊って女を引っかけ、昼間はせっせとバーベルを持ち上げるのにいそしんだ。そんな調子だから、全員が数か月で十キロの筋肉をつけた。父はもはや、話しかけられたら目を伏せてしまうような神経質な青年ではなかった。体重が百キロ近くあり、寸胴鍋を思わせる上半身ははちきれんばかり、腕っぷしは熊さながらに強かった。仲間たちに勧められて、ボディビルのフランス大会に出場したほどで、しかも、その大会で優勝し、ボディビルの雑誌の表紙を飾ることになった。

仲間たちは、今度はヨーロッパ選手権に出ろと勧め、父もいったんはその気になって準備を始めたが、ナイトクラブ通いと女たちを追っかけるのに忙しく、真面目にトレーニングをする暇はなかったようだ。

実は、そのヨーロッパ選手権を目指して、父のジムではオーストリアから来た若者が、果てしない野望を胸に筋肉を鍛えていた。父のほうはこれといった野望はないので（父をつき動かしているのは快楽だけだ）、ヨーロッパ選手権の事前審査会に行き、会場を行き交う筋肉マンたちを見て、一回戦からさっさと棄権してしまった。オーストリア出身の若者のほうは、その選手権ではどうだったのか知らないが、のちにミスター・ユニバースとなる。若者の名前はアーノルド・シュワルツェネッガーという。

さて、ある日のこと、いつものようにジムの仲間たちが向かいのバーに集まったところで、父が重大なニュースを発表した。新聞の求人広告を見て、仲間たち全員の仕事を見つけてきたという。いや、これは仕事じゃない、冒険だ。人生そのものなんだ。驚く仲間たちに、父はそうつけ加えた。その求人広告は、ヨーロッパ・トゥーリズム・クラブ（CET、のちにクラブメッドの前身である地中海クラブに買収される）が出したもので、クロアチアにバカンス村を開設したので、客をもてなすスタッフを募集しているというのだ。みんなは地図の周りに集まった。当時、クロアチアはアマゾン川と同じくらい辺境だと思われていたので、どこにあるのか知りたかったのだ。バカンス村がある場所はポレッチといい、アドリア海の沿岸部だった。

採用面接は数分で終わり、全員がヨットや水上スキーのインストラクターとして雇われることになった。もちろん、その時点では誰もヨットなど見たこともなかった。それどころか、海を見たことさえない者もいたはずだ。だが、採用されたのだから、それで問題はない。さっそく出発の準備を始め、めいめい車で行くことにした。父は真っ赤なトライアンフTR3のオープンカーを持っていたが、この車はサン＝ジェルマンでナンパをするには便利でも、引っ越しするには向かなかった。なにしろ、家族三人と半年分の荷物を運ばなければならないのだ。だが、多少窮屈でも乗り込んでしまえば、こちらのほうが気持ちがいい。景色は楽しめるし、スピードも出る。それに現地に入ってしまえば、なんとかなる。水着が二着とビーチサンダルで間に合うだろう。

行く先々でなんだかんだと大騒ぎをしながら、長旅のあげく、着いた先は夢のようなところだった。まばゆい太陽のもと、見渡す限り海はきらきらしていて、磯にピチャピチャと打ち寄せる波の音がなんとも楽しい。夜になれば、草むらからコオロギの声が聞こえてきた。ようやくここからぼくの最初の記憶が始まる。ぼく個人の記憶が……。ぼくは四歳になっていた。

第二章　小石だらけの小さな湾で

一九六三年

ポレッチのバカンス村は大きく二つに分かれていた。道路を挟んで、一方には各種マリンスポーツのレジャー施設が集まり、反対側にはホテルやキャンプ場、レストランなどの宿泊関連施設があった。キャンプ場は少し高いところにあった。レストランは葦簀《よしず》張りの四角い大きな建物で、夾竹桃《きょうちくとう》の生垣に囲まれていた。ぼくたちはホテルのスタッフが暮らす一画に住んでいたが、そこから海に出るには道路を渡って、松林を抜けていく必要があった。

こちらに来てからも、ぼくは相変わらずひとりぼっちだった。両親から与えられた、多少なりとも親らしい注意は「道路を渡るときは、左右をよく見ること」、それだけだった。といっても、その道路は十分に一台くらいの割合でしか車が通らないので、そんな注意はするまでもない。まともな親なら、もっとほかにもいろいろ気を配ってくれるだろうに。とにかく大人たちは新しい仕事で手いっぱいで、子どものことなどそっちのけだった。でも、ぼくは気にしなかった。孤独なんて、そんなものは、とっくのとうに慣れていたからだ。

さっそくほうぼうを探検しようと、ぼくは裸足に海水パンツ一丁で出かけた。道路を渡ると、松林が広がっている。大きな松の木々が枝を伸ばし、照りつける日差しをさえぎってくれていた。最初の頃は松の落ち葉で足の裏がちくちくしたが、そのうちに分厚い胼胝《たこ》ができ、平気で歩けるようになった。松林を抜けると、娯楽施設が見えてくる。バーやダンスホールやショー劇場があって、劇場の裏手は露天の楽屋になっていた。雨はほとんど降らないので、ショーの出演者たちが困ることはなかったようだが……。

その先にはバレーボールやペタンクのコートがあり、さらにずんずん行くと、父とその仲間たちが働いていたマリンスポーツの施設に出る。父たちはそこでヨットや水上スキー、ダイビングのインストラクターをしていた。といっても、誰もが未経験者なので、ヨットスクールの建物の前では、ルネとジャン゠ピエールのペルネル兄弟がヨットに帆を張るのに悪戦苦闘していた。

ヨットハーバーのずっと向こうには木製の長い浮き桟橋があり、水上スキーのデッキへと続いていた。父は水上スキーのインストラクターとして、毎日、このデッキから海に出ていた。ちなみに、母のほうはこちらに来る前に研修を受けて、ダイビングのインストラクターの資格をとっていた。母はよくぼくに「ダイビングはいいわ。潜ればお父さんの顔を見なくてすむから」と言っていた。両親の仲はそれほど険悪になっていたのだ。

まもなくシーズンが始まって、最初のバカンス客たちがやってきた。だが、子どもの姿はなかった。そもそもバカンス村にも子どもがいなかった。クロアチア人の子どもさえ見かけないのだ。せめて同じ年頃の子どもがいれば、ぼくの孤独はずいぶん癒されただろうに……。けれども、別に構わなかった。なにしろ、ここでぼくは生涯を通じて最高の友に出会えたのだから。それは海だ。思い返してみると、小石だらけの小さな湾だったが、海に対する憧れや尊敬や愛情は、みんなここで生まれたのだ。地中海の奥に位置する、この穏やかで魅力的な小さな湾で……。海はあくまでも青く、静かな波が打ち寄せる。その姿は太古の昔から少しも変わることがない。だが、この海からぼくらの西洋文明は生まれたのだ。地中海は格別だ。

海なら何時間でも眺めていられた。浜辺に転がる小石にしても、一つ一つ全部表情が違って、見ていて飽きることがない。海は昼も夜も絶え間なく続くショーだ。常にその顔を新しくして老いることがない。暴風で荒れていようが、穏やかに凪《な》いでいようが、絶えずぼくらに話しかけてくる。ぼくらはただその言葉に耳を傾けていればいいのだ。海はいつでもぼくらを慰め、多くのことを教えてくれる。

ぼくはヨットスクールの建物から水上スキーのデッキまでの百メートルほどの間の浜辺をくまなく探検して、自分の縄張りにした。そこには岩に囲まれた潮だまりがあり、ぼくはさっそくそこを自分専用のプールにした。この潮だまりにはタマキビガイが生息していて、ぼくは母の見よう見まねで、ピンを使って貝の身を取り出す方法を覚えた。けれども、「食べるなら、茹でてからじゃないとだめだ」と教えてくれたのはレストランの料理人だった。

そのうちに、ぼくにも生き物の友だちができた。バカンス村の支配人のユベールさんが飼っている雑種犬で、名前をソクラテスという。母親はジャーマン・シェパードで、父親は行きずりの牧羊犬だ。ソクラテスもたぶん孤独だったのだろう。ぼくたちはたちまち仲良しになり、それからはいつでもどこでも一緒だった。ソクラテスのいるところにはぼくもいる、ぼくのいるところにはソクラテスもいる。ともに遊び、ともに食べ、ともに眠り、ぼくはソクラテスとしか話をしなかった。これは大袈裟ではない。ぼくが誰とも話さなかったので、さすがに母が心配したくらいだ。

いや、「あのときは心配したんだから」と言うだけで、本当はそれほどでもなかったのかもしれない。これについては、こんなエピソードがある。あるとき、バカンス客の一人が、「お宅の息子に、失せやがれと言われた」と文句をつけに来たときに、母は「ご冗談でしょう。息子はものを言いませんから」とやりかえしたというのだ。

確かに笑い話としてはおもしろいが、このときの母に、事態の重大さがわかっていたかどうか。ぼくはとうに言葉を話せる年齢だったのに、親に放置され、海と犬としか話をしない子どもになっていたのだ。これはとうていまともではない。しかし、母のように大戦を生き延びた世代の大人にとっては、子どもが言葉を発しないくらい、そんなに大した問題ではなかったのだろう。もう非常時でもなんでもない、すべてが正常に動いていて、人生は美しかったのだ。

だから、ぼくは誰とも話さず、ただ海とソクラテスを友として、いろいろなことを学んだ。指を挟まれずにカニをつかまえるにはどうすればよいか、浜辺でケバブを焼くためには、どのように石を組むべきか。それから、ソクラテスにはどうやって泳ぎを教えればよいか。ソクラテスと一緒に泳ぐためには、どうしてもそうする必要があったのだ。もっとも、ソクラテスは覚えが早く、すぐにぼくより泳ぎが上手になった。

こういったことは一つ一つが挑戦で、また小さな冒険だった。ソクラテスが泳げるようになると、ぼくらは新たな冒険の準備に取りかかった。砂利浜を歩きまわるのにも飽きたので、舟を作って海に乗り出すことにしたのだ。そこで材料になりそうなものはないかと探しまわっていたところ、楽屋であり大道具の作業場にもなっていた劇場裏の空き地で掘り出し物を見つけた。ショーに使われた木製の扉だ。錠前はなく、ぼくとソクラテスが乗るくらいなら、十分な幅と厚みがある。ぼくらはこの扉を舟にすることに決めた。そうなると、あとは櫂《パドル》だ。パドルの条件は、柄《シャフト》の部分がまっすぐで、ある程度の長さがあること、しっかりしていること、そして子どもにも握れるくらいの太さであることだ。ぼくらは村の出口にある暖竹《だんちく》の茂みまで行き、これなら大丈夫という一本を選んでシャフトにした。

このシャフトに水かき《ブレード》をつければパドルは完成なのだが、これは子どもには難しい。そこで、ぼくらはペルネル兄弟の弟のほう、ジャン＝ピエールを探して、シャフトにブレードをつけてもらうことにした。ジャン＝ピエールは水上スポーツが苦手だったので、インストラクターが務まらず、最初の頃はスクールのヨットに帆を張るなど準備作業を手伝っていた。けれども、絵がうまくて手先が器用だったから、舞台の大道具の仕事を任されるようになっていたのだ。だから当然、こういったことには慣れている。ぼくらが二枚、ゴミ箱から板切れを見つけてきて、それをシャフトにする竹とともに渡すと、ジャン＝ピエールは竹の両端に板切れを釘づけして、あっという間に立派なパドルをつくってくれた。これでいよいよ海に乗り出せることになった。

進水式はぼくらだけのささやかなものにした。海に出る前に、あまり人に知られたくなかったからだ。ただ、木の扉を浜まで運んでくれる人は必要だったので、誰かいないかと探していたら、夫婦でバカンス村に来ていた親切なお客が引き受けてくれた。

ぼくらは海に入って、扉の舟を少し深いところまで運んでいった。ソクラテスは自分のすることを心得ていて、舟が波に漂いはじめるなり、さっそくその上に這い上がり、まっすぐ水平線のほうを向いて、先頭に座った。まるで本物の船の舳先《へさき》の飾りのようだった。ぼくもすぐそのあとから舟に上がると、パドルで何回か漕いでみた。ぼくらの重みで、船体がわずかに水に沈んだが、別に問題はない。パドルをどう使えば、スムーズに前進するのか、方向転換させるにはどうすればいいのか。何度か試してコツをつかんでからテスト航海に出かけた。最初の挑戦はメインビーチから出発して、岩壁に沿って百メートルほど進み、ヨットを陸揚げしてある小さな浜にたどり着くことだ。この挑戦は十五分ほどかかって、見事に達成した。ぼくらは自信をつけて、この航路を日に何度も往復した。ぼくらの舟が目の前を通りすぎるたびに、浜では海水浴客たちが歓声を上げて、声援を送ってくれた。人は船が通るのを見るのが好きなのだ。それはおそらく太古の昔から変わらない。

だが、もちろん、この程度の成功くらいで満足するぼくではなかった。次はもっと遠くに行って、もっとでっかいことをするつもりでいた。本物の冒険と言えるようなことを……。次なる冒険の目的地はもう決まっていた。湾の向かい側、そこにあるスイカ畑だ。この舟で岸に沿ってその畑まで行き、スイカを頂戴してこようというわけだ。海路のほうが陸路よりも都合がいい。海沿いに歩いていくと、途中に岩場があって危険だから、舟で行くほうが安全なのだ。あとはスイカ畑の持ち主のクロアチア人農夫に見つからないようにすればいい。

実を言えば、ぼくは前に海沿いを歩いてそのスイカ畑まで行ったことがある。そして、鮮やかな緑の大きなスイカを見て感激し、一つ家に持って帰ろうとしたところを、農夫に見咎《みとが》められた。スイカ畑は竹林のなかにあって、あちこちに実が散らばっていたので、てっきり自生しているものと思いきや、そうではなかったのだ。農夫はクロアチア語でぼくに罵声を浴びせた。もっとも、なんと言っているかわからないから、怒鳴りつけられたところで、痛くも痒《かゆ》くもなかったが……。

さて、計算によると、舟で畑に行き、立派なスイカを選んで、またこちら側に戻ってくるには三時間もあれば十分だった。しかし、それは海が凪いでいて、潮の流れに邪魔をされないという条件が満たされた場合だ。そこで、ぼくらは毎朝、空模様を眺め、決行できる日を待った。大丈夫だろうと思って出発したものの、途中で風が強くなって引き返したこともある。そんなことを十回は繰り返したあとで、ある朝、ついに自然がぼくらに味方した。海は穏やかで、潮の流れもほとんどない。スイカ泥棒には絶好の日和が訪れたのだ。

朝食をしっかり食べたあと、ぼくらは船出した。朝の七時だった。そよ風が吹いて海面にはさざ波が立ちはじめていたが、これについては心配ない。日の出の時刻にはいつもこんな風が立つのだ。ソクラテスは舳先に座って水平線を眺めている、ほかの船と衝突しないように見張りの役を務めているのだ。

航海は無事に運んでいた。海は美しく輝いていて、風は優しかった。日差しで少し肌がひりひりしたけれど、それがちょうど心地よい。ソクラテスも満足そうな様子だ。そのとき、ぼくは生まれてはじめて幸せを感じていた。自分が自然のなかに優しく溶け込んだようで、とってもくつろいだ気分だった。世界はぼくと調和していた。ぼくは生きている、生きているんだ。心の底からそう感じられた。ああ、そうか、生きているって、こういうことなんだ。そう思えた。海と空と太陽があるだけの世界で、ぼくらは扉の舟に乗り、犬は海を眺め、ぼくは犬を眺めていた。すべてが順調だった。

そのうちに少し風が出てきたせいで、思ったより航海に時間がかかった。暑くてソクラテスが舌を垂らしていたので、水をやった。二人分、ちゃんと瓶に詰めて用意してきたのだ。ついでに、サンドイッチで腹ごしらえもした。なんてったって、スイカを持ってくるには力をつけておく必要があるからだ。砂浜から砂利浜を通って、その先の畑に入り、用心深くあたりを見まわすと、クロアチア人の農夫の姿は見えなかった。農夫は畑のずっと向こうの奥まったところに住んでいるし、そもそも陸地で働く人間だから、浜辺までわざわざ泳ぎに来たりはしないだろう。スイカを選んで、舟に運ぶくらいの時間なら十分あるはずだ。ぼくはもちろん、一番大きくて立派なスイカ、つまり、一番重量のあるスイカを選んだ。しかし、ソクラテスには手伝ってくれる気がないようなので、しかたなく、ぼく一人で畑のなか、砂利浜、そして最後に砂浜とスイカを転がしていった。スイカを割らないように注意したため、その作業にはずいぶん時間がかかった。太陽はすでに真上に昇っていた。風が強まり、波も立ってきていた。

そうはいっても、戦利品がスイカ一玉というのでは、いかんせん物足りない。ぼくはもう一度、畑に戻って、スイカをさらに一玉とってくることにした。これはすぐに食べるためのものだ。今度は時間を節約するため、最初のよりは小さくて、一人で抱えて運べるくらいのものにした。畑のほうから見えないように岩陰に身を隠すと、ぼくは石でスイカをいくつかに砕いて、ソクラテスと分けあった。ソクラテスは大喜びでスイカにかぶりつき、顔をしかめながら、種を吐き出していた。そんな様子を見るのは楽しかった。風がいっそう強くなり、竹林を吹きぬける音が妙なる調べとなって耳に届いた。その愁《うれ》いに満ちた音色が波音と相まってとても心地よく響いたので、いつのまにかぼくはうとうとと眠ってしまった。たぶん、そんなに長い時間ではない。でも、目を開けたときには日が傾きはじめていた。もう帰らなくてはならない。海は荒れ気味で、風は横風になっていた。帰りは予想より長くかかりそうだった。

遅れを取り戻すため、ぼくは少しスピードを上げた。ところが、すぐにパドルが使いものにならなくなってしまった。あまり頑丈にはできていなかったのだ。まあ、ジャン゠ピエールは、ぼくが木の扉に乗って海に漕ぎ出すとは知らなかったのだからしかたがないだろう。いまや波は高くなり、潮の流れは変わっていた。ぼくらは岸に沿って航行するのではなく、岸から離れつつあった。浜に陸揚げされたヨットがかなり小さく見えた。でも、ぼくはあわてなかった。ソクラテスもすました顔をしていた。岸から離れていくのは大海原《おおうなばら》に乗り出すようで、心が弾んだ。といっても、ぼくらの舟は外海に向かっていたわけではない。実のところ、帰りの地点を目指して、湾をまっすぐに横切っていたのだ。

そのさなかに、一艘の船がこちらに近づいてきた。観光客を乗せたヨットスクールのカラベラ船だ。観光客たちはこちらを指さして、大笑いしていた。難破船の漂流者のように木の扉に乗った少年。その傍らで舳先の飾りのように平然と海を見つめている犬。そんな光景がおかしくないわけがない。だが、そのなかで一人だけ、にこりともしていない人物がいた。父だ。父は船上で、鳩が豆鉄砲を食らったような顔をしていた。もっとも、驚いたのはぼくも同じだった。父はこの日、水上スキーを教えているはずで、まさかバカンス村に来た客を帆船で案内しているとは思いもよらなかったからだ。父はジャムの盗み食いの現場を見つけでもしたかのように、しばらく唖然としていたが、やがて非難と心配が混ざり合った声で言った。

「いったい、何をしているんだ。こんな海の真ん中で！」

「スイカをとりに行っていた」ぼくは無邪気に答えた。傍からはたぶん、どこか別の世界で生きている子どもに見えたに違いない。

それを聞くと、客たちはますます楽しそうに笑った。でも、父のほうはお客さんがいるので、ぼくのことを叱りつけるわけにはいかない。父は帆船をぼくの舟につけると、スイカを取り上げて大声で言った。

「さっさとうちへ帰れ！　寄り道なんかするなよ」

幸い、潮の流れがよかったので、ぼくらはまっすぐに出発地点に向かって進んでいった。その間、父の乗ったカラベラ船は湾を巡回しながら、それとなくぼくらの舟を監視していた。

結局、浜に着いたのは午後の五時頃だった。足もとの砂利はもう熱くはなく、裸足でも歩けるくらいになっていたが、太陽はまだ西の空から笑いかけていて、さっさと濡れた体を乾かしてくれた。ぼくは父に言われたとおり、寄り道もせず、そのまま家に帰った。

いや、寄り道など、したくてもできなかったに違いない。朝からの冒険で、くたびれはてていたからだ。ポレッチの家には子ども部屋がなく、ぼくは居間の壁ぎわに置いた折り畳み式ベッドで寝ていた。バカンス村の客がテントで使っているのと同じものだ。居間に入ると、ぼくは着替えもせずにベッドに倒れ込んだ。ソクラテスもベッドの下に潜り込んだ。そして、お互いにあっという間に眠ってしまった。ぼくらは幸せだった。唯一の心残りは、父がスイカを返してくれなかったことだ。

この一件があってから、父もさすがにこのままではまずいと思ったに違いない。急に親としての責任感に目覚めたらしく、水上スキーを教えてくれることになった。もちろん、ぼくを目の届くところに置いておくためである。実は、まだ脚力がないからという理由で、それまで水上スキーはずっとお預けになっていたのだ。なるほど、五歳にもならない子どもにとって、水上スキーはそう簡単にできるスポーツではなかった。はじめての練習では散々だった。何回トライしても、立つことができずに、そのまま引きまわしの刑さながらに引きずられるか、両脚が大きく開いてしまい、スキー板が外れて吹っ飛んでいくかだ。本当に脚力が弱すぎて、スキー板を揃えた状態を維持させることができない。しかし、父は逆境になると燃えるタイプだし、それはぼくも同じだった。父は板切れを二枚見つけてくると、スキー板を並べ、そこに板切れを釘で打ちつけて固定させた。これでもうスキー板がばらけることはない。

この仕掛けのおかげで、ぼくはすぐにすっと身を起こせるようになった。水の上に立つという、日常ではまず考えられないようなこの感覚。足もとの水がどんどん滑り出す。いつの間にか、ぼくは水面を走っていた。大風に帆が鳴るような乾いた音が聞こえる。顔に風を感じた。水しぶきが目に痛い。岸伝いに何時間もかけて扉の舟を漕いでいくのとはわけが違う。今や、景色がものすごいスピードで流れていって、もう眺めているどころではない。ぼくがはじめての水上滑走に成功すると、それまで子どもが浮きみたいにぷかぷか浮かんでいるのをおもしろがって見物していた観光客たちから、一斉に拍手喝采が送られた。すると、思いのほか客うけがよかったことに気をよくしたのか、父は、ぼくを次回の水上パフォーマンスショーに出演させると言い出した。必然的にぼくは扉の舟を諦め、水上スキー専用の浮き桟橋がぼくの新しい拠点となった。

ぼくが水上スキーに挑戦している間、ソクラテスは健気にも、ベンチの下のわずかな日陰に潜り込んで、何時間もぼくの練習を眺めていた。ぼくの身に何か起きたら、真っ先に駆けつけられるのは自分であると自覚して、見守ってくれているのだ。やっぱり、ソクラテスは最高の友だちだった。湾を一周してくるたびに、ぼくはソクラテスのところに戻ってきて話をした。そして、ソクラテスが長い溜め息をつくようになると、ぼくらは浮き桟橋をあとにして、ほかの冒険をしに出かけた。

ショーの出しものとして、父にはアイディアがあった。父が一本板のモノスキーに乗り、母を肩車して、母の肩にぼくが乗るというものだ。自分がサーカス団にいた影響で、ぼくたちにもポーランド人のアクロバット・トリオ並みの身体能力があると勘違いしているらしかった。とはいえ、ぼくはそのアイディアにものすごく興奮した。だが、母は違う。自分の背骨のことを心配したのだ。しかし、いやとは言えない。父が決めたことだからだ。

翌日からさっそく練習が始まった。目指す隊形を作るために、いろいろなやり方が試された。まず、父と母が一緒に滑走しているところに、別のスキーヤーがぼくを連れてくるという方法で挑戦してみた。だが、スピードに乗って並走しているスキーヤーのもとから父の板に飛び移るなど、ぼくにはとうてい無理な話で、何度やっても水中へ落ちてしまう。ほどなくこの方法は却下となり、続いて、父は新たな方法を提案した。名づけて〈お猿方式〉という。スキーを履いた母の腹に、ぼくが小猿のようにしがみつく。父もスキーを履いてぼくたちのあとからついてくる。この方法だと、最初に水上で立ち上がるだけでも一苦労で、毎回、ぼくは洗濯機のなかに頭を突っ込んでいるような気がしたものだ。だが、父は諦めようとはしなかった。絶対に。

やがて、母はぼくをお腹にぶらさげたまま立てるようになった。これで、一番難しいところはクリアできた。次は、バランスが安定してきたところで、母がスキーを脱ぎ捨てて父のスキーの上に乗る。しがみついていたぼくも足を下ろして立ち、母が父の肩に乗れるようにする。父が母を肩車した状態を十分維持できるようになったら、今度はぼくが、気の毒ではあるけれど、脊柱側弯症の母の肩へとよじのぼる番だ。

スキーが水面を滑走する音が耳をつんざき、風をもろに受け、激しく飛び散る水しぶきを浴びて、爽快どころの沙汰ではなかったが、父が岩のようにどっしり構えて、「いいぞ、上出来だ」と叫ぶのが聞こえた。

ショー当日には、船が往復して浮き桟橋まで大勢の観客を連れてきた。ベッソン一家による人間ピラミッドに、観客たちは目を瞠り、スキーが猛然としぶきを上げる音にも負けないくらい、割れんばかりの拍手を送ってくれた。その日から、ぼくは一躍人気者になり、みんなに頭を撫でられるようになった。

　この頃の母は影が薄かった。ぼくは母の存在をほとんど感じられずにいた。顔を合わせることも少なくなっていた。たぶん体調のほうもあまり芳《かんば》しくはなかったのだろう。それも父が勝手気ままに生きていて、母のことを顧みなかったからだ。それでも母は一応、インストラクターという肩書でスキューバダイビングのクラブで働いていた。そのクラブには一トンくらいはありそうな黄色いボンベが十本ほどと、基本的なダイビング器材がひととおり揃っていた。といっても、当時はまだ浮力調整《BCD》ジャケットなどはない。フィンのサイズも小さく、マスクにいたっては一眼式で、バケツに窓をとりつけたような代物だった。

　ところで、そのスキューバダイビングだが、そこには年齢制限という壁があった。ぼくみたいな小さな子どもが参加するには危険すぎるというのだ。当然ながら、母もぼくにはダイビングを教えようとはしなかった。ダイバーデビューしたくても、あと数年は我慢しろというわけだ。

　一方、観光客のなかでダイビングに興味を持つ人は少なく、母が指導する講習会で生徒が五人を超えることは稀《まれ》だった。

　講習会は朝から始まり、十一時頃には終わる。ぼくはその時刻に合わせて、浮き桟橋の上にいるようにした。そうすれば、少しは母と顔をつき合わせることができる。母はたまに、海底から真珠色に輝く貝殻をお土産に持ってきてくれた。ぼくはすかさずそれをきれいに洗って乾かし、あとで狭い宿舎の壁に飾った。そのほかにも、母が何度かローマ時代の素焼きの壺《アンフォラ》を抱えて水中から上がってくるのを見たことがある。当時はダイバーなんてほとんど見かけなかったし、海の底にはきっと古代の壺がたくさん眠っていたに違いない。いわば人の手が入っていない天然の広大な博物館だったのだ。拾ってきたアンフォラのうち、いくつかは完全な形をとどめていたが、割れているものもあり、母は欠けている部分を接合して修復するのに余念がなかった。そのなかでも一等の戦利品は香料入れの小さなアンフォラで、それは今でも母の家の居間に飾られている。

アンフォラと言えば、こんなエピソードもある。バカンスシーズンが終わって帰国する際に、父は完全な形のアンフォラをいくつか持ち帰るつもりでいた。むろん、そんなことは違法行為に決まっている。父が持ち出そうとしているものはクロアチアの国有財産なのだ。だが、父はばれないような算段を講じていた。まず、車の後部座席の足もとにアンフォラを横に寝かせて並べると、上から毛布を何枚もかけ、ぼくに、その上に横になって眠っているふりをしておけと指示したのだ。真夜中近くになって、ぼくたち家族は国境にさしかかった。これもまた、芝居に信憑《しんぴょう》性を持たせるための策だった。税関の検問所が近づいてくると、父に促されてぼくは目をつむり、ぐっすり眠っているふりをした。

父が遮断機の前で車を止めると、税関の職員が身分証の提示を求めてきた。

「申告する物はありませんか？」おそらくその日百回くらいは繰り返された質問だろう、役人は父にたずねた。

父は声を潜めて、ぼくのことを指さし、「すみませんね。子どもが眠っているものですから」と釈明を始めた。けれども、こっちは目をつむっていても、その光景が手に取るようにわかるものだから、何にも増して始末が悪い。何か聞こえるたび、職員が動くたびに、あれやこれやとこの状況を自分なりに考えてしまう。どうも職員はぼくのことを覗き込んでいるようだった。その顔を想像してみる。疑わしそうな目つきをしているのではないだろうか？　いや、まずい。息子の演技が下手くそなせいで、両親を刑務所送りにしたくない。ぼくは本当に眠っているように見せるために、溜め息を一つ、ついてみることにした。すると、それが功を奏したらしく、職員は父に身分証を返してくれた。

車が発進しても、ぼくはまだ目を閉じたままでいた。油断は禁物だ。職員が走ってついてきて、しつこくドアにしがみついているかもしれないのだ。

「もう目をあけてもいいぞ！」五分ほど経ってからだろうか、父から声がかかった。

ぼくは起き上がると、すぐに後方の窓から確認した。車は検問所からだいぶ離れたところを走っていた。もう大丈夫だ。だんだんと胸のドキドキも落ち着いてきた。父の企《くわだ》てた大胆な国境越えにぼくは身も心も疲れはて、横になると、そのまますぐに眠ってしまった。演技ではなく、今度は本当に。

折に触れ、母はぼくを港に面したポレッチの町へ連れていってくれた。歩くと小一時間はかかる距離である。その道沿いには暖竹の林や夾竹桃の茂み、アカシアの木立があった。道すがら、母はよくアカシアの枝から葉っぱを一枚ちぎっては、口もとに持っていった。葉っぱの下半分を下唇にぴたりと押しあて、上半分を軽く上唇でくわえるようにして吹くと、ピーッという音がする。なんだか青虫が喉につかえたナイチンゲールが鳴いているみたいな音だった。歩きながら、ぼくは母から葉笛の鳴らし方を教わろうとした。だから、町までの長い道のりも、それほど長くは感じなかった。

港は古く、大きな石を敷きつめた石畳が続いていた。何世紀も前に舗装されたのだという。そこでは、質素な漁船にたくさんのカモメが群がる光景が見られた。カモメの数は観光客よりよほど多いくらいだった。町に着く頃にはたいていおやつの時間になっていて、母とぼくは、小さな丸テーブルが並ぶパン屋のテラス席に落ち着くのがお決まりだった。注文するものも決まっている。ガラスの器に入った濃厚なヨーグルト。それと、この地方の郷土菓子だ。アンズジャムをサンドした花形や星形のサブレで、全体に粉砂糖がまぶしてある。よく鼻先に粉砂糖をくっつけながら、頬張ったものだ。母は紅茶を頼んだ。テラス席でぼくたちは、漁師が網を繕うのをひたすら眺めていた。言葉を交わすこともなく。母の哀しみなど、ぼくは知る由もなかったし、母もまた、ぼくの淋しさにまったく気づいていなかった。

太陽が傾き、町がオレンジ色に染まりはじめると、そろそろ帰る時刻だ。とたんに、ぼくはソクラテスの顔が見たくなって、居ても立ってもいられなくなる。一刻も早く友のもとに戻って、その日の午後にあったことを話したい。そう思ってうずうずするのだった。

バカンス村では二週間に一度、キャンプのイベントが開催された。五十人あまりの客が分乗したヨットスクールのカラベラ船団が、一列縦隊をなして出航する。行き先は一キロほど先にある小さな入り江だ。

この入り江はとてもすてきなところで、ここに来れば、海の豊かな自然と空気を満喫できた。何よりも砂浜がすばらしい。本物の砂浜なのだ。いつもぼくが遊んでいるクラブの人工的な砂浜とはわけが違う。砂はさらさらで、しょっぱくて、太陽に反射してきらきら輝いている。ようやく砂のお城を作れる環境になって、ぼくは小躍りした。もちろん、お城は素手で作った。この世に子ども向けのスコップや熊手が存在することなど、当時のぼくは知らなかったのだ。でも、そんなことは別にどうでもよい。ぼくにとって、自分の手ほど使い勝手のいい道具はないのだから。

キャンプには母も参加していた。母はしゃがみ込んで火をおこすと、大鍋に湯を沸かし、野菜の皮を剝いては、次々と鍋のなかに放り込んでいた。ぼくも進んで皮剝きを手伝った。ナイフを使わせてもらえるのが嬉しくてならなかったのだ。鍋に野菜を全部入れてしまうと、ぼくたちは海岸を離れて香草類を探しに出かけた。歩きながら、母は目につく草はどれも片っ端からにおいを嗅いでいった。母のあとから、ぼくも真似して、鼻をクンクンさせた。結局、採取できたのは、タイムとローズマリーが少し。そのほかにも使えそうな香草がわずかばかり手に入った。ぼくは、飼い主と散歩する小犬のようにはしゃいでいた。

鍋のなかに香草が入ったところで、魚を調達しに行った男性が戻ってきた。獲れた魚は、ヒメジが何尾かと、フエフキダイとカサゴが一尾ずつ。男性は銛《もり》を手にしたまま、水中マスクもまだ外していないくらいだったから、魚が新鮮でないはずがない。母はそれらを洗ってぶつ切りにし、鍋に投げ込んだ。オリーブ油少々を回しかけ、一時間もしないうちにブイヤベースが完成した。

沈みゆく太陽に代わって、客たちが焚いたキャンプファイヤーが浜辺を照らしはじめていた。

母はブイヤベースを少し取り分けてくれた。器が鉄製だったので、手を火傷しそうだった。ぼくはそれを持って、砂の上であぐらをかき、太陽が水平線へ消えていくのを眺めた。今でもブイヤベースを食べると、たちどころにあのときの光景がまぶたに浮かぶ。コオロギの鳴き声までよみがえってくる。日差しを浴びて立ちのぼる草いきれも、両足に白く浮き出た塩の結晶も。

現代人は人生を急ぐあまり、結局は、人生の何たるかを忘れてしまっている。海辺はもはや、旅行代理店のウィンドウを彩る、モノにあふれた宣伝ポスターの一枚に過ぎない。人は海辺に憧れ、そのために金を注ぎ込むが、とっくに海辺を感じることはできなくなっている。海辺ならではの感覚を忘れてしまったのだ。太陽が沈んでもまだ熱の残る砂のなかに指をうずめたときの感触を。肌に貼りついた小さな砂粒を払う際のざらつきを。ダムを作って、波と戯れるスリルを。波打ち際にハートを描いて、それが消されていく切なさを。はたまた、ただ砂の上に寝そべって背中を温めながら、波音にまどろむ心地よさを。人がそのなかの一部として生きているときこそ、自然は美しい。自然を支配し、わがものにしようとすると、自然はその魅力を失ってしまう。

一九六四年

ポレッチには、この年の夏のバカンスシーズンの間も滞在した。といっても、正直なところ、記憶が錯綜していて時系列に沿って話をまとめることができずにいる（順を追って話ができないのは、母も同じだが）。この数年間のことは、感覚的に覚えているだけだ。自然、海、孤独、ソクラテス……。

ぼくたちは、夏はポレッチで、冬はヴァロワールで交互に過ごした。ヴァロワールはアルプスにある家族向けのすてきなスキーリゾートだ。両親の働くヨーロッパ・トゥーリズム・クラブはこの町の玄関口にホテルを所有しており、冬季の仕事で派遣された父と仲間たちはそこに滞在していた。ホテルは大型の山荘といった体《てい》で、右手にル・クレロン、左手にラ・セタズを望む山間《やまあい》にあった。ポレッチからアルプスとは、これまた劇的な環境の変化であることには違いない。

ホテルは、入り口を入ったところに広々とした白い階段があり、そこを上がっていくとフロントがあった。

ポレッチではインストラクターの仕事をきっぱり諦め、大道具係に専念していたジャン゠ピエールが、ここでは美術の才能を活かし、ホテルの壁にスタッフ全員の似顔絵を描きあげていた。そのなかには、ユベールの顔もあり、バカンス村の支配人として紹介されていた。ぼくの父も、ポレッチで真っ黒に日焼けした姿で描かれていた。

父は、滞在客たちに楽しく過ごしてもらうための〝イベントの進行役〟を務めていた。その一方で、壁の似顔絵のなかに、母の顔は見当たらなかった。母は裏方に徹していて、父の企画するショーで使う衣装やら帽子やらを製作していたのだ。母は雪が嫌いだったし、母がスキーを履いているところは一度も見たことがない気がする。けれども、ぼくは違う。今度は雪の上を滑走できるかと思うと、わくわくして興奮が収まらなかった。それに、雪上スキーは水上スキーほど難しくはないように思えた。

飼い主のユベールがいるなら、ソクラテスにも会えるんじゃないか？　期待に胸をふくらませていたら、やはり、彼はいた。夢中になって雪を食べている斑《ぶち》の背中を見つけて、ぼくは胸がいっぱいになった。ソクラテスはすぐに気づいてくれた。こちらがだぼだぼのアノラックに目出し帽という出で立ちだったにもかかわらず……。冬の山間部でわが友、わが相棒に会えるなんて、この上ない喜びだった。最初の数日、ぼくらはホテル中を探検して、それから外へ飛び出した。といっても、遠出はできず、ホテルの周囲をぐるりと見て回るにとどめた。周りは樅《もみ》の木ばかりで、町までは三キロもあり、見渡す限り真っ白な雪に覆いつくされていたからだ。今回は遊び場がかなり限られていることはすぐにわかった。この樅の林の檻から抜け出すには一つしか方法がない。スキーを覚えることだ。

スキーブーツは革製の編み上げ式だった。履くまでに一苦労で、履いたら履いたで、十分もすれば雪がなかに染み込んでくる。おかげで、足がいつも冷たかった。スキー板をつけるには、板についているワイヤーをブーツの踵《かかと》に引っ掛けて、それを前方にある締め具で引っ張るようにして固定するのだが、子どもでは締め具まで手が届かず、毎朝、誰か親切な大人を見つけては板を装着してもらわねばならなかった。

ホテルの前からヴァロワールの町まではなだらかな下り斜面になっていて、インストラクターたちの手で、初心者向けのゲレンデとして整備されていた。とにかくこの地方の寒さは半端ではなく、ぼくは厚手の防寒着を三枚重ねで着込んでいた。足もとのスキー板にいたっては、一トンはあろうかと思うくらい重かった。転ぶとたちまち、至るところから雪が侵入してくる。手袋はぐっしょり濡れるわ、足は凍えるわ、目出し帽は鼻水で汚れるわ、寒さで目がしくしくした。一瞬、夏の海辺の光景が脳裏をよぎった。ああ、ポレッチははるか彼方……。

まあ実際のところは、水上スキーに比べれば、雪上スキーはさほど難しくはなかったから、ほどなく要領が呑み込めた。それでも、雪面はとても硬くて、水上で転んだときよりかなり痛い。父がまたピラミッドをやろうと言い出さないことを願うのみだった。

スキーをやっていて最高に気持ちがいいのは、ブーツを脱ぐ瞬間だった。ぼくは靴下裸足のまま、温かいココアを両手で包んで大きな暖炉の前に直行し、パンが焼かれるように全身を炙《あぶ》られた。

寒さのせいで、やる気が少し殺《そ》がれはしたものの、ぼくはめきめき上達し、一つ星を目指すクラスのバッジテストに合格したときには鼻高々だった。セーターにバッジをつけてくれたのは、地元サヴォワのがたいのいいインストラクターで、その先生のことはありありと思い出せる。あのときのぼくは、祖母マルグリットのアパルトマンに飾ってあった水彩画に思いを馳せていた。その絵は胸にずらりと勲章をつけた軍服姿の祖父の自画像だったのだが、それらの勲章よりもぼくのバッジのほうが断然輝きを放っているように思えた。ぼくはみんなから褒めてもらおうと、胸を張ってホテル中を歩きまわった。それでも、一つ星で終わるわけにはいかなかった。それには根気が必要だった。ほどなく二つ星をもらえることになったが、三つ星の獲得はさらに難しかった。

雪が融けはじめ、また川が顔を覗かせるようになった。春はすぐそこまで来ていた。ソクラテスとぼくは、ようやく少し遠くまで足を延ばすことができるようになった。もうアノラックは要らない、厚手のセーターで十分だ。ぼくらの作った雪だるまが日光で溶け、しかめ面になっていくのを見て、ぼくは笑った。よく晴れわたった日には、川に沿って町の入り口まで行ってみることもあった。橋を過ぎたところに洞穴があって、なかに石膏《せっこう》細工の聖母像が納まっていた。大人たちから、かつてその洞穴で一人の修道女が聖母を見たらしいという話を聞かされたが、ぼくは、この人たちは何を言っているのだろうと首を傾げた。だって、現に聖母は見えている。石の台座の上にいるじゃないか。

するると、大人たちは笑って答えた。

「ばかだね、石膏の聖母様じゃないよ。本物のマリア様が見えたんだよ！」

ぼくはわかったふりをしたけれど、頭がこんがらがりそうだった。修道女がイエスという人のお母さんと出会ったから、その記念にお母さんの石膏像を作っただって？　そんな説明じゃ納得がいかない。聖母って何？　イエスさんのお母さんはヴァロワールの洞穴なんかで何をしていたの？　ソクラテスにたずねてもわからなかった。だから、ホテルへ戻って夏が来るのを待つことにした。


再びポレッチでのシーズンがめぐってきて、数週間後には、また足の裏に胼胝ができていた。ソクラテスともまた会えたが、今度ばかりは、二人でバディーを組むというわけにはいかなかった。というのも、ぼくにはじめてのガールフレンドができたからだ。名前は忘れてしまったけれど、青いワンピースを着て、ふわりとカールしたブロンドの髪に、はしばみ色の目がぱっちりとした少女だった。両親の話によると、ソクラテスとその子とぼくは、いつも三人でつるんで、バカンス村を闊歩していたそうだ。

少女は家族とポレッチに来ていたバカンス客だった。少女が帰る日が近づいてくると、別れるのがつらくて、ぼくは両親に掛け合った。少女についていってもいいかと。父からは「そいつはできない相談だな」といなされた。父は笑っていた。年端もいかない少年が、せっかく自分に微笑んでくれた愛を手放したら大変とばかりに、知り合ったばかりの女の子についていこうとするなんて、やはりどうかしている。でもまあそれはさておき、そのときのぼくには妙案があった。

「ぼくは車のトランクに隠れているから、きみのパパがガソリンスタンドに立ち寄ったときに水を持ってきて」

ぼくがこっそり持ちかけると、少女は嬉々としてうなずき、みんなには内緒にすると約束してくれた。

少女の両親が別れの挨拶を交わしている隙に、ぼくはトランクに潜り込み、少女がフードを閉めた。なかはすでに暑くなっていたが、走り出せば涼しくなるはずだ。少女のパパがハンドルを握り、ママが助手席に乗り込む。少女は後部座席に落ち着いた。車が発進し、スピードをぐんぐん上げていく。ぼくの完全なる勝利だ。日焼けしたあの両親からまんまと逃げ出してやった。ぼくは愛に従ったまでだ。自分に注がれた愛に。一方、車の後部座席では少女が次第に不安を募らせていた。二千キロの行程を車のトランクのなかで過ごすのは、さすがに無茶かもしれないと。一時間後、少女はパパに知らせ、パパは車を急停止させてトランクに急いだ。心配ご無用、ぼくは眠りこけていた。その後、ぼくは後部座席のガールフレンドの隣で帰路についた。この一件が話題に上ると、ぼくの両親はいつも笑いころげた。どうしてこんなことになったのか、振り返って考えようともせずに。

第三章　ギリシャ、タコ、ウツボ

一九六五年

またヴァロワールでのシーズンが到来した。この頃にはスキーブーツもバックル式になっていて、スキー板にはビンディングが付いた。以前と比べて、こちらのほうが断然勝手がいい。

ぼくは三つ星のバッジを獲得し、いよいよ本格的なコースにチャレンジすることになった。毎朝、ぼくはホテルのシャトルバスに乗ってラ・セタズの麓《ふもと》へ通った。

リフトは立ち乗り式と腰掛け式の二種類があった。立ち乗り式のほうがスピードはゆっくりだったが、さほど順番を待たずに乗れる。はじめのうちはそちらを利用することもあったが、ソクラテスが一緒に乗り込もうとすると、いつも断られてしまう。それがなんとも口惜しくて、ぼくは一計を案じた。

腰掛け式のリフトは二人乗りだった。ぼくはスキースクールの生徒たちのあとをついていって、ちゃっかりスクール専用の列に潜り込んだ。これで十分は早く乗ることができる。順番が回ってくると、やれ靴が板から外れそうだの何だのと理由をつけて、後ろのスキーヤーを待たせておく。そして、ぎりぎりの瞬間に乗り込んで、一人で二人分の席を占めてしまうのだ。スキーをする人なら知っているように、リフトは乗る際にいったんスピードが緩やかになり、それから最初の鉄塔に向かってスピードを上げていく。そのスピードが上がる手前の地点で、ソクラテスを待たせておくという算段だ。示し合わせたとおり、ソクラテスは雪の上で座って待っていて、ぼくが合図すると、絶妙のタイミングで飛び乗ってきた。安全バーを下ろして、いざ出発だ。ソクラテスは座って山を眺めていた。海を眺めているときと同じだった。その眼差しからは確かな自信がうかがえた。まるで、「ずっと前から全部お見通しさ」と言わんばかりの自信が。

リフトを降りると、その先は二基の滑走式リフトのある日当たりのよいコースになっていて、ぼくらはそこで日が暮れるまで過ごした。ソクラテスは滑走式リフトが苦手だったので、途中にあるレストランのテラスで待っていた。冷え込みがきつくならないうちに、ぼくらは町に向かって滑降していった。ゲレンデの麓には小さなバーがあった。ネネスさんという人がやっている店だ。そこはみんなの溜まり場になっていて、母がテラスで日光浴をしているのをよく見かけた。相変わらずスキーが苦手で、ブルーベリージャムのクレープを頬張っていた。ここではポレッチのアンズジャムのサブレが食べられないから、代わりにクレープで気を紛らわせていたのかもしれない。そのうちに最終リフトの時刻になり、ぼくらはもう一度リフトに乗って上まで行き、そこから別の斜面を滑ってホテルに直行した。

シーズン終盤には、ぼくはさらにスキーの腕を上げ、さすがにソクラテスもぼくのあとからついてこられなくなった。ラ・セタズの山頂付近ではスキーヤーたちがスラロームの練習をしていた。ぼくはそれをじっくり観察してテクニックを理解してから、試しに旗門をいくつか通過してみて、こいつはなかなかおもしろいぞと思った。そこで、残りの日々を練習に費やすことにした。

また冬がめぐってきて、ぼくはスキースクールのスラロームの初級クラスに入り、検定を受けて子山羊《カブリ》のバッジをもらった。シーズン序盤としては、まずまずの滑り出しだったが、この年の大きな出来事といえば、やはり、学校に通うようになったことだろう。

学校では一つの教室に三学年が同時に学んでいた。学年ごとに机が一列ずつ並んでいる。ぼくは一番下の学年に入れられた。クラスメートは全員が全員、サヴォワ生まれのサヴォワ育ち。もちろん訛りもある。そんななかで、ぼくは出来の悪い生徒だった。それも、超がつくほどの劣等生だ。そもそも学校の勉強にはからっきし興味がなかった。勉強なんて机にかじりついてするものではない。むしろ、戸外に出て人生の勉強をしたい。そう考えていた。

毎朝、全員がスキーを履いて登校していた。生徒は教室の入り口でスキー靴を脱ぐように言われている。めいめい靴箱に上履きを入れていて、それに履き替えることになっているのだ。先生のことは、まったく思い出せない。休み時間になると、みんなわれ先に表に飛び出していった。というのも、要領よく動けば、ラ・セタズまで行ってひと滑りしてくるくらいの時間はあったからだ。昼食後は折り畳み式ベッドを出してきて昼寝をした。授業は四時きっかりに終わり、外に出ると、学校の前でソクラテスが待っている。一度など、ぼくのことを捜しに教室のなかまで入ってきたこともあった。

放課後、ぼくとソクラテスはリフトでラ・セタズに上り、頂上から近道を通ってホテルまで下りてきた。ぼくはもうノンストップで滑降できるようになっていて、ぐんぐん加速して滑走するのが楽しくてたまらなかった。麓のエリアはゆるやかな斜面がだらだらと続いているため、ストックを漕ぎたくなければ、高所から勢いをつけて下りてくる必要があるのだ。

そう言えば、麓まで直滑降で下りてきて、最後の最後で足を捻挫したこともあった。初心者の集団を避けるつもりで横に倒れ込んだ際、足首をぐきりとやってしまったのだ。たまたま近くに父の仲間のジャッキーがいたのが不幸中の幸いだったと言える。ジャッキーは仲間うちでは一番まともだった。シーズン中は仲間と一緒に働いているが、その傍ら、こつこつと整体術の研究を続けてきたのだ。ぼくはジャッキーに運ばれて、ネネスさんの店を借りて手当てを受けた。ジャッキーの手は神の手だった（それは今も変わることがない）。とても大きな手で、思わず見とれてしまうほどだ。整体術は、十六のときに弟子入りした師匠から学んだという。ジャッキーはまさに神がかっていた。患者の背中に手を当てただけで、（前日の献立の内容までとは言わないが）いろいろなことを言い当ててしまうのだ。長きにわたり、ジャッキーは一族郎党の患部の痛みを取り除いてきた。ちなみに、当時の奥さんはナニという。ナニもよくレストランのテラス席で母の隣に座って日光浴をしていた。ブロンドで、子どものようにあどけない笑顔をしていたことを覚えている。

足首は一週間で完治し、ぼくは練習を再開した。ヴァロワールに血気盛んな若者のグループが乗り込んできたのは、そんなときだった。平均年齢二十歳といったところだろうか、全員シャンベリの出身で、〈テカム〉というスキークラブに所属していた。何がきっかけで知り合ったのかはよく覚えていないが、ぼくは一日中、若者たちのあとを金魚の糞のようにくっついて回った。連中は雨が降ろうが槍が降ろうが、どんな場所でも猛スピードでかっ飛ばしていた。木立のなか、パウダースノー、岩壁……何があろうとお構いなしだ。結果的に、ぼくも断崖や切り株や小川を跳び越える羽目となり、毎晩、両脚が綿のように疲れ、全身筋肉痛に襲われた。だが、それでもへこたれはしなかった。向こうも、翌朝になるとまたぼくがひょっこり顔を出すので、唖然としていた。まあ驚くのも無理はないだろう。一歩間違えれば、病院送りになっていたかもしれないのだから。そんなこともあって、ぼくはたちまち一同のマスコット的存在となり、クラブのTシャツを贈られるまでになった。

なかでも格別、ぼくをかわいがってくれた若者が二人いる。ジョゼットとジャン゠レオンのカップルだ。二人の親しげな眼差しと微笑みは今でも忘れない。ジョゼットは何かと話しかけてくれ、おかげでぼくは少し打ち解けることができた。実際、誰かに気にかけてもらえるのは嬉しいものだ。二人はエクス゠レ゠バンで結婚式を挙げるとき、ぼくたち一家も招待してくれた。〈テカム〉のメンバーは父の仲間以上にぶっ飛んでいて、二人の結婚式は飲めや歌えやの大騒ぎとなった。ともあれ一つ言えるのは、サヴォワの人間は羽目のはずし方を知っているということだ。いや、そればかりか、雪上を疾走するスピードも、酒を空けるスピードも異様に速かった。宴は二十四時間、それこそノンストップで続き、サヴォワの民謡が次々と歌われた。

翌日、カップルは新婚旅行に出発した。行き先はベニスだったが、なぜか、ぼくもご相伴に与ることになった。もちろん、二人がぼくのことを目にかけてくれていたことは確かだ。しかし、今考えると、ほかにも理由があったのではないだろうか。その頃、父と母の関係はますます険悪になっていたから、自分たちが喧嘩しているところを子どもに見られたくなかったのかもしれない。とにかく、ぼくは新婚カップルとベニスで三日間、行動をともにした。サン・マルコ広場では両肩に鳩をたくさん乗せながら、「この人たちがぼくの親だったらよかったのに」と思ったものだった。このカップルはその後、三人の子どもに恵まれたと聞いている。もう長いこと会っていないけれど、二人のかりそめの子どもになって、本物の家族のような喜びを味わえたことは幸せな思い出だ。また、二人のおかげでわかったこともある。愛情の渇きや淋しさは、一生向き合っていかなければならないものではなく、一時的な災難、いわば嵐のようなものだと。そして、嵐は通りすぎるまで辛抱強く待てばいいのだと。二人には感謝している。

それからのことについては、また記憶が飛び飛びになっている。心が荒《すさ》んでいる子どもの記憶は衰える。その子どもは現在を生きるのみで、過去を忘れる。未来の自分に思いを馳せることもない。嵐を恐れて鎧戸を閉ざしてしまうのだ。

ぼくが足首を挫いた年、父はヴァロワールでカティーという女性と出会った。カティーはまだやっと十八歳になったばかりだった。ブロンドに青い目のきれいな娘で、典型的なブルジョワ家庭に育ち、パリ郊外のヌイイに住んでいた。家族でヴァロワールにバカンスに来ていたところ、ポレッチで日焼けした肌が目に眩《まぶ》しい〝やんちゃオヤジ〟の危ない魅力にハートを射抜かれてしまったのだ。これはお互いに本気になるかと思いきや、案に相違して、シーズンが終わるや、父は、母とぼくとともにギリシャに向けて旅立つことになった。それというのも、父たちが所属するヨーロッパ・トゥーリズム・クラブが地中海クラブに買収され、リストラされてしまったからだ。そんなわけで、残念ながらぼくがポレッチに戻ることは二度となかった。

失業した両親はよそで職を探すことになり、さっそく父が、母の分も合わせて二人分、働き口を見つけてきた。それは、ギリシャはイオス島の南にある小さなバカンス村で、ダイビングの指導をする仕事だった。父にはダイビングのライセンスがない。けれども、このときは、「二人のうち一人は資格を持っているのですが」と持ちかけたら、それだけで雇ってもらえたのだ。

ギリシャへはルノー・キャトレールに乗って出発した。トライアンフに比べると、こちらは広々としていて窮屈な思いをしなくて済んだ。その反面、スピードがあまり出ず、のろのろ運転で、結局、アテネに到着したのは五日後だった。ところが、着いた先で、これから行く島には道路がないと言われる始末。車はアテネに置いていくしかない。すると、父は周囲を見まわして、一軒の建物に目を留めた。そして、管理人のおばさんをつかまえ、半年の間、建物の前に駐車させてほしいと頼み込んだ。父はギリシャ語を一言も話せないのだが、パントマイムで交渉したら、うまい具合に相手に通じてしまったらしい。おばさんが承諾してくれたので、ぼくたちは車をその場に残し、荷物を背負ってフェリーに乗り込んだ。

バカンス村の宿泊施設はマンガナリホテルという。噂では、ドイツ人の大金持ちがもともと自分専用に建てさせたホテルらしかった。

小さな入り江の奥に、銀色に輝く岩壁に沿ってバンガローが二列に並ぶ。その手前に、海を臨むフロントとレストランが一続きになった建物があり、露天のダンスホールが併設されていた。真っ白で凝った装飾などないが、きちんとした造りの建物だ。鎧戸だけは青く、ペンキを塗ったばかりのようだった。船着場の水面はターコイズブルーで、魚が泳いでいるのが見えた。ダイビング用の小屋は入り江の端にあり、こぢんまりとして猫の額ほどしかないのだが、そこに黄色のボンベが四本置かれている。しかし、客の姿はなかった。

ぼくたちが島に来たのは五月のはじめで、ぼくは、おそらく子ども時代を通して最高の時間を過ごすことになった。両親は何もすることがなかったので、ぼくは両親を独り占めすることができた。父と母、両方いっぺんにだ。朝、昼、晩と、両親がそばにいる。嘘みたいだった。日の出とともに、ぼくたちは船に乗って潜りに出かけた。ぼくは船縁から覗き込み、水中から立ちのぼってくる泡の行方を追った。父はハタを次々と仕留めてきた。重さが数十キロもある大きな魚だ。ぼくたちはそれを定期的にイオスの港まで売りに行った。午後は暑すぎて昼寝なしでは過ごせなかった。日差しがあまりきつくないときには船着場へ下りていく。母はぼくにダイビングの手ほどきをしてくれた。といっても、まだボンベを背負えるほど体が大きくないため、母にしがみつき、レギュレーターでかわるがわる息をしながら、水中散歩を楽しんだ。

足裏の皮が分厚くなってくる時分には、ぼくは周辺の探検を始めていた。バカンス村は島のほぼ先端にあり、一番近い町でも数キロは離れている。道路も通じていなかった。晴れた日には右手にサントリーニ島、左手にアモルゴス島が望める。マンガナリ・ビーチに行くにしても岩場を歩いて三十分近くかかった。ビーチはだだっ広くて、人気《ひとけ》がなく、漁師小屋が一つあるきりだった。砂のきめが細かく、鉱物の薄片が混ざり込んでいるため、日が昇ると、ビーチ全体がきらきらと煌《きら》めいた。

ぼくはよくマンガナリ・ビーチまで歩いていって、椰子《やし》の木陰で休んだ。日暮れどきには海に浸かり、足裏で砂地の表をさらってみる。すると、目玉がいくつも光っているのが見えてくる。シタビラメの目だ。海底に這いつくばって白い砂にうまいこと紛れているのだ。シタビラメを見つけるなら、この方法以外に考えられない。

そんなぼくに、父が短めの手銛《ヤス》を買ってくれた。銛先が三叉《みつまた》のやつだ。さっそく試してみたが、スリングゴムをちゃんと引き絞ることができない。おまけに、お腹には赤くゴムの跡がついてしまった。それでも、ぼくは数日後にはコツをつかんでいた。腹筋にちょっと力を入れればいいのだ。その日は大漁だった。ぼくはほくほくしてホテルに帰ると、厨房に直行し、鰓《えら》通しに何尾もぶらさげたシタビラメを見せびらかした。そして、料理人に下ごしらえをしてもらってから、網焼きにした。

週に一度、料理人も漁をする。でも、ぼくのように魚を突くのとはだいぶ違う。船着場へ下りていって、海中にダイナマイトを投げ込み、水面に浮かんできた魚をたも網で掬《すく》うのだ。爆発音が聞こえると、すぐにぼくは水中マスクを引っつかんで船着場へすっ飛んでいく。爆発で気絶した魚の三分の二は水底にいるからだ。数分もすれば、ほとんどが目を覚ますので、その前に急いで獲る必要があったのだ。

やがて、そろそろ第一号の団体客が到着するとの知らせが入った。父は料理人に「頼むから、漁をするなら今後はもう少し離れたところでやってくれ」と訴えた。

スタッフみんながもう二か月も暇をもてあましていたから、客が来ると聞いて気勢が上がった。そんなある朝、四十メートル近くある立派なヨットが現れて、入り江に入る手前で錨《いかり》を下ろした。港に着岸するには、船体が大きすぎたのだ。ヨットの客たちはぼくたちの見ている前で、キャビンの屋根に上り、派手に飛び込みをやってみせた。そして、競技選手並みのパフォーマンスを披露したあとで岸まで泳いできた。全員がドイツ人で、金髪碧眼、筋骨たくましく、美男子揃いだった。年齢は三十そこそこだろうか。チビ助のぼくの目には、そんな彼らが水球のチームのように映った。

唾を飛ばして仰々しいドイツ語を繰り出し、たらふく飲み食いしたあげく、夜は一睡もしない。さんざん騒ぎまくった末、二週間後にドイツ人たちは去っていった。最終的には、彼らがこのシーズンの唯一の客ということになってしまうのだが……。ホテルのオーナーが噂どおり本当に億万長者であることを願いたい。もしも噂と違うのなら……この調子では一年後には倒産するかもしれないた。ぼくは本気で心配した。ちなみに母は、ドイツ人相手にダイビングの講習を何度かおこなっていたが、その都度全員無事帰還させていた。

嵐のような二週間が終わるとすぐ、ぼくたちはいつもの生活に戻った。父はまたハタを獲りに行くようになり、ぼくはぼくで、献立のバリエーションを増やすために、シタビラメからヒメジに狙いを変えた。

平穏に時は流れ、ぼくは十メートルを超える深さまで潜って漁をするようになった。ある日のこと、ぼくは岩の隙間に入り込んでいく一匹のハタに気づいた。目方が十キロはありそうだ。ぼくはいったん浮上して、大きく息を吸ってから、手銛を手にゆっくりと下降していった。そして、隙間に侵入し、銛を打とうとしたその瞬間、奥にいたハタと目が合った。思わずぼくはためらった。ハタの目つきは、なんだかすごく人間ぽかった。けれども、ぼくは息が続かなくなってきたので、思い切って手銛を放った。ところがどっこい、なんと手銛は相手に当たりながらも跳ね返されてしまった。いやはや、敵はめっぽう強い。子ども用の手銛なんぞ、まるで話にならなかったのだ。ハタはこちらに、ぞくりとするような視線を投げて寄こした。どうやら自分が攻撃されていることに気づいていないらしい。命を狙われる理由もわからないのだ。ぼくは自分の愚かさを悟った。ぼくと同じく孤独を抱えている生き物に銛を打ってしまうなんて……。もう二度と生き物は殺すまい。ぼくはそう決意した。

地元の漁師は、地引網漁をするのが習わしだった。入り江の端から端まで長い網を渡し、全員でそれを引くのだ。周辺の住民も一家総出で加勢する。ぼくもちょくちょく手伝わせてもらった。引きはじめてからしばらくは、何も見えてこないので、ひたすらしんどい。だが、日没が近づく頃に、ようやく袋網が見えてくる。網のなかでは大量の魚が暴れている。その騒々しさたるや凄まじく、おぞましさを覚えるほどだ。そればかりか、心がかき乱された。魚が苦しむ姿を目にするたびに、ぼくは顔をそむけたくなった。

網が浜へ引き揚げられると、大人たちは獲物を選別して分け合い、一方、子どもたちはその場を離れて遊び出す。ぼくが同じ年頃の子たちと一緒に遊ぶのは、このときくらいなものだった。遊びといえば、道具がなくてもすぐできる、サッカーくらいしかない。砂浜にピッチの四隅を示す石を置き、裸足で古いボールを追いかけまわす。サッカーはあまり得意ではなかったけれど、まあそんなことはどうでもよくて、ギリシャ語で罵り合う少年らに交じってなんとなく時間を過ごせれば、ぼくはそれでよかったのだ。帰り際には、手伝いの駄賃として、漁師が見事なボラを二尾持たせてくれた。

この頃の母は、珍しく調子もよさそうだった。父にしても、誘惑のチャンスになかなか恵まれないこともあって、おとなしくしていた。実は、二人が照りつける太陽に肌を焦がしながら、並んで大きなタオルの上に寝そべっている場面に遭遇したことがあった。覚えている限り、両親が黙って仲良くしているところを目の当たりにしたのは、後にも先にもこのときだけだったと思う。二人が手をつないだり、抱き合ったり、ましてやキスをしているところなど、一度も見た覚えがない。微笑みを交わし合う姿さえ見たためしがない。この目で見たのは、暑さにぐったりした二人が並んで眠っているところだけだ。しかしながら、これはこれで、一つの幸せの形なのかもしれない。いや、少なくとも、そこに幸せは存在していたのだ。間違いなく。だからこそ、このときの光景は、ぼくの脳裏にしっかりと焼きついている。束の間の晴れ間を慈しむように、母は母なりに幸せを味わっているように見えた。そして、父のほうは、いつものことながら、どんな状況でもエンジョイしていた。

シーズン中、母が何より頭を悩ませていたことがある。それは、ぼくの教育問題に関することだった。ぼくの教育については、そろそろ真剣に考えなければならない時期に来ていたことは確かだ。なにしろ、ぼくは八歳になろうとしているのにほとんど読み書きができなかった。だから、母はパリを発つ前に通信教育の教材一式を買い込んで、本気でぼくに勉強を教えるつもりになっていた。けっこうな話だが、それにはまず、椅子に縛りつけてでもぼくを引き留めておく必要がある。なぜなら、ぼくは何日も外をほっつき回って家にいないことがあるからだ。母にとっては、それが一番の頭痛の種だった。

小さなリュックサックにフィンと水中マスクとシュノーケルを詰め込んで、ぼくが向かうのは〈三つの教会〉と呼ばれるすてきな入り江だ。実際、入り江を見下ろす丘の頂上に、三つの白い教会が並んでいる。入り江の奥には砂浜が二つあって、左手にあるほうは小さな砂浜で、そこでは風をもろに受けることがない。もう一つはもっと長い砂浜で、山羊が眠りにやってくる。山羊は島の生活で重要な役割を果たしていた。彼らは除草の達人なのだ。畑の雑草が伸びてきたら、山羊の群れを借りてきて、何週間か畑に放しておけばいい。好き嫌いなく、多種多様な草を食べてくれるので、畑はすっかりきれいになる。借り賃は週極めで、借りている期間に搾乳して作ったチーズの五十パーセントに相当する分を上乗せして支払うことになっていた。

ぼくはたいてい、山羊たちのいる浜辺で寝泊まりした。山羊たちがこの場所を選ぶには、きっとそれなりの理由があるからだ。ぼくは動物の本能を信じていた。

山羊たちはぼくのことを受け入れて、場所を少し譲ってくれた。ぼくは星空の下、母からこっそり拝借してきたセーターにくるまり、砂のベッドで休んだ。もう何日も人とは会話をしていないなんてこともよくあった。風の調べや山羊の首にさげられた鈴の音色は、まさに心の糧だった。

たまに母に捕まってしまい、勉強させられるときもあったが、ぼくの覚えが悪くて、いつまで経っても進歩が見られないため、ほどなく母は降参してしまった。こんなことでは学校に行ったところで先が思いやられるというものだ。それでも、ぼくには自覚があった。自分は日々、何かしら学んでいるのだと。漁の方法、魚のはらわたの抜き方、火のおこし方、干潮満潮の時間の予測、網の繕い方、それ以外にも、日が暮れるまで夢中になって覚えたことがたくさんある。タコと仲良くなる術《すべ》まで身につけた。タコは港の入り口付近にある巣穴の奥に棲《す》んでいた。ぼくは毎夕、同じ時刻に会いに行った。はじめは距離をおいて見ているだけだった。タコは絶えず体の色を変えては、ぼくを威嚇した。だが、ぼくは悠然と構え、その場を動かずに眺めていた。

毎日、ぼくは数センチずつ距離を縮めていった。そして、相手が慣れてきた頃を見計らって、あるとき、ゆっくりと手を近づけてみた。タコは二本の触手でぼくの腕に絡みつき、何度も色を変えたが、最後には、両目の間を触らせてくれた。そこはなんとも不思議なツボで、指で押すとタコは動かなくなり、猫のような目をした。そっと撫でてやると、とても喜んでいるふうだった。これが猫だったら、ごろごろと喉を鳴らすところだろう。タコはさっとぼくの腕から触手をほどき、今度は歓迎するようにそれをうねうねと動かした。

数日もすると、タコはぼくがやってくるのを見て、すぐに穴から出てくるようになった。一本の触手を水中マスクに押しつけ、残りの七本はぼくの顔に巻きつける。誰かに撫でてもらうのは、とても気持ちがいいものだ。ことに腕が八本もある場合は。ぐにゃぐにゃの粘土を柔らかく捏《こ》ねるように、ぼくはタコと戯れた。タコはいじくられるのが好きだった。上下左右、いろいろな角度から、優しくつかもうとすれば、タコのほうもされるがままになっている。タコがぬるぬるしているのは海から上がったときだけで、水中で暮らしているときは、その皮膚は極上の絹のようで、生まれての赤ん坊の肌以上に柔らかかった。

ソクラテスの次は、このタコがぼくの親友となった。

それからしばらくして、ぼくはタコに会いに行く途中でウツボを見つけた。ウツボもやはり、穴を棲《す》み処《か》にしていた。灰色がかった焦げ茶色で、さしあたっては頭しか見えないので、体長がどれくらいあるのかまったく見当がつかない。青い目をしていて、しょっちゅう歯を剝き出していたが、よくよく見れば、それが攻撃のサインでないことはすぐにわかった。単に呼吸をするために、口をパクパクさせていただけなのだ。ごく小さな青い魚が一匹、ウツボにまとわりついていて、鰓と歯のクリーニングをしてあげていた。面倒な作業を引き受けてくれる奇特な仲間がいるなんて、まったく運のいい奴だ。

ウツボとお近づきになるのにも、タコのときと同じ手を使った。毎日、数センチずつ接近していったのだ。ウツボの前に指をかざしてみると、視力がよくないことがわかった。その代わり、水の動きには極めて敏感だった。ぼくは腕を伸ばし、ウツボの顎の下に手を入れた。ウツボはじっとしていた。それから、そっと撫でてみた。こちらの皮膚もとても柔らかい。少しずつウツボは穴から出てきて、だんだん両手で触れるようになった。そして、ついにある日、向こうが気づかないうちに、ぼくはウツボのことをすっかり穴から出してしまった。少なくとも全長一・八メートルはあったんじゃないだろうか。こちとら、一メートル半そこそこだというのに。ぼくは二人が互いに焼きもちを焼かないように、午前中はウツボのところへ行き、午後になったらタコに会いに行くことにした。

もう少しあとになってからのことだが、そのシーズンは、父の仲間のうち、ジャッキーとフークがやってきた。二人だけで頑張って、島までバイクで来たのだ。ぼくは父と、イオス港まで迎えに行った。週に二便、アテネと島を往復するフェリーが到着し、二人がバイクを転がして現れた。といっても、ツーリングはここで終わりだ。島には道路がないのだ。檻に入れられたハツカネズミよろしく、二台のバイクはわずかに舗装されたアスファルトの一角をひたすらぐるぐる回っていた。それを見て、父は笑い転げていた。結局、バイクは二週間、港のバーの裏に置かせてもらうことになった。

島を走る道は一本しかなかった。それは、港を見下ろすホラの町へと続く狭い道で、道といっても、干上がった川底を手っ取り早く造り替えたものだ。土地の通貨で何ドラクマか払えば、ラバの背に揺られて町まで上っていくことができた。町にはぼくも幾度か行ったことがある。その日は、ぼくにとって晴れのお出かけの日だった。なにせ、ホラはイオス島の中心地だからだ。町で母が買い物をしたことは一度もない。店を見て回るだけだった。ぼくはといえば、店の奥まで入っていって、夢中になってオモチャを探した。ひたすらそれだけを探した。遊び道具になりそうなものであれば、何でもよかった。

ぼくの遊び道具といえば、拾ってきた小石や木切れだった。ホラからマンガナリまで手ぶらで戻ってくると、ぼくは自前のオモチャを出してきて、ごっこ遊びを楽しんだ。オモチャのなかでも特によく覚えているのが、波に削られてすべすべになった大きめの石だ。片面がやや平らで反対側は丸みを帯び、銀色のスパンコール状の粒が入り交じっていた。シンプルな形だったので、いろいろなものに見立てて遊んだ。あるときは宇宙飛行をするロケット、またあるときは岩の割れ目を走行する機動戦車（もちろん、ドドドドという効果音つきだ）。かと思えば、瞬《また》く間に砂浜を突っ走るレーシングカーに早変わりする。あげくには、潜水艦となって一気に砂のなかに潜り、消えていく。想像の世界は果てしなく広がるばかりだった。

ぼくはもともと発想の豊かな子どもではなかったように思う。ただ、いつもひとりぼっちだったこと、そして、何でも揃う便利な環境に置かれていなかったこと、そのせいで、想像力ばかりが発達してしまったのではないだろうか。

孤独は子どもに有害だ。危険な牢獄だと言える。自分がこの世界に受け入れられていないと感じると、子どもは別に世界を作り上げ、そのなかに逃げ込んでしまう。そして、二度とこちらの世界に戻ってこないおそれがある。

ぼくの世界はウツボとタコと石ころでできていた。ぼくはその世界に守られていた。そのなかにいる限り、自分が存在していることを感じられた。ウツボは体を撫でさせてくれるし、タコはこちらを優しくくすぐってくる。石ころはいくらでもオモチャを提供してくれた。ああ、ぼくは生きているんだと、そう実感できた。ぼくが頭のなかに作り上げた世界は、別に大人たちの世界に対抗しているわけじゃない。並行して存在しているだけだ。なんだかやり切れなくなると、ぼくはさっさと自分の世界に逃げ込んだ。

子どもは孤独や愛情不足について理解していないが、淋しいという気持ちは持っている。自分の世界のなかでは、ぼくは決してひとりぼっちではなく、愛されていた。今でもぼくは、首に回されたタコの触手の優しい感触を覚えている。父に同じようにしてもらった記憶はまるでないのに。

ほかに、ぼくがとりわけ楽しみにしていた世界がもう一つある。それは夢の世界だ。ぼくにとってベッドに入るのは、空港へ行くようなものだった。目的地と頭のなかの友だちを選択すると、いよいよ冒険の始まりだ。旅の道連れは動物であることが多かった。まあ、それも当然といえば、当然だろう。当時、ぼくが交流を深めていたのは動物ばかりだったから。夢のなかでは動物たちも言葉を操れた。冒険に出る前には、いろいろと試して、動物たちに一番ふさわしい声をあてがってやることもあった。

知らず知らずのうちに、ぼくは映画を作っていたことになる。

パリに戻ってくると、環境がまた激変した。再びセバストポール大通りでの生活が始まった。ぼくはサン゠ドニ通りの裏手、デュスー通りにある小学校に通うことになった。学校の校庭はコンクリート製で、塀の四隅には木が一本ずつ植えてあった。代々の生徒らの悪戯に遭い、木は幹が傷だらけで無残な姿を晒《さら》していた。根もとは柵で囲ってあり、初登校の日、ぼくは帰宅するなり、母にたずねたものだ。

「どうして木が檻に入れられているの？」

校庭の奥には共同便所があった。錆《さ》びた鉄板が衝立《ついたて》となり、そのなかに入って用を足す。鉄板の上に渡した樋《とい》があり、そこを伝ってちょろちょろと水が流れ出る。それまで海に向かって放尿するのに慣れっこになっていたぼくは、以降、鉄の壁に囲まれて用足しをすることになった。

この学校で何よりもびっくりしたのは、校内の喧騒だった。二百人の生徒が塀のなかで走りまわり、大声を上げるその騒々しさたるや、ボーイング７４７の離陸時の轟音よりも凄まじい。ぼくはなかなかそれに慣れることができず、夜になるとコンサートから帰ってきたときのように耳鳴りがした。

もう一つ堪えがたかったのが、靴の存在だ。半年間裸足で歩き回っていたので、靴を履くのは我慢がならなかった。

「ベッソン君、靴をきちんと履きなさい！」

人生の師たるべき先生の訓示第一号がそれだとは、この先が思いやられた。

クラスメートからは、なかなか仲間に入れてもらえなかった。ぼくは日焼けして肌が真っ黒だったし、海水で髪の色も抜け落ちていた。おまけに、頭のなかは靴を脱ぐことでいっぱいで、校内でも浮いた存在だった。ぼくはよそ者を見るような目で見られ、周りの視線が突き刺さった。いずれにしろ、相手を理解するにはまず近づきにならなくてはならない。けれども、みんなとは違うこと、珍しさそのものが受け入れられず、ぼくは爪弾《つまはじ》きにされた。

自我の働きによって、人は自分と似た者を愛そうとする。しかしながら、異質性は集団に豊かさをもたらすものなのだ。確かに、ぼくは最新流行の話題にはついていけないが、シタビラメやヒメジの獲り方とか、貝殻に付いた汚れの落とし方とかなら教えてあげられる。それなのに、みんなにとってそんなことはどうでもいいことらしかった。貝殻の真珠層の輝きがどんなものかも知らないし、知りたいとも思わないのだ。彼らはまだ子どものうちからすでに狭い人生の枠組にはめ込まれている。読み書きがまともにできなくとも、その時点でぼくの人生は彼らの人生よりも豊かだった。

初日に先生からどこから来たのか質問された。ぼくは、そこが自分の出身地であるかのように胸を張って答えた。

「イオス島です!」

教室中に笑いが巻き起こった。ぼくがふざけているのだと思ったようだ。そんなおかしな地名など世界のどこを探してもないと思っているのだろう。

「地図で場所を指してみなさい」と先生が命じた。先生にしたって、そのときは、どうせ〝ペロポネソス〟の意味さえ知らず、形容詞か何かだと思い込んでいたに違いない。

残念ながら、黒板に掛かっているビニール製の地図にはフランスしか載っていなかった。そこで、先生は埃《ほこり》まみれのヨーロッパの地図を出してきて、壁に掛けた。ぼくは自分がその広い地図のどこにいるのかわからなかった。

「今、ぼくたちがいるところはどの辺ですか」

ぼくが無邪気にたずねると、先生は溜め息をついて、太い指でパリの位置を示した。ぼくはパリをじっと見つめ、それから、頭のなかで両親と車でたどった道のりを思い描いた。パリからマルセイユまで南下し、イタリアの海沿いを進んでベニスを通過。入国できないアルバニアを迂回し、乾燥地帯を突っ切ってアテネに到着。それからフェリーに乗る。大きな島を四つ通りすぎて、キクラデス諸島最大のナクソス島を目指す。イオス島はその後ろにひっそりとあった。ぼくは震える指で地図を指し示した。たとえ地図の上であっても、自分の島と再会できるなんて、感動的だ。背後では教室中がぽかんと口をあけて見ていた。ぼくが月でも指さしているような反応だった。この日、ぼくは自分がとんでもない世界にやってきて、しかも、当分の間そこにいなければならないことを思い知らされた。

毎朝、ぼくはセバストポール大通り一二三番地を出ると、プラドー横丁を通ってサン＝ドニ通りへ抜けた。横丁ではクラスメートたちが待っていて、みんなと合流して登校する。朝の八時から歩道には、門の前に立って客引きをする女たちが大勢いた。そのすべてで色鮮やかな衣装を見て、何も知らないぼくはごく自然にサーカスの人たちだと思った。化粧は派手だし、真っ赤な口紅をてらてらさせているから、大道芸人だろうか？　でも、見世物を始めるにはまだ早いし、こんな時間からいったい何をしているのだろう……。ぼくが首を傾げていると、一緒にいたクラスメートがさっそく教えてくれた。もちろん、連中はよく知っていた。大半の生徒の母親が同じように街娼をしていたからだ。ぼくの住んでいた地区では、パリのほかの地区とは違い、〈売春婦の子〉《フィス・ド・ピュット》と口にしても、他人を侮辱する行為には当たらない。むしろ、〈売春婦の子〉は肩書だった。おもしろいことに、残り半分の生徒たちは〈お巡りの子〉《フィス・ド・フリック》だったので、生徒たちの間で、四六時中、「おい、売春婦の子」「なんだ、お巡りの子」とやり合う構図ができあがっていた。たぶんぼくが変わった子どもだったからだと思うが、娼婦たちは得てして愛想がよかった。毎朝、ぼくはたいてい頭を撫でられながら「坊や、かわいい子だね！」と言われた。

ありていに言えば、ぼくはこんなふうに女たちが温かく声をかけてくれるのがありがたくて、心に沁みた。カーニバルさながらの衣装に身を包んだ娼婦たちと道ですれ違うことは、いつもながらぼくのささやかな喜びだった。女たちは大声で喋り、時には歌い、体をくねくねさせながら、道行く男たちを口説いていた。

冷血無情な斡旋《あっせん》人が金に困った娘を路上に立たせる現代とはまるで違う。

校庭では主に〈チック〉という遊びをしていた。名前の由来は知らないが、壁へ向かってコインを投げる、ただし壁に当たってはいけないというゲームだ。投げたコインが壁に一番近かった者が勝ちで、コインを総取りする。ぼくの場合、ゴミ出しをして稼いだ小遣いだけが全財産だった（母は一回に二十サンチームずつくれた）。そんなわけで資金が足りず、ぼくはゲームには加わらないで、みんながやっているのを眺めていた。

離れたところで、地べたに座り込んでお手玉をやっている者もいた。これについても、お手玉を持っている者だけが遊べるという話だ。それに引き換え、ビー玉なら誰もが持っていて、宝物よろしく、こっそりと取り引きされていた。

だが、何と言っても一番人気は〈ベン・ハーごっこ〉だった。映画が公開されてからもう何年も経っていたが、『ベン・ハー』が強烈な印象を残す作品であったことは確かだ。それで、それがどんなゲームかというと、三人一組になって二頭立て戦車のフォーメーションを取り、校庭の四隅の木の外側を回って一周し、その速さを競うレースなのだ。このゲームに参加すべく、力持ちの二人の少年が三人目の御者役を探していた。ぼくはおずおずと志願して、試しに走らされてから採用されることになった。二人が手をつなぎ、ぼくは後ろから二人のズボンのベルトをしっかりとつかんだ。

ゲームでは三組ずつ走って予選レースをおこなう。その勝者のみが二回戦に進出する。ぼくたちのチームはみるみるうちに決勝へ進み、不敗神話を誇る相手と対戦することになった。相手は大型のチームで、ペパンがインコースを走る馬役である。ペパンは年上の血の気の多い黒人で、二度落第しているため、みんなよりも頭三つ分は背が高い。この遊びに夢中で、日に一度は、レースに出ないと気が済まないようだった。アウトコースを走る馬は、ピエロと呼ばれる手癖の悪い少年で、学校でトレーニングを積んでいた。御者役の子は単純にベン・ハーと呼ばれていた。本名をベン・サイードといい、家族はアブキール通りで衣類の縫製店を営んでいる。一方、ぼくのチームの二頭の馬役はおとなしい兄弟のコンビだったが、この競技にはお誂《あつら》え向きの屈強な体つきをしていた。

決勝戦では、全クラスの生徒が塀に張りつくようにして勝負の行方を見守っていた。生徒監督の何人かもおもしろがって観戦しに来た。決勝は五周レースの一発勝負だ。

スタートではベン・ハーチームが先に抜け出した。ペパンが絶えず蛮声を張り上げて、追走するぼくたちを牽制する。だが、前半を飛ばしすぎたようだ。最後の一周でぼくはインコースに突っ込んだ。嵐のような歓声のなか、先にフィニッシュしたのはぼくたちのほうだった。その後も万雷の拍手が続いた。みんな、ぼくたちがペパンを破ったことが相当嬉しかったと見える。それもそのはず、図体がでかいというだけで、ペパンは日頃から偉そうにみんなのことを見下していたのだから。校庭の隅に目をやると、ベン・ハーがベン・サイードに戻って悔し涙に暮れていた。

その日、ぼくは立派な勲章を携えて帰宅した。ペパンからご褒美に一発ちょうだいしたのだ。片目にこさえた大きな痣《あざ》をまじまじと見て、母はぼくに教訓を垂れた。

「この次はやられそうになったら、先にお見舞いしてやりなさいよ、思いっきり！」

母は、父に対してやりたくてもできないことをぼくにやらせようとしていた。しかし、それがわかったのはずっとあとになってからのことだ。父は腕っぷしがめっぽう強かったから、母は抵抗する代わりに、黙ってその横暴な振る舞いに耐えるようになっていたのだ。

そのときのぼくは、母が暴力を勧めることに驚いた。だが、子どもというのは母親の言いつけを守るものだ。その翌日、さっそくぼくは校庭にいたペパンに近づき、ありったけの力を込めて顔面に一発くれてやった。

放課後になると、ぼくは昼間の一件を早く母に報告したくてうずうずしながら、走って家に帰った。

「母さん、言われたようにしたよ」ぼくは胸を張って言った。

母はぼくの顎にそっと手を添えて顔の向きを変えさせ、もう一つの目にできた痣をしげしげと見つめた。

「上等だわ」母は優しく笑って答えた。

学校の食堂では、雷に打たれたような衝撃を味わった。ぼくの知らないものばかり出てくるのだ。何でもかんでも練るか、すりつぶすか、茹でるかされていた。魚は四角い形をしていて衣をまとい、肉はソクラテスのゲロみたいに細かくてポロポロしている。だから最初の日、ぼくはそれぞれの食べ物のサンプルを採って、ランドセルに入れて持ち帰り、母から一つ一つ説明を受けた。学食の献立は何を食べてもまずかった。パンもまずかったし、水までまずい。水には〈アンテジット〉という代物が入っていて、これを垂らして飲むと甘草の味がするということらしいが、それよりも消毒薬の味が勝っている。パリの水は腐っているので、たぶん、薬で消毒しているのだろう。まともな水を飲むなら、校庭の共同便所まで行かなくてはならなかった。冷たくて澄んだ水が出るのはそこだけだったのだ。

学年途中でいきなり転校することも、ざらだった。母方の祖母のイヴォンヌが突然ふらりと現れたことがある。母がふいにどこかに雲隠れしてしまったため、代わりにぼくを預かることになったらしい。祖母は、母の妹にあたるミュリエル（叔母といっても、ぼくとはそれほど年が離れていない）と二人で、パリ北西の近郊にあるアニエールに住んでいた。つまり、ぼくはろくに知りもしない二人の女性といきなり同居することになったのだ。

祖母の住むアパルトマンは最上階の七階にあった。エレベーターはない。廊下の突き当たりの左手が寝室、右手には居間とキッチンと浴室という間取りだった。ぼくはどうしたらいいのかわからなかった。母の居場所も知らない。それに、父がどこにいるのかも。毎度のごとく、誰からも何の説明もなかったのだ。

そのときはアニエールの公立小学校に編入した。校庭は広々としていて、校舎はすべて一階建てだ。街なかの学校と比べると、のどかな環境ではある。界隈に〈売春婦の子〉はいなかった。職工や公務員の子どもばかりだ。担任の先生に両親の職業を訊かれたが、ぼくは答えに迷った。ダイビングの仕事をしていますと答えればいいのか？　いっそのこと、海賊をやっていますとでも言ってみようか？　そういえば、海上でアクロバットをやっていたこともあったけれど……。

「郵便局で働いています」無難に、ぼくはそう答えておいた。

そのとき、先生がなぜか安堵したような満足げな笑みを浮かべたことは今も記憶に残っている。それはさておき、新しい生活ではしっかりと段取りが組まれていた。四時に学校を出て、帰りがけに食料品店に寄り、テーブルワインを調達する。〈プレフォンテーヌ〉を六リットル。祖母からそう言いつかっていたのだ。祖母は毎晩のように深酒をした。祖母がくだを巻きながら千鳥足でうろうろするなか、台所に立つのはミュリエルだった。朝になって、居間の床で嘔吐物《おうと》にまみれて眠りこけている祖母を目にすることは珍しくなかった。その場合のぼくの対処法は、物音を立てずにココアを作り、さっさと学校へ行ってしまうことだった。

学校では、クラスに可愛い女の子がいた。ぼくはその微笑みと瞳にすっかりメロメロになっていた。とはいえ、その子がいつも仲よしの少女と一緒にいるため、言い寄ることもできない。もっとも、ぼくは相当な小心者だったから、言い寄るどころか、何もできずにいたのだが。そんなぼくにしびれを切らしてか、クラスの仲間が「代わりに届けてやるから手紙を書けよ」と勧めてきた。よし、決まりだ。ぼくはノートのページを一枚切り取って、一筆入魂のラブレターを書き上げた。われながら上々の出来栄えである。そして、休み時間になると、仲間がぼくの手紙を女の子たちのもとに届けに行った。

ぼくは離れたところから様子をうかがった。仲間がこっちを指さしながら何か言っている。ぼくは顔が赤くなるのがわかった。仲間が戻ってくると、ぼくたちはドキドキしながら女の子たちが手紙を読むのを見守った。二人は口もとを緩め、くすくす笑っている。男には決して真似のできない笑い方だ。やがて、愛しの彼女はペンを取り出すと、ぼくの手紙にじかに返事を書き込んだ。たちまち心臓がポンと跳ね上がり、ぼくは読む前から、これは色よい返事だと確信した。本人の代わりに連れの少女が返事を持ってきた。わくわくしながら震える手で手紙を開いてみると、そうは問屋が卸さなかった。そこに返事などはなく、綴《つづ》りの間違いが直されているのみだった。仲間はぼくの肩を軽く叩いて、とっとと退散してしまった。ああ、穴があったら入りたいという、ぼくのこの気持ちに同情してくれる気なんてさらさらなかったということか……。

その日、ぼくは、女性に近づくのはタコに近づくより難しいと思い知った。

春がやってきた。ぼくたちの住まいの裏手にある袋小路には藤の花が咲いた。ミュリエルはぼくに親切で、自転車の乗り方も教えてくれた。といっても、自転車はミュリエルのものではない。管理人の息子の持ち物だった。いつもキスと交換で貸してもらうのだ。

ある日、ミュリエルはぼくを廊下の突き当たりにある使用人部屋に案内した。そこには小さなベッドが置かれ、壁にロマンチックな写真が貼ってあった。映画雑誌のなかのポスターのような写真だった。

「ここはあんたのお母さんが使っていたのよ」懐かしげにミュリエルが言った。

母はここでしばらく暮らしたあと、家を出ていったのだ。ミュリエルは姉がいなくなってしまって淋しがっていたが、小さな甥がいることは喜んでいるようだった。ぼくが同居するようになって、少しは気持ちが晴れたらしい。

同じフロアの隣に住むご婦人にはよくお世話になっていた。お隣さんは七十くらいで、いつも絹のガウンを身にまとい、バブーシュを履いていた。どちらもサイゴンで商売をやっていた頃の思い出の品だという。口には長ギセルをくわえ、しばしばヘアカーラーを髪に巻いたままにしていた。

このアニエールのアパルトマンに落ち着く前はどんな仕事をしていたのか、なんとなく見当がついた。お隣さんの居間の入り口には珠のれんが吊るされていて、それをくぐると、いつも香のにおいが漂っていた。テレビも置いてあって、木曜日にはミュリエルとぼくは子ども向け番組を見せてもらった。

祖母が酔っ払って家でわめきちらしているときには、お隣さんを呼びに行ったものだ。お隣さんはいつだって落ち着きはらっていた。たいていの場合は、強い酒を取り出して(おそらくはサイゴンから持ってきたもので、何が入っているのやら、得体の知れない酒だった)小さなグラスに注ぎ、祖母に差し出す。すると効果覿面《てきめん》、祖母はぶっ倒れて数時間はそのまま眠りこけてしまうのだった。

何年かあとのエピソードだが、この祖母宅に泊まりに行ったときのこと。夜になって、お隣さんがミュリエルとぼくを起こしに来た。お宅に呼ばれていくと、居間ではテレビが点いていて、画面では一人の男が月面へ踏み出そうとしていた。月なら、窓の向こうに輝いているのに。ちなみにこのとき、祖母のほうはとうに酔いつぶれていて、月どころか火星のあたりをさまよっていたに違いない。テレビの向こうでは、人類がはじめて月の上を歩いていた。それはそれですごいことなのかもしれないが、別に度肝を抜かれるようなことでもなかった。ぼくは自分の世界でとっくに宇宙を探検していたから。人間がまだ月面を歩くところまでしか到達できていないことのほうが、よほど不思議なくらいだった。

祖母との暮らしは突然、幕を閉じた。雲隠れしていた母が再びぼくの前に現れたのだ。姿を消したときと同じくらい謎めいていたが、とにかくぼくは母に連れられてパリに戻った。

第四章　ぼくが手にした一つの言語

アニエールにはしばらくの間預けられていた。あとで知ったことだが、母は妊娠していたのだ。父は産ませるつもりだったが、母は堕胎を望んでいた。一人だけでも十分手が焼けるのに、二人目などとんでもないというわけだ。いつものことながら、二人の口論は殴る蹴るの暴行で幕を閉じ、母は肋骨が何本か折れ、顔が変形し、腹を腫らして病院行きとなった。子どもを産むかどうかの問題は、それで片が付いてしまった。

アニエールから帰ってくると、ぼくは二つのことを心に誓った。決して女性には手を上げない、そして、アルコールは一滴たりとも飲まないと。今ぼくは六十だが、これまで誓いを破ったことはない。

またセバストポール大通りでの生活が始まった。ぼくたちの住む使用人部屋は最上階の七階にあった。ウサギ小屋みたいに狭い部屋で、かつて祖父母が暮らしていた二階の広いアパルトマンとは大違いだ。部屋にはぼくの背丈くらいの高さに窓が二つあり、北向きなので、小さなバルコニーは冷蔵庫代わりになった。二つのビルの間から、遠くエッフェル塔の先端が望めた。

右手の壁には石膏の暖炉があり、その真上には、背割りの入ったオーク材の立派な梁《はり》が渡されていた。想像の世界で冒険ごっこをするときには、暖炉はよくインディアンをかくまう場所に早変わりした。

左手には台所があり、衝立で仕切られていた。台所といっても、板を渡した上に電気コンロを乗っけただけのものだ。さらにその上には、台所に帽子をかぶせたような案配で、いわば中二階のようなスペースが設けられていた。そこがぼくの寝床になっていて、木の梯子《はしご》で昇り降りする。明かりが眩しくないように、母が小さなカーテンを取り付けてくれた。

浴室はない。水道は踊り場で、長い廊下の突き当たりにしゃがんで用を足すトルコ式トイレがあった。トイレに行くときはいつも不安に駆られたものだった。廊下は不気味で不潔だし、同じ階の住人に顔見知りはいない。家鳴りもした。鼠《ねずみ》とか狼（いても不思議じゃない）とか、いきなり変なものに出くわして、寿命が縮む思いをするのはまっぴらごめんで、いつもおっかなびっくり廊下を進んだ。踊り場の水道からはお湯が出なかったので、体を洗うには、鍋に水を入れてきて温めなくてはならなかった。

ぼくは縫いぐるみの熊を二つ持っていた。大きいのと小さいのを一つずつ。大きいほうはバディジョンという名前で、背中に板が入れてあり、翌日に着る服を掛けられるようになっていた。確か、クリスマスに父方の祖母のマルグリットから贈られたものだと思う。小さいほうの名はプチ・コトンという。

この時期、父がどこにいたのかは知らない。毎晩、ぼくはパジャマに着替えて食卓についた。二日に一度は、目玉焼きのせハンバーグにマッシュポテトを添えたものが出た。食事が済んだら、小さな白黒テレビで『よい子におやすみ（*Bonne nuit les petits*）』を見てもいいことになっていた。

ちなみに、テレビは蚤（のみ）の市で手に入れたものだ。番組に登場する子どもたち、ニコラとパンプルネルの二人組はいつも一緒にいるから、ぼくにはうらやましかった。テレビの音質はひどいものだったが、番組の最初と最後に流れる音楽はずっと耳の底に残っていて、この先もきっと忘れることはないだろう。そしてまた、〈砂の商人〉が毎晩振りまいてくれる砂のキラキラとした輝きも。

暮らし向きは決して楽ではなかったけれど、それでつらいと思ったことは一度もない。お金にはあまり縁がなくても、ぼくには大事なものがあった。それは母の存在だ。毎日わが家に母がいる、母と一緒に暮らしているという、ちゃんとした母との思い出は、紛れもなくこのときがはじめてになる。朝食のときも、夕食のときも母はいた。ぼくにとっては新しい経験だと言っていい。そう、ごく当たり前の生活をはじめて味わうことができたのだ。その上、父にもいてほしいと考えるのは贅沢な話であって、むろん、そんなことは夢にも思わなかった。

母は特に愛情をかけてくれるわけでも、気を配ってくれるわけでもないが、一緒にいてくれた。母がいるだけで、ぼくの毎日は心地よくなった。母はこまごまとアルバイトをして生計を立てていた。サン＝ドニ通りの製造卸の業者に頼まれて服のデザインをしたり、革製品やキャンピングカーの展示会でモデルやコンパニオンをやったりしていた。ときにはフランクフルトやミュンヘンの展示会へ出かけることもあり、その場合は五日ほど家を留守にした。それがきっかけで、ぼくは自分で茹で玉子が作れるようになった。

学校に行っても、友だちはあまりできなかった。クラスメートはいわゆる〈売春婦の子〉ばかりで、ばかげた真似をすることしか頭にないような連中だった。学校の裏庭で煙草を吸うとか、工事現場で盗みを働くとか、仲間うちで殴り合いの喧嘩をするとか、まるでいっぱしの犯罪者気取りだ。

その当時、よく噂に上っていたのが〈カイロ団〉という集団だった。カイロといっても、エジプトとは関係ない。カイロ通りにのさばっていた不良グループのことだ。ぼくのクラスもその武勇伝で持ちきりになっていて、みんなが彼らに憧れて、こぞって真似をするようになった。アパルトマンの真向かいにあるゲテ＝リリック公園では、非行少年がたむろして、ジャックナイフで互いの腕にタトゥーを入れていた。チューインガムのおまけのタトゥーシールでは飽き足らず、皮膚に直接、好戦的なフレーズを刻みつけているのだ。もっとも、連中のほとんどがそのフレーズが意味するものを知らずにいる。そこまで度胸のない者は、皮膚をつまんで強力接着剤で貼りつけ、上から縫い目を描いて傷跡のように見せかけていた。

　ランドセルのなかに忍ばせた白黒のポルノ写真が、あちこちで取り引きされることもあった。儲けた金は、煙草や酒やキャンディーを買うのに使われた。なかには、母親が客引きをしているその場所で、年配の紳士に金をせびり、体を触らせる少年までいた。ぼくはといえば、そういったことにまったく興味が湧かなかった。身悶《みもだ》えするほどひとりぼっちから抜け出したくてしかたがないのに、どうしてもクラスの仲間に加わることができない。塩気を帯びた自分の肌、胼胝ができて分厚くなった足の裏……海辺での日々が偲《しの》ばれた。あのタコはどうしているだろう。会いたくてたまらなかった。その存在、ぼくが受けた慈しみ、注いでくれた友情が懐かしかった。それに引き換え、仲間と徒党を組んでくつろげたためしはない。生活がぼくをすでに孤独な人間にしていたのだ。

　当時のぼくはひたすら自己保存本能のみで行動していた。たとえ、生き延びようとすることで、逆に、生きる意味が見失われてしまうとしても。ぼくは明日という日に期待をかけていた。もっといい日が来ることを、吉兆を、曙光が差しそめるのを待ちわびていた。やがて、ぼくの生活に光が差し込むことになる。

家には古いレコードプレーヤーとレコードが三枚あった。レイ・チャールズ、ペトゥラ・クラーク、アダモの三枚だ。ぼくはレコードをかけるのが大好きだった。音楽が聴きたいからというより、アームをつまみ上げ、針先をそっとレコード盤の上に置くのが楽しかったのだ。レコードをセットするたびに、責任重大な仕事を任されているという気がしたものだ。

いつだったか、母が新しいLP盤を持って帰ってきたことがある。若いメキシコ人のギタリストが出したばかりのファーストアルバムだった。名前をカルロス・サンタナという。レコードジャケットは咆哮《ほうこう》するライオンの顔を描いたモノクロのイラストだったが、注意深く眺めると、ライオンの顔のなかには若い黒人女性が何人も隠れていた。絵のなかに紛れ込ませた絵……。目に映るものが、必ずしも見えたとおりのものであるとは限らない。ある解釈のなかに別の解釈が潜んでいることもあるのだ。そこで一挙に世界が二分される。つまり、ライオンが見えた人と、女たちが見えた人とに。さらに言うなら、おのずと女たちが見えた人と、言われなければ気づかない人とに。あたかも脳内の未知なる領域に、いきなり回線がつながったかのようだった。その領域は、少なくとも意識的に使ったことのない領域だった。

ぼくはアルバムをかけてみた。ジャングルや動物たちの喧騒が徐々に変容し、リズムを刻み、音楽となる。ギターが一頭の獣のごとく、しゃしゃり出るようにジャングルへと分け入っていく。数分後には、ぼくは一つの言語を手にしていた。その言語は文字を言葉に変え、音を音楽に変える。言語によって数学はさまざまな形をとるようになり、形は喜怒哀楽となる。そこには新しい世界が展開していた。この世界と並行して存在する限りのない世界。それは創造の世界だ。やがて、ぼくはその言語を操れるようになっていく。

話は前後するが、一九六八年のこと――。

ぼくたち家族は、またヴァロワールに来ていた。もちろん、バカンス村ではない。父がヴァロワールにナイトクラブをオープンさせていたのだ。趣味と実益を兼ねた店で、父にとっては職場と遊び場を行き来する手間が省け、都合がよかったのかもしれない。

母のほうはラ・セタズの麓に小さな空き店舗を見つけ、クレープ屋を始めた。クレープといえばブルターニュ、ブルターニュといえばクレープだろう。母にクレープ作りの手ほどきをしたのは、幼い母を育ててくれたベルジックおばちゃんだ。おばちゃんは自分の母親からレシピを受け継ぎ、母親はそのまた母親からレシピを受け継いだ。つまり、母の作るクレープは、代々伝えられてきたブルターニュ地方伝統の味というわけだ。

ぼくはヴァロワールの学校に再び通いはじめた。担任は違う先生に変わっていたけれど、ぼくのほうは相変わらずで、成績は超低空飛行を続けていた。地元の子どもたちがスキーばかりしているのに、どうして学校の成績がよいのか、当時は不思議でならなかったが、今思えば、まともな家庭環境と、ちゃんと子どもの面倒を見る親に恵まれていたからだろう。

ぼくの場合、家庭に恵まれていなかった。ぼくが登校する時分に父がナイトクラブから戻ってきて、ぼくが帰宅する頃には母がクレープ屋へ出かけていく。ぼくはほったらかしにされていた。そのほったらかしにされた時間をスキーの練習に充《あ》てたので、ぼくはさらに上達し、たちまちスラロームの初級クラスで銅《ブロンズ》のバッジを獲得した。

　ぼくたちは中二階にあたるアパルトマンで暮らした。部屋の窓は川に面していたが、川が見えるわけではなかった。川は雪の下を流れていて、胸の鼓動のように川音が聞こえてくる。毎晩、ぼくはその鈍い響きを耳にしながら眠りについたものだった。

　その年は町にも一メートル以上の積雪があり、除雪車が道の両脇に雪を寄せて高い壁を作っていた。ぼくは友だちと連れ立って、屋根やバルコニーに下がっている氷柱《つらら》を採りに行った。氷柱のなかには重すぎて、数人がかりでようやっと運べるようなものまであった。

　通りを上っていった先にはラパン書店があった。書店といっても煙草と土産物の店を兼ねている。その店は、ぼくにとって唯一のアトラクションのような場所で、日に二度は立ち寄らずにいられなかった。店主にはマルティーヌという娘がいた。年は十五歳、きれいな青い瞳をしている。そして、髪も真っ青だった。ぼくの父はマルティーヌのことをよく知っていた。というのも、マルティーヌがほとんど毎夜のようにトイレの窓から抜け出して、ナイトクラブ通いをしていたからだ。彼女のパンク・ファッションは町なかでも目を引いた。ぼくの目にはその姿が反逆者のように映った。通りで彼女の青く染めた小さな頭をよく見かけたけれど、ぼくには思い切って声をかける勇気がなかった。

　ところで、父にぞっこんだったカティーだが、このシーズンもやはり家族でヴァロワールに滞在していた。父のほうもカティーとの交流を次第に深めていった。よく、カティーがナイトクラブのカウンターの奥の席にいるのを見かけたものだ。カティーは若くて、とても品があって、洗練されていた。笑顔の美しい人で、ひどく儚《はかな》げに見えた。けれども、そのときのぼくは、まさか父が彼女との恋を温めている最中だとは、気づきもしなかった。父にとってカティーは仲のいい友人の一人に過ぎないと思っていたのだ。子どものぼくには大人の事情など知る由もなかったが、それでも、両親の関係が壊れつつあることはひしひしと感じ取っていた。

ヴァロワールでは、父に続いて、仲間のルネ・ペルネルも〈イヌイットの家《イグルー》〉というナイトクラブを始め、父のやっている〈羊小屋《ベルジュリー》〉のライバル店となった。さらには、町の入り口に三軒目の店クラブ〈乱痴気騒ぎ《カトサンクー》〉ができた。そのオーナーの一人はぼくたちのアパルトマンの上の階に住んでいた。名前はフランソワという。若くて影のあるいい男で、〝ダーティハリー〟のような魅力があった。父とはまるでタイプが違う。父はむしろ〝コナン・ザ・グレート〟タイプだ。母はこの魅力的な新しい住人のことが気になってはいた。けれども、これまでさんざん懲りているので、ナイトクラブの経営者はもうごめんだった。にもかかわらず、同じ建物内でたびたび顔を合わせるうちに、二言三言と言葉を交わすようになっていった。

そうしてわかったことは、フランソワはナイトクラブの共同出資者であり、友人に付き合って金を出したに過ぎないということだった。本業はカーレーサーだという。そして、フランソワもまた、カティーと同じくブルジョワ家庭の出身だった。

父も母も人生に傷つき、疲れ果てていた。そして、幸せな生活に憧れていた。家族で仲よく穏やかに暮らしたいと、夢見ていたのだ。二人がそれぞれ夢見る家族とは新しい家族のことであり、そのなかにぼくの居場所は用意されていないのだ。

父はカティーとバーに入り浸り、フランソワは母の店でクレープを食べ、ぼくは学校でうんざりしていた。緊張はいよいよ高まってきていた。

夜ごと、三軒のナイトクラブに雇われたポスター貼りたちが、イベントのポスターを商売がたきのポスターの上にのべつ幕なしに貼りまくった。〈イグルー〉がプロレスショーなら〈ベルジュリー〉は歌とダンスのパフォーマンス、〈カトサンクー〉はビール飲み放題の夕べといった具合だ。西部劇よろしく、三つ巴《どもえ》の戦いの火蓋が切って落とされる。『続・夕陽のガンマン』の決闘ならぬ、父と弟分と愛人の果たし合いだ。ぼくがナイトクラブや西部劇が苦手なのはそのあたりが影響しているのかもしれない。

ある夜、父は海賊ショーを催し、自らも海賊の扮装をした。胸にひだ飾りのあるシャツを着て、バンダナを巻き、片目には黒の眼帯、赤い布ベルトにプラスチックのサーベル。シュワルツェネッガーが『パイレーツ・オブ・カリビアン』のジャック・スパロウを演じるようなものだ。ライバル店は苦杯をなめた。その晩、〈イグルー〉では何のイベントもなかったし、〈カトサンクー〉はただのクレープパーティーをやっていたので、父にかなうべくもない。〈ベルジュリー〉は盛況で、次から次へと酒の注文が入り、これで父の目論見は大成功、とそのとき、一人の客が父のもとに祝福しに来た。

「やあ、おたくの海賊ショーは大当たりじゃないか！」客は音楽に負けじと大声で叫んだ。

「どうも」父が答えた。

客はそこでやめておけばよかったのだ。だが、悲しいかな、余計な一言を言わずにいられないのが人間の性《さが》というものだ。

「それにしても、あんたの女房が〈カトサンクー〉でクレープを焼いているってのはどうしたわけだい？」

父はすぐ頭にかっと血が上るタイプの人間だった。キレやすい世代なのかもしれない。

父は海賊の格好のまま、雪の積もる町へと飛び出した。そして、その勢いのまま〈カトサンクー〉に着くなり、たった一発で用心棒をのしてしまった。それから店に入って、三人の経営者の姿を捜した。まず一人目を見つけると酒瓶を頭に叩きつけ、二人目には顎にストレートをくれてやって気絶させた。母はホールの奥にいて、二つのフライパンを手にしたまま、迫りくるモンスターを茫然と見つめていた。

一方、フランソワは二人の共同経営者が床に伸びているのを見て、なりふり構わず裏口から逃げ出した。父はテーブルまでやってくると、片手ですべてのクレープを払いのけ、その手で思いっきり母の横っ面を張った。

クレープパーティーはそこで終了。音楽は止《や》み、客たちはほうほうの体で帰っていった。母は父を叩いて罵り、抵抗したが、所詮無駄なあがきであって、父に髪をつかまれ、雪のなかを〈ベルジュリー〉まで引きずられていった。

両親はいつ別れてもおかしくない状況にあった。

緊張が高まっていたのは両親の関係だけではない。

国全体が緊迫していた。時は一九六八年。春の訪れとともに、パリで学生や労働者による反乱が起きた。暴動を避けるため、母はぼくを連れて郊外の知人宅にしばらく避難した。それがどこだったのか、その知人というのが誰だったのかは、まったく思い出せない。覚えているのは、学校には通っていたということだけだ。

新学期を迎えた登校初日、セバストポール大通りからチュルビゴ通りまで歩いていくと、通りの角にも、機動隊の車両が停まっていた。校門の前でも、なぜか先生の数よりも機動隊員のほうが多い。もちろん、わざわざその理由を説明してくれる人がいるわけでもない。だから、拳を突き上げて「表現の自由を！」と叫ぶ学生たちのスローガンに、「そうだ、そうだ」とうなずいてみせた。

だが、実を言えば、ぼくの幼い脳味噌は学生運動の何たるかをちゃんと理解していなかった。学生たちが大声を出して、のびのびと意見を述べているけれど、それのどこがいけないというのか？　新学期は波乱含みの展開になった。生徒が授業をボイコットし、大通りをバリケードで塞ぐ。すると、機動隊が突進してきてバリケードを取り払う。生徒は校舎に逃げ込んで、機動隊がいなくなったと見るや、また出てくる。こんなことが二か月も続いた。授業も授業にならなかった。上級生が繰り返し教室へなだれ込んできては、窓から機動隊の頭上目がけて机や椅子を投げ落とす。学食では、食事中に石畳の石が窓ガラスを突き破って飛んでくることもしばしばだった。

翌月になると、新たなスローガンが叫ばれた。《打倒！　特権階級》というものだ。これにはさらに困惑させられた。ぼくには、靴も履かず、一番近い学校まで船で二時間かかるような場所で暮らしていた時期がある。そこでは、漁師が一家を食わせていくのに朝の三時から起きていたし、山羊と一緒に掘っ立て小屋で寝起きする山羊飼いもいた。道路すら通っていなかった。ぼくからすれば、ベロアのベルボトムのズボンに、タッセルの付いたモカシンを履くパリの学生たちは十分恵まれているように思われた。けれども、彼らにそんな道理は通用しないのだ。ある日など、〝特権階級〟の教師専用のエレベーターのケーブルが切断され、何階分もの高さからエレベーターケージが落下した。凄まじい衝撃音とともに急激な風圧が生じ、一階部分の扉が吹き飛ばされて、ケージは校庭に転がった。

一日の授業の終わりはチャイムではなく、投げ込まれる催涙弾で知らされるのが常だった。校庭に催涙弾が転がってくるのが見えたら、下校の合図ということだ。

しかしながら、悲しいかな、子どもは何にでも慣れてしまうものだ。

機動隊は街角の風景の一部となり、暴力が日常化して、教師たちは次々と辞めていった。だが、担任のフランス語の女の先生だけは違った。暴動のさなかにあっても熱意を失うことなく、ぼくは自宅に帰ってスタンダールの『赤と黒』を読むように仰せつかった。本当は、それか、ゾラの『居酒屋』のどちらでもいいと言われたのだが、〝酒〟の絡むタイトルには嫌な予感しかしないので、スタンダールのほうにした。ぼくの成績表には点数がなかった。教師が赤ペンを引っ込めない限り、校庭で学生たちが「われわれはみな平等である！」と叫び続けたからだ。ぼくの学習はお預けを食らった形となった。

この時期、父はどこにいたのだろう。いずれにしろ、カティーとともに愛を紡《つむ》ぎはじめていたには違いない。

ぼくのほうは相変わらず、セバストポール大通りのウサギ小屋で母と暮らしていた。大通りを少し北に上った角に大型スーパーのプリズニックがあり、ショートカットして店内を抜けると、サン＝ドニ通りに出られる。有名なジベール・ジュンヌ書店はそのプリズニックの隣にあった。この本屋のことを学校ではみんながみんな、〝ジルベール・ジュンヌ〟と呼んでいたが、まあ、おつむの程度が知れようというものだ。ついでに、ほかにも例を挙げておくと、地下鉄のフランクリン・D・ルーズベルト駅は、〝フランクリン・ドルーズベルト〟などと、ズッコケそうな名前で呼ばれていた。

それはともかく、ぼくは先生に言われたスタンダールの本を探そうとジベール・ジュンヌ書店に入ってみた。だが、不本意ながらタイトル名が何色と何色だったかを失念してしまった。通路をうろうろしていると、少年たちが何人も床に座り込んで変わったサイズの本を読んでいるところに出くわした。いつの間にかぼくは漫画《バンド・デシネ》コーナーに来ていたのだ。このバンド・デシネとの出会いが、ぼくの人生を変えるきっかけとなったと言っても過言ではない。そこには、アステリックスやタンタン、スピルーとファンタジオの世界が広がっていた。米軍パイロットのバック・ダニー、カーレーサーのミシェル・ヴァイヨン、ジョーとゼットの双子たち、仏軍パイロットのタンギーとラヴェルデュール、一匹狼のカウボーイのラッキー・ルークやネイティブアメリカンのウンパッパ……。

まるで、二百もの無料チャンネルが視聴できるカラーテレビが家にやってきたようなものだ。小さなコマと同じ数だけ、別の世界に誘う扉があった。自分にはとんと理解できないこの世界と、ようやく訣別できるというわけだ。向こうでは、自分の影より速く銃を抜くことができるし、魔法の薬を飲めば侵略者とでも戦える。白い小犬や怒りっぽい船長と一緒に冒険もできれば、憎たらしいサーカスの興行主からマルスピラミを救ってやることだってできる。これらの作者たちはみんな天才だ。彼らが生み出した世界のおかげで、ぼくは人生を救ってもらった。そうだ、《表現の自由》は、要求するのではなく、自分の手でつかんでモノにすべきなのだ。その日、ぼくは『赤と黒』や

『居酒屋』を読むより先に、時間を割くべきものがあることを知った。

母は定期的にぼくをティルシット通りにあるプールへ連れていった。そこの支配人とは家族ぐるみで付き合いがある。支配人は、父の仲間で建築士のトムの父親だった。

プールは地下にあり、長さ二十五メートルで、総タイル張りだった。ぼくは水が恋しくて、早く触れ合いたいと、いつもわくわくしながら行くのだが、いざプールに着いてしまうと決まってがっかりした。カルキ臭いし、水はカゴのなかに閉じ込められているようだった。タイルの感触は足に優しくても、ポレッチやイオス島で味わった感覚は何一つ得られない。パン粉をまとった魚の切り身が魚とは別物であるように、プールは海とは別物だった。それでも、ぼくは選り好みすることなく、サケが川に還るように泳いで、泳いで、泳ぎまくった。

そんなぼくに目をつけた水泳のコーチがいて、母はコーチからぼくをスイミングクラブに入れるよう口説かれた。二人の間にどんなやり取りがあったのかよく知らないけれど、クラブには倍の五十メートルプールがあると聞かされて、ぼくはＯＫした。

次の日曜日、ぼくは病気で欠場した選手に代わって競技会に出ることになった。スタートのルールの説明があり、自分のレーンからはみ出さずに泳ぐように言われた。五十メートル自由形だ。ぼくが魚たちとともに過ごした年月のことを知る人などいるはずもない。ぼくは二位以下に大きく水をあけ、顎がはずれるくらいコーチを驚かせた。

さらにその次の日曜には、全種目にエントリーする羽目になり、メダルを総なめにして、早くもほかの子たちの憎しみを買った。

ティルシット通りのプールサイドでは、必死の母から尻をたたかれた。母はぼくをチャンピオンにして、不幸から抜け出すことを夢見ていたのかもしれない。だが、ぼくにチャンピオンになる気はさらさらなく、狭いプールで一通り泳ぎきってしまうと、もうつまらなくなってくる。金魚鉢のなかでバタ足なんかしているより、どうしたってバンド・デシネのほうに心が動いてしまうのだ。

そんな息子に母は一計を案じた。

「タイムを縮めるたびにコミックを一冊買ってあげるわ」

かくして、ぼくの〈アステリックス〉と〈タンタン〉と〈ラッキー・ルーク〉と〈スピルー〉の一大コレクションが築かれることとあいなった。もちろん、その気になれば一気にタイムを縮めることができただろうが、できるだけ多くのコミックを手に入れるため、ぼくはペース配分を考えながらこまめに記録を更新していった。

その結果、一年もかからずにお気に入りのコミックの全シリーズが手に入った。そろそろ潮時かと思っていたある日のこと、コーチから浮き具を両足に挟んで一キロ泳ぐという練習メニューを言いわたされ、瞬時にぼくの心は決まった。ここにはタコがいない。ウツボもいない。つまらない。これ以上通っても、もう何のメリットもなかった。


セバストポール大通り一二三番地の建物の一階には香水の店が入っていた。そんなわけで、中庭のゴミバケツの脇にはいつもサンプル用の小瓶が捨ててあった。どの香水瓶にも〈見本《ファクティス》〉という記載があったので、ぼくはてっきりそれがブランド名だと思った。お払い箱になった香水瓶はどれもきれいで、そこには独特の世界観がある。捨ててしまうなら、こちらでいただこうということで、ぼくは拾った香水瓶の収集を始めた。美術館まで行かなくても、自宅で美術館作りはできるのだ。

この一二三番地の入り口の前には新聞の売店もあった。毎週木曜はスピルー新聞の発売日で、ぼくはいつも木曜日を楽しみにしていた。スピルー新聞はお気に入りの漫画雑誌で、ぼくにとってはテレビ代わりにもなった。

ある日、ぼくは〈ピロット〉という雑誌が出ていることに気づいた。創刊はかなり前のようだが、手に取ってぺらぺらめくってみると、これがなかなかおもしろい。誌面全体の色調といい、掲載されている物語や絵の作風といい、大人びているが心惹かれる。なかでも『時空エージェント、ヴァレリアン&ロールリンヌ』の主人公二人にはやられてしまった。タイトルを見ただけで、すてきな冒険が始まる予感がして、わくわくしてくる。地球を飛び出し、はるか彼方の驚異に満ちた世界を発見する旅。それは日常では決して味わうことのできない経験だ。ぼくのいるウサギ小屋は無限の広がりを見せ、ロールリンヌはぼくの初恋の女《ひと》となった。ヒロインは十一世紀の田舎に暮らしていたが、いきなり二十五世紀の世界にタイムスリップしてくるのだ。頭がよくて天真爛漫《らんまん》、向こう見ずで、度胸があり、自然体の飾らない美しさに輝いている。主導権を握るのはいつもロールリンヌのほうだ。ヴァレリアンはその激しい気性に気圧《けお》されて、おとなしくついていく。ぼくはロールリンヌのことが大好きで、早く木曜日が来ないかと、毎週のように首を長くして待った。そして、雑誌が売店の店先に並ぶとすぐに買い、猛ダッシュで七階の使用人部屋まで駆け上がった。

部屋に入ると、雑誌を大事に脇に置き、宿題を全部片づける。それから楽な姿勢になって作品を味わった。少しでも長く楽しみたいから、ゆっくりと慎重にページを繰っていく。ぼくにとって、木曜日のこの時間が一週間のうちの絶頂にあたり、現実逃避の場となっていたように思う。宇宙で数時間を過ごすことで、あとの地上での一週間を乗り切ることができたのだ。この雑誌にはヴァレリアン以外の作品も掲載されていて、ゴトリブという作家の辛辣なユーモアも知った。おかげで、はじめて笑いが止まらないという体験をした。ほかにも、地図の上に書いたＡＴＬＡＮＴＩＱＵＥ（大西洋）の文字が実は島であり、そのうちのＡの文字に迷い込んでしまうという、フィレモン少年の不思議な話も印象に強い。アステリックスとオベリクスの冒険も欠かさず読みふけった。それどころか、ぼくの想像はとどまるところを知らず、作品の主人公たちはしばしばコマから飛び出して、冒険を繰り広げていった。

そんな折、母もようやくぼくを映画に連れていくことを思い立ったらしい。ぼくたちは近所の映画館へウォルト・ディズニーとかいう人の『ジャングル・ブック』を見に行った。ぼくははじめて映画を見て衝撃を受けた。その色彩、音楽、テンポのよさ、ユーモア、アイディア……すべてに度肝を抜かれた。何よりも、両親に捨てられ、動物たちに救われた九歳の少年の物語に……。ディズニーはこの映画をぼくのために作ってくれたに違いない。

映画を見終わって、ぼくは言葉が出なかった。家に帰ると、床に伏せ、涙にくれた。そんな日が一週間も続いた。床の上で眠り、自分も黒豹と熊に育てられたいと願った。ラストに登場する麗しいインド人の少女の瞳のクローズアップも忘れられなかった。目配せをしてみせる少女の姿態に漂うのは、女の色香そのものだった。といっても、ぼくはまだ色香というものを知らなかったのだが。

いずれにしろ、ぼくは普段の生活になかなか戻ることができず、苦しい思いをした。

パリは徐々に平静を取り戻し、そのままずるずると学年末を迎えた。その年の夏は、ポレッチやギリシャのようなリゾート地に家族で移動することもなかった。それで、両親が本当に別れたことを悟った。実は、二人はもうだいぶ前に離婚していたのだが、ぼくにわざわざ知らせるほどのことではなかったようだ。

母の恋人のフランソワは、ぼくにはまだ身近な存在ではなかったが、カティーのほうはすっかり父の生活に入り込んでいた。バカンスの際、父はぼくをサン＝トロペに呼び寄せて、ぼくはそこで数週間を過ごした。

父がいつも軍団の仲間たちとつるんでいる一方で、カティーは姉妹や女友だちとずっと一緒だった。だから、二人の関係がどこまで進んでいるのかはわからなかった。カティーは父にとって仲のいい友だちに過ぎないのか、それとも、もっと特別な存在なのか……。父ははぐらかそうとしたし、カティーのほうもなるたけぼくを避けていた。カティーはまだ若かったから、ぼくに対してどう振る舞えばいいのかわからなかったのだろう。ぼくに母の姿が重なって見えていたのかもしれない。いったい、ここでバカンスを過ごすことに何の意味があるのだろうか。サン＝トロペは海岸のある大きな都市だが、ぼくにとって、その二つは調和しえないものだった。

父の仲間たちは遅くまで大いに遊びまくり、正午になってからやっと起き出してくるのが常だった。その時分、ぼくは朝獲ってきた魚を焼いていた。軍団のなかにはジャッキーとナニもいた。ナニはぼくの母の親友だったが、間もなくカティーとも打ち解けて仲睦まじくなった。そのことに母は傷つき、その傷が癒えることはなかった。

傍目からも、そうとう退屈しているように見えたに違いない。ぼくはいきなり、父に乗馬体験に連れていかれた。乗馬クラブは道路沿いの四角い草地で、ショッピングセンターの向かいにあった。早い話が、観光客を呼び込むためのアトラクションということのようだ。

ぼくにあてがわれたのは、旅の一座に見放されたラバのような馬だった。鐙《あぶみ》に足をかけると、腹帯の締め具合が悪かったらしく、鞍がずるりとずれ、そのまま背中から砂利の上に落下、腕をしたたかに打った。当然ながら大声を上げたら、今度は馬が怯えて暴れ、痛めたほうの腕を踏みつけられた。ぼくの肘はおかしな方向に曲がっていた。自分で元に戻そうにも戻せない。そこへジャッキーが駆けつけてきて、エイッとばかりに肘を元どおりにしてくれた。

父とのバカンスは、二週目にして病院で過ごす羽目となった。腕は二か所折れていて、ぼくは肩から手首までギプスで固められてしまった。

馬に乗るのは、金輪際、ごめんこうむりたい。

第五章　映画、写真、音楽

ぼくは中等教育課程に進み、いったんはチュルビゴ通りのチュルゴ校に通ったものの、母には思うところがあったようで、ぼくたちはパリ東南のサン＝モール＝デ＝フォッセに引っ越した。そして、ぼくは私立の寄宿学校に編入することになった。

母は、駅にほど近い二間の小さな住まいに落ち着いた。いや、むしろ、フランソワの住まいの近くと言ったほうがいいのかもしれない。フランソワはマルヌ川沿いに家族が所有する大きな邸宅に住んでいた。ぼくはぼくで、学校から徒歩二十分圏内の場所に住みながら、寄宿舎に入れられたことが、どうも腑に落ちなかった。

今度の学校はチュルゴ校よりもだいぶ規模が小さく、ささやかな校庭とその周りに二階建ての校舎があるだけだった。ぼくは依然として成績が悪かったけれど、ここにはパリ周辺の落ちこぼれ連中が集中していたものだから、そのなかに紛れてあまり目立たなかったようだ。先生たちの授業は申し分ないくらいの催眠効果があったが、フランス語の授業だけは例外だった。担当教員は栗色の髪のきれいな女の先生で、むっちりとして、三十代くらいだったと思う。短いスカートにストッキングというのが定番のスタイルで、壇上の机に腰かけて両足を椅子に載せ、下着をチラ見せさせては生徒たちの気を引いていた。上級生たちのなかには、「先生と大人の付き合いをしてやったぜ」

などと豪語する者まで現れる始末だった。

のちに映画館で『時計じかけのオレンジ』が掛かるようになると、生徒たちの間ではセックスの話題が沸騰し、ぼくは話の内容についていこうとして、しきりに耳をそばだてた。くだんのフランス語の先生はといえば、ハイヒールを履き、腰をしゃなりしゃなりと振りながら校内を歩いていた。四月に入ると、先生の服は胸元が大きくあいたものに変わり、ぼくたちはありがたくレースのブラジャーを拝ませてもらえた。女性のセックスアピールについて意識したのはそのときがはじめてである。ポレッチの浜辺では嫌というほど水着姿の女性を目にしたけれど、それがセクシーだとは思いもしなかったし、そもそもそこに魅力を感じもしなかった。しかし、この官能的で垢抜けた先生の存在によって、ぼくのなかで何かがむくむくと頭をもたげたことは確かだ。そのこれまで感じたことのない感覚がどんな影響を及ぼすものなのか、推し量るべくもなかったが、知りたい世界がこれで一つ増えたことは間違いない。

寄宿舎には三十人ほどの生徒がいて、三人一組で部屋が割り当てられていた。外国人が多く、ほとんどが外交官の息子で、一年か二年したらそこを出ていく。金持ちの子もいた。タッセルの付いたモカシンを履いているのがその証拠だ。

地下室には白黒テレビがあって、一フラン硬貨を投入すると五分間視聴できるようになっていた。ある日などは、サン゠テティエンヌ対バイエルン・ミュンヘンのサッカーの試合を見ていて、ぼくたちは一瞬でも見逃すまいと、代わる代わる椅子の上に乗っては、硬貨を入れようと身構えていた。案の定、決定的瞬間にテレビが消えてしまい、みんなが大声で騒ぎ立てた。それでコイン係の生徒が焦るあまり、硬貨を床に落としてしまったものだから、さあ大変。一気に暗くなった地下室は、大混乱に陥った。ようやくテレビがついたときにはあとの祭りで、ドイツチームに一点が入っていた。まあ、そんなことは日常茶飯事で、とりたてて取り上げるほどのことでもないのだが。

授業のない水曜日はたいしてやることもないので、学校の真向かいにあるシェロン・スタジアムをぶらぶらした。そこでは一人の青年が走り高跳びの練習をしていた。後ろ向きに跳び上がるというユニークな跳躍スタイルだ。

「背面跳《フォスベリー・フロップ》びっていうんだ。きみもやってみるかい」

フランス選手権に向けて練習中だというその青年は、練習熱心なうえに、自分の技術を伝えることに喜びを感じているようだった。学校の先生たちにも、この青年の爪の垢を煎じて飲ませてやりたい。そう思わずにはいられなかった。

青年に感化され、ぼくも毎週水曜日に走り高跳びをするようになった。クラブに入門するわけでもなく、誰かに強制されたわけでもない。ぼくはただ、ひたすら青年と二人だけで練習に励んだ。ずんぐりむっくりのぼくの体型はこの競技向きではなかったが、たまたま運がよかったのと、新しい友人の熱心な指導のおかげで、自分の身長を超える一メートル六十五センチの高さをクリアできるまでになった。

パリにいる頃から、週末にはよく父方の祖母のマルグリットのところへ泊まりに行った。そのときは、まず祖母の働く店に寄らなくてはならなかった。当時、祖母はパリのラ・ブルドネ通りにある縫製店で販売主任を務めていた。店のオーナーはお金持ちのお年を召したご婦人で、ありとあらゆる宝飾品をじゃらじゃらと身につけていた。銀行に預けておいても信用ならないから、金目《かねめ》のものは何でも手もとに置いておく主義らしい。白粉を厚く塗りたくった顔は皺《しわ》がなく、なのに、手のほうは年をごまかせず、樫《かし》の老木の樹皮のようだった。別人の手を移植したかと思うくらい、顔とのギャップが激しかった。

祖母からは、オーナーは貴族の出だから、握手しながら挨拶するような下卑《げび》た真似はしないようにと諭された。その代わり、手の甲に軽くキスをすればいいのだと。続けて、テーブルではお行儀よくすること、ナイフやフォークを正しく使い分けること、話す前にはナプキンで口もとを拭うことも教わった。こうして何年かかけて、ぼくはマナーや礼儀作法を叩き込まれた。祖母は、父が嫌がって覚えようとしなかったことをすべて、ぼくにしっかりと覚えさせていったのだ。古臭い作法のあれこれを全部覚えなくてはならないとしたら、どんな子どもでもぶうたれてしまうに違いない。だが、ぼくは祖母の教えをとても気に入っていた。愛情に飢えていたせいで、与えられるものは何でも喜んで受け入れたのだ。のちに公式晩餐会に招待されて、何とか格好をつけることができたのも、祖母のおかげだと思っている。

話を戻すが、ぼくには一つ、困ったことがあった。それは、毎週金曜日、縫製店にお邪魔する際に、オーナーの手にキスしなければならなかったことだ。老いさらばえた手の甲には静脈が浮き出ていて、指輪をはめっぱなしの指からはホルマリンの臭いがしたので、嫌でたまらなかったのだ。だから、ぼくは店の前まで来ると、すぐにはなかに入らず、様子をうかがうようにした。そして、祖母が店の奥に姿を消すのを確認するや、なかに駆け込み、鶏の足でもつかむようにオーナーと握手していた。ところが、ある日、オーナーが目に悲しげな表情を浮かべていることに気づいた。そして、どうやらこの人は金髪の少年からキスで優しく挨拶される瞬間を慈しんでいて、毎週のようにそれを心待ちにしているのだと悟った。オーナーの瞳の奥には孤独感が広がっていた。ぼくと同じような孤独感が。その日、ぼくは心に決めた。これからは金曜ごとに最高のキスをプレゼントしようと。心を込めて手に口づけると、オーナーはお返しに最高に優しい微笑みで応じてくれた。ぼくにはそれがあどけなく笑う子どものように感じられた。

閉店後、ぼくは祖母とラ・ガレンヌ＝コロンブまでバスで帰った。バスに乗ると、贅沢な気分になれた。座席は座り心地がいいし、大きな車窓を通して世の中の暮らしぶりがうかがえる。せかせかと行き交う人の群れ、賑わう商店街、こんもりとしたブロッコリーにも見える木々は、冬が来ると葉を落とす。クリスマスには、パリの街は飾りたてられて、一大アミューズメントパークのように映る。その時期になると、祖母はプランタンやギャラリー・ラファイエットといったデパートまで行ってショーウィンドウを見物させてくれた。ディスプレイの一つ一つに独自の世界観があり、その場から離れがたいほどだった。なかでも強い印象のあるのが月世界をイメージしたもので、映画『二〇〇一年宇宙の旅』をモチーフとしていた。そのときは、実際の作品も見たくなり、やいのやいのと母にせがんだあげく、映画館に連れていってもらったものだ。

「あんたにはまだ無理。見たってわからないのがオチよ！」

そう母に言われようが、構わなかった。理解しようなんて思わない。ただ、どんな感じか知りたかったのだ。

ぼくたちはワグラム通りにある〈帝国《アンピール》〉シネマに行くことにした（今はもうない映画館だ）。二千人が入る客席が満杯だった。ぼくたちはその中央に陣取って、巨大なスクリーンと対峙《たいじ》した。そして……ぼくは雷に脳天を直撃されたような衝撃を受けた。いや、まったくすごい映画だった。今もなお、あの衝撃からは完全に立ち直れていない。

「どう、少しはわかったの?」映画館の出口で母に訊かれた。

「何もかも全部」ぼくは胸を張って答えた。

とりわけ、見聞きした話以上に、人の生きる世界に広がりがあることを知った。まだ作品についてどうこう言うことはできなかったけれど、自分が雨に出会った植物のような気がした。そして、自分が生長し、大きくなっていくように思えた。


祖母マルグリットの住むアパルトマンは狭かった。玄関の真正面が浴室で、右手に寝室、左手に居間があり、その先に小さなキッチンが続いている。居間からは通りが見え、寝室は庭に臨んでいて、春が来るとその庭で遊ぶことができた。ぼくのために小さなオモチャ箱が用意されていて、なかには鉛の兵隊やプラスチックの騎士などがぎっしり詰まっていた。鉛の兵隊はきっと父のものだったのだろう、年月を経て色がはげていた。ほかのオモチャも中古で新品は一つもなかった。祖父の遺品の軍隊の勲章が入った箱ももらったが、それは宝探しに使ったり、自分の身につけて遊んだりした。ときとして、祖母は日曜の市で買いたたいてきたマジョレット社のミニカーをくれることもあった。居間に敷いてあるペルシャ絨毯《じゅうたん》の模様が恰好の走行コースだ。ぼくは腹ばいになって、キッチンから漏れてくる物音や匂いに心地よく包まれながら、何時間でも遊んでいられた。

祖母は料理が上手だった。いろいろとレシピも教えてくれた。祖母の得意料理は、二度揚げしたカリカリポテトを添えたローストビーフとエビジャコのオードブルだった。

夜には、ソファのクッション三個を使ってベッドを作ってもらい、壁をびっしりと覆いつくした祖父の絵画を眺めながら眠りについた。何十枚あっただろうか。祖父は油彩も水彩もたしなんだ。森のなかを描いた絵、古い家の絵（きっと家族で暮らしていた家だろう）、そして、数々の肖像画。肖像画はどれも同じく、孤独に傷ついた眼差しをしていた。ぼくを描いた絵も一枚あったが、その目も例外ではなかった。

祖母のところで過ごす週末はいい息抜きになった。山中で気持ちのいい風に吹かれているような心持ちになれた。祖母はほかのことは捨ておいて、ぼくの面倒だけを見てくれた。なんてありがたかったことか！

パリを離れてからは、日曜の夕方には母がぼくを迎えにやってきた。そして、フランソワが下の通りでクラクションを鳴らして合図するまで、二人で紅茶を飲みながら待った。フランソワのマリンブルーのルノー16はおかしな音を立てていた。まるで、ガソリン代わりに安物のきつい酒でもあおったかのようだった。フランソワはレース中のように運転した。そう、ハイスピードで、しかも無駄のないシフト操作で、びっくりするほど滑らかに、効率よく。ありえないカーブを描きながら、路上のラインなどそっちのけで、道路の特性や形状を活かした走りをする。優秀なレーサーの本分にたがわず、フランソワは無言でハンドルを握った。祖母の家に向かう道すがらバスから楽しんだ風景は、帰りには、列車の窓から眺めるような色の帯と化した。ラ・ガレンヌ＝コロンブとサン＝モール＝デ＝フォッセはパリを挟んで対角線上の位置にあるが、気づけば、出発から到着までものの数分しかかかっていなかった。いきりたったルノー16はぼくの寄宿舎の前に止まり、母からは別れ際に一週間分のキスをもらった。そうしてぼくは、テレビに硬貨を入れながら週末を過ごしていた外交官の子息たちのところへ戻っていった。連中は、親がだいぶ離れたところに住んでいて、ぼくのように祖母のところで週末を過ごすこともできないのだった。

父のほうはというと、とうのむかしにちゃっかり再婚をしていた。結婚式に呼んでもくれなかったが、がっかりすることもなかった。なにせ知らされていなかったのだから。ぼくが知ったのは、再婚して何か月も経ってからで、父から送られてきたアルバムをめくっているときだった。そこに新しい家族の写真があったのだ。ついでに、父がパリでまたナイトクラブを始めていたことも知った。店の名は〈ワンダー〉というらしいが、海賊に扮してショーをやっていた頃が懐かしくなって、かつての商売に戻ったのかもしれない。


のちにフランソワは、ぼくたち母子の送り迎えを止め、母と一緒に暮らすようになる。エンジニアをしているという兄弟が、人工衛星を組み立てに南米へ行ってしまうので、セーヌ゠エ゠マルヌ県にある自宅を三年間貸してくれることになったのだ。新しい住まいは、宅地開発の対象から外されたレジニー村にほど近い森のはずれに建てられた小さな家だった。同じ形の建物が二軒続きになっている二階建てのメゾネット形式で、隣にはブラシェールさんという共働きの夫妻が住んでいた。夫妻は揃ってエール・フランスに勤めていた。

ぼくには森に面した窓のある個室が与えられた。寄宿舎生活ともおさらばで、ぼくは近くのコレージュに転校させられた。今度の学校はプレハブ校舎で、三百六十度、どこを向いても牛たちが草を食《は》んでいるような場所にあった。

ぼくは学期途中に編入し、秋から第四学年〔四年制中学の三年生に相当〕に上がることになったものの、あまりに学力が低いので、一週目から早々に落第するぞと脅かされた。そう言われたら、こっちだってやる気を出さないわけにはいかない。とはいえ、ぼくは全教科で出来が悪かった。

「文中の単語の数より綴りの誤りのほうが多いんじゃないか？　そんな生徒はきみがはじめてだぞ！」

フランス語の教師からはそんなありがたいお言葉をちょうだいした。新入生が早くクラスになじむようにするには、みんなの笑いものにするのが一番だとでも思っていたのだろうか。

数学にはお手上げで、歴史は退屈極まりなく、ドイツの地理にはこれっぽっちも興味が湧かない。それに引き換え、体育の先生とは馬が合った。ぼくには、先生の要求に応じてどんな競技種目でもマスターできる自信があったし、先生は何よりぼくのやる気を引き出してくれた。ただし、力を出し切らずにセーブすることも、ぼくは教わっておく必要があった。というのも、ぼくのせいでクラスメートが足や手首を痛めてしまうことがままあって、先生の頭痛の種となっていたからだ。

ぼくにはハンドボールの素質があったらしく、たちまち上達したのはいいが、ついていないことに、校内の教師対生徒の親善試合で数学教師の肩を脱臼させ、一年間の出場停止処分を食らってしまった。そこで、体育の先生はぼくにバレーボールをやらせることにした。対戦相手と接触することのない唯一の団体競技だったからだ。バレーボールは、今でもぼくの大好きな団体競技だ。

それはさておき、クラスにはとても気になる少女がいた。ぼくより背が高く、ナマズのような目をして、イルカのような微笑みを湛《たた》えている。特別にきれいなわけではないが、ほかの子にはない魅力を持っていた。名前はナタリーという。

学校で、ぼくが小型車に乗せられたカバみたいに首を縮めて気まずそうにしているのを見て、ナタリーはおもしろがった。実は、笑わせたくてそうしていたので、ナタリーがこちらを見てくれたことに感激してしまった。ナタリーはぼくの家から二つ先の通りに住んでいた。ぼくたちは学校が休みの水曜日に落ち合うようになり、やがて毎日放課後にデートする仲になった。ナタリーの家族は騒々しかったけれど、とても仲よしだった。よく笑い、よく喋り、本音をぶつけ合う。家族とはこういうものなのか。ぼくにはとても信じられなかった。感情を剝き出しにして、互いに理解を深めようとし、こんなにも活気に満ちているなんて……。

うちでは、フランソワは仏頂面でいることが多く、ぼくとは喋ろうともしなかった。本当に一言も。車に夢中で、車だけが大事で、それ以外のことは別にどうでもいいと思っているらしい。いつもぼくは珍しい動物でも見るような目つきで見られていた。まるでぼくが水中の魚で、犬が上から覗き込んでいるようだった。

朝は、おはようのキスもない。指先で軽く触れるくらいのおざなりの握手だけだ。母に対してさえ、愛情ある素振りを見せたためしがない。まあ、平手打ちが飛んでこないだけでもましだったのだろう。

数年前まで、フランソワは当時有名だったGRACというチームに所属するドライバーだった。圧倒的なスピードを誇り、たぶん同世代のなかでも屈指の才能に恵まれていたのだと思う。ある年などは、大きなレーシングチームから誘いがあったのだが、GRACへの忠誠心から誘いを断ってしまったらしい。ところが、そこでツキに見放されたのか、新型車で参戦するも成績は振るわず、シーズンを通して最下位争いを演じることになった。それで、徐々にサーキットから遠ざかるようになり、やがてヘルメットを製造する小さな会社を起《た》ち上げたのだった。

〈GPA〉というその会社は、結構順調に成長し、まもなくレジニー近郊に工場を構えるまでになった。そのため、フランソワは犬のようにせっせと働き、ぼくたちの前に姿を見せることもなくなった。母が本物の犬を飼おうと決めたのは、たぶんそのためかもしれない。家にやってきた犬はバセットハウンドで、ジェリーと名づけられた。体長一メートル、体高十センチの胴長短足で、その姿は車高の低いレーシングカーを思わせた。まさにフォーミュラ1といったところか。冒険好きのソクラテスとは大違いで、ジェリーはカーペットの上から動こうともしない。それでもぼくたちは気が合って、ぼくは縫いぐるみにしてやっているのと同じように、ジェリーの世話をした。

話を戻すが、〈ワンダー〉を経営している頃の父と会うことはめったになかった。まあ、ナイトクラブの支配人と学生とでは、生活パターンがかみ合わないことは言うまでもない。だが、毎度のことながら、いきなり状況が一転した。なんと、父が〈ワンダー〉を閉め、再びクラブメッドに入ったのだ。それも、今度はスポーツ・アクティビティ部門のチーフとしてモロッコのアガディールに赴任することになっているというではないか。このたびの急展開は、父にとって、まっとうになることを意味していた。水稼業からは足を洗い、給与明細やら福利厚生やら、何から何まで揃っているまともな会社に就職する。たとえ業務の一環として海パン一丁でビーサン姿でおどけてみせなくてはならないとしても、それで普通の生活を手に入れることができれば御の字だろう。父の心境の変化の理由はすぐにわかった。カティーが妊娠したのだ。最初の家庭で失敗した父に、二度目のチャンスが巡ってきたというわけだ。

腹違いの妹について、いろいろな人からそれなりに説明されたが、ぼくにはどうでもいいことだった。腹違いかどうかなんて関係ない。ぼくに妹ができた。それだけのことだ。

生まれた赤ん坊はジュリーと名づけられた。ヌイイにあるカティーの実家で、ぼくははじめてジュリーと対面した。ほとんどの赤ん坊がそうであるように、妹は不細工だった。それがぼくの最初の感想だった。思ったことを正直に口にしたまでだが、あちらの家族はたちまち気分を害し、カティーに忠告した。

「あの子を赤ん坊に近づけてはだめよ。先妻の子どもは嫉妬して意地悪をすることもあるから」廊下に出たとたん、誰かがそう言うのが聞こえた。

けれども、ぼくは、生まれる前から妹のことを愛していた。それで、初対面の日、さっそく妹に誓ったのだ。辛い目に遭うのはぼくだけでたくさんだ、きみには絶対淋しい思いはさせないと。

こうして、ぼくには晴れて妹ができた。確かに喜ばしいことではあるが、その事実をどう捉えたらいいのかは、よくわからなかった。果たして、父の新しい家庭のなかに、ぼくの居場所はあるのだろうか？　ぼくは父の家族に受け入れてもらえるのだろうか？

夕食時、母に妹に会ったことを報告した。ぼくはものすごく興奮して喋っていたと思う。でも、本当は少し動揺していた。大人だったら、すぐに気づいてくれるはずだろうけど、母からは何のアドバイスも慰めの言葉ももらえなかった。

もう大きいのだから自分で何とかしなさい、というわけか……。

その年の夏は駆け足でやってきて、ぼくはアガディールにいる父のもとで夏休みを過ごした。バカンス村はなかなかすてきで、プールは広々としていたし、海はさらに広かった。何キロにもわたって砂浜が続き、沖合には波消しと海岸浸食防止のための離岸堤が設置されていた。大西洋との出合いは今回がはじめてだった。地中海とは打って変わって、波が高く、音も荒々しい。波の周期《ピリオド》はこちらのほうが長かった。地中海は、たとえるなら、悪戯っぽくて移り気で、色気のある魅惑的な若い娘だ。水は澄みきり、海底の神秘を見せてくれる。一方、大西洋は、どっしりと貫禄のある威圧的なおばさんだ。今にも怒鳴られそうで冷や冷やする。水はどんよりとして深い闇を思わせ、手を浸しても透けないくらいなので、ぼくはプール周辺で過ごすことにした。

カティーは、ぼくがいるとやはり気まずそうだった。ジュリーのほうは、ぼくを見てはじめてにこにこ笑った。父は忙しそうだった。敷地内でたまにすれ違うことがあり、そんなときはぼくに笑いかけ、ぽんと肩を軽く叩いてくれる。ぼくはそれを愛情のしるしと見なしたが、それでも、父を神さまのように神聖視した。体が大きくて、男前で、力が強い。その魅力的な笑顔と青い瞳を向けられると、みんながみんな心をつかまれてしまう。ぼくでさえそうだ。父はすっかりバカンス村の人気者だった。父にはただ〝ぼくのお父さん〟でいてほしかったけれど、神さまはみんなのものだから、やむを得なかった。

ぼくは夏中スポーツをしてばかりいた。とことんスポーツに熱中した。ところが、ある日、水球の試合中に、ぼくのタックルを受けたお客さんが肩を脱臼するというアクシデントに見舞われた。もちろん、その人はバカンス土産に怪我を持ち帰りたかったわけじゃない。そんなことで、残念無念、ぼくは全競技の試合への参加を禁じられてしまった。ペタンクのゲームでさえ参加させてもらえなかった。そこでぼくはサーフィンを始めた。波をスラロームしていくのは気持ちのいいものだが、なにせ水が濁っているので楽しさも半減した。ぼくが好きなのは、青く、深く、透き通った水なのだ。ポレッチやイオス島のような。

毎日がよどみなく過ぎていった。平穏に、退屈に。ぼくが疑問に思っていたことは、どれも答えを得られないまま、その夏は終わったのだった。

さて、レジニーのコレージュに通うようになったぼくは、予想に違わず落第して、第四学年をもう一度やり直す羽目になった。

留年して良かった点は、もう劣等生ではなくなるということだ。といっても、学年の最初の数週間だけの話に限るが。なぜなら、すぐにほかの生徒たちに追いつかれてしまったからだ。

第三学年に進級したナタリーにはかなり水をあけられてしまった気がした。ぼくは、彼女と一緒にいるところを人に見られるのが恥ずかしかったし、向こうも気詰まりに思っているのではないかと心配した。しかし、ナタリーはそんなことはてんで意に介さなかったので、ぼくたちはこれまでどおり、待ち合わせをしてはいちゃついた。留年を除いては、平穏無事な暮らしが続き、その一方で、ぼくはひたすら辛抱していた。自分のなかにいろいろと渦巻くものを感じてはいたけれど、それを言葉にするのは難しく、そもそも、それが何であるのかもわからなかった。ぼくが与えられた生活にうまくなじめていないのは、火を見るよりも明らかだったはずだが、周りの大人たちがそれに気づいている様子はなかったし、何か変だと気にかけるふうでもなかった。しょうがない。ぼくは心に重荷を抱えたまま、待つことにした。時間が経てばこの重荷も消えてしまうはずだ。風邪が自然に治るように。

前年の冬、ぼくはクリスマス休暇を父の新しい家族とともにレザンで過ごした。レザンはスイスの山懐に抱かれたファミリー向けのスキーリゾートだ。森のど真ん中にロココ調のホテルが建っていて、ホテルの周辺には山小屋風の古い別荘がひしめいている。どか雪が降り、黒々とした別荘群は雪に埋もれながらも寒さに耐えていた。軒から下がる無数の氷柱が房飾りのようだった。

クリスマスは書き入れどきだから、父の顔はほとんど拝めない。元日も然り。ぼくの順番が回ってくるまでに、父は四百人の客と抱擁を交わさなければならないのだ。年末年始の恒例だった。

ゲレンデはホテルからかなり離れていたので、ゲレンデの上のほうにはレストランが設けられていた。正午になると、ぼくはそこに立ち寄り、急いで食事を済ませてから、また滑りに行った。毎日その繰り返しだった。

別荘の支配人には娘が一人いて、ぼくと同じように休暇で父親のところへやってきていた。ブロンドの切りそろえた前髪の下に、水彩画を思わせる青い瞳がのぞいていて、グラビアのモデルのようにすらりとしている。ヴィニーという名前で、ぼくより二つ年上だったが、ぼくにはそれが二世紀ほどの隔たりに感じられた。まだまだ子どものぼくに対し、向こうはすでに一人前のうら若き女性だった。ぼくは電光石火で恋に落ちたが、告白するまでには至らず、ひたすら気持ちを押し殺した。彼女の目には、そんなぼくが柱の陰で頭隠して尻隠さずの象のように映ったに違いない。ヴィニーはぼくの精一杯の芝居を見抜いて、楽しげに笑った。ヴィニーもまた両親が離婚していて、ぼくと同じくらい愛情に飢えていた。だから、ぼくとは反りが合ったのかもしれない。すぐに打ち解けて、仲よくしてくれた。ぼくの見ている前で化粧をしたり、どんなファッションがいいかぼくに意見を求めたりした。町に出れば、褐色の細長い煙草をふかしてみせ、早口で喋り、話がしょっちゅう飛んで、かと思えば、突然笑い出す。まさに絵に描いたようなパリジェンヌだった。ときには、ぼくと腕を組むこともあった。といっても、長い時間ではない。ガキ相手に恋の真似事をする気はこれっぽっちもないのだ。ヴィニーが狙っているのはもっと年上の男性だし、それに、すでに彼氏も確保していた。その彼氏というのが、バカンスに来てすぐに知り合った二十一歳の若者で、車まで持っていやがる。首に巻いた大判の赤いマフラーに茶色の長髪を垂らしたいけすかない野郎で、今思えば、若き日の哲学者ベルナール＝アンリ・レヴィにも似ていなくもない。当然のごとく、ぼくは嫉妬の炎を燃え上がらせた。

ある日、ヴィニーはその彼氏とスキーをしに出かけた。ところが、彼氏はスキーが下手くそで、二人がようやっと滑り降りる間に、ぼくは余裕でゲレンデを三往復した。二人に追いつくたびに、ぼくはエッジを効かせて急停止し、そいつの顔に派手に雪を撥ねかけてやった。

その晩、ヴィニーはバーでぼくをつかまえ、嫉妬は無意味であること、ぼくのことは好きだけど若すぎることを、優しく微笑みながら説明した。それから、間抜けなボーイフレンドのことを辛辣な言葉で貶めたうえで、ぼくを好きな気持ちは永遠に変わらないと断言してくれた。カーアクセサリーの首振り犬みたいに、ぼくは何度もうなずいた。紛れもなく、ヴィニーは大人の女性だった。たぶんフィアンセにはなってもらえないだろうけど、ガールフレンドができたことは確かだ。

レジニーに戻って、また学校に通うのかと思うと、やりきれなかった。こちらでは雪がべちょべちょで汚れていた。ただ寒いことだけは変わりなかった。当時は携帯電話もインターネットもなかったし、電話をかけようとすれば、いちいち料金を気にしてフランソワが文句をたれる。そこでぼくは手紙を書いたが、届くまでに二週間かかった。そのうちにヴィニーの思い出は少しずつ薄れていった。

レジニーで仲よくなったナタリーは、出会ったときはまだ大人の女性というにはほど遠く、ぼくたちは友だち同士のつもりで遊んでいた。互いに「ポーリーヌ」「ポーラン」と呼び合い、いつでもどこでも一緒だった。もちろん、いちゃつくこともあったし、キスの味も覚えた。セックスはまだだった。ナタリーの心の準備ができていなかったからだが、ぼくのほうもそうだったので、ちょうどよかった。それでも、心の準備が整ったらセックスしようと、約束だけはしておいた。

その年の夏、父はブルガリアのルサルカに異動となった。ぼくはいつものように夏休みを父のところで過ごした。

バカンス村は黒海沿岸にあって、どことなくポレッチを思わせた。だが、ソクラテスがいないので、つまらない。ぼくは空《むな》しく夏が過ぎるのを眺めて過ごした。実際、ナタリーがいないと淋しかった。早くナタリーに会いたかった。

けれど、ぼくが二度目の第四学年を終えた夏——レジニーに帰ると、愛しのポーリーヌはすっかり日焼けして、記憶にある彼女よりぐっときれいになっていた。しかし何か様子が変だ。目つきが大人びている。以前なら声を上げて笑うところで微笑むし、話をするより話を聞く側にまわる。そして、ついに白状したのだった。松林で出会ったブロンドのハンサムボーイと寝たのだという。恐れていたことが現実となっていた。ぼくは打ちのめされたが、何でもないふりをした。これでぼくは、恋人から友だちに格下げになってしまった。新学年は最悪のスタートを切った。

もう地球はこりごりだった。よし、決まりだ。ぼくは宇宙飛行士になることにした。お隣のジャン＝クロード・ブラシェールさんはエール・フランスの機長だったが、ニューヨークでしか売っていない火薬エンジンをよく買ってきてくれていた。ケネディ宇宙センターに行くまでの間、ぼくは自分でロケットを作ることにした。ペーパータオルの芯をかき集めてロケットの胴体にし、バルサ材の板をカットして尾翼をつけた。パラシュートはゴミ袋を切り抜いたものを糸で縫い合わせた。小さい頃から、モノが限られているなかで遊んできたおかげで、有りあわせで何でも作ることができたのだ。毎週末、ぼくは凍《い》てついた甜菜《てんさい》畑のほどよいところに陣取って、ロケットを打ち上げた。

　すると、いつしかそれが噂になって学校中に広まり、ぼくの変てこロケットが飛び立つところを見物しようとみんなが集まってくるようになった。母までがわざわざやってきた。ロケットは改良を重ね、今や二段式エンジンを搭載していた。ぼくは上空千メートルを超える高さまでロケットを飛ばしてみせたが、航空機の邪魔になるとかで、憲兵隊が甜菜畑に踏み込んでくる騒ぎになった。ロワシー空港の管制官が調査に入っていたらしく、ぼくは「ばかな真似は止めなさい」と厳重注意された。誰かのタレコミか、それとも妨害工作か、結局のところわからなかったが、いずれにしろ、ぼくは宇宙に飛び出していくことを禁じられ、地上にとどまるように宣告された。それならそれで結構。制止できるものなら、制止してみろとばかり、ぼくはオーストラリアを目指して旅に出ることにした。レジニーの甜菜畑から一番遠い場所はどこかといったら、オーストラリアだったのだ。旅行がてら、少しは地理の勉強にもなるというものだ。

　ぼくはオーストラリアのことを隅から隅まで調べ上げ、理想的なルートを検討した。クラスメートの一人が仲間に加わり、毎日昼休みになると食堂で計画を話し合った。傍目には、押し込み強盗の計画を練る悪ガキに見えたに違いない。ぼくは、自分に許される唯一の交通手段、つまり、ミニバイクでもってオーストラリア一周を企てていた。そのために、数学の勉強もした。ガソリンの消費量や旅行の経費がオーストラリアドルでいくらになるかを計算しなくてはならなかったからだ。

ぼくの計算によれば、夏休みの七十日間で回り切れるはずだった。バイク二台を船で輸送するのにいくらかかるかも問い合わせた。日曜日は、小遣い銭を稼ぐために芝刈りをするようになった。料金は一回につき二十フランをちょうだいした。

赤字を出さないようにするには、千回以上芝刈りをしなくてはならない計算になる。だから、本当に押し込み強盗を働くか、スポンサーを見つける必要があった。フランソワに掛け合ってみようか？　ぼくのことは遠くへ追いやってしまいたいはずだから、GPAで出資してくれるかもしれない。それどころか、「もうここには帰ってきませんから」などと持ちかけたら、さらに弾んでくれるに違いない。昼休み、食堂でそんなシミュレーションをしていると、いきなり相棒に水を差された。

「え？　嘘だろ？　まさか本気で、バイクでオーストラリアを回ろうなんて考えていたわけ？」相棒はげらげら笑っていた。

「え？　嘘だろ？」は、こっちのセリフだ。この計画のどこに無理があるというのか？　こっちはカレンダーの日付に×印をつけて、旅立つ日を計算しているというのに。相棒は肩をすくめると、さっと立ち上がった。

「おまえ、ほんとにいかれてるな！」吐き捨てるようにそう言うと、相棒はサッカーの話に興じるクラスの連中の輪に加わった。

こうして、ぼくのオーストラリア行きの夢は学生食堂内で費《つい》えた。結局、その年の夏もいつものように、クラブメッドの世話になることとなった。

話はまた少し遡って、父が昇進し、バカンス村の支配人としてモロッコのアル・ホセイマに赴任していたときのこと――。

ぼくはまた地中海に戻ってきた。だが、今度の場所はぼくの知っている地中海とはだいぶ様子が違う。延々と砂浜が続いていて、岩場がない。正面の沖合には岩礁のような小島が浮かび、そのうちの一つ、切りたった岩壁の島にはスペインの要塞がへばりつくように建っている。要塞には今でもスペイン軍が駐留していて、近づくことは禁じられていた。一方、バカンス村はどうかといえば、広い松林に藁葺《わらぶ》きのバンガローが点在している。バンガローといっても造りは立派で、しつらえもかなり贅沢だ。そんな仕事場で、父は新たな役職に真面目に向き合い、海パン一丁でせっせと労働にいそしんでいた。おかげで、以前にもまして父に会う機会は減った。カティーは売店で働き、ジュリーはピンクの浮き輪をつけて、大きなプールで水遊びができるようになっていた。

きっと、いつもと代わり映えしない夏休みを過ごすことになるのさ。そんな心づもりでいたぼくは、その夏、「人生が変わった!」と思える瞬間を二度も経験した。

きっかけを作ってくれたのは、建築士のトムだった。トムのことは昔から好きだった。それは、トムだけがぼくを子ども扱いせず、一人の大人として接してくれたからだ。トムは孤独を好み、人とは群れず、父の取り巻きたちとはだいぶタイプの異なる人間だった。

夏の間、トムはバカンス村で外装工事を請け負っていた。

村をぶらついていたときに、ぼくは偶然トムの滞在するバンガローに行きあたった。トムは作業中で、ペンキを塗っているところだった。トムのバンガローは小さな博物館さながらで、きちんと整理整頓されていた。トムは写真集のコレクションを後生大事にしていたが、ぼくには中味をのぞかせてくれた。ラルティーグ、カルティエ＝ブレッソン、ドアノー。そればかりか、ヘルムート・ニュートンやブルダン、ハミルトンまで。さまざまなフォルム、光線、女性の肉体、それもたいていはヌード……。ぼくはページをめくるたびに頰を染めたが、トムは何も言わなかった。そして、ぼくの横に座ると、作品の解説をするのだった。

ぼくには裸しか見えないのだが、トムはそこに曲線、コントラスト、x軸とy軸、織り込まれた幾何学的な造形があることを示してみせた。やがて裸体は消え、建築学や数学や詩の世界に吸収されていった。写真はもはや二次元の影像ではなく、新たな発見をすべく編み出された世界に代わった。ぼくは読み書きを習得したばかりの頃のように夢中になった。そして、その日から、これまでのような世界の見方を一切しなくなった。

ぼくは毎日のようにトムのバンガローへ押しかけたが、トムはまんざらでもなさそうだった。あとで知ったことだが、トムは父の腕力を恐れて口には出せずにいたけれど、ずっとぼくの母に想いを寄せていたらしい。だから、ぼくに優しくすることで、母に愛情を向けていたのかもしれない。

トムのバンガローには、ほかにもレコードプレーヤーとLP盤のコレクションがあった。レコードジャケットには、それだけで完成された作品と言えるほど、芸術的なものが多い。そのなかから、ぼくはマイルス・デイヴィスの『ビッチェズ・ブリュー』を選んでかけてみた。音楽にバンガローが支配され、ぼくの脳内は沸き立った。ぼくは何だかわからないけれど、「凄い」と感想を漏らした。すると、トムはサウンドの楽しみ方をアドバイスしてくれた。まずはドラムスに呼吸を合わせるベース・ラインに耳を澄ませるように言い、それから、トランペットがピアノとクロスしてどんなふうに存在感を見せているのか、複雑な構成のなかですべての音がどんなふうに絡み合って臨場感を生んでいるのかを説明してくれた。それは先だって写真のなかに見出した構造と同じものだった。事実、どんな創作でも、構成をイメージすることから始まる。トム自身はぼくの人生を一変させたことに気づいていなかったが、そのとき、ぼくは新しい言語を学び、それを自分の公用語——ある意味での母国語にしようと決意したのだった。

第六章　イルカと青い世界の底へ

やはり、新学期の始まりは気が滅入るものだ。勉学への無気力無関心は相変わらずで、授業のカリキュラムを見ても、前年同様、つまらなそうに思えた。そこで、学校とは別に、自分だけの行動計画書を作成し、実行することにした。毎週〈フォト〉誌を買う。買ったらそれを徹底的に読む。水曜日にはパリまで出て、〈リド・ミュージック〉に行く。〈リド〉は大型レコード店で、輸入盤を専門に扱っていた。

こちらに帰って来る前、ぼくはトムのところで、マイルス・デイヴィスのアルバムジャケットの裏面を調べ、そこに名を連ねるセッションメンバーに目星を付けておいた。すぐに気づいたことだが、ミュージシャンたちには横のつながりがあった。そのつながりは樹形図のように広がっていた。たとえば、スタンリー・クラークはチック・コリアに、チック・コリアはキース・ジャレット、ついでハービー・ハンコック……といった具合に続く。当時、ぼくが衝撃を受けたアルバムがある。スタンリー・クラークのファーストアルバム、ビリー・コブハムの『スペクトラム』、それに、ウエザー・リポートの同名タイトルのファーストアルバムの三枚だ。

ぼくは〈リド〉に行くと、店内でヘッドフォンをつけ、何時間も立ち通しで、つかれたように一週間分の音楽をひたすら聴きまくっていた。水曜に〈リド〉でアルバムを一枚買い、日曜は、次のアルバムを買うために三軒分の芝生を刈るというのも、ぼくのカリキュラムの一環だった。

ただ、一つだけ問題があって、それは、家にはステレオセットがなかったことだ。フランソワが音楽を嫌っていたからなのだが、ちなみに彼が好きなのはエンジン音だけのようで、本当にぼくとは反りが合わない。そんなわけで、ぼくは毎晩さっさと宿題をやっつけてしまうと、お隣に向かった。お隣では階段下に大切にステレオセットが置かれている。ジャン＝クロードさんは第一級のマニアックなステレオ愛好家なのだ。ぼくは扱いに気をつけるという約束で、ステレオを借りた。静電気防止用のカバーを取ってきちんと畳み、レコード針の保護キャップをはずす。レコード盤に針を落とす係はぼくではなく、フルオート機能のトーンアームがやってくれる。あるとき、ぼくはマハヴィシュヌ・オーケストラのファーストアルバムを買ってきた。冒頭のドラミングが部屋の空気を一変させたかと思いきや、数十秒で途絶えた。ジャン＝クロードさんがすっ飛んできて、レコードを止めてしまったからだ。ジャン＝クロードさんは箱からセミプロ仕様のヘッドフォンを取り出すと、ぼくにつけさせた。ぼくの欲求を精一杯尊重してくれているのだけれど、アグレッシブなサウンドをぼくと一緒に聴く気はないらしい。ヘッドフォンを通して再びぼくは音楽に満たされていった。温かい心遣いで胸が満たされていくように。

ぼくは精神安定剤でも服用するかのように、毎晩かかさず音楽を聴きに通った。失望して泣き叫ぶ代わりに、他人の魂の叫びで耳をぶっ壊しに行ったのだ。

一つ、ささやかな不満を言わせてもらえば、いかんせんヘッドフォンのケーブルが短すぎた。階段に腰かけて聴こうとするなら、ケーブルを柵の間に通し、頭を手摺《てす》りに押しつけた格好にならざるを得ない。決して快適とは言えないが、でもまあ、大した問題ではない。必要とあれば片足立ちをしてでも聴いただろうから。

パリまでは少し距離があったが、それでも、ときどきは祖母のマルグリットを訪ねていた。祖母の働く縫製店は今や閑古鳥が啼《な》いていた。ショーウィンドウにいつまでも飾られている見本にしてもデザインが古い。店舗面積の大半を手放し、人も減らし、残された僅かなスペースで営業していた。オーナーの老婦人は狭くなった店の奥で縮こまり、黙って死ぬのを待っているように見えた。ぼくがしてあげられることと言えば、せいぜいその手に接吻して、喜んでもらうことくらいだった。

祖母はアトリエに改装された地下室で働いていた。従業員は三人しかいない。店舗の一階部分は銀行に替わっていた。そこから少し先に行ったところに一軒の店があった。以前は気づきもしなかったが、レコードやプレーヤーを売っていて、ジャズを専門に扱っている。そうと知るや、ぼくはもう、蜜の在りかを見つけたミツバチも同然だった。店内には、新しいヒーローたちが顔を揃えてぼくを待っていた。そこに通うには、土曜日も芝刈りをしなくてはならなくなった。店主からは小さなカードを渡された。アルバムを一枚買うたびに、地下鉄の切符切りみたいにパンチで穴をあけてもらうのだ。アルバム十枚分に相当する穴があくと、アルバム一枚が無料になる。思えば、その一学期はひたすら芝刈りにいそしんだものだった。それればかりか、二人の祖母からクリスマスにもらった小遣いまで注ぎ込んで、コレクションを増やしていった。こうしてアルバムは二十枚ほどになったが、わが家には相変わらずそれを聴く手段がなかった。ようやく母がそのことに気づいた。「プレーヤーもないのに、どうしてこんなにレコードを買い込んだの?」母はあきれ返るくらい至極もっともな疑問を投げかけてきた。

ぼくは泣いて母につかみかかってやろうかと思った。大声で叫んでやりたかった。プレーヤーもないのに、子どもがなけなしの金をはたいてレコードを買う。なぜか？　自分独自の世界を築きたい、表現してみたいという衝動に突き動かされたからに決まっているじゃないか。親の自覚があるのなら、子どもの思いを汲み取って、手助けしてやるのが親の務めというものだろう！　そう言いたいのに、言葉が喉に詰まって、ぼくは口ごもった。

「だ、だから……お隣で、聴かせてもらうんだよ」

母はきょとんとしてぼくを見つめた。こっちが「1＋1＝2だ」とでも言い出したかのように。それから肩をすくめて台所へ戻ってしまった。ぼくはちょっぴり悲しくなったが、思い直してレコードをつかみ、いつものように一服しにジャン＝クロードさんのもとへ向かった。

結局、コレクションのアルバム総数が八十枚までに上り、こちらの思いが通じるまでに、二年近く要することになった。二年だ。二年も待たされた。それも、その年のクリスマスのおねだりリストに、たった一つ、〝ステレオセット〟とだけ書いておいたから、買ってもらえたのだ。

届いたステレオセットは、単純な構造で、ぱっとしない安物だった。けれど、そんなことなんて構いやしない。これで、毎晩、耳がガンガンするまでレコードを聴きまくることができる。その代わり、母には「居間で聴くなら、お願いだからヘッドフォンをしてちょうだい」と、釘を刺されてしまった。あたかも、キース・ジャレットなんて意味不明とでも言いたげな口ぶりだった。

冬のシーズンが到来すると、ぼくは父の赴任先の北イタリアに移動した。カティーはまたお腹が大きくなっていた。父の働くコルチナ・ダンペッツォは広大なスキーエリアにあり、スキーの世界選手権の会場にもなっている。ヴァロワールとは雲泥《うんでい》の差だ。ここでは達人のコースでスキーができるのだ。ぼくは俄然やる気が湧いてきて、めきめきと腕を上げ、スラロームで前走《フォアランナー》にわずか二秒遅れというタイムで滑れるようになった。

父からはたまにスキーに誘われた。ぼくたちはいつもコース外で滑った。父は冒険好きなのだ。樅の木立も森のなかも、腰まで埋もれてしまう新雪もものともしない。どんなエリアでも見事にこなした。日曜日にはスラロームで腕比べをしたが、父を負かすことはできなかった。ぼくはリベンジを誓い、やがて二月の冬休みを迎えた。

その日は、インストラクターたちによって特別にスラロームのコースが設営され、ぼくたちも競技にエントリーした。父は前走のすぐあとにスタートし、いいタイムを出した。それに対し、ぼくはあくまでも父に勝ちたいという激しい執念に燃えていた。ぼくという存在を示すにはそれしか方法がないだろう。何としても父を振り向かせたかった。海賊に対抗するには決死の覚悟が必要だ。それこそナイフを口に敵船に飛び移るような意気込みで、ぼくは飛び出していった。結果は、海賊に〇・五秒の差をつけてフィニッシュ。ぼくは有頂天になって、父のもとへ急いだ。父の瞳はきっと誇らしさに輝いているに違いない。息子を誇りに思い、認め、愛してほしい……。どれほどぼくがそれを必要とし、求め、タイムが表示される瞬間に賭けていたことか……。だが、父はぼくには目もくれず、ぶつぶつ不平を漏らしていた。雪質がよくないだの、気温が低すぎるだの、ストックワークをまずっただの何だのと言って、さっさと二本目の試技に向かってしまった。ところが、二本目はスタートに失敗し、一本目のタイムを破れない。三本目は全力で滑り出すも、十番目の旗門に引っかけて転倒、ラッコのように仰向けに転がった。父は怒り心頭の面持ちで、下で待つぼくのところに戻ってきた。自分で自分を罵っている。今日は思いどおりに滑ることができず、これまでで最低の出来だったからだ。要するに、ぼくが勝ったのではない。父が負けたのだった。

ぼくたちはコースからホテルまで滑って戻ってきた。途中、父は一言も話しかけてこなかった。ぼくは気まずい思いでいっぱいで、途方に暮れていた。その晩は一人でクラブに行って食事をした。テーブルでは、見知らぬバカンス客七人と相席になった。ぼくはひどく混乱していた。父からほんの少しの愛情を得るにはどうすればいいのか。もうぼくにはわからなかった。

夕食を終えると、ひょっこり父が姿を見せた。顔からは険しさが消えていた。

「今日の滑りはよかったぞ。それに、俺にも勝ったしな。よくやった」

そう言ってぼくの肩をぽんぽんと叩くと、父はまたどこかへ消えてしまった。

父がかけてくれた言葉は気休めにはなったが、もうあとの祭りだった。胸の痛みはいつまでも消えずに残った。

そうこうしている間にも、カティーのお腹はますます大きくなっていった。妹ができるというので、ジュリーは上機嫌だった。まだ胎内にいるこの妹は、やがてペギーと名づけられる。

ぼくはどんどん写真にのめり込んでいった。音楽や建築学では満たせないものでも、写真であれば満たせることに気づいたのだ。図らずも、ぼくの映画魂の真髄が形作られようとしていた。われ知らず、ぼくは映画に向かって進んでいたのだ。ただ、ぼくは写真機を持っていなかった。買えるようになるまでには、芝刈りを百万回くらいしなければならない。そこで、またしても隣のジャン＝クロードさんに頼み込んだ。そして、ありがたくもキヤノンを借りられることになったのだが、取り扱いにはステレオのとき以上の厳しいルールが課せられた。研究室でウイルスの実験をするかのように、慎重に慎重を重ねて、操作しなければならないのだ。ジャン＝クロードさんは今にも「手術用の手袋をはめてくれ」などと言い出しかねないくらいの偏執ぶりで、肝心の写真機のほうは、買ったときの状態を損なうことなく梱包材のなかで後生大事に保管されていた。

結局、あれやこれやと二時間ほど訓示を垂れたあとで解放してくれたが、それでも心配している様子がひしひしと伝わってきたので、安心させようと、ぼくはニトログリセリンを扱うようにカメラバッグをそろそろと持ち上げてみせた。

最初の被写体はすぐに見つかった。愛犬のジェリーだ。この胴長短足さんはなかなかフレームに収まらず、おまけにしょっちゅう動くものだから、始終ピント合わせを強いられた。だが、おかげで撮影の基本を覚えることができ、反射神経も鍛えられた。

折しも〈フォト〉誌ではハミルトンと被写体の思春期の少女たちが持てはやされていた。作品は画面全体に紗《しゃ》がかかったような、輪郭がおぼろな風合いだった。ぼくにはとうてい買えそうもないフィルターが使われている。それでも、レンズを少し蒸気で曇らせれば間に合いそうだ。あとは被写体を見つけるだけだ。ちゃんとした被写体となりうるモデルを。

ジゼルは校内でも際立ってはすっぱな少女だった。留年を二度経験しているが、女性ホルモンの分泌にかけては群を抜いていた。いつも無造作にブラウスのボタンを外したままにして、男子生徒の気を引いていた。胸が見えているのではない。わざと見せているのだ。言い方を変えれば、恥じらいがないということだ。だが、男どもはまだ初心《うぶ》すぎて、そのむんむんの色気にはみんながみんな恐れをなしていた。そんなわけで、ジゼルは気の毒にもフラストレーションが溜まりに溜まって、弾けることができずにいた。

ジゼルならモデルになるのを嫌がらないに違いない。そう考えたぼくは、巨匠たちの作品を見せ、撮影の話を切り出した。ジゼルは目を輝かせてすぐに承諾してくれたが、すでにその笑みからは、撮影があらぬ方向へ向かうことを期待しているさまが見てとれた。

次の水曜日、ジゼルが家へやってきた。ぼくは母の寝室を撮影スタジオにして待っていた。どんなポーズから始めるか、光をどう計算に入れるか、どんな表情がほしいか、ぼくが真面目に説明すると、ジゼルはろくに聞こうともせず、「わかった、わかった」というふうに適当にうなずいて服を脱ぎ捨てた。あちらは欲望丸出しだったが、なにぶんこちらは経験不足で、どうやって行為に至るのかも知らず、大いに困惑した。ぼくは写真を通して自分のアイデンティティを、自分の存在を主張したかっただけなのだ。両親を振り向かせるためには、自分にも取り得があるというところを証明する必要がある。それ以外のことには関心がないのだ。そう言い聞かせると、ジゼルは少しがっかりしたようだったが、最後にはぼくが真剣に取り組もうとしていることをわかってくれた。それからは、ぼくの指示を聞き入れて、少しずつレンズ越しに導かれていくようになった。ぼくはジゼルに自分のありのままの姿を見せてやろうとした。両親に顧みられずにいる、感じやすい、迷える少女の姿を。ジゼルはゆっくりと理解していった。演技などする必要のないこと、装わず、誰の評価も気にせずに本来の自分でいればいいことを。そうして、ジゼルはようやく思うままに自己表現ができるようになった。傍らにはそれを証明する人間もいる。ジゼルは素直で豊かな表情を見せ、最後にはその美しいバラ色の頬に涙が伝っていた。

翌朝、学校に行くと、ジゼルのブラウスのボタンは一番上までしっかり留められていた。

ぼくは、一学期と変わりなくぱっとしない成績で三学期を終えたものの、無理やり上の学年に進んだ。来年こそ高校生の仲間入りをするが、もうナタリーと一緒に通うことはない。彼女は今やパリのリセエンヌだからだ。六月の時点ですでに新学年はつまらないとわかってしまうのも困ったものだ。

父は、集客が難しいと言われたアル・ホセイマで客寄せに成功した実績を買われ、引き続き二年目のシーズンもバカンス村の運営を任されることになった。ぼくはもう村のことなら何でも知っているので、探検する必要もなかった。

ジュリーは泳ぎを覚え、ペギーは伝い歩きをはじめるようになった。二人の妹は、バカンス村のちょっとしたアイドルだった。ぼくは妹たちのあとを追いかけて、様子をうかがった。どちらもまだ小さくて、一年も会わずにいたので、ぼくが二人の兄であることをわかってもらうのは無理だ。誰かから何かしら説明があってもいいものだと思ったけれど、父は忙殺されていたし、カティーにはその気がなかった。だから、ぼくは妹たちが食べたり笑ったり走ったりしているところをただ眺めて、二人の成長を見守った。妹たちと接することができるのはプールのなかだけだったので、日中はプールで過ごすようにした。ぼくが水の申し子であることはすぐに肌で感じたようで、妹たちはぼくに心を開いてくれた。ぼくはおどけたり、イルカの真似をしたりしてみせた。二人が笑ってくれるなら何でもした。水のなかにさえいれば、二人のことを抱き上げて、言い尽くせないほどの愛情をたっぷり注ぐことができたのだ。

それ以外の時間はフラストレーションが溜まるばかりで、ぼくはますます孤立を深めた。胸のうちに渦巻く思いがどれだけあっても、それを話す相手がいない。黄色い声を上げ、笑い、踊り、遊びに興じる数多のバカンス客のなかにいながら、ぼくは蚊帳《かや》の外にいた。自分がナイトクラブのカウンターに置かれた金魚鉢の金魚のような気がした。外界の音がくぐもるように聞こえ、ガラスを通して見る光景は輪郭がぼやけている。はっきりと見聞きできるのは大声と大袈裟な身振りだけだ。

バカンス村は料金が安く、比較的客層も若かったから、サングリアが大量に消費され、絶えずどんちゃん騒ぎが繰り広げられる。夜ごと、近くのバンガローからは男に身を任せる女たちのよがり声が漏れてきた。慣れとは怖いもので、ぼくは潮騒を聞くように淫らな声を耳にしながら眠りについた。

男女は問わない、友だちがほしい。話し相手がいればいい。そう思っていた。喋ってくれなくてもいい。そばにいてくれればいいのだ。誰でもいいから。

あるとき、カイーク船を模した船で行く一泊二日のオプショナルツアーが実施されることになった。出発の朝、ぼくは客でもないのに、ちゃっかり船に乗り込んだ。とにかく、お祭り騒ぎの喧騒から少しの間でも離れたかったのだ。船は大きな木造船で、あまり速くはなさそうだ。船長を務めるスタッフは、安っぽい衣装をまとって一応それらしく振る舞っている。船長帽と付け髭があれば、老練な船乗りに見えるとでも思っているのだろうか。まったく、前年は会計係だった人間が思いつきそうな安易なアイディアだ。

さて、船は三十人ほどの観光客を乗せて出港した。客たちはこれから大西洋を横断するかのように興奮していたが、実は、目的地まではほんの数キロで、海上から行っても二時間もかからない。ぼくはいち早く船首に陣取った。尖った木の舳先が水を切って進む音だけを聞いていたかったからだ。海は絹のようにゆったりとうねっていた。海の青はあくまで青く、どこまでも深く、神秘的だ。

海面をじっと見つめていると、不意に、ぼんやりした影が現れた。続いてもう一つ。イルカだ。何頭かのイルカが舳先に近寄ってくる。遊びに来たらしい。さっそく、船首が作り出す水流に乗って楽しそうに泳いでいる。その姿は優雅に踊っているようにも見える。ふと、一頭のイルカが船の横に来て、こちらを見た。静かに体をしならせながら、口角をキュッと上げて笑みを浮かべている。ぼくを誘っているようだ。ぼくは後ろを向くなり、走って船長に知らせた。

「イルカがいるよ！　スピードを落として旋回すれば、ここで一緒に遊んでくれるよ！」興奮してぼくは叫んだ。

なのに、船長は無視を決め込んでいる。時間どおりに運行しなければならないからだ。

ぼくはかっと頭に血が上った。一度くらいこっちを見てくれてもいいじゃないか。一度くらいニコッとしてくれたって、減るもんじゃないだろ。畜生、一度くらいぼくを仲間に入れてくれたって……。やい、ぼくを止められるものなら、止めてみろよ、この成り上がりの船長が。ぼくはすばやくフィンと水中マスクを引っつかむと、何も考えず、いきなり海へ飛び込んだ。

水中に頭を突っ込むと、強烈な青さが果てしなく続く。海底まで数百メートルはあるに違いない。そこら中から、イルカたちのキューキューという囀《さえず》りやカチカチというクリック音が聞こえてきた。姿はまだ見えないが、とうにぼくがいることに気づいている。

と、突然、イルカたちが現れた。敏捷《びんしょう》で矢のように速く、流麗で優美だ。夏の風に乗って舞い飛ぶツバメのように自由に泳ぎまわる。ぼくは空にぽっかりと浮かんでいるような感覚でじっと動かず、イルカたちが目の前に描く曲線や渦巻き模様に見とれていた。やがて、そのなかの一頭が近づいてきて、ぼくの周りを旋回しながら愉しげな眼差しを投げかけてきた。そのせいで思考回路がショートしてしまったのかどうかはわからないが、ぼくは潜らなくてはならないと感じた。それで、海面から頭を出して大きく息を吸い込み、それから青い深みへと突き進んだ。すると、たちまち三頭のイルカが頭を真下に向け、ぼくを励ますように一緒に下降しはじめた。ぼくはひどく感動して、不安に思うこともなくさらに深く潜っていった。

同じ頃、海上では船がUターンして――なにしろ洗濯機を回すのと変わらないくらい操縦が簡単なので――、ぼくがどこにいるか突き止めようとしていた。ぼくは水中でディーゼルエンジンの音が近づいてくるのを聞いていたけれど、無視を決め込んで、新しくできた友だちとそのまま遊んでいた。

イルカたちはぼくの動きを一つ一つ追ってはそれを真似した。ぼくの誇りを踏みにじらないようにと思っているのか、こちらのテンポに合わせてゆっくりと行動してくれた。しかし、ぼくはさすがに体力が続かなくなっていた。イルカたちほど、筋肉中に酸素を蓄えておくことができないのだ。真上に船の影が見え、頭上に縄梯子が投げ下ろされると、ぼくはやっとの思いですがりつき、情けない状態で引き上げられた。上から船長がものすごい勢いで怒鳴りつけていたが、ここはおとなしく船に乗るしかない。客たちは笑ってぼくの肩を叩いてくれたが、もうそんな気遣いなどはご無用だ。ぼくには本当の友だちができたのだから。

ぼくたちは予定より少し遅れて上陸した。浜辺はそれほど広くなかったが、波風の影響を受けにくい静かな入り江の奥にあった。浜辺でキャンプファイヤーをするため、大人たちは枯れ枝を拾い集めていた。もうじき日が沈もうとしていた。ぼくは浅瀬を歩きながら、またあのイルカたちに会えないかと水平線に目を凝らした。奇跡はめったに起きないから奇跡なのだと、半ば諦めかけたそのとき、まさに奇跡が起こった。一瞬、水面から背ビレの先端がのぞくのが見えたのだ。すぐにそれは消えたが、ぼくは少し待った。サメかもしれない。数秒後、「シュッ」と力強い呼吸音が聞こえた。その特徴のある音は間違いない、イルカだ。ぼくは海に入り、静かに岸を離れた。水中マスク越しに真っ青な水を透かし見る。向こうは一頭だけらしい。近くで呼吸音が聞こえた。脅かさないようフィンワークに細心の注意を払う。姿は見えないが、クリック音がどんどん近づいてくる。ぼくの周囲を泳いでいるのは明らかだ。ぼくはアプローチをやめた。追っても無駄だ。その気になれば、向こうから寄ってきてくれるだろう。

数分後、青い世界のなかにその姿が現れた。大きな灰色のイルカだ。泰然として、ぼくの周りをゆっくり泳ぎながら、しきりにクリック音を鳴らす。ずっと眺めていたくて、ぼくもイルカの動きに合わせてゆっくりとスピンを始めた。すると、イルカは何度か斬新な動きを見せた。歓迎のダンスなのかもしれない。無器用ながらも、ぼくが真似てみせると、イルカは動きをやめて、こちらを見た。ぼくのパフォーマンスを「お粗末だな」とあきれているのか、それとも、「ずいぶん思い切ったことをするね」と感心しているのかはわからない。いずれにしろ、至近距離まで寄ってきて三十分ほどうろうろしてためらったあげく、体を触らせてくれた。その肌は絹のようになめらかで木のようにかたく、まるで二百キロ分の筋肉が真空パックされているかに思えた。ぼくにさすられるのが、かなりお気に召したらしい。何度もそばに来ては、くるりと仰向けになり、お腹もさすってもらおうとする。やがては、背ビレをぼくの手に預け、つかまれと合図してきた。

ぼくが片手でヒレをつかむや、イルカはずんずん加速してぼくを引っ張った。一緒に遊ぼうよというわけだ。最初は水圧に負けて、すぐに手が離れてしまったが、イルカが引き返してきてくれたので、今度は両手でつかまった。イルカはとても力が強く、ぼくは釣り糸の先の浮きのように引っ張られていった。ぼくがしょっちゅう海水を飲み込んでアップアップするものだから、イルカは大いにおもしろがっていた。

ぼくは青い世界の底に向かって潜っていくことにした。できるだけ深くまで行ってみようと。だが、そのとたん、イルカはぼくにヒレをつかませて浮上した。ぼくが疲れていることに、ぼくより先に気づいていたのだ。ぼくが水面から顔を出して休んでいると、イルカがすぐ近くまでやってきた。本当にすぐ目の前まで来てくれたので、ぼくは腕を回してイルカを抱いた。全身が震えてきて、ぼくは泣きじゃくった。ぼくのことなどほとんど知らず、類縁関係の遠い生物同士なのに、どうしてこのイルカだけがぼくに愛情を注ぐことができるのだろう。ぼくが愛情を必要としているのを感じ取ったのか？　この子もぼくと同じように愛情に飢えているのか？　やっと少しだけでも愛情を手に入れられて、ぼくは嬉し涙にくれた。そして、ぼくの家族と全人類に対する怒りで泣いた。

イルカはまだぼくの周りを泳いでいたが、だんだんその姿が見えにくくなってきた。そこでようやくぼくは気づいた。とっぷりと日が暮れていることに。そして、自分が浜辺からかなり離れた沖合にいることも。いったいどれくらいの時間、水中で過ごしていたのだろう。ぼくは怖くなってきた。疲れ果てていて、浜にたどり着けるか自信がなかったのだ。ぼくは体力を無駄に消耗しないように、ゆっくりと浜へ向かって泳ぎ出した。イルカもついてきた。きっとぼくの不安を感じ取ったに違いない。イルカはもう一度ぼくにヒレをつかませると、浜に向かって引っ張っていってくれた。

まもなく浜からそう遠くないところまでやってきた。イルカは別れを告げるように大きくジャンプしてみせると、夜の闇に消えてしまった。ぼくは疲労困憊《こんぱい》で浜に上がると、すぐにキャンプフアイヤーのそばに寄って体を温めた。大人たちは全員その周りにいて、サングリアに酔いしれ、陽気に猥《みだ》らな歌を歌っていた。誰もぼくがいなかったことには気づいていない。船長でさえ、遠洋航海の冒険譚《たん》を披露するのに忙しかった。ぼくはふと、いずれ自分も大人になるのかと思って、ぞっとした。闇に沈む海に目を向け、ぼくは二つの大きな決心をした。イルカ学の研究者になろう。そして、決して大人にはなるまいと。

夏のバカンスは終わり、ぼくはレジニーに戻ってきた。

愛犬とも久しぶりの対面だ。会いたくてたまらなかったので、再会できて嬉しい。ぼくはどんな夏休みを過ごしたか母に話した。母は上の空で聞いていたが、それでも、こちらが話を始めたとたんにさっさと部屋を出ていってしまうフランソワよりはましだった。まあ気にするほどのことではない。毎度のことなのだ。それより何より、この夏のイルカとの出会いが、その後一年にわたってぼくの気持ちを奮い立たせてくれる得がたい思い出となった。その鮮烈な印象を風化させないためにも、ぼくは海についてすべてを知ろうと決意した。そこで、母にせがんで『クストー海の百科』シリーズの購読を認めてもらい、郵便でそれが毎月一冊ずつ送られてくることになった。それが届くとぼくは貪《むさぼ》るように読み、母は母で、ぼくがようやく読書をするようになって、ひと安心したようだった。結局、『赤と黒』はぼく向きではなかったということだ。ぼくには青一色をあてがっておけばよかったのだ。

宣伝ポスターでブーローニュの森にあるアクリマタシオン庭園にイルカのプールがオープンしたことを知り、水曜日になると、ぼくはさっそくパリに向かった。

プールはプラスチックの球形の天井の下にあった。プールは薄い水色で、海とは似ても似つかなかったが、そこには確かに三頭のイルカがいた。三頭はバンドウイルカで、雌が二頭に若い雄が一頭だ。イルカたちの小さな鳴き声が聞こえてくるや、ぼくはぞくぞくした喜びに包まれた。ここのイルカたちもやはり、優美で、大胆で、微笑んでいる。ぼくはもう有頂天になった。一時間に一本、イルカショーがあったが、ぼくはずっとそこに居座り続け、ほどなく調教師に顔を覚えられた。調教師はぼくがプールの周りをうろつくのが気に食わなかったようだが、毎週ぼくが通ってくるものだから、あきれてついには黙認するようになった。いつしかぼくは水中に手を入れて、イルカを撫でられるまでになっていた。

ショーの合間に、ぼくがイルカにボールを投げてやると、すぐに口吻（イルカの鼻先をこう呼ぶのだ）で投げ返してくる。ぼくの望みはたった一つ、イルカたちと泳ぐことだったが、調教師は頑として応じなかった。

「たとえわざとじゃなくてもプールに落ちたりしたら、いいか、一年間は出入り禁止だからな」

ぼくは真面目に警告に耳を傾けはしたものの、毎週、ジーンズの下には海水パンツを穿いてきていた。もちろん、念のためだ。

水曜日以外は、ひたすら写真に専念した。ジゼルはもういなかったが、別のモデルを口説き落とす気にはなれない。だから、森や木々や小さな湖、四季折々の陽光の戯れにレンズを向けた。けれども、水曜日だけは違う。水曜日は、アクリマタシオン庭園のイルカたちがモデルになってくれた。

しかし、やがて、ぼくは母から新しい被写体を提供されることになる。そして、その被写体に対して、あらゆる角度からシャッターを切ることになるのだ。だが、そのときを迎えるのはずっと先のこと。今はまだ二か月目で、母がお腹のなかで大切に温めていた。

幸せな家庭を築きつつある父に対抗するように、母は子どもを身ごもった。もっとも、母の妊娠はカティーの場合より大変で、後半の五か月は横になっていなくてはならないほどだった。数年前に父から受けた暴力の影響だ。だから一日中寝たきりの状態だったけれど、幸い、ぼくは祖母のマルグリットから料理を教わっていた。さもなければ、フランソワは五か月間ひもじい思いをしただろう。まったく、目をつむっていてもエンジンを組み立てられるなどと豪語するわりには、目をあけた状態でも、卵一つ茹でることすらできないのだ。

フランソワがようやく結婚を決意したのは、冬に母が寝たきりになる前のことだった。

否応なしに結婚式の準備が進められ、ある土曜日に、ぼくたちはレジニーの村役場に集まった。式には、隣のブラシェールさん夫妻、フランソワの両親、それに、ぼくは知らないが、友人だという人が二、三人参加した。このときばかりは、ぼくが撮影係を仰せつかった。仰せつかったというよりは、写真屋を頼むと高くつくけど、ぼくにやらせてくれれば、エクタクローム十数本分の経費だけで済むからと、フランソワを説き伏せたのだ。

結婚式は、演者たちが無理やり作り笑いをしている三文芝居にも似ていた。ぼくは、二度目の結婚も失敗だった気の毒な母を思いやった。

そのあとどんな祝いの席が設けられたのか、まるで記憶にない。思い出せるのは、月曜の朝、学校でクラスメートに訊かれて、何の感慨もなくつぶやいたことだ。

「週末は何をしていたの?」

「何も……ああ、そういえば、母さんが結婚したよ」

クラスに転校生が入ってきた。名前はイレーヌという。ブロンドの巻き毛に、明るい色の美しい瞳をしていた。ウクライナの出身でフランス語が覚束なかったので、さっそくほかの生徒たちからからかわれる羽目になった。だが、率直な話、からかわれる理由はそれだけではなかった。ニキビ面のうえ、服装のセンスも奇抜で、水色のミニスカートにジャカード編みのウールのセーター、蛍光グリーンのアイシャドーといった具合なのだ。おまけにすでに二度も留年しているため、ぼくと一緒に劣等生の席に座らされていた。見る間にイレーヌはいじめの対象となり、授業が終わると、男子に意地悪をされたり、突き飛ばされたり、スカートを引っ張られたりもした。ところが、イレーヌにはとんでもない武器があった。一八〇センチの上背とウェルター級のパンチが繰り出される長いリーチだ。このウクライナ人少女はプロも真っ青の驚くべき正確さで相手にワンツーパンチをお見舞いし、男子生徒が数人、保健室送りにされてからは、いじめはぴたりと止んだ。

イレーヌとは話に花が咲くわけではなかったけれど、ぼくは向こうの意思を尊重していた。イレーヌもひとりぼっちだったけれど、ぼくとはちょっとわけが違う。それでも彼女の淋しさは理解できた。地理の授業中、イレーヌは生まれ故郷のウクライナの話をしてくれ、美術の授業では、ぼくが写真について熱く語った。学校の外で会うことはなかったが、ぼくたちの間には連帯感のようなものが生まれ、おかげで二人ともこの敵意に満ちた環境を生き抜くことができた。イレーヌは十六歳で、桁はずれにのっぽで、瞳の虹彩がとても淡い色で、氷を思わせた。肌は抜けるように白く、頬はいつも紅かった。厚化粧でニキビをごまかしていたが、興味をそそる顔立ちではある。写真を撮らせてもらいたかったが、ぼくは言い出せずにいた。なにしろ相手はリーチが長いし、下手なことをして一発食らいたくはなかったのだ。

休み時間、ぼくたちはよく校庭の奥まったところにあるベンチに座った。身長が高すぎるのと旅芸人みたいな格好のせいで、イレーヌは女子たちから敬遠されていたし、ぼくのほうも、サッカーのゲームにも話題にもついていけなかったから、二人が一緒にいることは自然と多くなった。ぼくたちは大したことは喋らなかったし、何も喋らないこともあった。どのみち、イルカのことを除いて、ぼくにはあまり話すことがなかったのだが。

ある日のこと、校庭のベンチで座っているときにイレーヌが言った。

「そう言えば、あんた、写真のことに詳しかったよね。土曜日、ママとパリに行ったときに写真家に声をかけられたのよ。あたしの写真を撮りたいって」

そして、その写真家から渡されたという名刺をぼくに見せた。

「この人、知ってる?」

厚手の名刺にはこうあった。

《写真家　ヘルムート・ニュートン》

なぜかぼくはそれほど驚かず、落ち着いて答えた。

「うん、知っている。いい写真家だよ。撮ってもらうといい」

次の週末、イレーヌはヘルムートの撮影に参加した。月曜の朝、開口一番、ぼくはたずねた。

「どうだった?　撮影は順調だった?」

「うん、二百フラン稼いじゃった」イレーヌは答えた。

ぼくは、巨匠が現場でどんな指示を出したのか、どんなふうに撮影が進行していったのか、技術的なことを訊いてみたかったのだが、どうもイレーヌははじめての現場に動揺したらしく、周りのことがよく見えていなかったようだった。

その数週間後、ぼくたちはまたまた校庭のベンチにいた。イレーヌはぼくの隣で紙挟みを脚の間に挟んで座っていた。

「ヘルムートから何枚か写真をもらったの。あんたの意見が聞きたいんだけど」無造作にそう言うと、イレーヌは光沢のあるモノクロのプリントを取り出した。

ぼくは一枚一枚じっくりと時間をかけて眺めた。一目見ただけで、「ああ、まさにヘルムート・ニュートンだ」とわかる。優美さ、ロケーションとモデルとのギャップ、幾何学的なモチーフ、コントラスト、主張しすぎない現代性。ぼくは作品の一つ一つを解読し、説明してみせた。イレーヌは、まるで数学の宿題の添削を受けているように聞き入っていた。なかにはヌードの写真もあったが、ぼくが見せてもらっている間、イレーヌは取り繕うこともなく、ごく自然体でいた。二人のなかに、気まずさはまったくなかった。

裸体は素材の一つに過ぎない。森や光や音楽と同じように加工される。その日、ぼくは作品世界にすんなりと入ることができて、いい気分だった。ニュートンが操る言語をぼくも理解できたのだ。

校庭の反対側では、先生が三人、心配そうにこちらをうかがっていた。あの落ちこぼれ二人組は何か悪いことを企んでいるに違いない……。先生たちがぼくたちの将来を見限ったような目で見ているのがわかった。ぼくたちはすでに社会の落伍者であり、先生にはもうお手上げなのだ。先生に説明したところで無駄だろう。たぶん、ヘルムート・ニュートンが何者かも知らないに決まっている。

ぼくは病的なくらい芝生を刈って、刈って、刈りまくったが、刈っても刈っても、写真機を買えるほどのお金は貯まらない。それでも、クリスマスに引き伸ばし機と周辺部品を買えるくらい貯められたのが、せめてもの救いだった。

引き伸ばし機は一番安いやつだが、修行中の身としては十分すぎるくらいだろう。モノクロ専用だったが、これでプリント代を浮かすことができる。

毎週日曜の午前中、ぼくは母の浴室に籠《こも》り、前日に撮影してきたフィルムを何時間もかけて現像した。クラスメートのポートレートを撮ってその親に買ってもらうこともあったが、もちろんそれは出費を補塡するためだ。フランソワの事業は順調のようだった。車もぴかぴかのメルセデスに乗っていたし、母にしても節約料理のレシピで頭を悩ませる必要は皆無だった。それでも、ぼくは義父の財力を頼みにはせず、ちまちま小遣い稼ぎを続け、ケチケチ節約した。しかし、そこまで努力しても、写真機を買えずにいた。誕生日の三月十八日が過ぎても。

学校に進路指導相談員が来て、進路指導がおこなわれた。その前の週には適性や能力を判断するテストが実施されていて、生徒たちは歯車を組み合わせるとか、図形ブロックを積み重ねるとかの機械的な作業をさせられた。ぼくはわりと器用にこなしてみせた。それもそのはず、小さい頃に何でも手作りしていたから、それくらいお手のものだったのだ。面談で相談員はぼくのことを褒め、得々としてぼくにぴったりの職業があると告げた。それは〝整備士〟だという。整備士？　はっきり言って、ぼくはわけがわからなかった。それまでたっぷり十分かけて、相手に光や音楽やイルカについて話して聞かせたところなのに。なぜ、自動車修理工場の話を持ち出すのか？　確かに、ぼくが自動車整備士になれば、フランソワは喜ぶに違いない。二人の間にはようやく共通の話題ができるだろう。いやいや、冗談ではない。ぼくは潮風に吹かれて肌がべとべとするほうがいい。手を機械油で汚すのではなく。

指導員は三十分以上ぼくの説得に努めたが、無駄だった。うんざりした面持ちで、面談の最初にたずねるべきだったことを今さらながらに質問した。

「あなたはいったい何がやりたいの？」

質問の内容とは裏腹に、自分が提示した将来以外の夢を見ることは一切許さないと言わんばかりの口ぶりだ。この女性はぼくを支援するためにここにいるのではない。決められた数の整備士を調達する。その任務だけを果たせばいいのだ。

「ぼくはイルカ学者になりたいです」丁寧に一音一音区切るようにして、ぼくは決意を表明した。

指導員は茫然とこちらを見つめ返した。ぼくは番組終了後に画面に〝砂嵐〟が現れたテレビになった気分だった。

「なに学者ですって？」相手は面倒くさそうに訊いた。

「イルカ学者です。イルカの研究をして世話をする人です」

指導員は事情を呑み込んだように、大袈裟に「ああ、そう」と言い、そんな職業は聞いたことがない、もっと真面目になるように、とのたまった。

それから、これなら満足いくのではないかとばかり、珍しそうな職業を並べはじめた。ダイヤモンド細工師、サケの養殖、ガラス吹き職人、陶磁器の絵付け師……。ぼくはそれを一つ残らず断った。指導員は肩をすくめ、ぼくのカルテにクエスチョンマークを書き込んで、「来月また相談しましょう」と結んだ。

ぼくは自分でも調べてみることにした。

水曜日にパリ海洋学センターを訪れ、資料をどっさりもらってきて、片っ端から目を通していったが、ぼくがイメージするような職業は見つからなかった。イルカと一緒にいるには、軍部か研究機関かレジャー施設の三つの選択肢しかない。そのどれにも食指が動かなかった。

薄々ぼくは感づいていた。本当は〝イルカを研究したい〟わけじゃない。ぼくは〝イルカになりたい〟のだ。とはいえ、その夢がかなうことは絶対にないだろう。

ぼくはイルカたちのことを世界中の誰よりも愛しているが、イルカへの最善の接し方は、たぶん、自然の環境下で自由に暮らしているところへ、時々こちらから訪ねていくことじゃないだろうか。だから、イルカとの接点を持ち続け、定期的に会いに行こうと誓った。

父はコルシカのサンタ・ジュリアに異動になったが、現地入りして早々に、歓迎代わりに押し込み強盗に入られた。到着して一週間経つか経たないうちに覆面の三人組に金庫を襲撃されたのだ。それでも、前年には受付フロントがダイナマイトで吹っ飛ばされたというから、いくぶんましだろう。父は例に漏れず、ボディビルダー軍団を引き連れてきたので、やられっ放しでいるつもりはなかったようだ。

その夏、父はサント・ステファノ島のバカンス村を任せられた。サント・ステファノ島はサルディーニャにある小さな島で、村は周囲を岩場に囲まれ、バンガローの列が壇状に並んでいた。村自体はさほど大きくなく、収容人数は最大でも八百人ほどだ。規模としてはちょうどいい。父は満足していた。隣のカプレーラ島にある千六百人を収容する村でナイトクラブを任せられでもしたらと、冷や冷やしていたのだ。

父とまた会えて嬉しかった。ぼくは父がカティーや娘たちと暮らす大きな家に招かれたが、寝泊まりは別だった。そんな要求をした覚えはないのに、「もう自立してもおかしくない年齢だし、一人のほうが気楽でいいだろう」などと言われ、バカンス村の向こう側に一人住まい用の小さな部屋が用意されていたのだ。

せっかくの父の考えだから、ぼくは喜んでいるふりをした。父はぼくをその部屋まで案内し、スーツケースをベッドの上に置くと、出ていく前に、ありがたくもこんな言葉を吐いて、ぼくを打ちのめした。

「もう子どもじゃないんだから、これからは、朝のおはようのキスはなしだぞ。大人同士、握手することにしような」

父は作り笑いを浮かべていた。

ぼくはよろけないようになんとか踏みとどまったけれど、ぼくの内側では、すべてがガラガラと音を立てて崩れていった。おそらくは、カティーから「わたしたちと前妻の息子とどっちが大事なのかはっきりしてほしい」と詰め寄られ、父は妻の要求に立派に応えたのだ。そういうことだから、これからはぼくも雄々しく、握手だけで我慢しなければならない。

それでも、ぼくはサント・ステファノに滞在できて嬉しかった。ここにはダイビングクラブがあるからだ。クラブの責任者は〈バナナ〉と呼ばれていて、二十人ほどのインストラクターを抱えていた。この夏は、ぼくはダイビングボートに入り浸ってばかりいた。

父とは毎日午後五時に待ち合わせをした。といっても、食事をしながら人生訓を聞かされるわけでも、父親らしいことをしてもらうわけでもない。バレーボールをしに行くのが目的だった。そして、この一時間あまりのプレー中、ぼくは何度も父から罵声を浴びせられることになるのだった。

父はプレーヤーとして、たちが悪かった。いや、バレーボールはうまいのだが、大の負けず嫌いで、負けを絶対に許そうとしないのだ。コートに入ると、ぼくは小言をちょうだいしてばかりだった。あげくには「ボールに手を出すな」とか「ベンチを温めていろ」とまで言われる始末。それでも、一年間バレーボール部でプレーしていたこともあって、ぼくのフェイント攻撃などはみんなが舌を巻くほどだった。むろん、父だけは違う。試合に勝ったときしか褒めてくれないのだ。ゲームは三人一組でおこない、ぼくたちはたいていジャッキーとチームを組んだ。ジャッキーも父も筋肉の塊そのもので、弾むようにコートを縦横無尽に動き回る。テクニシャンで、コースを狙うのがうまく、頭脳プレーもお手のものだ。二人はぼくにボールを回して打たせようとし、ぼくはアタッカーとして攻撃要員に徹した。

ある日、怒鳴られてばかりいるのにうんざりして、ぼくは父のチームを抜け、相手チームに加わった。父は、まさかぼくに反抗期が来ているとは思っていないので、困惑しているようだった。おおかた、息子と親密に過ごせる唯一の時間を奪われてしまったとでも思っているのだろう。ふん、自業自得だ。ぼくは心のなかで舌を出し、自分にトスされた一球一球に怒りを込めて、スパイクを打ち込んでやった。それで父は滅多に経験できないくらいの惨敗を喫することとなり、ぼくは、代役のアタッカーが試合中ずっと罵られているのを見て溜飲を下げた。

試合のあと、ぼくは思いがけず、父からお褒めの言葉をちょうだいした。父の賛辞は長々と続いた。相手チームに入って戦うぼくの姿を見て、はじめて息子の資質に気づいたという。次に、自分の喜怒哀楽のメカニズムについてのくだくだしい説明が始まった。いいか、怒鳴りつけるのは、おまえによかれと思ってのことなんだ。しかも、それは俺にとっても大事なことなんだ。おまえのことを気にかけているから、怒鳴るんだぞ。おまえが俺の息子だからだぞ。云々《うんぬん》。〝おまえのことを愛しているからだ〟との弁はまだ聞けなかったが、それでも父が一歩前に踏み出したことには違いない。まあ、それだけでも結構なことではある。

その日、ぼくは、言いたいことをうまく言えない父の心情や意向を汲み取れるような人間にならないとだめだと悟った。ちなみに、義父のフランソワの場合は、母が通訳に入ってくれていた。ぼくが何か訊いても、フランソワから答えが返ってくるまでには時間がかかり、しかも、質問に対して半分も答えてくれないのだが、そんなときは決まって母が通訳してくれた。

「あの人は不愛想なのよ。でも、本当はあんたのことをとても愛しているの」

ぼくは母の言葉を信じるしかなかった。なぜなら、フランソワからはこれっぽっちも温もりが伝わってこなかったし、愛情がはっきりとした形で示されることもなかったからだ。フランソワのなかでは氷の心臓がゆっくりと鼓動していて、それはどんなレーサーにも言えることなのかもしれない。

その点が父とは異なるところだ。ぼくには、父が自らの過去や罪の意識のなかで囚われの身となっているように思えた。いずれにしても、父のなかでは温かい心臓が動いていて、赤い血が流れていることは間違いない。

サント・ステファノで、ぼくははじめて本格的にグラン・ブルーを体験した。ぼくが言うのは広大な海の広がりを意味する大海原《グランド・ブルー》のことではなくて、底がわからないほど深い青一色の世界のことだ。

そこには太陽光は届かない。プランクトンの発するパチパチという音がさらにはっきりと聞こえる。海面に浮かび、波に揺られながら、グラン・ブルーを見下ろす。グラン・ブルーがこちらを呼んでいる。目が眩《くら》み、身を委ねたくなる青の世界。潜ると、たちまち海上の音が消える。風のそよぎも船の音も人の話し声も聞こえてこない。聞こえるのは、水面に向けて戯れるように上昇する気泡の意外にも大きな音だけだ。さらに降下する。落下ではなく、滑り降りる感じ。重力は消え、体は木の葉のように軽い。水圧が規則的に増加し、光が減少する。

水深十五メートルあたりで、なんとなくぼんやりとした境界が見えてくる。その先は低温層で、そこに突入すると、さらなる別世界が待っている。より過酷で、容赦のない世界だ。ミスは許されない。水深三十メートルまで来ても、海底はまだ見えてこない。海面はもはや過去の記憶に過ぎない。どこまでも青一色だ。頭のなかまでも青く染まっている。心臓の鼓動は遅くなり、息を吸うたびに、大量の空気が肺に流れ込んでくるのがはっきりと感じられる。

四十メートルに達すると、インストラクターは両足を左右に広げ、停止するためにＢＣＤジャケットに給気した。ほかのダイバーも同じようにして、全員がインストラクターの周りに集まった。海底は相変わらず見えない。周囲には何もない。ひたすら青いだけだ。それでも、全員が満ち足りていた。まるで、教会のなかにいる巡礼者のような心持ちだった。

ぼくたちは数分間その地点にとどまって、内省し、自分がちっぽけな存在であることを思い知った。次はいよいよ浮上する。浮上するにつれ、だんだんと温かさが感じられるようになってきて、ぼくたちは陶然とした。そして、最初の減圧停止のポイントまで浮上したときにはほとんど酔ったようになっていた。ときには三十分以上停止することもあったが、そうやって段階的に浮上をしながら、ようやく海面に出ることができたのだった。

ボートに戻ってきたときには、みんな少し無口になっていた。それくらい感動的な体験だったのだ。いや、それどころか、神秘的だったとさえ言える。体験したことのない人に説明するのはすごく難しいのだが。

いつか、誰かがこのグラン・ブルーの世界を映像化してくれたらいいのに。そんなふうに考えたものだった。

第七章　書く習慣ができた

一九七五年

ダイビングのおかげで精神的には満たされていても、思春期のホルモンがほかの糧を求めようとする。ぼくは十六歳になっていた。

ダイビングクラブには小麦色に日焼けしたビキニ姿のきれいな娘がわんさといて、日がな一日笑いさざめいていた。こちらは顔が火照《ほて》る一方だったけれど、むろんそれは焼けるような夏の日差しのせいばかりではない。残念ながら、ぼくには若い女性、ことに気になる女性にどうアプローチをかければいいのか見当すらつかなかった。クラブのインストラクターたちがヒマを見ては気軽にナンパするのを見させてもらったけれど、あんな離れ業《わざ》、とうてい真似できそうもない。

一人か二人、同じ年頃の仲間がいて、体験を聞いたり相談したりできればいいのだが、クラブにいるのは大人ばかりで、思春期の若者はいない。依然として毎朝握手を交わし続ける父にも、とても打ち明ける気にはなれなかった。そんなわけで、ぼくは何もせず、王女さまが救いの手を差しのべてくれるまで待つことにした。

売店の販売員で、ブロンドの小柄な娘がいた。二十一歳のイギリス人で、名前はローナ。しきりに微笑みかけ、よく腕に手をかけてくることがあったが、ぼくにはそのサインを読み解くことができなかった。どうもぼくに好意を持ってくれているようだが、それ以上はよくわからない。ある日、昼どきのレストランで、ローナがぼくの隣に来て座った。ぼくから午前中のダイビングの話を聞くのが好きなのだ。レストランを出たところで、ローナは優しくぼくの腕をとり、このあとどうするのか訊いてきた。

「昼寝をするけど」ぼくは率直に答えた。

それから、後先考えずにちょっとふざけた。

「きみも一緒にどう?」

言ってから、しまったと思った。バカ、何を言っているんだ、格好つけやがって!

ぼくは空焚きしたシチュー鍋みたいに真っ赤になった。ローナは最初目を丸くしたが、すぐに瞳を輝かせ、可愛く笑って「いいわよ」と悪戯っぽく答えた。

ローナが腕を絡ませ、ぼくたちはそのまま、ぼくの部屋へ向かった。パニックが怒濤のように襲ってくる。免許の取得もまだなのに、いや、それどころか車もないくせに、女の子をドライブに誘ってしまうなんて……。

部屋に入るなり、ぼくたちは絡み合ってキスを始めた。そこまではまだいい。ナタリーとかなり練習を積んでいたから。だが、すぐに相手は水着の紐を引っ張って、みるみる裸になった。ぼくは慌てた。クールなふりをしようとしたけれど、目玉が飛び出しそうだった。そこから先はどういう手順を踏むのか、まったく見当もつかない。だから相手の動きに任せた。困ったことに、ローナはぼくのためらいを大人の男の思いやりだと勘違いし、ぼくのたどたどしさを焦らしのテクニックだと思い込んで、激しく興奮してきた。息遣いも荒々しく、ローナが主導権を握る。そのとたん、あれよあれよと事が運ばれ、もうなす術もなく……。

なぜ、どんな経緯で、そうなったのだろう。気づくとぼくはローナに組みしかれていた。次の刹《せつ》那《な》、息が止まり、目の前を大きな白い稲妻が走った。あたかも顔にまともにフラッシュを浴びせられたかのように、電気のコンセントに指が触れてしまったかのように。数秒後、ぼくは手足の関節の外れた操り人形のごとくぐったりとなった。

ローナは、ぼくが発作を起こしたのではないかと慌てた。ぼくは安心させるつもりで、二言三言もごもご呟《つぶや》いた。それを聞いてローナはさっと青ざめた。

「えっ、はじめてだったの？　これまで……一度も？」答えを恐れてか、その先を続けようとしない。

「たぶん」ぼくは認めた。

これ以上間抜けな答えもないだろう。

たちまちローナは恐慌をきたした。ぼくがまだ十六歳なのを今さらながら思い出して慌てふためき、電光石火の早業で服を身につけ、飛び出していった。一人取り残されて、ぼくは解なき問いの渦に巻かれて途方に暮れていた。ともあれ、今のぼくはどうすればうまくいくか、その辺は心得ているつもりだ。

何の因果か、この日、母から電報が届いた。ブルース・ゲール＝ベルトロー、誕生。体重三六〇〇グラム、いたって健康。ぼくに弟ができた。さっそくニュースを知らせにいくと、父は引きつった笑いを浮かべた。父に比べ、カティーのほうは満足そうだった。その理由は次の二点につきる。

一つは単純に子どもが好きだったこと。二つ目は、前妻、つまりぼくの母側にも家庭らしい家庭が築かれることで、自分の家庭から危機が遠ざかると考えたからだ。

カティーは父が母のことをまだ愛しており、母も父を愛していると思い込んでいた。カティーが一番恐れていたのは二人が再会することだった。同時に、ぼくが秘かに二人を引き会わせようとしているのではないかとも考えていたのだ。もちろん、ぼくのほうは、そんなことなどゆめゆめ考えもしなかったし、母にしても、父に対して深い恨みを抱いていたから、二人が再び接近する可能性は無きに等しかった。まあ、法廷で争うとか、お礼参りに押しかけるとか、そんな話にでもならない限りは。カティーはただ、若さゆえに不安だったのだ。とはいえ、なにも彼女が心配することはない。むしろ、心配していたのはぼくのほうだ。なにしろ、目の前で二つの家庭ができているのに、実際、そのどちらにも入り込めずにいたのだから。

はじめて弟に会ったのは、生まれて三週が過ぎたときだった。髪がふさふさで、ニコニコしてこちらを見つめてくれる。仲よくなれそうな気がして、ぼくは兄の務めとして、自分のレゴブロックをすべて譲ることにした。

フランソワも人が変わったようになった。あのむっつり屋のクマさんが、四六時中ベビーベッドを覗き込んで幼児語で語りかけるような、おとなしいヒツジさんに大変身したのだ。夜中に何度も起き出してはわが子が息をしているかを確かめる。心なしか継子に向けられていた些細な関心も、今や、跡取りの小さなプリンス、ただ一人の実の息子にすっかり持っていかれる形となった。おじいちゃん、おばあちゃんも、従兄弟たちも、近所の人たちまでも、小さなプリンスを甘やかして、かわいがる。それでも、ぼくは弟に対してまったく嫉妬を感じなかった。それどころか、その逆だった。弟がみんなの関心を一身に集めていることを喜んだ。関心を持たれずにいると、どれほど心が荒んでしまうものか、身をもって知っていたからだ。ぼくのほうはただ、これまでよりほんのちょっぴり淋しくなっただけだ。心の砂漠に生え残っていたわずかばかりの草を刈り取られてしまったかのごとく。

母のほうはそんなぼくの様子を見ても、大したことではないように捉えていた。忙しいのだからしかたあるまい。赤ん坊の世話があるし、ちょっとしたことでも躍起になって心配するフランソワの相手もしなくてはならない。ああしろ、こうしろとうるさく口を出すおじいちゃん、おばあちゃんにも調子を合わせる必要がある。とはいえ、すでに息子を一人育てた経験がありますからと、反論することもよくあったけれど、その息子というのがフランソワの一族にとっては大いに異端児だったわけで、母の主張は説得力を欠いていた。

ぼくは母と継父の家庭に決して溶け込むことはなかった。滞在許可を取得した怪しくない外国人のような扱いで受け入れられていただけだ。

実際、二人で食事に出かける際など、母とフランソワはぼくに弟のお守りをさせてもいいものかためらうほどだった。ぼくが弟に当たって鬱憤《うっぷん》を晴らそうとするのを恐れたのだ。このぼくがそんなことをするなんて……。つまり、二人はぼくの悩みや苦しみ、とりわけ自分たちの手抜かりに気づいていたというわけだ。その事実が何より一番こたえた。〝息子には何もしてやっていないし、それは自分たちも自覚している。当然、息子はそれを不満に思い、恨んでいるに決まっている〟ということか……。そう考えただけで、うんざりした。弟はぼくの指をつかんでは、ぼくを見ていつもニコニコしている。そんな弟にぼくはもう首ったけで、注げるだけの愛情を注いでいる。それが二人には見えないのだろうか。

母の苛立ちが募ると、フランソワはしぶしぶぼくにお守りを任せた。それとても、一時間以上にもわたって、くどくどと安全の心得を聞かせたあとでのことである。弟のお守りをすると思うと嬉しかったが、同時に怖くなった。もし何かあったら、絶対にぼくの責任が問われるだろう。たとえ、ぼくに過失がなかったとしても。そこで、ぼくはベビーベッドの傍らに椅子を持ってきて、ずっとそこに座ったまま、何もせず身じろぎもせずに、ただ赤ん坊を見つめて一つ一つの呼吸が正常におこなわれていることを確かめていた。

フランソワは決して長く留守にすることはなかった。ぼくが弟と二人きりになっているかと思うと居ても立ってもいられなくなるらしい。いつも、なんだかんだと口実をひねり出しては、早々に食事を切り上げた。そして、家に帰ってくるとほっとするのだが、それはぼくも同じだった。

「何も問題はなかったか？」フランソワは必ずぼくにたずねた。

「大丈夫だよ」ぼくはそれだけ言うと、部屋に戻ってぐったりとベッドに身を横たえるのだった。

弟が生まれてから、にわかにフランソワは家が狭すぎると言い出すようになった。事業で成功して余裕もあったので、パリ近郊のクロミエの町から十キロほど離れた集落にある一軒家を買った。母はやっと一軒家が持てて大喜びのようだった。新居の庭はプールが作れるくらい広々として、敷地の奥に森が続いていた。集落はサン＝トーギュスタンという。数キロにわたって森を一直線に突っ切る道があり、その道沿いに五軒の家が連なっている。

というわけで、今度はクロミエのリセに通うことになったのだが、町までは鉄道もバスも通っていない。近くには街道もなかった。世界の果てが存在するとしたら、ここからそう遠くはないはずだ。

新居はすぐに入居できるような状態ではなかった。すると、母からとんでもない提案があった。

「一学期の間はクロミエの寄宿舎から通いなさい。そうすれば、引っ越しがクリスマスになっても、学校は替わらなくてすむから」

母の言わんとしていることはわかる。確かに、新学期からクロミエの学校に通っていれば、学年の途中で転校する必要はなくなる。だが、母はぼくの頭上に爆弾を落としたことに気づいていなかった。父は再婚し、子どもも二人生まれて、外国暮らしをしている。母も再婚して子どもができ、ぼくと離れて住むという。ぼくの両親は、今やそれぞれの家庭を作って、仲睦まじく暮らしている。自分たちの若気の過ちを片時も忘れさせてくれない問題児は、二人にとって絶対に家庭に入れたくない存在なのだ。ぼくは、あの不幸な時代の唯一の名残、二人のしくじりの唯一の証拠だった。

ぼくは失敗の象徴であり、存在すること自体が汚点だった。さりとて、ぼくを消すわけにもいかないから遠ざけようとする。視界に入らなければ、存在も薄れようというもの。ぼくを遠ざけるのは、ぼくをこれまで以上に見捨てる行為だ。母の裏切りだ。ぼくを寄宿舎に入れるのは、イルカを水族館に入れるも同然の仕打ちだ。犯罪だ。

ぼくが通うジュール＝フェリー校は規模が大きかった。レジニーのコレージュとは大違いだ。生徒数は六百名を超え、一クラス平均三十名はいる。寄宿舎は敷地の一番奥にあった。手前に男子寮、その向こうに女子寮がある。男子の寄宿生は六十人ほどだった。五人部屋でドアがなく、磨りガラスの窓が一つ。廊下の突き当たりに共同のシャワー室がある。入って早々、全員にお湯が回らないから、朝シャワーを浴びるときには急いだほうがいいと説明された。

寄宿生の大半は農家の息子で、家が遠すぎて通えない連中だった。外交官の息子で、たまたま入居することになったチュニジア人が一人いた。それから、両親が国外で暮らすモロッコ人が二人。ぼくが入る部屋にはすでに三人の入居者がいた。みんな上級生で、知り合い同士、夏休みの思い出話に花を咲かせていた。ぼくは新入りなので、ぼくの夏休みに関心を示す者はいない。仲間に入るのは難しそうだった。ぼくに目を留めて声をかけてきたのは、隣の部屋に住む間抜け面のジャンボ野郎だけだった。親分気取りなのも、最終学年《テルミナル》を留年して年上だったからだろう。そのニキビ面のにたにた笑いはどうも信用ならなかった。

ジャンボはぼくのほうに寄ってくると、いかにもバカっぽい口調で言った。

「おまえ、剃られちまうぜ！」

ジャンボがそう言うなり、周囲から忍び笑いが漏れた。やっぱり、おかしな奴だ。ぼくの勘は当たっていたが、野郎の言葉の意味はわかりかねた。いったい何を剃るというんだ？

ぼくはようやく生徒の一人から聞き出した。新入りは寮生に押さえつけられて、恥毛を剃られるのが伝統だという。どうやら野蛮人どもの巣に入り込んでしまったらしい。とっさにぼくはこんな連中の仲間にはなりたくないと思った。剃毛なんて、冗談じゃない。誰にも指一本触らせてなるものか。ジャンボは予告はしたものの、刑の執行日については口をつぐんでいた。ぼくはその日から夜は眠らずにいたので、授業時間は地獄だった。

その年の寄宿舎の新入りは三人だけだった。新学期最初の金曜日、一人目の犠牲者が出た。真夜中に奇襲を受け、その哀れな少年は子豚のようにわめきたてていたが、あえなく股間をつるつるにされてしまった。剃毛は当てずっぽうにおこなわれた。懐中電灯の調子が悪く、点いたり消えたりしていたからだ。執行人たちは動かないように叫んだが、半狂乱の少年は釣り針の先の虫餌みたいにのたうって、おかげで切り傷だらけになったらしい。むろん、そのあと本人があえて保健室で手当てを受けなかったことは言うまでもない。ぼくは自分の部屋で耳をそばだてて、一部始終を聞いていた。わが身を守るための貴重な情報として、物音の一つ一つを細かく聞き分けた。

ジャンボの奴はぼくの番を最後にとっておくことにしたようだった。何か悪意があるのか、それとも、ぼくにビビッているのか？　それというのも、伝統だか何だか知らんが、こちらはおとなしく応じるつもりはないと、はっきり意思表示をしていたからだ。なんてったって、ぼくは海賊の息子なのだから。

その次の週、二人目の新入りが槍玉に挙げられた。だが、今度の少年は観念して、ほとんどされるがままになっていた。ジャンボは夜を待たず、白昼堂々と行動に出た。犠牲者は顔に引きつった笑いを浮かべながら剃毛の儀式に甘んじていた。授業から戻ってきて、ぼくは隣の部屋で繰り広げられている光景を目の当たりにし、身の毛がよだった。舎監は、自室から二十メートルほどのところでおこなわれている蛮行をすっかり承知のうえで、本を読んでいた。

いったいこの糞の集まりみたいな社会集団は何なのだ？　親から疎んじられるように寄宿舎に押し込められただけでも十分な罰を受けているではないか？　その上、集団に受け入れられるために、どうしてこんな屈辱的な思いをしなければならないのか？　これまで出会った大勢の海の生物たちは、見知らぬぼくのことを受け入れてくれた。貶めるようなことは絶対にしなかった。あのタコとの触れ合いが、どこか別の星での記憶のような遠い世界の出来事に思われた。

ジャンボはぼくに手を出すのに三週間待った。ぼくは一睡もしない夜が続いたおかげでふらふらになっていて、早いことけりをつけたいと考えていた。

連中は午前三時になるのを待って攻撃を開始した。そのうちのお間抜けな一人が寝過ごさないよう目覚ましまでかけていたのが、もっけの幸いだった。ぼくはうとうとしていたが、おかげで目を覚ました。敵が足音を忍ばせて廊下をやってきた。ジャンボがひそひそ声で指示を出す。奴は真剣そのもので、十人ほどの仲間を従えていた。ドアのない部屋のなかに人影が次々と忍び込んでくる。血中にアドレナリンが放出され、全身の筋肉の血管が開いた。敵が十分に近づくのを待って、ぼくはベッドを飛び出し、用意しておいた鉄パイプの椅子をひっつかんだ。もの凄い声で叫び、全力でそれをめちゃくちゃに振りまわす。動くものは何でも見境なく容赦せず、猛然と打ち倒していった。ボウリングのボールがピンを跳ね飛ばすように。

大立ち回りはあっという間の出来事だった。無鉄砲な奴は床に倒れ、卑怯な奴は逃げ出していた。ぼくの雄叫《おたけ》びを聞きつけ、舎監が明かりをつけて駆け込んできた。部屋中惨憺《さんたん》たるありさまだった。いたるところに血が飛び散り、二人の少年が床に伸びていた。ぼくは両手で椅子をつかんだまま、雄牛のように息を荒らげ、舎監も近づこうとはしなかった。

「その椅子を放すんだ、もう心配ない」舎監は、ぼくが椅子ではなくピストルを持っているかのようになだめた。

ぼくは冷静になり、ベッドの端に腰かけて救急車が来るのを待った。床の二人の少年は血を流していた。ぼくが頭をまともに殴りつけたからだ。舎監は廊下の血の跡をたどって、あっさりとほかの共謀者たちを見つけた。被害は甚大だった。鼻骨が二本、頬骨が一か所、肩の骨三か所、手の骨が二本、へし折られていた。

自己防衛の代償は一週間の謹慎処分だった。だが、それから三年の間、ぼくの在学中は寄宿舎では誰一人、剃毛の憂き目に遭うことはなく、ぼくは心安らかに眠ることができた。

この事件はさまざまな方面に影響を及ぼした。校内では殴られるのを恐れて、もう誰もぼくに話しかけようとはせず、一人も友だちができなかった。これまで犠牲になった生徒たちでさえ、ぼくのことを恨めしく思っているようだった。たぶん、ぼくを見ると自分たちの意気地のなさを思い出してしまうのだろう。引き換え、この一件を好意的に受け止めて、ぼくに変わらず話しかけてくれたのは、女子だけだった。不遜なニキビ面軍団にぼくが思い知らせてやったという事実が、好評を博したのだ。いつだって男子より利口な女子は、ぼくの名前までもうまく利用した。

「もういい加減にして。リュックに言いつけるわよ！」煩《うるさ》い男子に対して、女子はそう言い放ったものだ。

ぼくは一夜にして有名人になってしまったことが嫌でたまらず、残りの学期は人から存在を忘れられるようにひっそりと過ごした。

家族の反応はまた違っていた。母はぼくの行為の暴力性には頓着せず、悪ガキどもにはいい薬になったとぼくのことを正当化した。しかし、あのとき、突如として怒りが噴き出したのは、ぼくが欲求不満と淋しさを抱えていたことの顕れだったのだ。だが、依然として母は何も気づかず、いや、もしかしたら、そこから目を逸らしたかったのかもしれない。一方、フランソワからは奇異の目で見られていた。フランソワの頭には、海賊に扮した父がナイトクラブに殴り込みをかけてきた日の記憶がこびりついていたに違いない。ぼくが思春期に入り、筋肉がついてきて大人の体になりつつあるものだから、父と同じ道をたどるのではないかと心配したのだろう。しかし、ぼくが暴力沙汰に及んだのは、父とは一切関係がなく、そうせざるを得ない極限の状況に追い込まれたからにほかならない。ぼくにとっての正義であり、正当防衛だったのだ。力を誇るためではない。

ついでに言うなら、ぼくが殴り合いの喧嘩をしたのは、後にも先にもこのときだけである。

十一月末、一学期が終わり、ぼくたちはようやく新居に入居できるようになった。ぼくの部屋は広くて庭に面していた。愛犬のジェリーは喜び、母も幸せそうだった。フランソワは家中くまなく調べまわって、赤ん坊にとって危険になりそうな箇所をリストアップした。井戸の上には金網まで張るという念の入れようだった。といっても、ブルースは這い這いもまだできないのだから、そんなに急ぐ必要もなかったのだが。

ぼくは寄宿舎を出て、毎日うちから通うようになったが、母にとってはそれが苦労の種だった。なにせ往復二十四キロの道を送り迎えしなければならないのだ。ミニバイクがあれば一番いいのだが、それには買ってもらうしかない。そこで、ぼくはクリスマスに欲しいもののリストに挙げておいた。青のモペッド、プジョー103。レジニーで盗まれたのと同じモデルだ。

はたしてクリスマスの当日、ツリーの足もとにぼく宛ての封筒が置かれていた。封筒の中身は、フランソワによる手書きの〈モペッド予約券〉が一枚。それが、忙しくていろいろとかかずらわっていられないときのフランソワのやり方だった。〈予約券〉を見て、母はもうバイクが居間にあるかのようにわざとらしく喜んでみせた。ぼくはこみ上げてくるものをぐっとこらえてフランソワに礼を言った。こうして、夢のバイク通学は先送りにされ、〝なにも買わないと言っているわけじゃない、そのうち買ってやるから、それまで待て〟という無言のプレッシャーに背中を押されるようにして、引き続き送り迎えしてもらう通学に甘んじた。

もとより友だちは少なかったが、当然ながら、休みの水曜日にわざわざぼくの家まで来てくれるような奇特な仲間などいない。ぼくはまたひとりぼっちになって、ブルースやジェリーを相手に過ごした。今や、ぼくの性ホルモンはいや増しに分泌され、思春期にスパートがかかり、家庭内の空気も、いや増してピリピリしていた。とうとうぼくは母に掛け合った。ここは町から遠すぎて学業の妨げになる。放課後、友だちと一緒に宿題をすることも、先生に勉強を見てもらうこともできない。このままでは二学期の成績も思いやられる。だから、最善の解決策は寄宿舎へ戻ることだ、と。

「それがいい」と、フランソワは即座に賛同したが、母はそれがぼくのためを思っての発言ではないことに気づかなかった。寄宿舎には戻りたくなかったけれど、それ以上にこの家にはいたくない。自分を必要としていないこの新しい家庭では、自分が部外者であるかのように思えた。ぼくだけが余計だったのだ。


アクリマタシオン庭園からは次第に足が遠のいていった。あそこに行けばイルカたちに会えると、勝手に喜んでいたぼくだったが、ふとわれに返ると、イルカたちの哀しみがひしひしと感じられるばかりになっていた。なにせあの胡散《うさん》臭いプールは、水がカルキ臭い。水深はせいぜい三メートルといったところか。しかも、巨大なプラスチックの丸天井の下にあって、イルカたちからは空が見えない。あんなところは決してあってはならない場所だ。イルカたちはぼく以上に囚われの身となっていて、その孤独を思うと背筋が凍った。あのイルカたちには果てしない大海で泳ぐ自由を知ってもらいたかった。

ぼくはイルカ学者には絶対なれない。それでも、イルカたちを称えることなら……。そこでイルカの本を書くことにした。ただ、イルカに詳しいとはいえ、ぼくの場合、たまに目にする専門書で得た知識の受け売りになってしまうだけだろう。だから、もっと詩的な本にして、みんなに読んでもらいたいと思った。しかしだ、いろいろ考えてみると、誰もそんな本は読まないのではないだろうか。母でさえ読んではくれないだろう。リセのみんなにしてもそうだ。なんと言っても、クロミエはチーズで有名で、海とはまったく無縁な土地柄だから。みんな、いまだにイルカのことを魚だと思っているに違いない。ぼくは本を書き、途中でペンが止まった。書きかけの三百ページの原稿は抽斗《ひきだし》にしまったままとなった。それでも、一つだけ評価できる点がある。それは、ぼくに書く習慣ができたことだ。

書くと言えば、その二、三年前からぼくは毎日日記をつけていた。しかし、日記では自分が関心を持っている事柄には決して触れず、ひたすら、その日の出来事や行動を記録するにとどめた。きっと、何かの拍子に誰かに読まれて、本心を知られ、からかわれるのを恐れていたのだと思う。そんなわけで、一人になると、ぼくはよく喋った。誰かに話を聞いてもらっているつもりになって喋った。その相手は、黙って耳を傾けてくれる口の堅い友人のような存在だった。

ぼくは誰も信じていなかったし、それ以上に自分を信じられずにいた。それで、何でもかんでも心の奥にしまい込んでは封印してしまっていたのだ。ところが、ぼくの内面ではマグマが滾《たぎ》っていた。多彩な色に変化しながら振動し、自由がふんぷんと匂い立ち、夢の製造マシーンがフル回転している。ぼくの命は珊瑚礁そのもので、海面からは見えなくても、スノードームに閉じ込められた虹さながら、生命が沸き立っていた。日ごとにぼくは、このままではだめだと強く感じるようになっていった。内側からガラスを叩き割り、突破口を開かねばならない。自己を表現し、自分がどういう人間なのかを（たとえちっぽけな存在だとしても）みんなに言えるようにならなくては……。

そんな折だった。フランス語の先生からヴォルテールの『カンディード』を紹介されたのは。たちまち、ぼくは主人公の無邪気さ《カンディード》に感動してしまった。カンディードはぼくの兄弟分と言ってもい い。クラスのみんなはすっかり醒めきっていて、カンディードを鼻で嗤《わら》って軽蔑していたが、先生はていねいに解説し、このときに限っては、ぼくは集中して授業を聴いた。

とりわけ心をつかまれたのは、作者の叙述に、実は別のものが投影されている点だ。イメージのなかに隠されたイメージ。音楽と似ている。写真とも似ている。はじめて言葉の作り出す空間＝アーキテクチャが見えてきた。音符や、輪郭や、色や響きが作り出す空間があるように。

そこでは文字が言葉を形成し、言葉が無限に組み合わさって喜怒哀楽を紡ぎ出している。読者は至高のアート、何よりもすぐれた傑作、独創的な原初の世界に引き込まれる。純正な状態の芸術。その宮殿の鍵をヴォルテールから渡されはしたものの、そこまで大がかりな作品に力を投入するような大それた望みは持っていない。ぼくくらいの力量で挑むなら、せいぜい小さな作品だろう。

ヴォルテールのように、別の人物を通して自分のことを語りたい。ぼくは、さっそくその翌日から物語を書こうと決意した。まずはこの世界から抜け出すことにしよう。窓の向こうで牛たちが草を食んでいる牧歌的な光景では、話のネタにならない。作品は、時空を超えて二三五〇年の世界が舞台となる。地球はもう青くはなくて灰色だ。大西洋はコンクリート製のシールドで覆われ、ゴミ捨て場として使われている。主人公はデブで間抜けな男だ。工場労働者で、ロボットでさえやりたがらない汚れ仕事をやっている。その主人公が、ある日、宝くじですてきな宇宙旅行を当て、地球から何光年も離れた、億万長者のためのバカンス村に向かう。環境が変わり、主人公は賢くなっていく。主人公の、ほとんど廃れて使われることがなくなっていた単純で初歩的な知識が、価値観を見失った超ハイテク世界で力を発揮する。宇宙のカンディードだ。ヴォルテールが大笑いしてくれたらいい。主人公はザルトマン・ブレロという名で、ぼくの親友になった。ぼくは主人公に何でも話し、主人公がぼくの代弁をするようになった。

夏、はじめてぼくは父のいないバカンス村へ行くことにした。バカンス村ではダイビングインストラクターのライセンスをとり、シーズン中はダイビングクラブで働くつもりでいた。もちろん、ダイビングが楽しいからだが、小遣い銭稼ぎをする目的もあった。

ダイビングクラブ責任者の〈バナナ〉から了解をもらい、ぼくは再び、サルディーニャ島の北、サント・ステファノ島を訪れた。バカンス村の支配人はジャン・ベンサイードという。支配人本人は自分の名前が気に入らず、ベンサールと呼ばせていた。自分の名前を一、二文字置き換えるだけで幸せになれるとはうらやましい。ぼくの場合、名前をすっかり変えたところで、大して状況が変わるとは思われなかった。

ぼくは一日に二本は潜り、徹底してライセンスの取得に備えた。ダイビング理論では、内容を理解して覚えるのに大苦戦、学校のほうでももっとちゃんと勉強をしておけばよかったと痛感させられた。実践のほうは、〈バナナ〉の二人の助手、ピートとマルクスから手ほどきを受けた。手厚い指導があったわけではないが、二人のおかげでぼくは筆記以外の全セクションを参加者中上位三位以内の成績で合格した。筆記試験についてはぎりぎりの及第点だった。こうしてインストラクターの公式ライセンスを手に入れ、ぼくは胸を張ってはじめての職業に就くことになった。

毎日午前中にディープダイビングのコースがあり、午後は初心者のクラスに充てられていた。このダイビング初体験のクラスを喜んで引き受けるインストラクターは誰一人としていなかった。初心者というのはたいてい不安がっていて、動きもぎこちないものだ（たとえて言えば、壇上でダンスを披露するメイ元英首相のように）。ぼくには熱意があり、根気もあるということで（そして、何より新入りだったので）、初心者のクラスは全部押しつけられた。クラスの生徒たちは、気難し屋、癇癪《かんしゃく》持ち、閉所恐怖症、パニックを起こしやすい人、山岳地域に暮らし海ははじめてだという人などなど、実にさまざまだった。

ぼくは、海のなかの世界とのファーストコンタクトがどれほど大事かは心得ていた。はじめてこの世界に接した人は、もう懲り懲りだと言って二度と潜らないか、大いに気に入って病《や》みつきになるか、どちらかに分かれる。どっちつかずの人はない。夢中になるかそうでないかだ。ぼくは自分の面子にかけても、生徒にはできるかぎり最高の初体験をさせてあげたかった。手取り足取り個別に懇切丁寧な対応を心がけ、手袋を脱いでは相手の手をとり、目の前をよぎる魚がいれば、すかさず指さし、感動を伝える。至れり尽くせりのサービスをした。その結果、受け持った初心者の九割がたはダイビングの信者になった。初ダイビングに参加した生徒は、このあと毎日講習を受けて、レベル一からレベル六へとステップアップしていくことになる。

それから、水深十五メートル以内の浅い場所で海に慣れるためのダイビングを一、二回経験したあと、いよいよグラン・ブルーの世界へ入っていくのだ。

午前のディープダイビングのコースでは、ぼくの引率を嫌がってグループを替えてくれという客が多かった。友だちと同じグループがいいという口実だったが、本当のところはぼくが十七歳の若造で、しかも十二歳くらいにしか見えない風貌をしているからだ。誰だってさすがに自分の命をガキの手に委ねようとは思わないだろう。しかし、マルクスはぼくをいっぱしのダイバーと見込んで、有無を言わさず、ぼくにも担当を割り振った。ということで、たいていは八人の生徒を受け持った。

自分が海に詳しいことを、ぼくはダイビングを通じて証明してみせた。目ざとくイセエビを見つけたり、穴のなかのウツボと戯れたり、警戒されることもなくタコに接近したり……。そういったパフォーマンスがたちどころに生徒たちの心をつかみ、ぼくの評判はそれこそうなぎ上りで、ほどなく、ぼくのクラスに入りたいという申し出がマルクスに殺到した。それというのも、ほとんどのインストラクターがもう何シーズンもこの引率の仕事に忙殺されていたのだが、みんな決められたコースをひたすら、それこそ路線バスを運転するような感覚で、業務をこなしていたからだ。

晩にはくたくたになっていたが、まだ仕事は終わりではない。ショーに参加するのもぼくたちの務めだった。

何年にもわたって父のショートコントをさんざん見てきたおかげで、セリフはすっかり頭に入っている。ぼくは毎晩のように七百人の観客を前に舞台に立った。だから、ぼくにとっては、クラブメッドが観客との最初の出会いの場ということになる。来る夜も来る夜も観客はいて、ひたすら楽しみを求めていた。おまけに入場が無料なので、気に入らなければ平気で席を立っていく。

これまでのバカンス村で、実にさまざまなショーの担い手たちがいて、同じようなショートコントに挑戦するのを見てきたが、それぞれの力量や演出によって、観客の反応はまちまちだった。同じコントをやっても、客が笑い転げて涙を流しているときがあるかと思えば、翌年の新しい演出では、それほど大受けせずに終わった。客層によっても受け方が違う。バカンス村には大衆向きで料金の安いショー・パブもあるが、サント・ステファノはもっとブルジョワ向きで、同じコントに対する反応も異なっていた。そう、知らず知らずのうちに、ぼくは十年も前から将来の職業の基礎を学んでいたわけだ。

父の率いる軍団のメンバーたちは、そういう意味ではずば抜けてレベルが高かったことに、ようやくぼくは気づいた。マルクスもピートもダイバーとしては優秀だが、泣きたくなるくらいの大根役者で、その年のショーはかなりお粗末なものとなった。

だが、さしあたり、ぼくはダイビングに熱中し、シーズン中に二百回は潜った。

夏休みが終わり、ぼくはまたクロミエに戻ってきた。当然ながら、気持ちを切り替えるのも一苦労だった。

ぼくはリセの第一学年《プルミエール》〔高校二年〕に進みはしたが、案に相違せず、学力が追いついていなかった。それでも進級させてもらえたのは、ぼくを留年させると学校側が面倒を抱え込むことになるからで、それを避けるための措置にほかならない。引き続き、ぼくは寄宿舎で生活し、週末だけ家に帰った。家族全員にとって、ぼくが寄宿舎にいることが当たり前のようになっていた。もちろん、ぼくは別として。

ぼくには海底ハウスのアイディアがあり、一学期はもっぱらその構想を練るのに費やした。図面を引くのに昼間の授業時間を充て、夜は自習時間を使って圧力の計算をした。材料力学や水深と水圧の関係にも注目した。加えて、居住者数による酸素消費量を算出し、食糧を含めた必需品の予想とその調達、何よりもできるかぎり環境に配慮した海底生活を営む方法を考えなくてはならなかった。結局は、授業の外で物理や数学や生物の勉強をしていたことになる。

この年のクリスマスシーズン、父は、アルプスのヴァル・クラレにあるティーニュのスキーリゾートに駐在していた。父にとっては大出世も大出世だ。なにせ、ヴァル・クラレは高級リゾート地との評判を取っていたから。ティーニュのゲレンデはとてつもなく広大で、かなりの高低差があり、ぼくは毎晩筋肉痛に悩まされた。ときには父と滑ることもあったが、父はぼくとスラロームで勝負しようとはしなかった。それもそのはず、ぼくは初級コースの金《オール》バッジに次ぐ金銀《ヴェルメイユ》バッジを獲得したところで、前走《フォアランナー》の一人のタイムを破ったばかりだったからだ。

ゲレンデにいるとき以外は、劇場の裏手にある舞台美術のアトリエに勝手に入り浸っていた。そこには、海底ハウスの模型を作るのに必要な道具類がすべて揃っていたのだ。ぼくは休暇中に模型を完成させて、父に見せた。父は目を細めた。それよりか、ぼくのことを誇りに思ってもらいたかったのだが……。

その冬、父はバカンス村に二人のゲストを呼んでいた。有名なコメディアンのジョリヴェ兄弟だ。滞在中、二人は新しいネタをどこよりも先駆けてお披露目してくれた。二人はテレビの子ども向け番組『レショとフリゴ』で知られているが、披露してくれたのは趣向をがらりと変えた、完全に大人向きの演目だった。毎晩観客は大いに楽しみ、ぼくも本物のプロのパフォーマンスというものをはじめて堪能することができた。二人が帰ってしまったあとは、クラブのショーがずいぶんつまらなく感じられたものだった。

クリスマス休暇が終わり、ぼくは荷物をまとめ、例の模型を携え、電車に乗ってパリに帰った。模型を早く母に見せたくてうずうずしていたのだが、意外というか案に違わずというか、母の反応はまずまずで、それどころか、誇らしく思ってくれているようだった。

「これで学校の成績がよかったら、母さんはもっと鼻が高いんだけどね」

ああ、そうだった、そうだった。ぼくは成績のことをすっかり忘れていた。クリスマス前に通知表が届いていたのだが、お世辞にも母にプレゼントできるような代物ではなかったのだ。全教科、平均点に届かず。それに関しては、何も今に始まったことではなかったが、母がその事実に気づいたのははじめてだった。それだけでも大した進歩ではある。かたや、フランソワは模型を黙って眺めると、褒める代わりにこう言い放った。

「これ以上部屋にがらくたを溜め込んでどうするんだ!」

早く寄宿舎に戻りたい。

そう思えるくらい寄宿舎での生活はだいぶましになっていて、第二学年《ドゥジエム》〔高校一年〕のときの例の武勇談もすっかり伝説の一部と化していた。その学年末の六月には演芸会が催され、ぼくは自ら申し出て、バカンス村で覚えたショートコントを一つ、二つ披露した。ほかの生徒たちの出し物が健全な青少年のための田舎芝居の域を出なかったのに比べ、ぼくのほうはユーロビジョン・ソングコンテスト決勝大会並みのレベルの高さで、実力の違いを見せつけてやった。

「リュック・ベッソンはなかなかおもしろい奴だ」という評判が生まれたのも、その晩のことだ。

そんなわけで、新任の舎監の熱心な勧めもあり、校長はこの年度から各学期末に演芸会を開催することを決めた。当然のごとく、学校公認の道化役者のぼくにもお声がかかっていた。

もちろん、こちらとしても引き受けたいのは言わずもがなだが、つまらないジョークを連発してお茶を濁すようなことはしたくない。本物のエンターテインメントをご覧に入れたいのだ。たとえば〈TVショー〉のような。ぼくはクラブメッドで幾度となく見てきたショーを順繰りに思い返してみた。そこで思いついたのが、夜のニュースからクイズショーまで、テレビ番組をパロディー化するというアイディアだ。そこで、木材で巨大なテレビ画面を模したものを二つ作り、生徒のなかから出演者を募った。最高のキャスティングというわけにはいかないが、やる気のある生徒に参加してもらい、稽古も順調、準備万端でついに上演の晩を迎えた。会場は満杯となり、舞台は大当たりだった。校長は笑いすぎで目に涙まで浮かべ、さっそくぼくは、学年末にも新しい演目を披露するように言いつかった。

ところで、ぼくがクリスマスにリクエストしていたプレゼントだが、ようやくフランソワが買ってくれた。すでに四月に入っていたが、別にそれは構わない。春になったことだし、モペッドにも寒い思いをせずに乗れる。問題はただ一つ、ぼくが希望していたモデルではないことだ。プレゼントされたのは例のプジョー103ではなく、大衆車のピアッジオだった。しかも水色である。水色のピアッジオなんて、早い話が、女子が乗るような代物ではないか。実は、ピアッジオの販売特約店にフランソワの知り合いがいて、その人から何年もショーウィンドウに飾られたままだったモデルをつかまされたのだ。最悪なのは、フランソワに礼を言わなくてはならないことだった。本当は面と向かって怒鳴りつけてやりたいくらいだったのに……。世界中の子どもたちがみなモペッドを持てるわけじゃないのだから、自分が恵まれていることに満足しなければならない。それはわかっている。わかってはいるけれど、ぼくが仲間はずれにされはしないか心配しているのに、気づいてもくれないことが悲しかった。

こんなモペッドに乗って学校に行ったら、みんなにからかわれるに決まっている。だから、車体に泥をなすりつけ、石のつぶてで傷をつけた。それから、マフラーをいじくって爆音が出るようにもした。ぼくは、何としても自分を男らしく見せたいと考える難しい年頃にあった。少しでも女っぽさに通じる部分があると、たちまちからかいの的になってしまう。ぼくは念には念を入れ、人目を避けて学校から離れたところに駐車した。

三学期は、一、二学期と比べ物にならないくらい幸先の悪いスタートを切った。まさかこんなことになるとは思いもよらなかったが、先生たちからは厳しい指摘を受けた。すべての教科の課題で及第点に達していないのだ。こんなことは前代未聞だそうである。職員会議が開かれ、ぼくの件で話し合いがもたれた。会議の席にはぼくも呼ばれた。

「この子は芝居のネタを書くことしか頭にないんですよ」フランス語の先生が言った。

「芝居を取り上げるしかないですな」数学の先生が提案した。

「授業中、舞台装置の図面ばかり描いていましてね」美術の先生が言い足した。

「おまけに、自分の芝居のために多くの生徒を巻き込んで、ほかの生徒に悪影響を与えているわ」英語の先生がこぼした。

ぼくは憤慨しながら聞いていた。先生たちの会話のなかには一言も〈芸術家〉という言葉が出てこない。「この子は芸術家タイプなのでは?」くらいの意見があってもよさそうなものを。

一九七〇年代のセーヌ＝エ＝マルヌ県の片田舎においては、独創的＝不健康で質が悪いということなのか……。人と違うこと、つまり、個性は豊かさではなく、欠陥と見なされていたのだ。

会議のおしまいに何か言うことはないかと訊かれた。ぼくは今にも泣き出しそうで、どう弁明すればよいものかわからなかった。先生たちには、ぼくの出自や、ぼくがどんな人間かを説明しなくてはならないし、イルカやタコやソクラテスのこと、二つの家族から見放されて〝二〇〇一年宇宙の旅〟に向かったこと、それから、ぼくの苦しみを癒す唯一の薬である芸術についても話す必要があるだろう。あれもこれも全部ぶちまけたい。なのに、言葉が胸につかえて出てこない。

それでも、これだけは言うことができた。

「ぼくから芝居を取り上げたら、間違いなく全教科零点になりますから」

生徒からこんなことを言われた経験などないのだろう。先生たちはみんな狐につままれたような顔をしていた。ただ一人、体育の先生だけは、唇の端を吊り上げてにやにやしていた。ぼくのことをわかっているのだ。そんなことくらい、ぼくなら言い出しかねないと。全員の注目を十分引きつけたところで、ぼくは取引を持ちかけた。

「芝居をやらせてもらえるなら、全教科で及第点をとるようにしますよ」

校長が真っ先に取引に応じた。ぼくと同じく、演芸会を中止にされたくなかったのだ。やはり学年末は華々しく締めくくりたいということだろう。ほかの先生たちも、いつものことながら健気に、こぞって校長の意見に同調した。まあ、そうするしかないだろう。こちらは、先生たちにそれ以外の選択肢を残さなかったのだから。問題児を出してしまっては学校自らの沽券に関わると、気づかせてやったわけだ。

そうは言っても、ぼくはそこまで厄介な生徒ではない。こちらにも少しは目を向けて、たまに耳を傾けてくれればいい。それだけのことだ。足を痛がる子どもには、足を取り替えろと言うべきではない。ただ靴を取り替えてやればいい話だ。当時の国の教育の問題は、一つきりしか靴の型がなかったことである。だから、ぼくは十五年にわたって裸足で歩くしかなかったのだ。

今度こそぼくは腹をくくった。やはり、写真機を買おう。毎度毎度、写真機を貸してくれる人を訪ね回るのも、さすがに嫌気がさしていた。そこで、ありとあらゆるカタログを調べ上げ、五〇ミリのレンズ付きのミノルタSRT101に決めた。夏からずっと貯金はしてきていたのだが、まだ足りない。あいにく家から十キロ圏内には芝生のある庭がなく、そこら中を見渡してもベビーシッターの口が見つからない。ましてや、ここは内陸部、ダイビングの講習をするわけにもいかなかった。必要なのはあと五百フラン。れっきとした理由があることを楯に、母に直談判したが、返ってきた答えはいつもと同じだった。

「お義父さんに頼みなさいな」

かわいそうに、母はすっかりフランソワに頼りきりになっていた。きれいな家に住めて、連れ子もろとも迎え入れてくれた夫がいるだけで幸せだと考えているので、何事も丸く収め、衝突をかわし、摩擦を避けていたのだ。実際、母が思い焦がれていたのはわずかばかりの平安だったから、それを恨めしく思うわけにはいかない。母は報われて当然の身の上なのだから。

しかたがない。ぼくはフランソワに頼んでみた。案の定、フランソワは答えをはぐらかそうとした。

「また妙な気まぐれを起こしやがって。どうせ三日坊主に終わって埃をかぶることになるんだろうが！」

馬鹿をぬかすな。誰が三日坊主に終わるものか。そう言い返してやりたかった。こっちは四十年は写真で食べていくつもりだ。母さんにも家を買ってやるんだ。もうあんたの世話にはならずに暮らせるようにするんだよ――けれども、母を困らせたくなかったので、ぼくは黙って引き下がった。

その翌日、フランソワはなんとピカピカのメルセデスの新車に乗って帰ってきた。よし。ぼくは意を決した。いよいよ〝富の再分配と格差の是正〟を訴えるべきときが来たようだ。

校内をあちこち当たると、うまい具合にピアッジオの買い手が見つかった。しかも相手は女子で、水色がよく似合う。翌週の月曜日、ぼくは作戦を決行した。十六時にバイクを売り、十六時三十分には店にいて、三年前から夢見てきた写真機を買った。それからわざわざヒッチハイクまでして家に戻った。

家に着くと、ぼくは得々として写真機を母に見せた。母もそんなぼくを見て満足げだった。だが、ぼくがバイクを売ったと知るや、顔色が曇った。

「まったく、あんたって子は！　家と学校の往復はどうするつもり？」

ぼくはぱっとひらめいて、わかりきったことのように返した。

「だから、ほら、メルセデスでさ」

ジャーン！　ぼくのオチは予想以上の効果を上げたらしい。母は一瞬、間をおいてからニヤッとした。その目がキラリと誇らしげに光り、ぼくがささやかながら反旗を翻《ひるがえ》したことをおもしろがっているふうにも見えた。

その晩、フランソワは帰宅するなり、怒声を上げた。ぼくのことをチャランポランだの、落ちこぼれだの、礼儀を知らないだのとけなしたうえ、「俺を金のなる木だと思っているのか」と詰め寄り、あげくにはぼくたち二人に「どうやって学校へ戻るつもりだ」とがなり立てた。

「だから、メルセデスで」と、母は答えた。

ぼくは必死で笑いをこらえながら、母を誇らしく思った。母が向こうを張ろうとしていることはフランソワのほうも感じとったようだ。母親の息子に対する本能的な愛情を思い知らされたのだ。何より、その愛情が自分の理解を超えていたことに気づいたに違いない。フランソワの目からは、ぼくがこの家を巣立っていくまでの残日数をカウントしていることが読みとれた。ぼくに早く家を出ていってほしいと思っていることはわかっている。向こうもぼくがわかっていることを知っているのだ。ぼくはフランソワに安心するようにと、目で合図した。あと数か月もすれば出ていくさ。約束するよ。向こうはその程度なら辛抱できると思ったらしい。何も気づかない母の目の前で、交渉は暗黙のうちに成立した。まるで嵐の前触れの雷鳴が聞こえたような気がした。まだ目には見えないが、風が立ち、空気がビリビリしてくる。だが、近づいてくるのは嵐でない。ハリケーンだ。そして、来《きた》る夏こそ、あらゆる変化の起きるシーズンとなる。

二、三週間で、ぼくは買ってきた写真機をすっかり使いこなせるようになり、戦争カメラマンよろしく、一日中ジェリーとブルースの写真を撮りまくった。

リセでは一人の女生徒と近しくなった。ぼくと同じ寄宿生で、ココという。ベトナム人を母親に、フランス人を父親に持ち、小麦色の肌に、エメラルドグリーンの瞳、漆黒の長い髪は軽くカールしている。無邪気で美しい笑顔の持ち主だ。ココには将来を約束している彼氏がいた。一八〇センチの金髪の青年で、職業はサッカー選手、ラブラドールレトリーバーのように穏やかで優しい。にもかかわらず、ココは多くの時間をぼくと過ごした。イルカの話に興味を持ち、パリ近郊ではめったにお目にかかれないようなぼくのユーモアのセンスを気に入って、大笑いする。

ぼくたちは兄妹のように一緒に眠ることさえあった。二人の友情は一学期の最初からためらいがちに始まっていたが、ひたすら絆《きずな》を深め合い、今では確かなものとなっていた。ココは真の友人だった。

ある週末、写真を撮らせてほしいと頼むと、ココは快諾してくれた。最初の何枚かは庭で撮影する。花盛りの少女。自然体。自然光。ソフトフォーカス。徹底してハミルトンを真似た。

最後は浴室で撮影した。ぼくが背を向けると、ココはぼくの指示どおり全裸になって浴槽に入った。ぼくは湯船一面にバラの花びらを敷きつめ、あらゆる角度から激写した。ココもとても協力的だった。二人で撮影に臨み没頭した時間は得も言われぬ幸福に浸ることができた。撮影が終わったあとは、ゆったりとお茶会を愉しんだ。

今回、ぼくはリバーサルフィルムを使って撮影した。現像してみると、ひじょうに美しい出来栄えだったので、ぼくは得意になり、家でささやかなスライド上映会を開くことにした。いい案配にサン゠モールに住むフランソワの両親がディナーに招かれていた。観客は多いに越したことはない。ぼくは映写機を用意し、BGMはハービー・ハンコックの『マン・チャイルド』を選んだ。

母はご馳走をたくさん並べ、ブルジョワ風に振る舞って、義両親に気に入ってもらおうとした。ぼくがスライド上映を申し出ると、みんなは喜んだ。自分の作品を発表するのははじめてで、ぼくはかなり興奮していた。ところが、上映会が終わってみると、反応は今一つで、あたかもぼくが掛け算の九九でも披露したかのような、褒めるでもなくけなすでもない、微妙な空気が流れた。作品の芸術性に対する感想もなければ、適切な意見もない。笑ってその場を取り繕おうとするばかりだ。みんな言葉に窮している様子で、ぼくは寝室に下がるように言われた。

翌朝の食卓で、ぼくは母に前の晩の不満をぶちまけた。ところが、母はあのあとフランソワの両親からさんざん小言をちょうだいしたと言う。まったく、自分の息子にあんなことをさせているなんて、どういう了見かね？　若い娘のヌードを撮るなど、言語道断だ。しかも、撮影場所が風呂場だなんて。あんたの息子には問題がある。専門家の住所を教えるから絶対に診てもらいなさい……と。

ぼくは椅子から転げ落ちそうになるほど驚いた。あらゆる写真雑誌を席巻する巨匠たちの作品を模倣しようとしただけなのに。フォルムや光を自由に操り、人生に彩りを添える芸術家たちへのオマージュにほかならないのに。だが、フランソワの両親に言わせると、ぼくの芸術への傾倒は不健全なのだそうだ。母は二人から、ぼくにサッカーをさせるように勧められたらしい。とどのつまり、敬虔なるカトリック教徒の二人は、ヌードという一点にこだわり、ヌードになるのも、ヌードを撮るのも罪深いことだと捉え、それ以外の考え方ができなかったのだ。ぼくのせいで、気の毒なココには十字架まで背負わせてしまった。つまり、ココは最後の審判の日まで自らの恥ずべき行為を後悔するということになるのだ……。あの二人には芸術を解する精神は宿っていなかった。いや、二人にとっての芸術とは、ライフスタイルとかテーブルセッティングとかインテリアとかの保守的な事柄の延長線上にあるものに過ぎないのだ。鑑賞する者の心を揺さぶり、熟考の機会を与え、成長させ、多種多様な世界へと目を開かせてくれる芸術とは違うらしい。

これでわかった。要するに、フランソワの両親は白人のカトリック教徒のブルジョワで、差別主義者で、それでもって、愚かな人たちなのだ。

けれども、母は二人の術中にはまることもなく、ぼくを褒めてくれた。美しい写真だし、いやらしさなど、微塵《みじん》もないと。むしろ、学校の成績は悪くても、ぼくの能力が日々開花していることを知って、安心しているくらいだと言った。ぼくは、学校よりも日々の暮らしから多くのことを学んでいたのだ。

ほどなくして、ぼくはココに写真をプリントして贈った。それを見てココは大喜びし、その翌週にはココのお母さんが訪ねてきた。ぼくは才能があると褒められ、娘をこんなに美しく撮ってくれてありがとうと言われた。

夏休みが間近に迫り、演芸会で最新作の芝居を上演することとなった。社会を風刺する寓話風のパロディー喜劇で、タイトルは『ターザンもどきタルサンジュ』という。

ココも大道具の手伝いをしてくれて、寄宿舎の壁には大きなジャングルの絵が描かれた。

当日、会場は満員御礼、客席は一つ残らず埋まった。BGMにはカノン形式の曲を選び、上演中ずっと流した。衣装替えは五回以上、エキストラは二十五人。幕が下りたときはその場にへたり込みそうになるくらいくたくたになっていたが、舞台は大成功だった。スタンディングオベーションが五分は続いたと思う。あのフランソワでさえ立ち上がって拍手せざるを得ないような状況だった。母は笑いすぎて涙を拭ってばかりいた。真正面から観客の大歓声が波のように押し寄せてきて、ぼくはそれを幸せな心地で受け止めた。なんてすばらしいんだ。このエネルギーの渦、この熱気、自分にも取り柄があったのだというこの感慨。先生たちもいつになくぼくを称えにやってきた。みんな、ぼくが学年末の試験で及第点が取れないことは承知のうえだった。あとで先生の一人から聞いたのだが、この芝居のおかげでぼくは最終学年《テルミナル》に進級できたらしい。

第八章　ジャック・マイヨール

一九七七年

三学期が終わるや、ぼくは水中マスクとフィンをバッグに放り込み、南イタリアのパリヌーロに向かった。ダイビングシーズンの始まりだ。こちらのバカンス村は大きくて、千六百人の観光客を収容できる。村のダイビングクラブは、クラブメッドのなかでも最大の規模を誇る。インストラクターは二十名。マルクスにも再会した。マルクスはひと月前からここにいて、到着早々ぼくは仕事に駆り出された。

ダイビングボートはカバーンダイビングに申し込んだ客で満杯だった。マルクスの指示で、ぼくは大急ぎで〈青の洞窟〉に潜った。水面まで戻ってくると、第一陣の客が待っていて、ぼくはすぐにその十二人のグループを引き連れて再び潜降した。ところが、その間にも十ほどのグループが潜っていて、水が濁ってしまっていた。フィンが触れたのか海底の砂が巻き上げられたらしい。視界が利かず、ぼくは十二人の客を連れたまま、方向感覚を失った。だが、パニックは起きなかった。ダイビングで最初に教わるのもそれで、落ち着いて対処すればいいのだ。三十分ほど、ぼくたちはいくつもの洞穴やエアドーム〔水中洞窟のなかにある水に浸かっていない空間〕を転々としたあげく、ようやく出口を見つけた。こんな体験ははじめてだと言って、客たちは大喜びしていたが、いやいや、ぼくだってはじめての経験だった。

パリヌーロはどのダイビングポイントもすばらしかった。水中洞窟、エアドーム、ドロップオフ〔急激に水深が深く落ち込んでいる地形〕、それらすべてが、地中海ならではの真っ青な世界のなかにある。その代わり、仕事の忙しさときたら、半端ではなかった。午前は客が多すぎて、二十回潜ることもあった。インストラクターたちはノンストップで潜った。つまり、十二人の客を連れて一本目を潜り、浮上してきては続けざまに次の十二人を連れて潜るのだ。当然、減圧停止が必要になる。ぼくなどは、ときには水深三メートルで一時間以上とどまってから水面まで浮上することもあった。だから、よく食べ物を携帯して潜ったものだ。コンデンスミルクの小さなチューブやヴァッシュキリのチーズ、ヨーグルトを持っていったこともある。ヨーグルトの場合、容器に小さな穴をあけて吸えるようにしておけばいいのだ。

午後になっても忙しさは午前とほとんど変わらなかった。午後はダイビングライセンスの取得コースとはじめての人向けの体験ダイビングコースを受け持つ。ぼくは一日で三十人を超える初心者の面倒を見ることもあった。両手の皮膚は海水で荒れて、老婆の手のようになった。夕方にはくたくたになって引き上げてくるが、これまでどおりショーの出演が待っている。一日は、朝六時に二百本のエアタンクをボートまで運び込むことから始まり、ショーが幕を下ろす午後十一時頃に終わった。ベッドに倒れ込むなり、泥のように眠ったのは言うまでもないだろう。

色っぽい話なら、なくもない。ぼくが気になっていたのは、ウインドサーフィンクラブで働く栗色の髪のイタリア美人。年は二十三で、グリーンの瞳がドキッとするほどセクシーな女性だ。朝会うと、おはようを言いながら、よくぼくの唇にキスをする。最初は勢い余って唇に触れてしまったのかと思ったが、それが何日も続くうちに、わざわざ唇を狙ってキスしてくるのだと知った。だからといって、向こうがぼくに興味を持っているとは言い切れなかった。それがイタリア人の気質というものなのかもしれないし、結論を下せるほどぼくに女性経験があるわけでもない。それで、昼食後にちょっと声をかけてみることにした。ぼくにできる唯一の誘いのテクニックだ。

昼食が済んでから、「このあと一緒に休憩《シエスタ》しない?」と誘うと、彼女は優しく微笑んで誘いに応じた。〝このあと〟のことについては、多少なりとも経験済みだったから、もう失神してしまうようなへまはしでかさない。イタリア美人は自由奔放で、明らかに休憩《シエスタ》が気に入ってくれたようだった。ぼくは夢のようなひとときを過ごし、恋に落ちるべくして落ちた。彼女はぼくににっこりと笑いかけて水着をつけると、今の今まで編み物でもしていたかのようなすました顔で仕事に戻っていった。ぼくは、愛の行為にすっかり体力を消耗して寝そべっていたが、いつしか眠り込み、午後のクラスを全部すっぽかしてしまった。

その晩、ぼくはレストラン、バー、ショーの会場とほうぼうを探しまわったが、イタリア美人の姿はどこにも見当たらなかった。

翌朝早く、ぼくはサーフボードのストレージ小屋に彼女の姿を見つけた。とても忙しそうだったが、ぼくはキスを奪ってからダイビングボートに乗り込んだ。少しよそよそしい感じがしないでもなかったが、それは仕事が忙しいせいだと思った。

港を出ると、ダイビングスポットに到着するまで四十分ほど時間がある。この時間を利用して、インストラクターたちはひとところに集まり、前夜のハンティングの自慢話を競い合った。何と言っても、バカンス村ではナンパが何よりも人気のあるアクティビティで、ことにダイビングインストラクターはその道のプロと見られているくらいなのだ。

もちろんぼくは、前の日の昼寝《シエスタ》について語るつもりはさらさらなかった。そんなことは恥ずかしすぎたし、場数を踏んでいるわけでもないから他人に自慢するなどもってのほかだった。だから、そのときも、仲間の一人のフランクが朝の五時まで眠らせてもらえなかったというお相手のことを得意げに話すのを黙って聞いていた。フランクは潮焼けした顔に深く皺の刻まれたベテランダイバーだ。フランクは微に入り細を穿《うが》ち、視点を次々と切り替え、場面転換も巧みに、おもしろおかしく語っていた。まさに臨場感たっぷりで、しまいには、こちらは当事者でもないのに、話を聞いていただけで疲れてしまった。

「そいつは客の女かい?」フランクの熱演ぶりに興味を引かれた様子でマルクスが訊いた。

「いや、ウインドサーフィンのイタリア人スタッフの娘《こ》さ」まだ夜の疲れが残っているのか、フランクはけだるそうに答えた。

ぼくのなかでメガトン級の爆弾が炸裂した。地下千メートルで実施された核実験のように、表面にはまったく見えてこない爆発だ。あのすてきな休憩《シエスタ》があったあとで、立て続けにそんなお熱い夜が過ごせるとは……。あんな経験をしたあとでは、ぼくなら五か月は十分満足していられるのに、彼女の場合、五時間後にはどうでもいいことになってしまうのだ。結局、ぼくはウォーミングアップに利用されただけだったらしい。ぼくは打ちのめされてしまった。自尊心もぺしゃんこに潰された。まったく、女性というのは謎めいた生き物だ。ピラミッドよりも深い謎に包まれている。その謎を解き明かすには、同じ年頃の女の子たちを何人も攻略しなければなるまい。

それからしばらくして、降って湧いたように、一人の女の子が目の前に現れた。イタリア美人との恋物語はあっけなく幕を閉じたので、心のほうもそれほど深手を負わずに済んでいた。今度の娘はステファニーという。十九歳で、瞳ははしばしばみ色だ。ちなみに、いつも最初にぼくの目に留まるのが瞳の色なのだ。それはつまり、ただ単に相手がこちらを見ているからなのかもしれない。話が逸れたが、ステファニーのお父さんもクラブメッドで働いていて、ステファニーは夏中バカンス村で過ごすことになっていた。ぼくの勘では、彼女の両親は離婚していそうだった。ぼくはじっくりと時間をかけて相手を知ることにした。ぼくたちはしょっちゅうデートして、ときには踊りに行ったり、浜辺をそぞろ歩いたりした。やっと手をつなぐところまではいっても、キスはまだお預けだった。ある晩など、ぼくは自分で稼いだ金で食事に誘った。ぼくが一張羅のシャツを着て背伸びするのを見て、ステファニーは微笑んだ。向こうはぼくよりよほど大人で、ぼくが言い寄るのを寛大な心で受け入れてくれていた。

ところが、ある朝、すべてが台無しになるような出来事が起きた。

その何日か前、ぼくはたまたまダイビング中に海底の砂のなかからアンフォラの首の部分が覗いているのを見つけた。一緒に潜った客たちには黙っていたが、場所はしっかり記憶しておいた。この手の宝物は、みんなでシェアするというわけにもいかない。ぼくは休みの日に〝吸引装置〟を製作した。エアコンの排水管みたいな長くて柔軟性のあるホースとエアタンクとをつなぎ、空気を送り込んでやることでホース内の水を押し上げ、砂を吸い上げて離れた場所に吐き出させる仕掛けになっている。古代の壺を壊さないようにしつつ周囲の砂を取り除くのに必要なのだ。

ぼくは機材の準備を整え、若いインストラクターの一人に声をかけ、安全のためにボート上で待機していてくれるように頼んだ。ゴムボートで沖に出て、目をつけておいたポイントで錨を下ろす。ぼくはひどい副鼻腔炎を患っていたが、そんなことなどお構いなしに装置一式を抱えて水中に飛び込んだ。実はこの日、ぼくはダイビングの三つの鉄則を破っていたのだ。疲れているときには潜らない、海が荒れているときには潜らない、そして、一人では潜らないという大事なルールだ。海面がうねっていたので、ぼくはすぐに水深三十メートルまで潜った。ここまで来れば波の影響はない。だが、両手に大荷物を抱えながらの潜降だったので、すでに疲労を感じていた。アンフォラのあるポイントの真上でホバリングすると、ぼくは吸引装置を使って砂を吸い上げはじめた。

ところが、潮の流れに邪魔されて作業がなかなか捗《はかど》らない。三十分経ってもやっといくつかのアンフォラを掘り出せただけだった。だが、鼻の奥が痛むので、作業をそこで切り上げ、水面を目指してフィンキックを始めた。海面に出る前には水深三メートルで四分間の減圧停止が必要だ。浮上中、耳鳴りがして鼻の奥が死ぬほど痛くなった。水深十五メートルまで上昇したところで視覚が失われる。だが、なぜかパニックにはならず、ぼくは即座に少し潜降した。そのとっさの行動は間違いではなかったと言える。視力が戻ったのだ。たぶん副鼻腔が閉塞して空気が抜けず、視覚神経が圧迫されているのだろう。ぼくは水中マスクを上げて力むように耳抜きをし、もう一度浮上を試みた。水深十五メートルまで来ると、再び耳鳴りがして、また目が見えなくなった。そのときになって、ぼくははじめて怖くなった。否応なく指をコンセントに近づけなければならないような恐ろしさだ。恐怖は腹の底からこみ上げてきた。それが脳に到達する前に、やれることは何でもやらねばば。ぼくは十回続けて、まじないの文句を繰り返した。

《パニックこそ、おまえの唯一の敵だ》

ぼくは再度マスクをとって耳抜きをし、眉間や目頭や首筋を揉んだ。三度目の浮上にトライする。結果は変わらない。時間が刻々と過ぎ、いたずらに減圧停止時間が増していくばかりだ。何としても水面下三メートルまで到達しなくてはならない。さもないと、ひじょうにまずいことになる。ぼくはもう一度マスクを外すと、思い切り顔面を叩きはじめた。それこそ鼻血の出るまで。浮上の試みはついに六度目となった。これが最後だ。このままいつまでも停止を続けているわけにはいかない。タンクのエアも少なくなっている。またしても耳鳴りがし、目も見えなくなった。しかし、今度はそのまま浮上を続けた。痛みは並大抵のものではない。耳鳴りはひと昔前の水洗便所かというほど凄まじい音になってきた。すると、いきなり耳の奥でバキバキッと破裂音がした。まるで木戸を突き破るような音だった。わずかに視力が戻ってくる。マスクのなかは血で一杯だった。耳が平衡機能を失い、方向感覚がない。上下の区別もつかなくなっている。ぼくは嘔吐した。水深計をぎりぎりまで目に近づける。深度三メートル。ぼくは、そのまま必死でホバリング姿勢を保とうとした。

波はいっそう高くなっていて、この深度では否が応にもうねりの影響を免れなかった。その場にとどまることができず、果てしなく広がる海のなか、岸からどんどん遠ざかっていく。停止時間は九分。九分間、この地獄を持ちこたえねばならない。そのとき、思い出したのが、母のこと、父のことだった。そもそもあの二人のせいではないか、こんな羽目に陥ってしまったのは。いや、そんなことより、水上でぼくを待っていてくれそうな楽しい事柄を考えよう。脳裡に浮かんだのは唯一、ステファニーのすてきな笑顔だけだった。あのはしばみ色の瞳、手の柔らかさ、しなやかな体つき。

ぼくはそれらに意識を集中させようとした。ぼくたちのこれからのことを想像してみた。そうだ、パリに戻ってからもデートしよう。デートをするなら、一緒にエッフェル塔へ行きたい。それから、セーヌ沿いを散歩して、ノートルダム大聖堂へ行き、この悪夢のようなダイビングの思い出にロウソクを捧げるんだ……。夢想力のおかげでぼくは命拾いした。九分が経過したのだ。

海面に出ると、四囲《しい》に波が幾重にも盛り上がりを見せている。ぼくは苦痛に叫び、再び嘔吐した。それでも、助かったことには変わりない。たとえ潮に流されて、海岸からもゴムボートからも遠く引き離されはしていても。ゴムボートでは相棒がぼくを見つけようとしてくれているはずだ。波間に隠れてぼくの姿に気づけないのだろう。もう三十分は不安に駆られているに違いない。ぼくはBCDジャケットに結わえつけた非常用ホイッスルをひっつかんだ。けれども、それを吹く力すら残っていない。まあしかたなかろう。このまま波のまにまに身を任せるだけだ。ぼくは仰向けに浮かんで、血まみれの水中マスクを通して空を眺めていた。

やっとぼくを見つけてくれた相棒が大声で叫んだ。だが、こちらは両耳をやられてしまって、何を言っているのやら、モルドバの空港の雑音混じりのアナウンスほどにも聞き取れない。ゴムボートが近づいてきて、ぼくは水に浸かりすぎた洗濯物よろしく引き揚げられた。なぜだか、ぼくは笑みを漏らした。ちゃんと息ができていることが、ただただ嬉しかったのかもしれない。

相棒がダイビングチームに知らせたので、ぼくは上陸するとすぐにバカンス村の医務室に運ばれた。しかし、クラブメッドの嘱託医は手をこまねいていた。熱中症と急性アルコール中毒を除いて、重篤な症例を扱ったことがないのだ。ただちにユーロップ・アシスタンス〔医療支援サービスをおこなう保険会社〕に連絡がとられ、しばらくして救急車がぼくを迎えにやってきた。

事故の知らせはすぐに村中に広まり、ステファニーが医務室に駆けつけてきた。彼女のおかげで死なずに済んだ経緯を話すと、ぼくにキスをしてくれた。心からのキスだった。

「早く戻ってきてね」ぼくの頬に手を置き、ステファニーはそう言った。

ぼくは救急車で空港へ運ばれ、小型飛行機でマルセイユへ移送された。結局、そこの病院に三週間入院することになった。

母はフランソワや弟と船でコルシカ島に向かっている最中だったし、父はモルディヴにいて、バカンス村の運営を任されていた。

というわけで、ぼくは狭くて白い病室のなかで、またしてもひとりぼっちになってしまったのだった。患者が気力を失うのは、病院特有の白々とした壁のせいではない。その壁に反射する蛍光灯の冷たくじめっとした光のせいなのだ。そんなことに気づかされたのも、時間がありあまっていたからだ。朝五時頃、日が昇ると、鎧戸から差し込む光がオレンジ色の縞模様を描く。壁の白ともとても相性がいい。それに引き換え、消毒の臭いはどんなものとも融和しない。

病室内をじっくり観賞してしまうほど、ぼくは暇をもてあましていた。夏の盛りにあって病院には患者があふれ、ナースと向き合っている時間は一日にせいぜい五分程度だったからだ。それでも、午後にはやることがいくつも用意されていた。CTスキャン、レントゲン撮影、血液採取、ほかにも医療保険《セキュリテ・ソシアル》に嫌われる検査をたくさん受けた。

はたして両親はぼくがマルセイユにいることを知っているのだろうか。ぼくは孤独感に苛《さいな》まれた。

一方、視力は改善し、あらゆる意味において周りがよく見えるようになった。

十日間の経過観察ののち、眼鏡をかけた禿頭の医者が回診にやってきた。医局長だという。一日見て、いけ好かない奴だと感じた。高速道路に平気で犬を捨てていくような面構えをしている。医者は、こちらが理解できないことを知っているくせに専門用語を使いつつ、こちらが百も承知であることをわざわざ説明しやがった。副鼻腔炎に罹っているなら潜るべきではないことくらい知っている。だが、やってしまったことは今さらどうしようもない。それよりも、これからのことについて教えてほしい。海はぼくの命なのだ。その海をぼくから奪おうというのか、それだけが知りたい。すると、医者は冷ややかな笑みを漏らした。何を寝ぼけたことを言っているのだと、ぼくに思い知らせようとするような笑みだった。

「スキューバダイビング？　諦めなさい。プールでもいけませんよ！」

こいつはぼくの生きがいを完膚《かんぷ》なきまでに叩き潰したばかりか、それをおもしろがっている。医者が出ていくと、ぼくはぐったりとベッドに倒れ込み、そのまま何日かが過ぎた。

人生は打ち砕かれた。もう生きている意味もない。これまでの総ざらいをすると、敗北を認めるしかなかった。父は新しい家庭を築いており、モルディヴにはぼくの居場所がない。母は、ぼくがいなくなるのを指折り数えて待つような男と暮らしている。学校では成績は最低で、変わり者だと思われているので友だちが一人もできずにいる。好きな授業はみんなから嫌われている音楽だけだ。ぼくが元気でいられるのは海のなかにいるときだけなのに、その海も、心ない医者からにべもなく禁じられてしまった。神さまが栓を抜いて、世界中の海を空っぽにしてしまったかに思えた。この先の生活はいったいどうなるのだろう？　ぼくの人生が何かの役に立つことなどあるのだろうか？　ぼくは湯船の水とともに排出されてしまった。何のお告げも、言づてもなく。指示書もなければ、手本にするものもない。ぼくはブラックホールに吸い込まれていった。そこは虚無の世界だった。

シャットダウンが実行され、セッションが強制終了されてしまったのだ。

ハードディスクがクラッシュして、初期化をしたいが、やり方がわからない。おまけに、病院からは次の患者が待っているので出ていくように請われた。泣きっ面に蜂とは、まさにこのことだ。何の手助けもない。フォローもない。相談できるようなカウンセラーもいない。退院の手続きを教えてくれる人さえも。両親のもとへ行くわけにはいかなかった。父のいる場所は遠すぎたし、母は洋上だ。フランソワには合鍵を持たせてくれる優しさがなかったので、家に帰ることもできなかった。リセは九月になるまで閉まっているので、寄宿舎にも戻れない。

つまり、パリヌーロに引き返す以外に選択肢はなかった。パリヌーロに行けば、ステファニーにまた会える。あのすてきなはしばみ色の瞳とも。正直なところ、彼女の存在があったから、入院していた二週間をなんとか乗り切れたようなものだった。告白されたわけではないけれど、ぼくに想いを寄せてくれている見込みはある。それで十分だった。希望は生きる力を与えてくれる。言い古された表現とはいえ、それが真実であることには違いない。

ぼくには電車の切符を買う金もなかった。幸い、マルセイユにはフランソワの知り合いのマックスさんが住んでいた。今は転職して引越サービスの仕事をしているが、かつてはレーシングドライバーで、フランソワとはGRACレーシングチームのチームメイト同士だった人だ。バカンス中にもかかわらず、マックスさんはわざわざ病院に来て、金を少し置いていってくれた。

パリヌーロまでは電車で十五時間以上かかる。しかも、二度乗り換えなければならない。電車はほぼ海沿いを走っていた。海はそんなぼくを見て、鼻先で笑っているようだった。

バカンス村に着くと、ぼくはすぐにステファニーを捜した。胸が高鳴っていた。この苦しみを癒してくれる薬はステファニーのキス以外にないのだ。ステファニーは音響技師の部屋にいた。ぼくは、バイオリンの調べに乗せたロミオとジュリエットの再会の場面を期待していた。

「えっ、いつ戻ってきたの？」ステファニーはばつの悪そうな顔をした。

抱擁もキスもない。ましてやバイオリンなど望むべくもない。音響技師は二十七歳で、無精髭で、髪がぼさぼさのパリジャン気取りの男だった。大麻煙草をしきりに吸い、そのせいか、思考回路が切れてしまっているようだ。そのくせ、イタチのようにはしっこく、自分の縄張りにマーキングする本能だけは健在ときている。男は立ち上がると、淫らな手つきでステファニーの腰を引き寄せ、涎《よだれ》まみれで舌を絡めるキスを見せつけてきた。ぼくは心臓が止まるかと思った。反吐《へど》が出そうだった。男は黄色い歯をしてヤニ臭かった。どうしてステファニーはあんなゴミバケツみたいな口とディープキスができるのだろうか？　いや、そんなことはどうでもいい。答えを聞くまでもない。

ぼくは一気に年を取ったような気がした。

「ずいぶんとお愉しみだったようで」ぼくは精一杯よそよそしく言ってのけた。これで向こうが気まずくならないとしたら嘘だろう。

ステファニーは口ごもりながら釈明を始めた。妙に女っぽさを前面に出しているが、いかにも嘘臭い。だって、ほら、あたしたち、まだそんな関係じゃなかったじゃない？　お付き合いをしましょうとも言っていないし。それに、あなたが戻ってくるかどうかもわからなかったわ。——いやいや、本当はもっと単純なことだろうが。ステファニーにとって、ぼくは単にお遊びの相手だったということだ。だが、戯れに恋はすまじ。ぼくにとって、愛は命の糧。なくてはならないもの。水や空気と同じように、ぼくを育み、命をつないでいくのに必要不可欠なものなのだ。

一気に大人になったことで、さまざまな現実がわかってきた。ステファニーを見る目も変わった。結局、彼女も巷《ちまた》のミーハー娘と同じく、おつむが半分空っぽだったのだ。バカンス村を舞台に繰り広げられる人間模様も見えてきた。インストラクターたちは親しげな笑顔を見せつつ、バカンス中のOLたちをものにすることばかり考えている。お客もお客で、せっかく休暇を過ごしに来たのに、サングリアをたらふく飲んではビーチでゴロゴロしてばかりだ。ぼくのなかの意地悪な心がむくむくと頭をもたげてきた。そうなると、触れるものは何でもかんでもぶっ壊したくなってくる。これはもう、新学期はいろいろと派手なことになりそうだ。『OK牧場の決斗』張りのドンパチが始まるかもしれない。とはいえ、クロミエに戻るまで、休みはまだ三週間残っていた。

翌日には、ぼくはダイビングボートに乗っていた。ダイビングは禁じられていたので、マルクスはぼくを点呼係に回した。客の名前をグループごとに読み上げ、全員がきちんとそれぞれの担当インストラクターの後ろに並んでいることを確かめるのが仕事だ。同僚たちにまた会えて、ぼくは嬉しかった。周囲は見渡す限り海ばかりで、この雰囲気をまた味わうことができてよかったとしみじみ思う。だが、最初のダイバーが水に飛び込んだのを目にしたとたん、昂《たかぶ》っていた気持ちはしぼんでしまった。水に飛び込んだ瞬間の音、レギュレーターをくわえて呼吸する音、水面に躍る気泡。ぼくは苦しみに襲われた。すきっ腹でスーパーマーケットの入り口にいるような気分だった。脳が苦痛を感じるのではなく、薬物依存症者の禁断症状のように、実際に腹部に痙攣《けいれん》が走った。海はぼくの片割れなのに、ぼくは海を取り上げられた。今、その海が目の前にあるのだ。ぼくは孤児も同然の気持ちだった。それでも、日中はニコニコ笑って、苦しさを隠し通した。誰だってぼくの泣き言など聞きたくはないだろう。どのみち、水着をつけた人間の話は真に受けてもらえないのだ。

数日後に、クラブメッドの招きで映像作家のヴィクトル・デ・サンクティスがやってきた。海底のドキュメンタリー映画の撮影もしているという。年は七十歳くらいで、白髪で、イタリアンジェラートと同じくらい陽気な笑顔の持ち主だ。

その晩、本人からの申し出で、新作のドキュメンタリー作品が上映されることになった。タイトルは『イルカ人間ジャック・マイヨール』だ。ジャック・マイヨールの名前は聞いたことがなかったが、イルカの友だちということなら、ぼくの友だちでもある。

舞台の上に白いシーツが張られ、一六ミリの映写機が据えられた。野外劇場の客席は満杯になり、映画が始まった。あるシーンでは、ジャック・マイヨールはヨガをしていた。クラーク・ゲーブル風のちょび髭をたくわえ、少しつんとした感じがする。街をぶらつく彼を見ていると、歩くのを覚えたばかりのような印象を受ける。横断歩道や赤信号もお構いなしだ。自分を取り巻く社会のことは眼中にない。マイヨールは海、豆腐、エルバ島、イルカについて語る。ほかに話題はない。それから突然、水に飛び込むのだが、そこですべてが一変する。この男は地上に用はない。地上では重力がのしかかり、建物に圧迫感を覚える。マイヨールにとって、果てしなく深い青一色の世界以外に安らげる場所はないのだ。

マイヨールはボートのプラットフォームに腰かけていた。フィンが水面下でゆっくりと揺れている。みんなが話しかけても、マイヨールの耳には入らない。すでに心ここにあらずだ。マイヨールは呼吸を整えると、水面からわずかに顔を出したオレンジ色の奇妙な装置に近づいた。両目は閉じている。水中マスクはしていない。鼻に大きなクリップをつけているだけだ。それから息を吸い込み——それまでよりわずかに大きく吸い込んだだけだが——、見逃してしまいそうなくらい小さく頷いて合図を送った。それを見て係が装置を作動させる。マイヨールは三十キロの錘《おもり》に引っ張られ、たちまち水中へ消えていった。素潜りだ。呼吸装置は一切用いていない。

潜降は滑り出しからすばらしかった。マイヨールは、海中に垂らされたロープに沿って、次第に暗さを増していく青い世界へ優美に滑るように降下していく。

画面の端には計測タイムが表示されている。すでに一分が経過していたが、マイヨールは闇のなかを突き進んでいく。ぼくは息を呑み、口をあんぐり開けて見守った。身じろぎもせず、自分まで一緒に呼吸を止めていた。苦しくなってそれに気づいたくらいだ。マイヨールはなおも潜降を続け、漆黒の世界に突入する。最後のダイバーたちが待機する水深八十メートルのポイントも通過した。そこから先は一人きりの世界になる。ぞくりとするような映像だ。マイヨールはたった一本のロープにつながれて暗黒の只中にいた。ぼくはその姿に、臍《へそ》の緒につながれて浮かんでいる胎児の映像を重ねずにはいられなかった。そう、『二〇〇一年宇宙の旅』の最後のシーンだ。海。音楽。映像。そこには、ぼくの命を育んでくれたそれぞれの世界が、まるで惑星直列のように勢揃いしていた。

錘が降下の終点を示すプレートにぶつかって停止した。水深百メートル。水温は十度。水圧は海面付近に比べると十倍を超える。呼吸を止めてから二分が経過している。顔を歪め、苦しさに耐えるような状況のはずだ。画面に表情が映し出されればわかるだろうが、きっと生まれたての赤ん坊くらいに皺くちゃの顔をしているに違いない。カメラがマイヨールの表情を捉えた。しかし、その顔は安らかだった。苦しさも、体の不自由さもまったく感じていないようだ。イルカのように笑みを湛え、振る舞いからも幸福感がうかがわれる。ぼくは衝撃を受けた。こんなことってあるだろうか。この人にはぼくたちに見えないものが見えている。別次元の世界と行き来できるのだ。そうとしか説明のしようがない。

永遠とも思われる数秒間が過ぎると、観客はいっせいに「早く、浮上を」と大声で呼びかけた。息詰まる緊張感が会場を包む。すると、マイヨールは小さな風船《バルーン》を膨らませ、それにつかまって深海を離れ、ゆっくりと上昇しはじめた。上るにつれて水圧が減少し、風船《バルーン》が膨らんでいく。だんだんと光が戻ってきた。最初に青い色が戻り、それから、順々とほかの色が戻ってくる。浮上のスピードはどんどん速まり、それにつれて水温も上がっていく。やがて、頭上のぼんやりとした広がりのなかに船底の影が見えてきた。

マイヨールは風船《バルーン》を放し、あとはフィンを使って、イルカさながらに全身をうねらせながら浮上した。そして、勢いよく水面を破って、叫び声を上げた。水上に出てはじめて苦痛が襲ってきたかのようだった。船上に上がると、宇宙に長く滞在していた宇宙飛行士のごとく、自分の体重を支えきれずに倒れ込んだ。疲れ果て、絶望的な表情を浮かべている。もう微笑んではいない。あらゆるものから自分を守ってくれた羊水をすでに懐かしんでいる新生児のように、地上に戻ってきたことが喜べないらしい。観客はその場から動けず、ぼくも座席でぐったりと力尽きていた。いつか誰かがジャック・マイヨールをテーマに大作を撮ってくれないだろうかと考えるのがやっとだった。

それから何日かはつらい思いをした。ボートに残って、ほかのダイバーたちが海に飛び込んでいくのを見ているのはもう耐えられなかった。それで海には出ず、地上でタンクに空気を充塡したり、機材の修理をしたりした。そうしている間にも、マイヨールの映像が幾度となく脳裏によみがえってきた。海の奥深くでマイヨール一人が目にしたものを、どうしてもこの目で見てみたい。ぼくはマルセイユの医者に言われたことを思い返した。あの医者の診断でこちらが見落としている点はないだろうか。契約書の粗を探す弁護士よろしく、医者の言葉を反芻《はんすう》するうちに、ぼくはあることに気づいた。あのハゲは正確にはこう言ったのだ。「もう二度とスキューバダイビングをしてはいけませんよ」と。スキンダイビングをしてはいけないとは一言も言っていない。エアタンクの窒素が体内に取り込まれなければ、危険は避けられると考えてもいいのではないだろうか？　この理論が正しいかどうか、クラブメッドの嘱託医に確かめるようなことはせず、ぼくはすぐにゾディアックボートを借りて、素潜りのトレーニングに行くことにした。

十メートルのロープの先に十キロの錘を付け、そいつを持って海に飛び込む。数秒後、ロープはぴんと張り、ぼくは水深十メートルにいた。得も言われぬ感覚だった。下へ落ちていくのではなく、滑走しているような。毎日、ぼくは少しずつ深度を下げていった。

午後は、息を長く止めていられるようにプールで練習する。やがて静止状態で四分十秒の間、息を持たせられるようになった。これで、水深五十メートルをクリアする準備が整った。よし、いよいよだ。安全を考えて同僚の一人についてきてもらう。ゾディアックボートには五十メートルのロープを積み込んだ。先端には二十キロの錘が取り付けてある。潜行のスピードが速ければ速いほど、海中にいられる時間が長くなるというものだ。

水面で呼吸を整え、錘を放つ。ぼくはそのまま錘に引かれて降下した。十キロの重量差は歴然としていて、両耳が猛スピードで水を切り、風になびくように髪がこめかみをはたはたと打つ。

五十秒で水深五十メートルに達する。水面はとうに過去のものとなっていた。海底は見えない。ぼくは圧倒的なブルーのなかにいた。とても気分がいい。全身が次第に安らぎで満たされてくる。自然との一体感、自我の放棄……。さらなる自由を味わいたくて、ロープから手を放す。数秒後には陶然となり、自分が消えていくような心地がした。もうそこにぼくはいない。ぼくはブルーそのもので、幾千の粒子となってブルーの世界に散っていた。ようやく自分の居場所が見つかった。永遠にいられる場所が。よし、ここにとどまろう。ぼくは確かな意識をもって、そう決意した。

　実際は、水圧と酸欠のせいで頭の働きが鈍っていたのだ。だが、体のほうが生き延びようと反応した。とっさに片手が伸びてロープを探った。探ったが、見つからない。ロープが消えた。おかしい。なぜだろう。謎を解こうとしたおかげで、思考力が戻ってきた。ロープは消えたのではなく、頭上十メートルのところにぶらさがっていた。自分でも気づかぬうちに、さらなる深みへと足を踏み入れていたのだ。恐怖心が芽生え、生存本能が目覚めた。ぼくはなんとか先端の錘まで浮上し、ロープをたぐるようにして、深みの誘惑から抜け出していった。水深二十メートルまで来たところで、キックの力を緩める。でないと、水面に出るまでに肺に溜めた酸素を消費しきってしまうからだ。ぼくはできるだけリラックスして、ウェットスーツの浮力に任せ、緩やかに水面を目指した。そのとき、突然、相棒の姿が視界に飛び込んできた。ぼくを捜しにきたのだ。潜ってから三分近く経っていたので、ひどく心配させてしまったらしい。相棒はぼくの肩をつかむと、一緒に浮上してくれた。水面を突き破ったところでちょうど、ぼくは肺に残った酸素を使い果たした。それから、相棒が怒ってわめきちらすなか、浜に上陸するウミガメのようにゆっくりとボートに這い上がった。肺に空気が入ってきた。からっとして芳《かぐわ》しい空気に細胞が優しくくすぐられる。陸上で生きるのも悪くはない。

　日暮れどき、ぼくは海辺のプールサイドにいた。体が小刻みに震えていた。体が教えているのだ。おまえは危うく海の藻屑と消えるところだったのだと。そして、二度と同じ過ちを繰り返さないように、あらためてぼくに死への恐怖を味わわせたのだ。しかし、これが乗馬の世界だったら、落馬してもすぐに鞍にまたがって練習を続けるに違いない。だから、翌日にはもうトレーニングを再開した。もちろん、五十メートルより深いところには行かないと心に固く誓ったことは言うまでもない。

数日後、夏休みが終わり、ぼくは南イタリアを去ってフランスへ帰った。早くも頭のなかでは、この夏のさまざまな思い出がひしめき合っていた。ぼくにはこの夏が自分の転機となったという自覚があった。

第九章　映画を作りにパリへ

ジュール＝フェリー校の最終学年《テルミナル》に進むにあたって、ぼくはDの生物学コースを選択した。Aの文学コースでもよかったのだけれど、綴りを間違えてばかりいるのでまともに取り合ってもらえなかったのだ。Cの数学コースという選択肢もあるにはあったが、カンニングをしない限り、及第点は取れそうもなかった。

いずれにせよ、たいした違いはない。教師も生徒も我慢ならなかったし、ぼくはリセが嫌いだった。リセに限らず、学校と名の付くものはみな嫌いだ。一年間辛抱するのはたいへんそうに思われた。

家のなかの雲行きもどんどん怪しくなっていた。母が現実をまったく認めようとしないのだ。自分の憧れる暮らしについて語ることで日々を乗り切っている。憧れの世界では何もかもがものすごくて、大きくて立派だった。バカンスの話一つとっても、状況に合わせて脚色し、巧みに演出を加えて、友人たちに披露する。話の内容は常に盛られていた。家族で乗った船の規模も、嵐に遭った際の波の高さも、食堂や砂浜の広さも、自分の幸福の度合いまでも。

それは母なりの自己防衛の手段だった。不快な現実とは向き合いたくない。苦々しい少女時代の体験や若気の過ちも忘れてしまいたい。再婚相手が自己中心的でつまらない男だという事実からは目を逸らす。わけても手に負えなくなった息子のことは見て見ぬふりをしていた。

その息子のほうは、夏の終わりには全身真っ黒に日焼けしていたが、それも見る見るさめて、数週間もすると青白く、血色も悪くなっていた。それにつれて、素っ気ない態度をとるようになり、周りともいざこざが絶えなかった。まずは母との関係が危うくなった。ぼくはしょっちゅう母の話に横槍を入れていた。それも、わざわざ母の友人たちがいる前でやってみせるものだから、母を激怒させてしまい、家族揃って食事をするときは決まって最後に「あんたは自分の部屋に引っ込んでなさい！」と言われるのだった。もちろん、誰もがぼくが反抗期に来ているのだと考えていた。問題の根っこはもっと深いところにあったのだが、それに気づく人はいなかった。

ぼくはフランソワにも矛先を向けた。いつも言われっぱなしだったが、黙っているのはやめにして、相手の口撃には口撃で応じるようにしたのだ。しかも、ぼくは体重が九十キロ近くあったので、フランソワはすぐに引き下がった。

一方、学校では、教師の言うことにいちいち疑問を抱き、四六時中「それは何のためですか？」と、質問を投げ返してばかりいた。ぼくは答えを知って、納得したかった。ワーテルローの戦いが何年の何月かなんてどうでもいい。人生をどう生きていけばいいのか、人生を意味あるものにするにはどうすればいいのか、どんなふうに将来を築くべきかが知りたかったのだ。ところがどっこい、教師たちから返ってくる言葉は一様に「自習をしていなさい！」だった。

生徒たちからは避けられていた。みんな、直感でぼくとは距離を置いたほうがいいと思ったらしい。君子危うきに近寄らずといったところだろうか。

むろん、このままの状態でいいわけがない。けれども出口が見つからず、堂々巡りをするばかりだった。ぼんやりとでもいいから、思い描いている将来像があればいいのだが、それすらないのだ。

自分が人生の瀬戸際に立たされているような気がした。一歩間違えれば奈落の底に突き落とされる。手を差しのべてくれる人もいない。いたところで、ぼくに人に助けを求めるという選択肢はなかった。誰もそんなことを教えてくれなかったからだ。

そして、ある日、とうとう我慢の限界が来た。こんな惨めな状況を今断ち切らなくてどうする。ぼくは紙を取り出し、真ん中に縦線を一本引いた。そして、左側のスペースには好きなものを、右側には嫌いなものを書いていくことにした。ぐずぐず考えているより、こうして実際に手を動かしたほうが、意外と答えが見つかりやすいのではないか？　右側のスペースはすぐに埋まった。左側のほうは埋めるのに時間がかかった。自分らしくないとは思ったが、海に関するものは一切除外した。書き終わると、紙を目から離して眺めてみた。夕食は何にしようかと買い物リストを眺めているような感じがしないでもなかった。そうやって俯瞰的に眺めてみると、一目瞭然だった。好きなものにリストアップされていたのは、実に創造的な活動ばかりなのだ。自分が惹かれている事柄を今さらながら認識することになって、ぼくは驚かずにはいられなかった。なんとそこにはあらゆる芸術が列挙されていたのだ。

この新発見は衝撃的だった。今思えば、あの『スター・ウォーズ　エピソード5／帝国の逆襲』の有名なシーン――ダース・ベイダーがルーク・スカイウォーカーに《わたしがおまえの父親だ》と明かす大どんでん返し並みの衝撃度だった。ちなみに、その頃、『スター・ウォーズ　エピソード4／新たなる希望』が公開されて、さっそくぼくも映画館に足を運んだものだが、頭をガツンとやられたような衝撃を受けた。スピード感あふれる映像が迫ってきて目が回りそうになったのはもちろんのこと、ぼくが打ちのめされてしまったのは、《遠い昔、はるか彼方の銀河系で……》で始まる神話的な世界観だった。ぼくとそっくりの名前を持つ主人公ルークの存在も、ぼくがこの作品に惹かれる理由の一つなのかもしれない。はてさて、芸術はぼくの父親となるのだろうか？ 聴講が許されるのであれば、哲学の授業で先生に質問してみたかった。

リストにはあらゆる芸術が名を連ねていたが、こちらが愛するだけではなく、あちらからも愛されなければ、何も始まらない。何か一つでも相思相愛の関係になれるものはないだろうか。

ピアノとギターを演奏してみたことがあるが、ぼくの指はプロレスラー向きだった。踊らせたら案山子《かかし》も同然、歌わせたら調子の狂った楽器といい勝負。あえなく二つの候補が消えた。書くことは大好きだったが、フランス語の先生に綴りのミスを注意されてばかりいたせいで、すっかり萎縮してしまい、今では陰でこっそり創作をしている。建築にも興味をそそられるが、何年も勉強しなくてはならないことを考えると、もう気持ちが萎《な》えた。絵を描くのも好きだが、祖父の才能を受け継いでいるわけではない。これで五つがリストから外れた。彫刻もいいけれど、はたしてひたすら彫り続けていられるかどうか……。舞台に立って喜劇を演じるのは大好きでも、戯曲となるとうんざりしてしまう。いかにもものものしい感じがするのだ。ぼくは自分を表現したい。他人の書いたものを上演する気にはなれない。

写真が候補に挙がるのは当然だろう。少しは経験もある。むしろ、フレーミングには自信があるくらいだ。だが、写真には〝動き〟がない。何か満たされない感じがするのだ。最後に残ったのは新しい芸術、第七芸術の映画だった。リストをもう一度見直してみると、陸上の十種競技にも似て、映画にはあらゆる芸術の要素が少しずつ含まれていることに気がついた。必ずしもどれかのエキスパートになる必要はないが、どの分野にも少しずつ秀でていなくてはならない。ぼくは、書くことならお手のものだし、フレーミングは得意だ。音楽が好きだし、〝動き〟や〝リズム〟は大切にしたいと考えている。建築も舞台美術も衣装も好きだ。それに、クラブメッドで培ったショーや芝居のセンスもある。よし、これだ。映画作りの仕事なら、自分に合いそうだ。ぼくは採用通知をもらった失業者の気分になっていた。ただし、問題があった。ぼくはこの業界のことを何も知らないのだ。それに、コネがあるわけでもない。映画における一般常識すらなかった。家ではフランソワがようやくテレビを購入したところで、ビデオデッキなど望むべくもない。居間で映画が鑑賞できるようになるまで、あと十年は待つことになりそうだった。

当時、ぼくが映画を見に行くことは滅多になかった。というのも、クロミエにある映画館は一つきりで、そこではルイ・ド・フュネスかジャン＝ポール・ベルモンドの出演作しか掛かっていなかったからだ。『スター・ウォーズ』を見るにはパリのグラン・レックス館まで出向く必要があった。しかし、映画を見るのと作るのとでは大いに違う。撮影現場を見学したことは一度もないし、映画のメイキング映像すら見たことがない。映画がどうやって作られるのか、まるで見当がつかず、しかも、それが自分の気に入るかどうかはさらにわからなかった。

そんなわけで、新たな冒険に乗り出す前にまずやるべきは、撮影現場へ足を運ぶことだった。ぼくは、フランソワの友人に映画業界で働いている人がいることを思い出した。パトリック・グランペレという人で、助監督をしている。映画の仕事がしたいのだと言って、フランソワに掛け合ってみたところ、その友人を食事に招いてくれることになった。母のほうは、ぼくが急にそんなことを言い出したことについて、いい顔をしなかった。合理的に考えたうえでの結論だといくら説明しても、首を縦に振ってくれない。映画についてはからきし疎く、自分には手伝えることがないので、無力感にとらわれたのだろう。それに、母は心配もしていた。業界では過激な行為が横行しているという噂が少なからずあったからだ。ぼくは、将来を見据えて足場を固めておかないと、堕落してしまうのだと言いたかった。母さんからしたら軟弱な息子かもしれないけれど、ぼくはどんな修羅場だろうが負けずに乗り切ってみせる。それより何より、これまで一番キツかったのはほかでもない、今日まで生き抜いてきたことだったのだから。そう言ってのけたかったが、あえて口をつぐんだ。

パトリック・グランペレに課せられた使命は単純そのもので、食事をしながら、世間知らずのぼくに映画の仕事を諦めさせることだった。パトリックはバイクに乗って登場した。ジーンズにTシャツ、バスケットシューズという実にラフな出で立ちだ。くつろいだ格好はしていても、目がきらきらと輝いている。その眼差しの奥に宿る小さな炎を、ぼくは本能的に感知した。熱狂、情熱。この炎は、水深百メートルの世界を知るマイヨールの瞳のなかにも見た。そう、パトリックは情熱の人なのだ。その情熱がパトリックを魅力的に見せていた。

食事が始まると、パトリックは両親に頼まれたとおり、自分の職業の厳しさについて語った。だが、それが本心からの言葉ではないことくらいわかっていた。パトリックには悪いことをしたが、ぼくは次から次へと矢継ぎ早に質問しまくった。それで、パトリックのほうもすぐにこちらの熱意とやる気を察してくれたようだった。

デザートが出る頃には、パトリックはもう気持ちを抑えきれなくなったらしく、堰《せき》を切ったように夢中になって語っていた。最初はぽつりぽつりと遠慮がちに話していたのが、怒濤の勢いに変わっていった。そうなると、もうフランソワにも止められなかった。母は渋い顔をしていたが、ぼくは有頂天で聞き入った。

帰り際にパトリックが声をかけてきた。

「今度の週末にショートを撮るんだ。見においで。手伝いがほしいから」

「ショートって？」ぼくは無邪気に質問した。

「ショートフィルム。短編映画だよ。十分にも満たない短い映画だ。ノーギャラで撮影するんだ」

ぼくにとってはこれがはじめての映画の授業となった。

この日味わった得も言われぬ幸福感は、その後、親たちに水を差されて台無しになった。母は学校の長所を延々と数え上げ、学校で学び続けることがいかに大切かを説こうとするし、フランソワはあろうことか、自分の友人を貶めるような発言をした。

「友人とはいえ、パトリックはいかれている。あいつはクスリをやっているぞ。映画が作れるのも、ひとえに親父が大金持ちだからだ」

友人でなければ、パトリックはもっとひどい言われようをされていたかもしれない。母には、一言言ってやりたかった。そんなに学校が大切なら、どうして自分は十五で学校をやめてしまったのかと。二人の言い分は筋違いもいいところだ。それに、そんなことを言われたくらいで、パトリックの瞳のなかに見た小さな炎を忘れたりはしない。

ぼくは撮影現場に赴いて自分の目で確かめることにした。

「フォースとともにあらんことを」耳元でオビ゠ワン・ケノービが囁《ささや》いた。

土曜の朝、ぼくは八時三十分の電車に乗るために七時に起きた。外は土砂降りだった。駅まで送ってもらうにしても、一筋縄ではいかないだろう。そう思うと、ぼくはベッドから出られず、しばらくためらっていた。だが、いつまでもぐずぐずしてはいられない。意を決して両親の寝室へ行って頼んでみたら、フランソワは冬眠を邪魔された熊みたいに唸り声を上げた。八時三十分の電車はもう諦めるしかない。意欲が萎えかけたが、雨の週末を家にこもってこの家族もどきと一緒に過ごすのかと考えると、それも嫌だった。そこで、思い切ってニコル・ブラシェールさんに電話を入れてみた。ニコルさんはレジニーに住んでいた頃の隣の奥さんだ。ブラシェール夫妻はぼくたちと同時期に引っ越して、ここから二キロのところに住んでいた。相談はしてみるもので、たまたまこの日ニコルさんは町に出かける用事があり、ぼくを途中で拾ってくれることになった。おかげで、十時発の電車に乗ることができた。パリに着き、地下鉄に乗り換え、モンパルナス＝ビヤンヴニュ駅で降りる。空は重く垂れ込め、空気は身を切るような冷たさで、十一月にしてはだいぶ寒い。メモを頼りに撮影をしているという住所地までやってきたが、それらしき様子は見られない。白いトラックが二台、縦列駐車しているだけだった。トラックの側面には〈トランスパリュクス〉と書いてある。

手前のトラックの後部のドアが開け放されていて、撮影用の投光器が見えた。ぼくはくわえ煙草で喋っている二人の男性に近づいて、丁寧にたずねた。

「すみません、撮影現場はどちらでしょうか」

一人が、生まれたばかりの子羊を見るようにぼくを見つめた。新米ならとっくに現場を探し当てているだろうが、ぼくは新米ですらなく、まだ見学者の分際なのだ。

「ケーブルをたどっていけばいいさ！」出身地は定かでないが、男性はパリ訛りで答えた。

ぼくは礼を言った。なるほど、太いケーブルが何本も発電機から出て、ビルの廊下の奥へと延びている。

ケーブルは廊下伝いに続いていた。奥に進むほど、光と熱と音に近づいていく。

狭い通路、臍の緒を思わせるケーブル、その先にある光……ぼくは自身の誕生に向かって進んでいるのだった。

そして、ついに光あふれる中庭に出た。セットの中世の工房のガラス窓を、それぞれ十キロはありそうな四台のライトが照らしている。そのなかで、当時の木靴を履いたリュート職人の老人が作業をしている。

二十人ほどのスタッフが蟻のように無言でせっせと動きまわっていた。真夏かと思うくらい強烈な暑さだ。

ぼくは邪魔にならないように壁際に身を寄せた。パトリック・グランペレがこちらに気づき、遠くから合図を送ってくれた。パトリックはカメラの後ろにいて、カウボーイハットの監督と思《おぼ》しき人と打ち合わせ中だった。あるスタッフは露出計を持ってセット内を歩きまわっていた。洗濯バサミを使ってゼラチンペーパーを投光器に取り付けているスタッフもいる。かと思えば、カメラが移動するレールにタルクを撒いているスタッフもいた。

どれもはじめて目にするものばかりだった。ぼくはそれらを一つ残らず吸収するように見つめていた。すると突然、コールがかかり、全員がスタンバイした。

「本番です！」

「カメラ、回りました」カメラの向こうからパトリックが答える。

「サウンドもＯＫです」録音技師がそれに続く。

カチンコ係が役者の前に立ち、チョークでボードに書き込んだ数字を読み上げる。

「シーン2、カット14、テイク5」

カチンと鳴らし、係がボードとともに退く。その場が水を打ったようにしんとなる。時間が止まり、役者が目をつむる。蠅一匹飛んでいない。続けて、モニターを覗いていた監督が「アクション」と囁くように言う。耳を澄ましていないと、聞き取れないくらいの声だ。とたんに役者はぜいぜいと激しく喘ぎ出し、震える両手を差し伸べて天に祈り、地上を呪った。涙に濡れた顔には絶望の色が浮かんでいる。

ぼくは壁を背に、口をぽかんと開けたまま立ち尽くしていた。とにかく、あの気の毒なリュート職人を助けてやりたい。ひたすらそんな気持ちになっていたが、ゆっくりとカメラを移動させていくスタッフと、先端にマイクを取り付けたポールを持つスタッフがそのあとに続く以外、誰も動かない。

知らず知らずのうちに、こちらの頬まで涙に濡れていた。それくらい強く心を揺さぶられたのだ。

「カット！」監督が叫んだ。

役者は疲れてぐったりと座り込んだ。その一方で、スタッフらには活気が戻る。監督はもっといい演技ができるはずだというように顔をしかめた。役者も首を振っている。同じく自分の演技に納得がいかないようだ。その瞬間、ぼくは悟った。自分はどこかよその惑星にいる。パラレルワールドにいるのだと。あの老齢の役者は惜しげもなく涙を流し、スタッフは無償で汗水垂らしている。それぞれが助け合い、微笑みを交わし合う。みんな一心不乱に動いている。それもこれもすべては目的があってのことで、その目的とは、映画を撮って人々に娯楽を提供することにほかならない。ぼくはその高潔な精神に感服した。惜しみなく与えるために創造する。これは愛の定義と言ってもいいのではないか。

スタッフの若い女性がにこにこしながらそばに寄ってきて、小声でたずねた。

「名前、なんていうの?」

「リュックです」

専門的なことを訊かれたらどうしよう。ほんの一瞬、不安になる。

「撮影関係者?」

「はい」

「よかった。じゃあ、手伝ってくれる? ここにあるカメラケースを中庭の向こう側に移さなくちゃならないのよ、次のショットのフレームに入ってしまうから」女性は優しく言った。

何だかよくわからないけれど、とにかく手を貸してくれということらしい。

相手はさっそくどのケースを運ぶか、指示を始めた。それを持っていってちょうだい。あれは動かさなくていいわ。ぼくは、それぞれ担当の仕事でせわしなく動きまわるスタッフたちのなかを縫うようにしてケースを運んだ。

中庭はまるで蟻の群舞の様相を呈していた。数分後には逆サイドのポジションから撮る準備が整い、再び「本番です」のコールがかかった。今度は反対側の壁に張りつくと、ぼくはうっとりと見入った。誰も、ぼくがどこから来て、何をしていた人間なのかをたずねたりはしない。年齢も信教も問われないし、パスポートの提示も求められない。撮影関係者かと訊かれただけだった。肝心なのはその点であり、それ以外のことでここにいる理由はない。ここでは映画が神さまだ。ここにいる人はみな、映画に仕えているのだ。たぶん、それは一生続く。

はじめてぼくは、拠《よ》りどころにしたいと思える宗教を見つけた気がした。恋に落ちたような気分だった。

次々とショットが続き、いつしか何時間も経過していた。三秒に一度は何かしら学ぶことがあった。その都度ぼくは、新たに仕入れた情報をそのまんま記憶に刻みつけた。

チーフ助監督がその日の分を撮り終えたことを告げる。照明係が照明を落とすと、中庭は一気に闇に包まれた。二十一時になっていた。パトリックがようやくぼくのところへやってきた。

「どうだった?」口もとには笑みを浮かべている。

ぼくはお菓子畑の真ん中にいる四歳の子どもみたいだったに違いない。

「すごかった」それ以上の言葉が見つからない。

パトリックはさらに顔をほころばせた。目を輝かせている。自分では気づかなかったが、パトリックにはもうわかっていたのだ。ぼくが映画の世界に足を踏み入れてしまったことを。

「だろう?　この世で最高の仕事なんだ」パトリックは本音を明かすように言った。

翌日すぐ出して使えるように、機材はすべてセットのなかに片付けられた。ところが、手違いがあって、夜の見張り番がいない。助手が雇うのを忘れていたのだ。

とっさにぼくは授業中のように手を挙げて、その役目を買って出た。

「それに、今夜は泊まる場所もないですから」勢いに任せて言ってみる。

パトリックは助手に頷いた。母には伝えておいてくれるという。

スタッフは三々五々散っていき、ぼくと三十個の機材のケースだけがあとに残された。その三十のケースをぼくは次から次へと開けていった。なかに入っている機材を全部取り出してみる。カメラの本体やレンズ、フィルムの遮光ケースや付属品。続いて、ゼラチンペーパーの入った筒に、さまざまなライト……。すべてをつぶさに観察した。最後のケースの蓋を閉めた頃にはすでに日が昇り、セカンドの助監督が焼きたてのクロワッサンを携えてやってきた。

一睡もしなかったけれど、ぼくはまったく疲れていなかった。その代わり、自分の体臭が気になった。まさかパリで夜を明かすことになるとは思っていなかったので着替えもない。ぼくの体はシマウマ並みの独特な臭いを発しはじめていた。

撮影が再開した。その日のうちに十八のカットを撮らなくてはならないので忙しい。手を止めて食事をとっている暇がないため、ぼくはサンドイッチを作る係を仰せつかった。状況を見ながらみんなに配らないといけない。スタッフは作業をしながら食べることになる。撮影を中断させるわけにはいかないのだ。パトリックもハムサンド片手に、目はカメラに釘付けになっていた。

音声担当は音を立てずにパテとピクルスのサンドイッチをもぐもぐやっていたし、特殊機材を扱うスタッフのポケットからはソーセージとチーズのサンドイッチが覗いていた。

時間は矢のように過ぎていった。めいめいが努力しているにもかかわらず、十八時になってもまだ撮影は終わらない。

残念ながら、もう出発しなくてはならなかった。でないと、クロミエ行きの最終電車に間に合わなくなる。

ぼくは後ろ髪を引かれる思いで撮影現場をあとにした。スタッフの誰もが「じゃあ、またよろしく」と声をかけてきた。まるで、以前からの知り合いのようで、またすぐに会うことになっているようなノリだった。

車窓を景色が流れていく。だが、もうとっぷりと日が暮れて、闇に息を吹き込む照明係もいない。何もかもが味気なく、緩み切って、つまらなく思われた。音のない生活のように。

駅にはフランソワが迎えに来ていた。親切心からではない。母に弟のお守りをさせたほうがいいと考えたからに決まっている。

「で、どうだった?」フランソワが詮索してきた。

話したいことは山ほどあったが、どうせ三十秒もすれば飽きられるのはわかっていたので、適当に「うん、すごくおもしろかった」とだけ答えておいた。

それで十分だったようで、それきりフランソワは口をつぐんでしまい、ぼくたちは家に着くまで言葉を交わさなかった。

母からも同じことを訊かれた。けれども、フランソワよりは真剣で、同時に心配そうでもあった。映画業界で働くことを快く思っていないのだ。業界のよからぬ噂を聞かされていたからだが、もちろん、そんなのはガセネタに決まっている。でも、ぼくは疲れ切っていたので、この二日間の刺激に満ち、興奮に震えた体験を語る気にはなれなかった。それで、単刀直入に結論だけ言った。

「一生をかけてやりたいことがわかったよ。映画を作るつもりだ」

こちらが落ち着いて自信たっぷりに言い切ったせいか、母は身を震わせていた。母にも誰にも相談せず、この先の四十年の間に、自分の身に起きることを言ったまでのことなのだが。

母は青ざめていた。この場面をどう切り抜けるべきか、四十八時間で築き上げたぼくの自信をどう打ち砕けばいいのか、わからないのだろう。

「ひとまず、明日、学校に行きなさい。それで先生に相談してみるといいわ」

少しでもぼくの気持ちを挫《くじ》こうというつもりなのだ。

まったく、ぼくを何だと思っているんだか。

「いや、明日は学校には行かない。パリへ行く。そして、映画を作ってみせる」

母の前でぼくが大人びた発言をするのは、これがはじめてだったのではないだろうか。ぼくがそう豪語したことに、母はぽかんとしてしまった。

「ほら、もう寝なさい。話は明日」そう言って母は話を打ち切った。

ぼくは部屋に戻ると、服を脱いで洗濯物の籠に放り込み、ベッドに倒れ込んだ。体が石のように重かった。もう何も考えられない。この二日間たっぷり夢を見せてもらったので、夢を見たいとも思わなかった。

翌朝、フランソワは早くに家を出た。弟はまだ眠っていて、母は一人で台所にいた。ぼくは朝食をとりに台所に行き、ドアの脇に旅行鞄を置いた。

「旅行鞄なんか持って、どうするつもり?」そうたずねながらも、母は答えを聞くのを恐れていた。

「言ったじゃないか、パリへ行って映画を作るんだって」

母は立っていられず、へなへなと座り込んでしまった。

それから、あの手この手を使って、ぼくを諦めさせようとした。なだめすかそうとしたかと思えば、高飛車に出る。不安を掻きたてるそばから、ぼろくそにこきおろす。いずれもぼくには響かなかった。こちらはでんと構えていて、志は一ミリたりとも揺らがない。母はおたおたして、罪悪感に訴えるというカードを切ってきた。まあ、母さんによくもそんな仕打ちができるものね。あんたのためにこの身を捧げてきたというのに――。だが、そいつは不味《まず》い手だった。ぼくには十七年にわたる憤懣《ふんまん》が溜まりに溜まっていて、今にも爆発寸前だったのだ。十七年間、どんなに苦しい思いをしてきたか、面と向かってぶつける用意ができていた。だが、何も言わなかった。母のことが好きだったから。

母は最後の手段に訴えた。ぼくの頰を張ったのだ。生意気だ、反抗的だと言って。ぼくが睨《にら》み返すと、母は不安そうな表情を浮かべた。たぶん、ぼくの顔が怒ったときの父に似ていたからだろう。しかし、こちらは父のように暴力を振るうつもりなどない。それに、父より少しは口が達者になっていた。

「それで気が済んだのならいいけど。だって、母さんがぼくをひっぱたくのはこれが最後になるからね」ぼくはまったく動じることなく静かに言ってのけた。

母は慌てふためいた。尻尾に火のついた馬のような狼狽《ろうばい》ぶりだ。声高に早口でまくしたてるも、混乱していて、何を言っているのか判然としない。すっかり度を失っていた。

念のため、駅まで送ってくれる気はないか訊いてみると、母はかっとなって言い返してきた。

「駅くらい、一人で行けばいいでしょうよ。そんなに偉いんだから！」

ぼくは黙って旅行鞄をつかみ、静かに家を出ていった。もう後ろは振り返らない。五キロほど歩いてから、ヒッチハイクに切り替える。そして、やっとのことで長距離トラックをつかまえた。

クロミエに着くと、ぼくはまっすぐリセに向かった。

時刻は十一時近くになっていた。

フランス語の授業の真っ最中だったが、ぼくはずかずかと教室に入っていった。実に三時間の遅刻である。

さっそくクラスメートが囃《はや》し立てる。先生はかんかんに怒って、さっさと席に着くように言った。だが、ぼくは授業を受けに来たのではない、先生に別れを告げに来たのだ。

「映画を作りにパリへ行きます」

そう宣言すると、クラス中が笑いの渦に包まれ、あちこちから冷やかしの声が飛んできた。激励の言葉の一つもない。激励どころの沙汰ではなかった。

学校を離れても、両手がぶるぶる震えていた。ぼくのなかで、迷いが生じていた。自分の前にそびえる山の存在に徐々に気づきはじめたのだ。裸足で登攀《とうはん》できるような山だといいが、とにかく、もう選択の余地はない。ぼくは無意識のうちにあらゆる退路を断ち、後戻りできない状況に自分を追い込んでいた。引き返すのは恥ずかしすぎるし、夢を諦めてしまったら、すべてを諦めることになるのだ。

不安と闘いながら前進するか、恥を忍んで引き返すか、二つに一つだ。ぼくは前者を選んだ。このまま不安をのさばらせてなるものか。

クロミエの駅に着き、ぼくは次のパリ行きの電車を待った。その折に、たまたまキヨスクの店頭で創刊一周年記念号の映画雑誌が目に留まった。〈プレミア〉という名の月刊誌。映画の世界を目指すぼくはエールを送られているような気になった。ここで出会ったのもなにかの縁ではないか？　だが、手持ちの金では電車の切符と雑誌の両方は買えない。どちらかを選ぶとしたら……。ぼくは迷わず雑誌を選んだ。

雑誌を買ってしまった以上、無賃乗車をするしかない。そんなわけで、ぼくは車両を移動しながら検札を回避し、雑誌はトイレのなかでやっと読むことができた。

パリに着くと、さっそくヌイイに住む父を訪ねた。父はまだ冬季のリゾート地に出向いていなかった。なんでも昇進の話が出ていて、担当業務がバカンス村から地域の統括へと変わるらしい。こんなことははじめてだが、父に少し暇ができたおかげで、ぼくは話を聞いてもらえた。

父はぼくの行動を支持してくれた。自分のことは棚に上げて、ぼくにあれやこれやと忠告してくるのは毎度のことだが、それでも、同じ建物の七階にある小さな使用人部屋に空きがあるのでそこに住むよう勧めてくれた。相変わらず自立しろという口実で一緒に住むことにはならなかったが、今度は、ぼくにとってもそのほうが好都合だった。ぼくは冷蔵庫に用事があるときだけ、父のアパルトマンにお邪魔した。

ぼくは今や山の麓まで来ていた。だが、どう攻略するのかも、どこから登りはじめればいいのかもわからない。パトリック・グランペレに連絡をとろうとしたが、行方がわからなかった。また、ショートフィルムの撮影現場で知り合ったスタッフたちの電話番号も控えていなかった。

入手していたのは、ある映画専門書店の住所だけだ。その店はベリ通りにあって、映画ファンにとってはまさに殿堂のようなところだった。これはあとで聞いた話だが、映画監督のアノーもベネックスもそこへ行ったことがあるという。

ぼくは父からもらった二百フランを持ってその書店に行った。せっかくの小遣いだから、賢く使いたい。できるだけ実のある買い物をしようと、三時間も店内に居座ってさんざん迷ったあげくに選んだのが、六百ページからなる『映画年鑑』だった。とりたてておもしろい本ではないけれど、ぼくの知りたい住所が一つ残らず載っている。俳優たちの連絡先も揃っていた。もちろん、金を払って自分たちの写真を載せているのだ。それから、エージェントや撮影機材のレンタル業者、制作会社の一覧もあった。

レジで支払うと五フランの釣りが戻ってきた。いい買い物をしたとは思うが、たった一冊しか買えないというのも悲しすぎる。ぼくは店主にたずねた。

「五フランで買える本はありませんか?」

相手は気を悪くしたり、驚いたりするような様子でもなかったから、こんな質問をする貧乏学生はぼく一人ではないらしい。

店主は店の奥にある大きな柳細工の籠を指差した。その上の小さなプレートに《五フラン均一》と書いてある。

さらに一時間、迷いに迷って、二冊目は薄手の小さな赤い本にした。『映画演出概論』というタイトルだ。なかを見ると、画面構成《フレーミング》の種類とその特徴や想定線《イマジナリーライン》の規則をはじめ、必要不可欠と思われるさまざまな要素が、簡単な図を使って説明されている。古本で少し傷んでいるが、ページに欠けはない。

ぼくはヌイイに帰ると、年鑑をぺらぺらめくって役に立ちそうな情報の目星を付けた。それから、おまけに買った演出論を読みふけった。

文章は簡潔でも、内容についていくのがたいへんだった。全部きちんと理解したうえで、自分のものにするには何度も読み返さなければならない。著者は聞いたこともないロシア人で、エイゼンシュタインという。

ありがとう、エイゼンシュタイン。ぼくはあなたから演出の基礎を教わりました。

年鑑からは、興味深い情報がいくつか見つかっていた。撮影機材レンタルのアルガ・サミュエルソン。照明機材レンタルのトランスパリュクス。前者はヴァンセンヌ、後者はジェヌヴィリエにある。

何日かかけてその一帯で職探しをしたが、すぐにありつけそうな仕事はなかった。あるとしても、せいぜいトラックに機材を積み込む仕事くらいのものだ。そこでほかをあたることにし、ビヤンクール撮影所に向かった。撮影所はセーヌ川沿いにある。最初は警備員をだまして、まんまと撮影所内に入り込むことができた。ところが、警備員の目は節穴ではなかったようで、すぐに嘘がばれ、通いはじめて何日もしないうちに、「二度と門をくぐるな」とまで言われてしまった。だからといって、このままおめおめと引き下がるようなぼくではない。撮影所ではちょうど何本かの映画が撮られているところだったし、せっかく顔見知りになった人たちもいるのだ。しかたがない。正面から入れないなら横っちょから入るまでだ。

ぼくはトラックでもやってこないかと待ち構えていた。すると、いい案配にテレビ局の衛星中継車が来て、撮影所の塀沿いに駐車した。ぼくはパラボラアンテナを調節するための梯子を使ってルーフに上がり、そこから高さ三メートルの塀に飛び移った。

敷地内に着地すると、セットの前で待つエキストラの列が目に入った。ぼくはそのなかに潜り込み、情報を集めようと耳を澄ました。列が進んで、キャスティングの担当者の前に出たところで、名前を言う。もちろん、リストにぼくの名前はない。ぼくは芝居で憤慨してみせた。

「どういうことですか！　髭のスタッフさんにここに来るように言われたんですよ。あのちょっと太った人に」

名前は忘れたふりをした。

「フランクのことかな？」担当者がたずねた。

「そうそう、フランクさんに呼ばれたんです！　だから、わざわざクロミエから出てきたのに！」

ぼくは口からでまかせを次々と繰り出すのに必死だったが、撮影現場には、たいてい小太りで髭面のスタッフがいるものだ。

連絡の不行き届きにうんざりしたように溜め息をつきながら、担当者はリストにぼくの名前を書き加えた。

そのあと、ぼくは衣装部屋に案内され、上着と帽子を身につけて、一時間後にはセットに立っていた。それはレストランのホールのようなセットだった。監督はイヴ・ロベールとかいう、これまたぼくの知らない人で、何かというと口髭をいじっていたが、それをぼくは遠目に見ていた。

撮影現場はパトリックのときよりずっと豪華だった。いたるところに機材が並び、セットの外まではみ出している。衣装係やメーキャップ係や助手が何人もいて、あちこちでせわしなく動きまわっていた。映画はどんなストーリーだか知らないが、タイトルからすると、なんだかんだ人騒がせな象の話らしい。出演者たちはお互いよく知っているような様子だが、ぼくのほうでは誰一人知っている顔はいなかった。

この日一日で、ぼくは実に多くのことを学んだ。映画を撮るという行為が、以前にも増して込み入っていて厄介なものであるように思えた。

この現場は、ショートフィルムの撮影で体感した、多事多端でてんてこ舞いの、それでも楽しかった世界とはわけが違う。ここでは第一級のプロが勢揃いするなかでカメラが回っている。撮影は一点一画もゆるがせにせず進行した。オーケストラの指揮者に似て、監督一人に全体像が見えているようだ。一小節先を読んでタクトを振るように、常に一カット先を読んでいる。

その日の撮影分が終わり、ぼくは夢見心地でセットをあとにした。正面口の警備員の脇を通ったとき、向こうはどうしてぼくがここにいるのか、わけが分からないといった顔つきをしたが、こちらが仕事を終えたスタッフたちと一緒にいたので、何も言えずにいるようだった。

ぼくはにっこり笑うと、手を挙げて挨拶した。

「また明日！」

警備員はこらえるように歯を食いしばり、険のある眼差しでこちらを睨みつけていた。

その日を境に、ぼくは二度とビヤンクール撮影所に入り込むことができなくなった。警備員に徹底的にマークされたのだ。そうなると、このオジさんは番犬《ピットブル》よりも質《たち》が悪かった。だがまあ、そんなのは取るに足らないことであって、のちにぼくはここへ戻ってきて、映画を撮ることになるのだ。

ぼくは毎日撮影現場を探して歩いた。一番勉強になるのは現場だと身に沁みていたから。だが、当時はインターネットも携帯電話もない時代だったし、ぼくには何のコネもない。情報をキャッチすべく、撮影機材を貸し出す会社を回ってみたりした。まさにアタリが来るのを待ちながら流し釣りをしている気分だった。

週末には母のもとへ帰り、軽快に嘘八百を並べたてた。次々と撮影の仕事が入ってくるとか、見る見るうちに人脈が広がったとか話して聞かせた。母はそれを信じるふりをしながらも、目には不安の色を浮かべていた。

「そう言えば、昨日、モペルテュイの近くで映画の撮影をしていたわね」

それは、なにげなく母が放った一言だった。

この一週間、撮影現場を探して奔走していたというのに、なんと、家の目と鼻の先で映画を撮っていたとは……。容易には信じられなかった。ぼくは母の自転車を借りてモペルテュイ村へ急いだ。撮影は古い駅舎でおこなわれていたらしく、その痕跡が残っていた。石畳にはタルクの跡が残っていて、移動撮影装置のレールの位置が一目瞭然だった。フィルムの黒いビニール包装がいくつか落ちていた。役者の立ち位置を示すバミリが貼られたままになっている。だが、もう撮影クルーの姿はない。またここで撮影するとは言っていなかっただろうか？　そう思って近くのカフェで訊いてみたりした。

駅舎での撮影はそれきりだったようだ。

ぼくは頭にきた。なぜ天はぼくを見放すのか？　なぜこんなにつらい思いばかりさせられるのか？　その週末は、空白のスケジュール帳を見ながら落ち込んでいた。財布のなかも空っぽだった。

パリで暮らしていくには、少し金を稼ぐ必要があった。

クリスマスが間近に迫る頃、父がクラブメッドの仕事を紹介してくれた。スキーのインストラクターで、期間はクリスマス休暇の二週間。場所はスイスのジナル村だという。ならば楽勝だ。そのスキー場なら知っている。

正式の資格がないので、ぼくは初心者のクラスを受け持つことになった。それでも、万事順調だった。ぼくは経験の浅い生徒たちを、林間の新雪のなかやこぶ斜面に連れていった。

滑っているより雪のなかで転がっている時間のほうが長かったけれど、みんな笑いころげて、週末には謝礼をたっぷりはずんでくれた。

ぼくは冬の終わりまで食べていけるだけの金を懐にしてパリへ帰った。

週末に母の家へ戻るのは、溜まった汚れ物を洗うのと冷蔵庫を漁るためだが、ブルースに会うためでもあった。弟は見る間に大きくなっていて、兄の存在を必要としていた。幼い子どもの笑顔というのは、なんて屈託がないのだろう。半人前のぼくが生意気なことを言えた義理ではないが、子どもの笑顔に大人は癒されるものだ。週末はずっと一緒にレゴブロックで遊んだり、お話を聞かせてやったりした。弟はぼくの第一号にして最高の観客だった。

母には看護師をやっている仲よしの女性がいて、うちにはよくお茶に呼ばれに来ていた。たいていぼくもお相伴させてもらったが、話の相手をするためではなく、お土産の焼きたてのパウンドケーキが目当てだった。

あるとき、その看護師さんから将来の夢について訊かれた。親身になって話を聞いてくれるので、ぼくは感激した。

「力になってあげたいのはやまやまなんだけど、そうねえ、病院にかかるときくらいしか映画関係の人に会うことなんてないわよねえ」

それでも、友だちに心当たりがあるそうだ。業界で働く五十代の男性で、〝石膏造形師〟をしているらしい。それがどんな職業なのか見当もつかなかったが、一応、電話番号を教えてもらった。名前をギエさんという。数日後、パリ郊外のシャンピニー゠シュル゠マルヌにあるギエさん宅を訪ねてみた。ぼくが近づいていくと、ギエさんは庭にいた。ミニバイクを黙って拝借してきてしまったとかいう理由で、十四歳になる息子に大目玉を食らわせているところだった。やがてぼくに気がつくと、相好を崩し、〈オランジーナ〉を出してもてなしてくれた。

ギエさんは美術スタッフだった。セットのなかで見かけるさまざまなものを石膏で作るのが石膏造形師の仕事だそうだ。天井や壁の装飾から、彫像、撮影中に何度も壊されることになるものにいたるまで、作るものは多岐にわたり、今はちょうどアクション大作の仕事を請けているところだという。作中で、主人公が階段に向けて銃を撃つシーンがあるため、撮り直しのたびに取り替えられるよう、同じ手摺りを五本製作しているということだった。

ぼくはその作品のタイトルをたずねた。

「『ムーンレイカー』、007《ダブルオーセブン》の次回作だよ」ギエさんはこともなげに答えた。

聞いたとたん、心臓が止まりそうになった。このごく普通のおじさんがあの超人気シリーズの製作に携わっているなんて。とても信じられなかった。サングラスもかけていないし、リムジンに乗っているわけでもない。ハリウッドではなく、パリ郊外に住み、個人の工房で製作に励む一職人に過ぎないのだ。だが、才能ある職人であることは間違いない。能ある鷹は爪を隠すものだということを、改めて思い知らされた。

ぼくはさっそく、すがるような思いで撮影の現場に連れていってほしいと頼み込んだ。ギエさんは快く引き受けてくれ、ぼくたちは次の月曜日にブーローニュ撮影所で待ち合わせをすることになった。

ブーローニュ撮影所内の美術製作室はやたらに広かった。朝の六時からすでに大勢の人でごった返していて、まるで蜂の巣だ。そこで作業している大道具の係は二十人くらいいるだろうか。ぼくはどんな小さなことでも見逃すまいと、目を皿にして観察した。見たところ、セットはパズルのピースを一つ一つはめ込むような要領で組み上げられていく。一人が一つのピースを担当するといった案配だ。肝心なのは整合性を取ること。そこには興奮も、自己主張もない。心を込めて緻密な作業をするだけだ。

十時頃、美術製作のスタッフたちは休憩して軽い食事をとった。その頃になって、ぼちぼち技術スタッフが到着する。

美術スタッフと技術スタッフが笑みを交わす。互いに相手を尊重しているが、二者が一緒になることはない。美術スタッフの食事中は、技術スタッフは別の部屋にいる。だが、この二者の作業が完璧に嚙み合わなければ、撮影は成功しない。スムーズな連携が肝要で、誰もがそれを意識している。全員が同じ方向を向いて、同じ神のために作業をしているのだ。

撮影がまだ始まってもいないうちから、毎瞬毎瞬が学びの時間となっていた。

ロジャー・ムーアがジェームズ・ボンドとして、ショーン・コネリーからバトンを受けてから数年が経つ。ムーアはエレガントで常に笑みを絶やさない。生粋の英国紳士だ。ぼくはカメラアシスタントと仲よくなって、うまい具合に現場に潜入した。

小道具係が携帯用の小型シャワーでムーアに水をかけている。ジェームズ・ボンドが頭から足までずぶ濡れになっていた。ボンドは潜入スパイの正体を暴き、敵の忠実な用心棒を撃退したあとは、セクシーな美女とお熱いひとときを過ごし、それこそその間に服だって乾いてしまう……。

007のいつものお約束ならば、そういうことになるだろうか。

ぼくはなぜボンドがずぶ濡れなのか知りたかった。もちろん、脚本を見せてもらうことなどできないが、記録係《スクリプター》からこっそり教わった。ボンドはブラジルで池にはまり、アナコンダと戦ったそうだ。そのシーンは二週間前にイギリスのパインウッド・スタジオで撮影されていて、残りをフランスで撮るということらしい。

もはやフランス式のショートフィルムとはわけが違う。ここはハリウッド式の大掛かりな映画製作の現場なのだ。ぼくは気後《きおく》れしそうなところをなんとか虚勢を張って、スタッフや役者の動きを眺めていた。当時は、日々、ひと月分の勉強をしているような気がしたものだ。

ぼくはどこに所属しているわけでもないし、情報量も知識量も圧倒的に不足していたから、とにかく、へとへとになるくらい熱中して撮影に見入った。

翌日、ギエさんの働きかけもあって、ぼくは現場に入れてもらえた（ギエさんには大いに感謝しなくてはならない）。そこへ007シリーズのプロデューサー、アルバート・ブロッコリが様子を見にやってきた。映画界のレジェンド、ゴッドファーザー的存在だ。ブロッコリは娘のバーバラを連れていた。十五歳くらいだろうか。バーバラはとてもかわいらしかった。撮影現場にいても、緊張もせずにリラックスしている。ぼくがポレッチの岩場でくつろぐのと変わらない。映画一家に生まれ、自分の幸運について考えることはあるのだろうか。だが、ぼくに嫉妬の感情はなかった。彼女にとっていいことだと思うし、せめて一人はそういうチャンスに恵まれた子どもがいることが嬉しかったのだ。

バーバラはぼくを見てにっこりした。なぜか、顔を赤らめさえした。単に、ぼくがこのなかで年が一番近いせいだろう。ふと、彼女の人生の別の側面が見えたような気がした。大人だらけの仕事の世界では、本気で彼女の相手をしてくれる人などいないのかもしれない。相手になってくれるとしたら、せいぜいジェームズ・ボンドくらいのものだろう。

現場では無数の照明が煌々《こうこう》と輝いていた。どちらを向いても、大勢の技術スタッフが慌ただしく動きまわり、汗だくになって作業に精を出している。カメラが回り出せば、銃弾が風を切る音がしたり、壁が砕け散ったりする。凄い。これまでで最高にホットでクレイジーな現場だ。それなのに、バーバラはぽつんと隅っこに座ったきり、セットのほうなど見向きもしない。どうやら状況をすっかり心得ているようだった。だから、人形を道連れに自分一人、ジェームズ・ボンドも踏み込めない世界に入り込んでいるのだろう。彼女の孤独にぼくは心を動かされた。ぼくにも同じ経験があるから。数年後、成長したバーバラは父親の仕事を引き継いだ。今でこそすっかり立派なプロデューサーとして腕を鳴らしているが、それでも会うたびに、ぼくはあのときの少女のことを思い出さずにはいられない。

さて、この007の撮影現場で、ぼくはスタッフの一人から耳寄りな情報を手に入れていた。大手映画会社のゴーモンが、映画館で本編の前に上映するシリーズ作品を製作するにあたって、企画を募集しているという。一定の主題を扱った短編映画のようなものを流したいそうだ。担当責任者の名前はエディット・コルネル。ぼくはすぐにヌイイにあるゴーモンの本社へ向かった。

コルネル女史に会うには、まず秘書を攻略しなければならない。ぼくは秘書の女性を一生懸命笑わせて、なんとか面会の約束を取りつけた。

エディット・コルネル女史は小柄な婦人で、電池で動くオモチャを思わせた。絶えず動きまわっていて、にこりともしない。ぼくは女史から募集要項の説明を受けた。まず、主題について。次に、長さだが、六分以内に収めなければならない。翌週、ぼくは三つの企画を持ち込んだ。女史はさっと目を通すが早いか、あきれ返ったように言った。

「この短い文章のなかで、よくもこれだけ綴りのミスを犯せるものね」

次の週、ぼくは完璧な綴りの企画書を五つ携えて参上した。元クラスメートの親切なガールフレンドに添削してもらったのだ。女史はそれを上司のところへ持っていった。その上司の姿は遠くからしか拝めなかったが、老伯爵夫人といった風情だった。その老伯爵婦人に、ぼくの五つの企画はばっさり切り捨てられた。

その次の週、ぼくは十の企画を献上した。コルネル女史はぼくのことを気に入ってくれたようだが、十個の企画はまたしても伯爵夫人に撥ねつけられた。

さらに次の週、ぼくは十五の企画を提示した。伯爵夫人はまたボツにして、ぼくに会ってもくれなかった。

次の週は企画を二十個に増やして持っていった。コルネル女史は感心してくれた。二十個のネタのうち、特に女史の興味を引いたものが一つあった。母の家の近くにパラディ（天国）という名の小さな集落があるのだが、そこに住む年寄りたちに〝天国の住み心地〟はどんなものかをインタビューするという企画だ。女史は「せめてこれだけでも」と推してくれたが、伯爵夫人ときたら聞く耳を持たず、それまでもボツにした。結局のところ、全部で五十近くの企画を提出したのだが、ただの一つも受け付けてくれなかったということだ。ババア、地獄に落ちやがれ。

ボツにされた理由は単純だった。ぼくに知名度がなかったから。業界で通用するパスポートを持っていなかったからだ。

ぼくはパリ中を駆けずりまわったが、無給の仕事でさえも見つからなかった。

そこで、ぼくは創作活動に励むことにした。いずれ映画を撮るようになったら、執筆する時間などないだろうから、今のうちに書いておこうと考えたのだ。

そうして書き上げたのが、台本第一号となる『終止符』である。

生きづらさを感じている思春期の少年の物語だ。少年は両親を憎み、孤独を訴える凄まじいメッセージを残して命を絶つ。なにもぼく個人の体験に寄せて書いたわけではない。主人公は鬱々としながらも、不正をただそうとしている人物だ。ぼくとはまったく関係ない。ところが、台本を読んだ母はそうは受け取らなかったらしい。そのときに母が浮かべた表情は、今でも思い出すと、つい可笑《おか》しくてにやりとしてしまう。母には気の毒なことをした。

物語では、最後、主人公に登場人物全員が殺されてしまう。なかでも、殺される義理の父親を、ぼくはよく考えもせずにフランソワと名づけていた。

母はそうとうショックだったようで、本気でぼくの精神状態を心配しはじめた。いやいや、今さら遅いだろう。そんなことなら、十五年前に気にかけてくれればよかったのだ。

フランソワにも台本を回したが、たぶん最後まで目を通さないだろうし、読んだところで感想を口にすることもないだろう。とにかく、ぼくが週末しか顔を見せに来ないので、向こうがほっとしていることだけは確かだ。

台本はいい出来ではなかった。自分でもあまりに気の滅入る話だと思う。自らの人生を語るのではなく、人生を想像するほうがいい。

とりあえず勢いで一本書き上げてしまったが、そもそもぼくには台本を書く技術が欠けていた。なにしろ、これまで一度も台本を読んだことがないのだ。そこでぼくは国立映画映像センター（C

NC）を訪ねてみた。あちらの係、こちらの係とさまよったあげく、行きついた係には熱烈な映画ファンの青年がいた。

たいした経歴でもないが、ぼくは窓口で自分の略歴を簡単に話した。相手からは自動助成や製作費前貸し制度についての説明を受けたが、ぼくの場合、その対象となるには遠く及ばない。ぼくが必要としているのは台本の見本であり、台本がどんなふうにできているのかを知りたいだけなのだ。そう伝えると、窓口の青年は、それ以上は望めないくらいすてきな提案をしてくれた。

「裏庭に回るといい。ゴミ箱が台本であふれ返っているから。前貸しの希望者は申請書と台本のコピーを十五部提出することになっていて、申請が却下されると、センターでは一部だけを保管して、残りは廃棄するんだよ」

そこで裏庭へすっ飛んでいくと、確かに宝の山があった。

青年の言葉どおり、ゴミ箱には台本があふれ返っていたが、もちろん、ゴミの臭いなどしない。そのなかから、ぼくは台本を二十本ほどと紹介文を何通か頂戴した。よし、この冬はこれで台本の勉強をするぞ。ぼくはすっかり冬支度を済ませた気分になった。

ぼくは一つ一つ貪るように読んでいった。たいていはつまらないテーマだったが、書き方の参考にはなる。シーンとシークエンス、言葉の省略、フラッシュバック。ようやく手本が見つかった。

ぼくはあのザルトマン・ブレロの話を脚本化してみることにした。

それでもやはり、脳裏を去来するのは短編を撮るんだという考えであり、それも日増しに強くなっていく。すでにアイディアも書き溜めてある。しかし、それを実現させる体制がまったくできていない。ぼくは短編映画の製作会社を作る必要性を感じた。映画入場料に含まれる付加価値税を製作費に還元させるためにはそうするしかないだろう。銀行に相談するにしても、ぼくが知っている銀行マンは一人しかいない。その人は時々フランソワを訪ねてきては、二人きりでオフィスにこもって何やら話し込んでいたのだが、ぼくの目にはそれが戦争の準備でもしているように映ったものだ。

そこで、ある日、その銀行マンがフランソワのオフィスから出てきたところをつかまえてアドバイスを求めると、同僚の法務担当者を紹介された。ぼくはその担当者を訪ね、会社の起ち上げ方の説明をひととおり受けて、必要書類のリストをもらった。担当者は破格の料金で手続きを代行しましょうと熱心に言って、三千フラン（五百ユーロ）という金額を提示してきた。とてもじゃないが、高すぎてぼくには払えない。ぼくは専門の書店へ行って必要な用紙をすべて手に入れると、自分で懸命に記入した。

記入漏れとか記入ミスとかいろいろあって、商事裁判所には十回ほど出向くことになったが、ようやく書類一式が整った。次は、銀行に会社の仮口座を開設して資本金を預けなければならない。ちなみに、預け入れた資金は三か月間は引き出せないという話だ。新会社の社名については、〈レ・フィルム・デュ・ドーファン〉とするのは気が引けたので、〈レ・フィルム・デュ・ルー〉にした。社名にイルカ《ドーファン》ではなく、オオカミ《ルー》を起用したのは、もし事業が頓挫してしまったら、イルカに申し訳が立たないと思ったからだ。

フランソワの知り合いの銀行マンはクロミエ地区を担当しているうえ、映画には詳しくなかったので、ユニオン・バンケール・プリヴェ《UBP》・マドレーヌ支店の映画・メディア産業の担当者を紹介してくれた。

会社の口座を開設するには、保証金として最低でも千フランは預けなければならない。ぼくはみんなから資金を掻き集めた。父方と母方、双方の祖母にもねだった。今度のクリスマスの分まで前借りすることになった。

次の月曜日、ぼくは胸を張ってマドレーヌ支店の担当者に小切手を差し出した。相手は締めているネクタイさながらに堅苦しい態度を崩さず、石のように冷ややかな笑みを浮かべた。ここは我慢のしどころだ。ぼくは気にしないことにした。

その数週間後、ぼくにとって最初の映画製作会社が発足した。まあ、大騒ぎするほどのこともなかったが、取り急ぎ名刺だけは注文した。

ある朝のこと、ヌイイの家の留守番電話にメッセージが入っていた。UBPの担当者からで、至急お目にかかりたいという。ぼくはきれいなシャツに着替えてパリへ向かった。

マドレーヌ支店に着くと、殺風景なオフィスに通された。聞こえるのは、窓越しに入ってくる街の喧騒だけだ。相手は鉛筆を左手から右手へと持ちかえては弄《もてあそ》んでいる。おもしろくない面会になりそうなことは火を見るよりも明らかだった。

「さて、口座も作られたことですし、今後の事業計画を聞かせてもらいましょうか？」向こうが気乗りしない調子で訊いてきた。

ぼくは虚を衝かれた。当然のごとく、何の準備もしていなかったのだ。アイディアならいくつか温めているし、長期的な構想もある。だが、相手の質問の意図がつかめなかった。野心がありすぎると思われてもまずいし、野心がないととられてしまうのも困る。そこで、まず短編映画のアイディアについて話してみた。続いて、ぼくがたぶんチーフ助監督として撮ることになるはずの映画の話、それから、長編映画の脚本を書きはじめたこと……。ああ、こんなことじゃダメだ……。顔からは大粒の汗が噴き出していた。ぼくは自分をうまく売り込むことができず、懸命に説明しても空回りするばかりだった。気づけば、相手の顔に半分諦めたような表情が浮かんでいた。

話の締めくくりに、ぼくは思い切り笑顔を作ってみせた。

「とにかく、やる気満々ですから！」

ぼくの言葉は道に落ちている牛糞のように無視された。相手は慇懃《いんぎん》な笑みを浮かべ、机の抽斗から千フランの小切手を取り出すと、ぼくの前に置いた。ぼくはとっさに意味が飲み込めず、銀行を替えるつもりはないと伝えた。

「いえ、お金をお返しするのは、少額口座が多すぎて、手間ばかりかかるからです。儲けにもなりませんしね」相手は冷ややかに言った。

ぼくは顔を歪めて作り笑いをし、恐る恐る確かめようとした。

「その……ぼくのことが信用できないと？」

相手はちらりとぼくを見て、品定めをし、評価を下した。

「ええ、信用できませんね」

嘲《あざけ》るような笑いとともにそう言い切られたとたん、ぼくの内側ですべてが崩れ落ちた。何年もかけて少しずつ身につけてきた力や自信も消し飛んでしまった。虚勢と言われればそうかもしれない。だが、それらは少しでも自分自身を確立するためのものだったのに。これで何もかもが水の泡になった。

ぼくは実現することのない将来を夢見ている惨めな虫けらに過ぎないのだ。この担当者の目には、いかなる同情も思いやりも申し訳なさも感じられなかった。ひとかけらも。それこそ半分踏み潰された蠅でも見るように、ぼくの苦しみを眺めていた。顔面に一発お見舞いしてやりたかったが、それでは解決にならないことはわかっている。かといって、めそめそすれば相手は調子に乗るだけだ。そこでぼくは立ち上がり、相手の目をぐっと睨みつけて言い放った。

「一つだけお願いがあります。ぼくの名前をよく覚えておいてください。ぼくはリュック・ベッソンといいます」

名前を言う際、相手の耳に残るように、一音ずつ区切って発音してやった。相手は痛くも痒くもないといった様子で、こちらを見下すように口もとを緩めた。

「覚えておきましょう」

ぼくとしては、まさに〝窮鼠《きゅうそ》猫を嚙む〟の心持ちだった。

三文芝居よろしく、ぼくはバタンと乱暴にドアを閉めて立ち去った。しかし、通りに出たとたん、ベンチにへなへなと座り込んでしまった。涙があとからあとから出てきた。これからどうすればいいだろう。どこへ行けばいいだろう。このベンチから立ち上がる理由すら見つからない。

右手にサン・トーギュスタン教会が見えた。もはや教会で祈る気にもなれない。あそこでは誰もぼくを助けてくれないだろう。

左を向くと、遠くにマドレーヌ寺院がある。立派な建物だ。でも、それが何の役に立つというのか。こちらにもぼくを助けてくれるものはない。ぼくは泣き続けた。

路上生活者というのは、こんな感じなのだろうか。ベンチから動かず、そこを離れる理由を見つけることができなくなってしまった人間。ぼくはこのベンチで暮らすことを想像してみた。だが、それは合わない気がした。

やはり、自分には浜辺がいいだろう。

二、三時間もすると、涙は涸《か》れ、悲しみは遠のいていった。生き延びようという気持ちに突き動かされ、再び歯車が回り出した。無意識に体が動いて、ぼくが命じなくてもぼくを家まで連れ帰った。あのマドレーヌ支店の担当者がこれまで何人の人間を死に追いやったかは知らないが、ぼくは奴が組んだ死のプログラムから抜け出すことができたのだった。

のちに、ぼくが監督を務める映画の完成披露試写会の開催が決定するたびに、あの担当者には〝非招待状〟を送ってやった。『最後の戦い』『サブウェイ』『グラン・ブルー』『ニキータ』『レオン』のどの試写会のときも……。

向こうがぼくの名前を忘れていなければいいと思っただけのことだ。ぼくのほうは、だいぶ前に向こうの名前を忘れてしまったが。

第十章　兵役とカンヌ映画祭

父はぼくに空きの出たアパルトマンを見つけてくれた。これで何か月かはパリ市内に住むことができる。クラブメッドのバカンス村の支配人たちのなかにはパリに別宅を持ち、シーズンの合間だけ利用している人がいる。ぼくが借りることになったのはパリの東端、ガンベッタ広場にある十五平米のアパルトマンで、家主はメキシコに赴任中だった。シャワー&キチネット付きで寝室と小さな居間があるだけだが、これ以上の贅沢は望むべくもない。

いたずらに時を過ごしてバカにならないように、ぼくは軍隊並みに徹底した時間割を自分に課した。正午からは市内を隅々まで回って仕事を探す。十九時にマクドナルドで食事をとり、二十時から映画を見る。そのあと、二十三時にガンベッタのアパルトマンに帰宅。お茶を淹《い》れ、目の前に十枚の白紙を置く。書いて、書いて、書きまくってその十枚が真っ黒に埋まるまでは眠らない。朝の六時頃、中庭からクロワッサンの香ばしい匂いが立ち上ってくる。近所のパン屋が開店した合図だ。ぼくは下りていって、火傷しそうに熱いバゲットを買って戻ってくる。バゲットは縦に切り込みを入れ、ブルターニュ産の有塩バターを塗り、その上にたっぷりとイチゴジャムを乗せる。それを平らげるのに一分もかからない。

就寝は七時。目覚ましに十一時に起こされ、寝る前に書き上げた十枚の草稿を読み返す。たいていは駄作だ。セリフを二、三と、シチュエーションくらいは保留にするが、残りはあえなくゴミ箱へ。国立映画映像センターのゴミ箱にさえたどり着かない。

ぼくは『ザルトマン・ブレロ』のシナリオを書いてみた。原稿は二百枚に及んだが、箸にも棒にもかからない代物だった。小さな子どもがたどたどしく話して聞かせる夏休みの話みたいなものだ。ぼくはその二百枚を捨て、改めて二百枚を書き上げた。多少はましになったのかもしれない。少年が自分の夢を語っているくらいには。だが、この二百枚もゴミ箱行きとなった。

アパルトマンには電話が引かれていた。緊急時以外は使わないよう、家主に念を押されていたが、相手からかかってくる分には構わない。もっとも、番号を教えておいたのは母親だけだった。

朝早く、母から電話があった。

「どう、仕事は見つかったの？」受話器の向こうで母がたずねる。

どんどん書くうちに手応えを感じるようになっていることを伝えると、母はあきれたように言った。

「そうじゃなくて、本当の仕事のほうよ」

母の言葉がナイフとなって心にぐさりと突き刺さり、全身から力が抜けていった。ぼくはやっと十八で、毎晩ひたすら書いてなんとか現状を打破しようとしているのに……。

ぼくが言い返せずにいると、母は電話を切ってしまった。涙が頬を伝ってきた。普通なら、慰めてくれる友だちが一人くらいはいるものだ。だが、ぼくにそんな友だちはいないので、涙が涸れるのを待つしかなかった。

涙が尽きてしまうと、またいつもの選択に迫られた。歩き出すか、それとも野垂れ死ぬか。さあ、おまえはどうする。そうやって週に三度は選択を突きつけられている気がした。

ぼくは歩き出すことにして、もう一度ペンをとり、猛然と四百枚を書き上げた。完璧にはほど遠い。だが、感触は悪くなかった。確実に作品としての素地ができつつあったのだ。このときに書いたものをベースにし、途中でタイトルを変えて映画化した作品が『フィフス・エレメント』だ。

そんな折、行方がわからなかったパトリック・グランペレとまた会うことができた。再会がかない、ぼくは金魚の糞のようにパトリックにくっついて回ろうとした。パトリックは助監督として、俳優のジャン゠ルイ・トランティニャンが監督する作品の撮影準備に入っているところで、ほかにも同時並行で二つか三つの企画に関わっていた。しかも、そのうちの一つは自分が監督を務める映画だ。まったく、薬局には置いていないような強壮剤でも飲んでいるのか、パトリックがエネルギッシュに仕事を進めるものだから、ぼくはついていくのがたいへんだった。

ぼくたちは、パトリックの友人が所有する南仏の城で落ち合った。その友人はピエール゠ウィリアム・グレンといって、撮影監督をしている人だった。がっしりした体格で、ボリュームのある縮れ毛が西海岸あたりにいそうなアメリカ人を思わせる。城では朝から晩まで映画談義に花が咲き、ぼくは耳をそばだてて聞いていたが、映画の素養がなくて話になかなかついていけず、ずいぶん苦労した。

そんななか、広々とした空間を切り裂くように電話の音が鳴り響いた。ぼくはピエール゠ウィリアムに促されて受話器を取った。

電話の向こう側から、か細くて感じのよい女性の声が聞こえた。「ピエール゠ウィリアムさんはご在宅でしょうか」と、言葉遣いも丁寧だ。発音に微笑ましい英語の訛りがあって、すこぶる礼儀正しい。ピエール＝ウィリアムが、何も言わずに眉をひそめてみせた。

「どちらさまですか？」

「ミア・ファローです」その魅力的な声が答えた。

おや、どこかで聞いたことがあるような……。

ぼくが相手の名前を伝えたとたん、ピエール＝ウィリアムはすっ飛んできて、息も荒く、ぼくから受話器を取り上げた。

「やあ《ヘイ》、ミア！　調子はどう？《ワッツ・ゴーイング・オン》」そう言うと、ピエール＝ウィリアムはルイ十五世様式の肘掛け椅子にどっかと腰を下ろした。

紛れもなく、ぼくがいるのはプロの世界だった。

その翌日はジャン＝ルイ・トランティニャンにもお目にかかれた。集中力を切らさない、寡黙な人だ。動きに無駄がない。その反面、笑うと子どもみたいだった。

撮影クルーのなかにいさせてもらえて、ぼくは透明人間も同然の存在だったが、そんなぼくを、みんなは水牛の背中に止まった小鳥のように受け入れてくれた。

撮影開始がいよいよ間近に迫り、ぼくにとっても真剣勝負が始まるぞと、身の引き締まる思いだったのに、ここでまたしてもぼくの人生を台無しにしようとする社会システムの魔の手が……。兵役のお呼びがかかったのだ。国へのご奉仕。期間は十二か月。ぼくの人生は足止めを食らってしまった。

ぼくはパリ東方にあるヴァンセンヌの軍事施設で三日にわたり適性検査を受けた。そこで評価査定され、配属が決まるのだ。

ぼくは軍の映画部への配属を希望した。軍の映画部から多くの大監督が輩出されていると話に聞いていたからだ。だが、そのエリート集団に入る前に、二か月間の教練を受けることが義務づけられていた。ぼくはうっかりスキーができると口を滑らせてしまったものだから、アルプスのシャンベリへ送られることになった。アルペン猟兵だ。ジョゼットとジャン゠レオン（覚えているだろうか、ぼくを結婚式に招き、ハネムーンに連れていってくれたカップルだ）にまた会えるかもしれない。それがせめてもの慰めだった。

駅を出てから兵営まで、たっぷり三十分は歩かねばならなかった。兵営は線路脇にあり、高い石壁に囲まれていた。ぼくはこわごわ正門をくぐった。ここで三百六十五日辛抱することになるのか……。到着早々、ぼくはお縄にされてしまった。到着が五日遅れたことで脱走兵と見なされていたのだ。そういう規則だった。ぼくは、お呼びがかかったからといってすぐに飛んで来られるほどヒマ人ではないのだと、冷静に説明した。こっちだって働いてないわけじゃないし、仕事をおっぽり出してアルプスで雪男になりにくるわけにはいかない。おまけに、召喚日がたまたま四月一日になっていたものだから、てっきり冗談かと思ったのだ、と。

大尉はぼくをよその星から来た人間でも見るように見つめ、それからぼくの耳に口を近づけて怒鳴った。

「いいか、おまえは脱走兵なのだ！」

「まずは、落ち着いて、話はそれからです。そもそも着いたばかりのぼくに、ここの規則がわかるわけなどないでしょう？　五日遅れたのなら兵役を五日延ばせばいいだけの話ではありませんか。

大騒ぎするほどのことでもないですよ」ぼくは落ち着きはらって答えた。

大尉は鳩が豆鉄砲を食らったような顔をした。こんな無礼者は見たことがない、こいつはいかれているか、鈍いかのどちらかだ、とでも思っているのか……。

実際、ぼくは軍隊について何も知らなかった。駅でこんなに大勢の兵士を見かけたのも、このときがはじめてだった。こうした光景は、ぼくにとっては過去のもので、平和な世となった今ではただの茶番で、無用のものに思われた。大尉がぼくを一か月の営倉送りにしようとしたそのとき、いきなり少佐が現れた。

少佐はぼくに用があって来たのだが、それが何の用かぼくには見当もつかなかった。こいつはめったにお目にかかれない南国の鳥だとでも言わんばかりに、相手はしげしげと物珍しそうにこちらを見ている。隣にいる大尉だったら、そんな鳥は大砲で吹っ飛ばしてしまうに違いない。

「きみの書類を読ませてもらったよ。撮影助手をしているのか？」まるでぼくが『ベン・ハー』を監督したかのような口ぶりだ。

なるほど、この人は映画ファンなのだ。ぼくは大きく頷いた。

すると、少佐は大尉のほうを振り返り、ご満悦の表情で真実を打ち明けるように言った。

「芸術家だよ！」

大尉は天井を見上げると、部屋を出ていった。ぼくは、今や自分が熊の前に置かれた蜂蜜の壺となったことを悟った。

「アラン・ドロンは知り合いかね？」少佐が舌なめずりをしながら訊く。

ああ、彼ならよく知っているというふうに、ぼくは溜め息をついてみせた。

「アラン？　もちろんですよ！　アランでしょ、トランティニャンでしょ、それに、ロジャー・ムーア、ミア・ファロー……」

まだまだたくさんいますよとばかり、ぼくは片手を挙げて、数える仕草をした。

少佐は肘掛け椅子に腰を下ろして、知る人ぞ知る世界の話が展開されるのを待ちかまえていた。

この人はきっとずいぶん前から夢見ていたのだ。映画業界の人間に会えないだろうかと。映画関係の仕事に就きたかったが、代々軍人の家系なので諦めざるを得ない。それでもやはり、士官学校に入る年になるまでは映画に憧れていたのだ。

それが、ぼくの書類に目を通したとたん、希望の光が差すように、自分のなかに眠っていた小さな炎が燃え上がったに違いない。もちろん、今さら人生を変えるつもりはない。ただ、自分が歩んでいたかもしれない別の人生の話を聞きたいだけなのだ。得手に帆を揚げるとはまさにこのことで、こちらも物語を話して聞かせるのが大好きときている。アラン・ドロン、ジャン＝ポール・ベルモンド、ジャン・ギャバン……ぼくが語り出すと、少佐の目が輝きはじめた。知っている限りのエピソードを披露したが、もちろん、自分の経験談ではなく、撮影現場で出会った特機部のスタッフから聞いた話だ。特機部の人たちはいつもカメラのそばにいる。いろんなことを見聞きするには最高のポジションなのだ。少佐は大いに喜び、話が終わると、自らぼくを兵舎に案内してくれた。かくして、ぼくは第十三アルペン猟兵大隊予備猟兵中隊に編入された。

石造りの兵舎は大きな長方形の平屋建てで、二十棟ほどが集合場所となっている広場を取り囲むように並んでいる。広場の中央には巨大な柱が立っていて、てっぺんでフランス国旗がなびいていた。毎朝六時に全員がその周りに集合して国家《ラ・マルセイエーズ》を斉唱する。これから一年にわたって使う身の回り品を支給される前に、ぼくは散髪に行かされて時代遅れの坊主頭になった。

新兵たちは通路で足並み揃えて歩くことを覚えさせられた。規則正しく軍靴を鳴らし、誰もはみ出す者がいない。今思い出しても、その光景はアラン・パーカー監督の『ピンク・フロイド／ザ・ウォール』のワンシーンを髣髴《ほうふつ》させる。ぼくは空恐ろしくなった。その列には入りたくなかった。みんなと足並みを揃えるよりも、まず自分が何者であるのかを知ろうとした。

ぼくは班のなかで何もできないグズを演じた。歩調を揃えることもできないぼんくら兵卒だ。

「ベッソン二等兵、わざとやっているのか。なめた真似をしやがって」教練指導の伍長が怒鳴った。

「伍長殿、自分は十八年間このように歩いていています。それを数時間で変えろというのは無理であります」なに、常識を言ったまでのことだ。

伍長はますます苛立ってぼくを列から外し、何時間も一人で行進させた。しかし、ぼくを隊列に戻すと、たちまち歩調が合わなくなり、大混乱を招いてしまう。そこへ大尉が通りかかり、伍長にそっと「芸術家なんだとよ」と耳打ちしたとか、しないとか。最終的に、ぼくは一年間行進を免除されることになり、七月十四日の革命記念日のパレードをテレビで見るように言われたのだった。

その翌日のこと、伍長が共同寝室にいきなりずかずか入ってきた。

「おい、映画好きはどこだ?」伍長が声を張り上げる。

ぼくは一人、馬鹿正直に手を挙げた。

「ベッソン二等兵にジャガイモの皮剝きを命ずる」

いやはや、食堂に関しても、ツイていないことだらけだった。隊員食堂は小学校のときよりもひどい。ぞんざいに皮を剝かれたジャガイモばかり（おいおい、いったい誰の仕業だよ）食べているせいで、ぼくは見る見るうちに何キロも太ってしまった。

ここに来る前は板金工をしていたという同僚が、食堂でぼくの隣に座った。嬉しそうな顔をしている。そろそろ兵役が終了するが、そのあとの仕事がたった今見つかったところなのだという。軍に志願して、もう間もなくイエメンへ発つそうだ。俸給は月に千八百フラン（三百ユーロかそこらだ）。気づくと、向こうのほうで軍のリクルーターがテーブルの列の間を巡回していた。そのさまが手頃な餌食を探すカラスに見えた。

毎日、誰かしらカラスの餌食となっていた。狙われるのは、気の弱そうな奴か単純そうな奴と決まっている。ついにはぼくのところまで黒い魔の手が伸びてきた。伝道師のような優しい笑みを浮かべて、リクルーターが隣に座る。

どうやらぼくはカラスにガラスのハートを見抜かれて、ロックオンされてしまったらしい。鳥肌が立った。魅力あふれる異国の地にいながらにして、祖国に奉仕できるという名誉な生き方について、向こうは言葉巧みに語った。幸いぼくには外国暮らしの経験はそこそこあるので、イエメンに骨を埋めるつもりはないと丁重にお断りした。

それから何日か経った頃、朝の四時に兵営中の明かりが点いた。やにわに伍長がぼくらの寝ているところに入ってきて、がなり立てた。

「全員、起きろ！」

全員が全員、寝惚《ねぼ》けまなこだ。

「どうしたんですか？」ぼくはぽかんとして質問した。

「戦争だ！」血管が切れるんじゃないかというくらいの勢いで伍長が怒鳴り返す。

心臓が止まりそうだった。どうしてぼくの兵役中に戦争なんか起きるんだろう。まったくここまでツイていないとは。生まれてからずっと不運続きじゃないか。ぼくが神さまに何をしたっていうんだ。いったい敵はどこの国なのか？　ぼくに敵はいないし、敵なんか作りたくもない。ぼくは、あのリクルーターが話していた国名を思い返してみた。イエメン、チャド、リベリア、ソマリア……地理をおさらいしているわけじゃあるまいし……。

ぼくたち予備猟兵中隊は慌てて広場に駆けつけた。そこにはすでに三千人の兵士が整列してぼくたちを待っていた。夜も明けぬうちから第十三アルペン猟兵大隊が一人残らず集合しているとは、ただごとではない。一台のジープがやってきて国旗掲揚塔の近くに停まった。なかから将校が降りてきて小さな演壇に登った。四つ星を付けているということは、中将か。これはますます冗談なんかじゃないぞ。ぼくは体が震えてきた。中将はマイクに向かって声を張り上げ、それが場内に響きわたった。

「諸君！　今夜半、わが国は赤軍の攻撃を受けた！」

「アフリカじゃなかったか。おい、行き先はロシアだぜ」隣にいた同僚が囁く。

四月にロシアへ？　どれくらいの寒さだろうか。ぼくはウラル山脈に続く雪に覆われた平原にマイナス三十度の寒風が吹きすさぶさまを想像してた。もちろん、そのためにアルペン猟兵がいるのだ。ああ、スキーの経験さえなければ……。父と父の赴任したヴァロワールが恨めしかった。それにしても、なぜソ連が攻撃をしかけてきたのだろうか。世界情勢には疎くても、フランスとソ連の仲が険悪だという話は聞いたためしがない。アメリカとソ連は対立しているけれど、冷戦状態だ。武力は用いていない。フランスがそれを刺激しようとしているとはおよそ考えにくい。

中将の演説は続く。

「よって、われわれ青軍《ブルー》は赤軍への宣戦布告に踏み切る！」

ブルー？　ほかにもまだ新兵《ブルー》がいるのか？　いや、新兵ならぼくも含め、この中隊のメンバー以外いないはずだが。そう、シベリアの死地に赴《おもむ》くことになるぼくたち以外には。

兵役に就いて十一か月目の元板金工が、肘でぼくの脇を小突いた。

「違う。これは演習だ。〈青軍〉対〈赤軍〉の戦いが三か月ごとにある」

ぼくは全身の力がどっと抜けた。一気に馬鹿らしくなり、これはもう笑わずにはいられない。でもって、笑い出したら止まらなくなってしまった。

マイクがハウリングを起こし、中将はなんとかその場を収めようと躍起になった。あまりの騒々しさに目を覚ました近所の住民が、よそでやってくれとバルコニーで怒鳴り出す。そこへ列車が猛スピードで脇を通りすぎ、中将の演説はすっかりぶち壊しになった。しまいには留め方が悪かったのか、掲揚台の国旗がバサッと落下。広場は笑いの渦に包まれた。

三日後、〈青軍〉は〈赤軍〉に勝利し、それをもって演習は終了した。

間もなく五月になろうとしていた。五月といえば、やはりカンヌ映画祭だ。なんとしても行きたいものだ。そこで、ぼくは少佐に面会を願い出て大芝居を打った。一年も撮影の現場から離れていたら、兵役を終えた頃には仕事の声がかからなくなっているでしょう。ぼくの存在など忘れられてしまいます。でも、もし映画祭の会場に行けるようなら、関係者に会って国外での撮影があって留守にしていたのだと説明することができるのですが――。少佐はうーんと考え込んで、逡巡《しゅんじゅん》していた。ここは相手を納得させせられるだけの理屈が必要だ。

「少佐殿が夢を諦めざるを得なかったように、自分もこれにて映画の仕事を諦めなくてはならないのでしょうか」ハッシュパピー犬顔負けの哀れっぽい目つきを意識して（これについては愛犬ジェリーを参考にした）、ぼくは切々と訴えた。

自らの運命に対する恨みを晴らすように、少佐は頷いて了承してくれた。

「映画祭の期間はどれくらいかね」

「二週間ですが、一週間いただければ十分です」ぼくは答えた。

数日後、ぼくは軍服姿でカンヌの駅に降りたった。すぐに正面のカフェで着替え、軍服はコインロッカーに預ける。私服になったところで、丸刈りにした頭は、髪がまだ一センチしか伸びていない。なに、構うものか。デンマークあたりの映画監督ということで通るだろう。

一九七八年五月二十日。カンヌ映画祭。はじめての体験にわくわくする。

もちろん、会場に知り合いなどいないし、映画祭がどんな形で開催されるのかも知らなかった。経歴をごまかしても無駄で、身分証がなければパスは発行してもらえないのだ。

映画のチケットを買うにはひたすら列に並ぶよりほかにないのだが、それも一苦労だった。長蛇の列ができていて、しかも、販売所は数えるほどしかない。二日目、ぼくは朝六時に起きて向かったのに、窓口にはすでに五人が並んでいた。さんざん待たされ、ようやく順番が回ってきたと思いきや、残っていたチケットはわずかに四枚。料金もひどく高い。時刻は十時になっていた。骨折り損のくたびれ儲けとはこのことだ。気を取り直して、翌日、朝の五時に行くと、ぼくが一番手で、メイン会場となる〈パレ〉の入場券を手に入れることができた。当日の午後の部だ。

パレ・デ・フェスティバル・エ・デ・コングレに足を踏み入れるのはこのときがはじめてとなっ

た。歴史のある建物だ。会場内は豪勢だが、ゆうに百席は空席となっている。チケットを求め、なかなか動かない列に延々と並んでいる不運な同志たちのことを思うと、やりきれない。まったく、もったいないことをするものだ……。案の定、ぼくの席は最悪だった。奥の一番右端で、これじゃあ音響効果の恩恵には与れそうもない。

隣の席には老夫婦が座っていた。奥さんのほうは、まだお茶をするにも早い時刻なのに、レセプションに参加するようななりをしている。二人の会話からは、パン屋を営んでいることがうかがい知れた。再選を確実にしたいカンヌ市長が町内の商店主たちにチケットをばらまいたらしい。おかみさんは首を伸ばして、スターがいないかきょろきょろと見回している。残念。スターがこんな早い時間に会場入りすることはない。スターのお出ましは、スパンコールとカメラのフラッシュが眩しい夜の部になってからなのだ。おかみさんはがっくりと座席にもたれ、旦那のほうはすでに隣で眠っている。まあパン屋は朝が早いからしかたあるまい。

当時は映画に関する知識がゼロだった。なんの知見もない。皆無だった。俳優の名前が何人か出てくるくらいで、監督の名前はよくわからない。

そんなこともあって、まずは外国の映画から何を学べるかと思うと嬉しくてならなかった。やがて映画が始まった。英語とフランス語の字幕付きで、それを追っていくだけでもたいへんだ。

作品はというと、一家の生計を担う娘が、ある晩仕事から戻らず、家族が不安に陥る様子が延々と描かれる。それで、結局、娘は女友だちのところにいましたという、たったそれだけの話だ。やはり、ルイ・ド・フュネスのコメディや『二〇〇一年宇宙の旅』ばかりが映画ではない。世には実にさまざまな作品があるのだ。

パン屋のおかみさんは市長に対してぶうぶう文句を言い、それで旦那も目を覚ました。ぼくはＶＩＰ専用の席に陣取っていた面々が会場を出ていくのを眺めていた。「これは傑作だ」とか、「いや、駄作だ」とか、「パルム・ドールは間違いないだろう」とか、はたまた、「貧しき者の味方、サタジット・レイを思わせる」などと、口々に言うのが聞こえてくる。個人的にはおもしろくてユニークな作品だと思った。でも、尺はもっと短くてもよさそうだ。

映画を一本見ただけで、予算は底をついてしまった。少しは食費を残しておかなくてはならない。カールトンホテルは商談の場となっていて、毎日アメリカの映画人たちによるプレゼンテーションがおこなわれていた。つまりそれは、ビュッフェコーナーがあってただで飲み食いができることを意味している。

ぼくはパンフレットを小脇に挟み、醒めた顔で映画祭の常連を装った。その手がいつもうまくいくとは限らないが、20世紀フォックスのブースで警備係をしている青年と近づきになった。

「どこの連隊だい？」青年が声をかけてきた。

やはりこの坊主頭のせいでばれてしまったらしい。

「シャンベリの第十三大隊だけど」化けの皮が剝がれ、ぼくはきまりが悪かった。

「ぼくはバルスロネットの第十一大隊にいた。三か月前に兵役を終えたばかりだよ」相手は人懐っこい笑みを浮かべて言った。

青年は同じアルペン猟兵のよしみで、ワーナーやユニバーサルに雇われている仲間の名前を教えてくれた。

おかげで一週間、食事に事欠くことはなかった。

寝泊まりする場所については、食事のようにとんとん拍子にはいかなかった。一日目の夜は駅のベンチを寝床にした。続く二晩は浜辺で休んだ。そのほうが慣れているからよかった。もっとも、カンヌの砂浜には山羊はおらず、代わりにキツネが明け方までヤマウズラを狩っていたので、あまり眠れはしなかったが。

日中はアンティーブ通りへ通った。そこでは〝フィルム・マーケット〟が開かれていた。映画祭の期間、外国の映画関係者が通りの映画館で個別に作品を上映し、配給権を売っているのだ。たいていの場合、入場チェックはそれほど厳しくなく、まだ駆け出しのバイヤーでパスを失くしてしまったと言えば通してくれた。

館内は絶えず人が出たり入ったりしていた。バイヤーたちは十分ほど見ると席を立ち、一時間後に戻ってきたりする。日本のバイヤーは席に座りもせず、通路に立ったまま十五分ほど見て去っていく。ぼくは七列目の中央の特等席にゆったりと座って鑑賞した。

そんなふうにして、ぼくはデンマーク、チェコ、ニュージーランド、レバノン、トルコの映画を見ることができた。まさに天国にいる気分だった。必ずしも傑作ばかりではなかったけれど、その文化の多様性に脳天をぶち抜かれたような衝撃を覚えた。映画には限界がない。映画では何でも表現できるし、言語を選ばない。おもしろければ人は笑うし、感動すれば涙を流す。映画に国境はないのだ。いつか映画を作らせてもらえるなら、それはすべての人に向けた作品でなくてはいけない。芸術は大衆のものであるべきだ。入場に制限をかけるようなエリートどもなど糞食らえだ。

それ以外の時間は、はやりのレストラン〈ブルー・バー〉の周辺をぶらぶらした。店の近くでたむろする映画人たちはみな、来年のパルム・ドールは自分がもらったも同然と言わんばかりに振る舞っていた。その自負心には恐れ入る。ぼくにはとうてい真似できない。

それでもぼくは、おずおずとその輪に加わり、若手の俳優や製作スタッフ、映画ファンたちと仲よくなった。

だが、日が暮れると、その仲間たちとも別れなくてはならなかった。ぼくはパスを持っていないし、レストランで食事代を払うこともできないからだ。

「どこに泊まっているの？」製作スタッフの一人が訊いた。

「どこって、浜辺だけど」ぼくは正直に答えた。

とたんに一同の目が点になった。ああ、これでせっかくできた友だちを失ってしまうのかと思いきや、すぐに若い女優が救いの手をさし伸べてくれた。

「よかったら、うちに泊まらない？　広いし、ソファでも結構寝心地はいいわよ」

ぼくは耳を疑ったが、向こうは本気のようで、見るからに親切そうだった。すでに何本かの映画に出演しているそうだが、ぼくはそのどれも見ていなかった。軽くカールしたきれいなブロンドへアに、すばらしく青い瞳をしている。声がかん高く、発音からは育ちのよさがうかがえた。

厚意に甘えてついていくと、言葉どおりの広くて豪華なアパルトマンだった。部屋に入るなり、向こうはさっさとシルクのパジャマに着替えてしまった。それがちょっとセクシーだったものだから、下心があったのかと、一瞬ぼくは勘ぐった。いや、こちらの思い違いだった。彼女はシーツを二枚持ってくると、ぼくを手伝い、居間にベッドをこしらえてくれた。彼女は親切な人だったのだ。

朝にはおいしそうな食事が用意されていて、まさに王さま気分が味わえた。やはり彼女は親切で、その晩もぼくはアパルトマンに厄介になった。

残念ながら、ぼくは彼女の連絡先を失くし、名前まで忘れてしまった。ところが、後年、映画のポスターで彼女と再会することになる。彼女は『海辺のポーリーヌ』に出演していた。しかも、有名になって。あのとき、親切にしてくれた彼女は、その名をアリエル・ドンバールという。

別の日に〈パレ〉の前をうろうろしていたら、懐かしい知り合いに出会った。マルティーヌ・ラパン、ヴァロワールの青い髪をしたあのパンク少女だ。パンク少女もすでに二十四歳になっていたが、以前と変わらずキラキラ輝いていた。衣装係として、撮影現場で働いているという。マルティーヌはヴァロワールの近況を教えてくれ、こちらも弟や妹ができたことを告げた。ぼくは本当に嬉しかった。マルティーヌに再会したことももちろんだけど、ほんの一瞬でも家族と自分を結びつける絆を感じられたことが嬉しかったのだ。

マルティーヌはその夜〈パレ〉の大ホールで上映される映画のチケットをたまたま二枚持っていて、「わたしをエスコートする気はある?」と誘ってくれた。ぼくはコインロッカーにすっ飛んでいって、軍服の青い上着を出してきた。ドレスコードがあるからだ。マルティーヌのほうはジーンズに、たっぷりとした銀のモヘアのセーターを合わせていた。ところが、会場前まで来ると、入場を拒まれた。

「ジーンズのかたはご遠慮ください!」マルセイユ訛りのドアマンが言う。

せっかくの夜がおじゃんになってしまう。ぼくはがっかりしかけたが、マルティーヌに心配している様子はない。

「ちょっと待ってて」

ぼくにそう言って、マルティーヌはトイレに駆け込んだ。再び現れたマルティーヌはジーンズを脱ぎ、セーターの袖に足を通してパンツのように穿いていた。腰にはベルト代わりにスカーフを巻きつけ、セーターがずり落ちないようにしている。上半身はもともと着ていたと思われる黒のキャミソール一枚だけだ。マルティーヌはバッグから小さな瓶を取り出すと、露出した肌にラメ入りのパウダーを重ねた。トリッキーな大変身にぼくは目を疑った。もはやパン屋のおかみさんよりずっとゴージャスに仕上がっている。

ドアマンは眉一つ動かさず、二人とも通してくれた。

今度はいい席にありつけた。VIP席のすぐ後ろだ。上映作品はイエジー・スコリモフスキ監督の『ザ・シャウト／さまよえる幻響』で、主演はイギリスの俳優アラン・ベイツ。映像が美しい。風変わりな映画でもある。VIP席のお偉いさんたちはぼそぼそ小声で評しながら退出していった。「パルム・ドールをやってもいいだろう」「いや、不快な作品だった」「傑作じゃないか」「タルコフスキーもどきだ」

マルティーヌが自分の部屋に泊まっていくよう勧めてくれた。でもまあ、アリエルのアパルトマンのようにはいかない。ぼくは窓辺にクッションを並べて眠り、朝は自ら食事の支度をした。それでも、マルティーヌはかわいい人で、いい姉貴分だ。陽気すぎて、みんなからエキセントリックな人間のように思われているが、エネルギッシュで才気煥発で愛情深いだけなのだ。

一週間の休暇が終わった。ぼくはコインロッカーから軍服を出して着替え、列車に乗ってシャンベリの兵営を目指した。

兵営に着くなり、さっそく少佐に呼び出された。ぼくを見る目がいつもと違って厳しい。軍人の顔つきになっている。ぼくにまんまとしてやられたと思っているに違いない。確かにそれはそのとおりだ。ぼくは素直に罪を認めたうえで、この一週間にあったことを詳しく語り、自分が感じた喜びを余すことなく伝えた。実際に今回はスターたちの顔も拝めたわけだし、そのときの様子を微に入り細を穿って説明した。

最後は少佐も笑顔になって、ぼくが経験してきたことはすべてこのときのためだったかのように、二人は楽しいひとときを過ごしたのだった。

やがて教練期間の二か月が終了したが、ぼくが映画部への配属を希望した際に提出した書類は消えていた。そのため、さらに二か月、シャンベリに残留することになった。といっても、みんなと足並みが揃わずに行進の列から外され、銃を持たせたら危なっかしいという判断の下、射撃訓練も免除されていた。おまけに、制服を正しく着用することもできなかったので、扱いに困った上層部は、ぼくに臨時でプールの監視をさせることにした。本来の水泳指導員が軍の水泳大会に出場するため代替補助が必要になったのだ。というわけで、ぼくは水中訓練の監視役を代行した。毎日、三十人一組で兵士がプールにやってくる。アルペン猟兵のほとんどがこの地方の出身で、生まれたときからスキーを履いていたか、もとは板金工や山仕事をしていた者ばかりだ。

雪はものともしない連中がプールのなかではまったくのカナヅチで、水に浮こうとしても溺れているようにしか見えない。それで互いに相手を指さしては笑っている。ぼく自身も水着になって、溺れる者がいないか見張りを続け、カルキ臭がぷんぷんするプールサイドで過ごした。

ぼくは、暇を見つけてはペンを執った。いくつものアイディア、断片的なシーン、全体像……。一つのシナリオが形を成していった。タイトルは『カミカゼ』。また、ぼくは短編も書いていて、ぜひ映画化したいと思っていた。しかし、兵役はまだ半年以上も残っている。それを思うと堪えがたかった。
軍隊では何回かに分けて二週間分の休暇をとることができる。ぼくは八月末に二週間続けてとることにした。セイレーン〔美しい声で船員を惑わし難破させる半人半魚〕の映画を撮るつもりだった。それはこんな話だ。一人の娘が酒場で若者を誘惑し、浜辺に連れてくる。そこで娘はセイレーンに変身し、若者を海に引き込んでいく。別の若者がその場面を目撃するのだが、セイレーンが迎えに来ると、恋するゆえに彼もまた一緒についていってしまうのだ。ちなみに、この数年後にぼくは『グラン・ブルー』を撮る。

ロケ地にはクラブメッドのバカンス村があるパリヌーロを選んだ。何と言っても勝手知ったる場所であり、バカンス村の支配人も撮影に応じてくれている。それに、バカンス村では、かつてぼくの写真のモデルを務めてくれたココが夏休みを利用して働いていたのだ。セイレーン役はココにやってもらいたかった。

この話をパトリック・グランペレに持ちかけたところ、手伝ってくれるという。パトリックはスタッフの手配と、とりわけ水中撮影の機材を準備してくれることになった。給料は払えないが、二日間の撮影と引き換えにクラブメッドで五日間のバカンスを楽しんでもらう。それで話はまとまった。

ぼくは列車でシャンベリからパリヌーロへ向かった。バカンス村に着くと、さっそくロケハンを始め、カット割りをやり、ココに稽古をつけた。クラブメッドの従業員のなかからセイレーンについていってしまう若者を演じる役者を見つけようとしたものの、どいつもこいつも似たり寄ったりの大根ばかり。しかたなく、ぼく自身がやることにした。パトリックがスタッフを連れて到着した。

総勢六名の撮影隊だ。パトリックがカメラを回して、奥さんのドミニクが記録し、ほかにも衣装とメイクを受け持つ。撮影助手は吃音症で、特機担当はぜいぜい息を切らしており、照明係は大麻をやっている。おまけに監督は未経験者だし、まさにドリームチームだ。

パトリックは悪い知らせを二つ持ってきた。一つ目は、音声が同時に収録できるサウンドカメラが手に入らなかったことだ。パトリックが持ってきたカメフレックスは洗濯機さながらの音がする。まあ、音はあとでつければいいだろう。どうせ音声技師もいないことだし。二つ目は、当てがはずれて水中カメラを用意できなかったことだった。これには困った。なにせシナリオの半分は水中のシーンが展開するのだ。パトリックからは、撮影は諦めて七日間のバカンスを過ごすことにしたらどうかとほのめかされたが、とんでもない。

ぼくは一晩かけて台本を修正し、今度の話は前の話よりもずっとよくなっていると自分に言い聞かせた。やがて、撮影が始まった。モノクロ、アスペクト比一・六六：一〔画面の縦と横の比率〕。

横長のスコープサイズで撮りたかったが、撮影助手が現場に来る前にカメフレックスのレンズを変えるのを忘れていたので、ワイドスクリーンは諦めざるを得なかった。ぼくは監督をやり、役者をやり、特機担当が背中の痛みを訴えて、十九時以降のパスティスのグラス以外は何も持てなかったので、機材の運搬まで受け持った。

パトリックはルールに忠実で、撮影に専念し、役者としてぼくの演技指導もしてくれた。また、休暇を減らしてもう一日撮影に付き合うようにスタッフを説得してくれたのも、パトリックだった。

三日で五十ほどのカットを撮り終え、ぼくは鼻高々になっていた。パトリックは現像所でポジ・フィルムを焼いてもらうため、フィルムを持ってパリに戻った。

ぼくは少し海を楽しんでから、アルペン猟兵たちのもとに帰った。

次の週、夜になってからぼくはシャンベリの駅に急いだ。硬貨の使える公衆電話はそこしかないからだ。パトリックに電話して、ラッシュプリントの状況を確かめると、万事うまくいっていて、画像は鮮明できれいに撮れているらしい。ぼくはほっと胸を撫で下ろした。

さんざん探しまわったあげく、フィルムを無償で編集してくれるフィルム編集技師が見つかった。といっても、週日は長編映画の仕事にかかりきりで、作業できるのは週末だけだという。ぼくは当直に当たっていない週末を選んで、パリに住む編集技師の女性宅へと急いだ。居間には編集用の作業台が置いてある。ぼくは編集作業に夢中になった。編集は文章を書く作業に似ている。言葉がコマに置き換わっただけだ。

音入れとミキシングに関しては、こと厄介な作業が待っていそうだった。この忌まわしい兵役が終わるまではどうやら手をつけられそうもない。

そうこうするうちに、水泳指導員が大会から手ぶらで帰ってきた。メダルを獲れずに自信をなくしてしまったかもしれないが、なに、指導員のポストまでなくなりはしないから心配無用だ。なぜなら、ぼくのほうがお払い箱になってしまったからだ。だが、こちらも心配ない。少佐がお誂《あつら》え向きのポストをあてがってくれたのだ。今度はなんと映写係だ。

しかも、また代替要員だった。映写係を務めていた男が兵役を終えることになり、その後釜ということらしい。

「カーボン式映写機の使い方を知っているか?」

これまでずっとそれ一筋でやってきたのだと言わんばかりに、ぼくは肩をすくめてみせた。

「なら大丈夫だ！」相手はそう言うと、三ページの取扱説明書を残し、とっとと故郷の山へ帰っていった。

カーボン式というからには、てっきり石炭で動くものだと思い、ぼくは石炭の袋と手を汚さないための手袋を探した。実は、カーボンとは炭素棒のことを指していた。映写機内に二本の小さな炭素棒をセットして電極として用いる。炭素棒に電流を流すと電極間にアーク放電が起こり、その際に発光する光を光源とするのだ。炭素棒が消耗してくると、電極の間隔が離れて光が弱まるので、つまみを回して電極間の距離を調節してやらなければならない。これで鳥打帽をかぶれば、『ニュー・シネマ・パラダイス』のフィリップ・ノワレのようになるだろう。上映するのは、たいてい新兵向けの軍事映画だった。ぼくが気になったのは原子爆弾の映画だった。映画では、原爆が投下された場合の身の守り方について、地面に顔をつけてうつ伏せになれ、と説明している。いたってまじめな映画だが、本気かね。それがいい方法だとはとても思えない。

ぼくは叫びたかった。回避するための一番確実な方法は、ボタンを押さないことでしょうが。

毎週金曜日には、グルノーブルにある軍のフィルムライブラリーへ行って、兵士のために週末に上映する映画を借りてくることになっていた。

所蔵本数が少ないうえに、フィルム自体も汚れている。カンヌ映画祭の出品作品など望むべくもない。ただ、ジェラール・ウーリーからフィリップ・クレールまで、コメディ映画に関してはピンからキリまで豊富にあった。

ある金曜日、在庫整理のためフィルムライブラリーが休館するという連絡が来て、代わりに民間のレンタル業者を紹介された。業者のレパートリーははるかに充実していた。

ぼくは兵営に帰ったところをアンティル諸島出身の上等兵に捕まった。グアドループ海外県のポワンタピートルに住まいがあるので、週末は兵営で過ごしているのだ。

「頼んでおいた西部劇は借りてきたんだろうな」アンティル訛りで上等兵が言った。

「もちろんです！　最高の西部劇、『Z』という傑作です」ぼくは答えた。

「『Z』って、『怪傑ゾロ』のZか？」相手は疑わしげにたずねた。

「そのとおりです、『怪傑ゾロ』のことです」ぼくは断言した。

週末の上映会は和気藹々……とはいかず、波乱の展開となった。白状すると、コスタ＝ガヴラス監督の『Z』は、実際に起きた事件を取り上げた政治サスペンスの問題作で、傑作西部劇などではなかったのだ。

上等兵は「貴様は過激思想の塊だ。この反逆者め」などと、激しい非難を浴びせてきた。この一件で、ぼくは映写係から暖房係に異動することになった。

新しい仕事は、各兵舎の裏に二本ずつ置いてあるどでかいガスボンベを交換して、建物を暖めることだった。

その日は金曜日で、ぼくは週末に編集するフィルムのことで頭がいっぱいになっていた。それで、ボンベを交換しなければならないことをすっかり忘れてしまい、そのままパリへ出かけていったものだから、気の毒に居残り組の兵士たち二百名は、マイナス十度まで気温の下がった宿舎で週末を過ごす羽目になった。当直にあたるだけでも嬉しくないのに、泣きっ面に蜂といった心境だったに違いない。そんなことがあって、またしてもぼくは任務を解かれ、ついに〝トレーニングウェア姿でぶらぶらしている人〟となってしまった。

アルペン猟兵大隊において、ぼくはただの役立たずに過ぎず、とうとう上層部も目をつむり、ぼくが唯一興味を持っていること、つまり、執筆活動をやらせてくれるようになった。

第十一章　これがぼくの家族

三月十八日が近づいて、ぼくは二十歳になろうとしていた。ぼくは週末に外出許可を取り、母たちに会いに行くことにした。家族は相変わらずセーヌ＝エ＝マルヌ県で暮らしているが、以前住んでいた集落から少し離れたル・プチ＝パリという集落に越していた。今度の住まいは前よりもずっと豪奢なお屋敷だ。フランソワの事業はうまくいっているらしい。

毎度のように列車がパリのリヨン駅に遅れて到着した。おかげで、東駅でクロミエ行きの列車に乗りそこなった。それで二十三時発の列車に乗ってグレッツで降りた。集落まではまだ二十キロほどある。ヒッチハイクをするしかない。そうこうしているうちに時計は午前零時を回り、ぼくは晴れて二十歳になった。まだ車がつかまらず、親指を立てて田舎の小さな街道の傍らで佇《たたず》んでいるような状況ではあるものの、ひとりでに笑みがこぼれた。

やがて親切なトラックの運転手が止まってくれた。居眠りしそうで、話し相手が欲しいと思っていたところだという。ぼくがアルペン猟兵の話をすると、向こうはアルジェリアで兵役に就いていたことを話してくれた。トラックはぼくを国道脇で降ろして走り去った。あと四キロ、春先の霜の降りた甜菜畑のなかを抜けていくことになる。もう午前二時だし、こんな小道を通る人などいないだろう。だが、そんなことはどうでもよかった。ぼくは二十歳になったのだ。月が輝き、空気はすがすがしくて、あたりは一面真っ白だ。人生は美しい。

ようやく家にたどり着いた頃には四時近くになっていた。ジェリーが真っ先に出迎える。ぼくはお茶を淹れ、空が白んでくるのを眺めていたが、疲れていたのでベッドで少し休むことにした。二時間後、中庭から車のエンジン音がして目が覚めた。急いで着替えて下りていくと、台所には誰もいなかった。そこへ母が外から勢いよく駆け込んできた。何か忘れものでもしたような様子だ。

「あらやだ、起こしちゃった？　起こすつもりはなかったんだけど。ちょっと南フランスへ行ってくるわね。新しい家を買う契約をするの。すごいでしょ。日曜の晩には戻るわ。あ、それから、お誕生日おめでとう！」母は鍵を探しながら言った。

日曜の晩ね。とっくに電車に乗っている頃だよ。そう言い返そうとしたら、フランソワがクラクションを鳴らした。母はちょっぴり気まずそうに笑って出ていった。表の門が耳障りな音を立て、車がいつものように猛然と遠ざかっていった。見ると、食卓の上に《誕生日おめでとう》と書かれたメモがある。その横に小切手が置いてあった。ふん、プレゼントか。最低だな。花一輪とか、リンゴ一個とか、自分で描いた絵とか、そっちのほうがずっとよかった。小切手以外のものなら……。ぼくは金額欄を見もせず、びりびりにしてやった。胃がきりきりした。ひとりでに涙が頬を伝ってきた。

ぼくは今日、二十歳になった。それがどうだ、勝手のわからないこの家で途方に暮れているとは。最寄りの町までは十五キロ。どのみち、行ったところで知り合いはいない。母は南仏に行ってしまい、父は西方で暮らしている。犬のジェリーでさえ申し訳なさそうな顔をして、溜め息をついているというのに。

そうやって一時間ばかり、食卓に座って千切れた小切手を見つめながら泣いていた。こういうときはじっと耐え、嵐をやり過ごして、気持ちを立て直すしかない。今に始まったことではないが、ぼくを突き動かしたのは空腹だった。もう正午になっていた。冷蔵庫には残り物しかなかった。だが、このまま空腹を我慢するつもりはない。二十歳を祝って、それにふさわしい食事をしたかった。

ぼくは地下室へ下りていって、冷凍庫を漁り、推定二キロの立派なイセエビ（クリスマス用にフランソワが購入したものか？）と、ラズベリーの大きなパックを取り出した。

まずは大量のバターを投入し、とろ火でイセエビをじっくり煮込む。その間にラズベリーのタルトを用意する。さらにパスタ料理も作り、生クリーム少々で味を調えた。食卓の準備が整うと、ぼくは真っ先にイセエビを一匹丸ごと平らげた。続いて、ラズベリーのタルトにロウソクを二十本立て、火を点《とも》す。一瞬、小さな炎たちがぼくのために輪舞しているかに見えた。パチパチと弾ける音が聞こえてきそうなくらい、あたりは静まり返っていた。

「誕生日おめでとう」傷心気味の声で自分に言う。

タルトはものすごくうまかった……と、ジェリーが喜んでいた。ぼくのほうは、喉につかえてしまい、バニラアイスと一緒でもなかなか飲み込めなかった。ぼくはタルトを三切れ取り分けると、千切った小切手の隣にこれ見よがしに置いて、母の書き置きの余白に《いろいろとありがとう》と書き残した。

それから、清潔なTシャツを何枚かバッグに詰め込むと、一日早く帰途についた。

ぼくは同期の仲間に五日遅れて、四月六日に兵役から解放された。私服に着替え、支給された装備を返却し、集合広場を突っ切る。ここを歩くのもこれで最後だと思いつつ、本当にここから出してもらえるのか不安でならず、足が震えた。兵営の門まであと数メートルというそのとき、誰かに大声で呼びとめられ、ぼくは心臓が凍りついた。振り返ると、少佐が静かな足取りでこちらに歩いてくる。そんな、まさか……。

「ベッソン二等兵、頑張れよ。どうかすばらしい映画を撮ってくれ」

それを聞いて愕然とした。最悪の事態を予想していたのに「頑張れ」だなんて。こんなふうに誰かから励まされたのははじめてじゃないだろうか。不覚にも涙ぐんでしまった。

「ありがとうございます、少佐殿」

兵営の門を出るなり、ぼくは足を速めた。どんどん早足になり、猛然と走り出す。振り返りたくない。呼びとめられたら困る。とにかく逃げて、忘れてしまいたかった。

駅へ着くと、ぼくは最初に来た電車に飛び乗った。パリ行きは二時間後だったが、それまで待つつもりはなかった。誰かに姿を見られることを恐れたのだ。実際、兵営を去るときに伍長から言われたことがぼくを震え上がらせていた。

「兵役を終えても、半年間は予備役兵であることを肝に銘じておけよ」伍長は意地の悪い笑みを浮かべて言った。

「どういうことですか」何も知らずにぼくは訊き返した。

「有事の際は真っ先に呼び出しがかかるということだ！」

その有事とやらがどこで起きようが、映写係兼暖房係が何の役に立つものか。いくらそれを主張しても、伍長にとってぼくが予備役兵であることは変わらなかった。

電車は終点のリヨンに着いた。パリ行きが来るまで二時間待つことになるが、別に痛くも痒《かゆ》くもない。リヨンで待っていられるだけでも贅沢だった。

パリに帰ってくると、さっそくぼくは短編を完成させることに専念した。ミキシングは、夜、仕事を終えてから駆けつけてくるボランティアのスタッフが手伝ってくれた。パトリック・グランペレが知り合いのオディテル社〔映画・テレビ技術者の派遣会社〕の映写技師に話をつけて映写室を借り、上映の手はずを整えてくれた。ぼくは飛び上がらんばかりに興奮した。パトリックは奥さんのドミニクを上映会に連れてきた。そればかりか、別の映画の打ち合わせの帰りだったので、仲間を何人か誘ってきてくれた。ドミニクはフィルム編集のチーフをしている人だし、もちろん、ほかのみんなもプロばかりだ。やがて、ぼくのはじめての短編映画のはじめての上映会が始まった。モノクロの映像、音声、音楽。心血を注いだすべてが、今、そこに展開している。ああ、ついにやったぞ。本物の映画監督になれたのだ。ぼくは目に涙を浮かべ、満足しきってバカみたくにやにやしていた。ええ、そうです。この作品を作ったのはぼくなんですよ。作品は完璧で、文句のつけようがないように思えた。まあ、難があるとすれば、主演の役者か。こいつの髪型はまずいだろう。短すぎる。だが、まさかこの役者が撮影直前まで軍隊で演習をしていた人間だとは誰も思うまい。

十二分後、映画は終わった。部屋の照明が点いても、ぼくの顔にはバカ笑いが貼りついたままだった。

「どうだった?」賛辞が聞けるものと期待して、ぼくはたずねた。

しかし、パトリックの表情は固く、ドミニクはバッグのなかをまさぐっている。一緒についてきた仲間たちはすでに席を立っていた。

「ちょっと飲みに行こうか」パトリックが優しく答えた。

ぼくたちはカフェに場所を移した。飲み物を注文し、いろいろなことを話した。映画以外のことを。先刻までの威勢のよさはどこへやら、ぼくはだんだん元気がなくなってきた。パトリックは苦痛を長引かせずに、ずばりと言ってくれた。

「リュック、きみが映画の仕事を続けていきたいというなら、これだけは覚えておいてほしい。大事なことだ」

ぼくは全身を耳にして聴いていた。指導や助言はぜひともほしい。

「表現したいことがなければ黙っていろ」パトリックは簡潔に言い放った。

いきなり脳天を直撃された。ギロチンを落とされたようだった。批判もされない。判定もない。直接死刑が下されたのだ。パトリックはコーヒーを飲み干すと、ぼくの肩を叩いて出ていった。

ぼくはふらふらしながら駅に向かう道を歩いた。今回の製作過程の一部始終を思い返してみる。何がいけなかったのか、どこで間違いを犯していたのか？　そうだ、シナリオだ。土壇場でシナリオを変更したこと。あれは失策だった。それから、ストーリーを語るより、映画を作りたいという気持ちが勝っていたこと。それもまずかった。また、自分が映画を作れることを証明しようとしていたこと。これもいけない。たとえ証明してみせたところで、みんなにとってはどうでもいいこと。観客は筋のしっかりした話が知りたいのだ。それに引き換え、ぼくの作品は綻《ほころ》びだらけだ。キャスティングもひどかった。ことに主役が……。役者でもないくせに……。まさにミスキャストだ。カット割りも支離滅裂だった。美しい言葉を並べたところで美しい文章になるわけではない。またしてもミス。少しずつだが、ぼくにもわかってきた……。

この試練を乗り越えれば、それは次の映画製作に活きてくるはずだ。ぼくは深夜零時にグレッツ駅に到着した。親切なトラック運転手を見つけるのに時間がかかり、家にたどり着いた頃には三時になっていたが、眠くはなかった。脳が盛んに活動し、骨まで成長している気がする。午前五時、ぼくは腹を決めた。暖炉脇のアルコールの瓶を手に表に出る。そして、庭の中央にフィルムを置き、アルコールを振りかけて火を点けた。もう誰もこのフィルムを見ることはない。それでいい。この作品で、ぼくは大切なことを何も表現していないのだから。

数日後、ぼくはパトリックに会って、礼を述べた。はっきりと言ってくれてありがとう。おかげで目が覚めました。厳しい言葉に心が折れそうになったけど、続けることに決めました。これからはもっと謙虚な姿勢で、この仕事について学んでいくつもりです――。すると、パトリックはにっこり笑ってぼくの肩を抱いた。どうも、ぼくがそう決意するだろうと期待してくれていたみたいだ。そして、次に映画を撮るときに、ぼくを助手にしてくれる約束をした。

目下のところ、パトリックは買い手のつかない短編映画を抱えて行き詰まっていた。作品の出来はいいのだが、キャストの二人がフランソワ・クリュゼとクリストフ・マラヴォワという無名の俳優だった。ぼくは作品が気に入ったので、カンヌへ行って売り込んでこようと申し出た。パトリックは大胆な提案に苦笑しながらも、ぼくにプリントを託してくれた。

カンヌには、ぼくは会ったことがないのだが、母の友人が住んでいた。そのご婦人が親切にも、映画祭の期間中、ぼくを泊めてくれるという。ご婦人は映画祭の喧騒を嫌って、期間中はカンヌから逃げ出すことにしているそうだ。

ぼくはありがたくご婦人のお言葉に甘えることにし、電車で南へ向かった。住所のメモを頼りに訪ねた頃には、日も落ちて、カンヌの丘の上には黒々とした家々の四角いシルエットがくっきりと浮かび上がっていた。目的の家を探し当てたとき、ぼくは一瞬、何かの間違いかと思った。というのも、そのお宅が『華麗なるギャツビー』に登場する大邸宅を髣髴させたからだ。けれども、白い手袋をはめた執事の親切な出迎えを受けて、ぼくはすぐに納得した。屋敷は広大で、宵闇に輝く湾に臨んでいた。案内された寝室もこれまた豪華で、壁には巨匠の絵画まで飾られている。

朝になって、陽光が巨大な窓から差し込み、高い天井を一段と美しく照らし出したとき、改めて屋敷の壮大な規模を思い知らされて、ぼくは圧倒された。まさに『華麗なるギャツビー』の世界だ。執事がとびきり豪華な朝食を用意してくれていた。ぼくは一人、長いテーブルの端の席についた。ほかの席の椅子にはすべて布が掛けられている。壮麗な光景ではあっても墓場で食事をしているような心持ちがした。

ぼくは執事に礼を述べてから、「こんなに豪勢だとかえって落ち着きません。差し支えなければ、厨房でみなさんと食事をご一緒したいのですが」と打ち明けてみた。執事はにっこり笑って手袋をはずしてくれ、それきり手袋ははめることはなかった。

今年は、たかがチケット一枚のために何時間も並んでくたくたに疲れるのはごめんこうむりたかった。ぼくはもっと手っ取り早い方法があることに気づいた。

〈パレ〉の裏手の塀際にはいつもフランス3のテレビ中継車が駐車していた。同じような光景をどこかで見たような……。そう、ビヤンクール撮影所だ。ぼくは中継車後部の梯子を使ってルーフによじ登り、塀を越えて裏庭へ飛び下りた。ちょうどそこが大ホールの裏玄関だった。だから、あとは上映が終わる時刻を狙って、出てくる観客を掻き分けてなかへ入り込めばいいのだ。この方法のおかげで、ぼくは毎日のように作品を見ることができた。ミロス・フォアマンの『ヘアー』、シュレンドルフの『ブリキの太鼓』、マーティン・リットの『ノーマ・レイ』、テシネの『ブロンテ姉妹』、テレンス・マリックの『天国の日々』、ディーノ・リージの『親愛なるパパ』、そして、なによりコッポラの『地獄の黙示録』という、ゴージャスな作品のオンパレードで、ぼくは圧倒されるばかりだった。たかだか短編を一本撮ったくらいでどうして自分はうぬぼれていられたのだろう。よい作品を見るほどに、自分が恥ずかしくなる。思いきりがいいだけでは駄目で、知識が必要だ。わけても、この巨大な道具箱のなかのありとあらゆる道具の使い方を覚えなくてはならない。釘と金槌《かなづち》だけでは家は建たないのだ。まずは、土地、風向き、土壌を調べる。次に、建材、耐震・耐火・耐水などの強度、水回りや空気の流れを考える。それから、必要に応じて、日当たりや実用性を考慮に入れながら図面を引く。映画作りは建築だ。数々の傑作を見てぼくが学んだのはそのことだった。もっと勉強しよう。そして、年を重ねてから自分の家を、自分の映画を作ろう。よし、とにかく今は預かった短編を売り込まなくては。

　ぼくは目についた映画関連ビジネスの来場者や出展者を片っ端から当たっていった。だが、誰からも相手にされなかった。それでも、一人だけ例外がいた。大俳優ダニエル・ジェランの息子、グザヴィエ・ジェランだ。グザヴィエは若くて駆け出しで、まだ人をすげなくあしらう術を身につけていなかったから、十分ほどぼくの相手をして、パリに帰ったら作品を見ると約束してくれた。ほかにも大勢の人に会ったが、誰もが作品を見ている暇がないという。ぼくはてっきり、映画を見るためにカンヌで映画祭が開催されているのだと思っていた。毎日、何かしら学ぶことはあるものだ。

　要するに、カンヌで会おうとパリで約束するが、カンヌがどんちゃん騒ぎになっているから、パリで落ち着いて会おうと約束し直すというわけだ。

カンヌ映画祭は、四つの材料が等分に配合された焼き菓子のカトルカールのようだ。ここにいる人の四分の一は南仏の日差しを浴びに、四分の一は自分をアピールするために、四分の一はお祭り騒ぎをしに、四分の一は映画を見にやってくるのだ。

期間中は、女優の卵がクロワゼット通りに次々と姿を現し、フランス人が大口をたたいて空騒ぎし、アメリカ人がビジネスにいそしみ、アジア人が大量買いする。フェスティバルで一番幸せなのは、サングラスが飛ぶように売れて嬉しい悲鳴の販売員であり、一番不幸なのは、三日目には鼻持ちならないパリっ子どもに堪忍袋の緒が切れるカフェの給仕だ。

網の目から漏れているバイヤーがいるかもしれないと、ビーチ・バーからビーチ・バーへと渡り歩くうちに、懐かしい顔ぶれにばったり出くわした。ピエールとマルクのジョリヴェ兄弟だ。父がいたバカンス村で会って以来か……。ピエールがすぐにこちらに気がつき、ぼくは熱烈な歓迎を受けた。兄弟ともども父に世話になったものだから、ひどく恩義を感じているらしい。ピエールはそばにいた仲間にぼくを紹介してくれた。監督・脚本を務めた『ディアボロ・マント』が大成功を収めたディアーヌ・キュリス。その連れ合いで、監督作品の『シロッコ』が公開されたばかりだというアレクサンドル・アルカディ。その弟の美術主任。プロデューサーのジャン゠クロード・フルーリー。それから、バカンス村で父とともにショーを担当したことがあるモーリス・イルーズもいた。モーリスは、今は映画業界で働いているそうだ。

その場には、父と面識のあるらしい元バレーボール・ナショナルチーム主将のエリ・シュラキもいた。シュラキのはじめての監督作品が前の年に公開されていたが、それに出演しているリシャール・ベリまでもがテーブルに加わった。ぼくははじめて映画界の大物たちと同席している気がした。

話題に上るのは作品や企画や役者のことばかりだ。話についていこうとしても、気の利いたこと一つ言えない。そのうちに、話題が父の話に移ると、みんなが口を揃えて、父がどんなにいい人かをぼくに話して聞かせた。

ぼくは黙って頷いていた。だが、せっかくのチャンスだ、これを逃す手はないとばかり、売り込もうとしている短編の話を切り出した。ことにキャストのフランソワ・クリュゼについてはいい役者だと思うので推してみた。言ってみるものだ。ディアーヌ・キュリスが興味を持ってくれたらしい(キュリスは次回作でクリュゼを起用することになる)。

二、三時間かそこらで、ぼくはフランス映画界のすべてを拝見させてもらったような気になっていた。みんなして抱擁を交わしては、互いを称え合う。俳優たちはいかに相手に自分を印象づけるか自己演出に躍起になり、プロデューサーは数字の話をし、女優たちは化粧直しに余念がない。記者たちはおいしい話を求めて群がり、かと思えば、勝ち馬に乗ろうと常に様子をうかがっている連中がいる。ぼくはといえば、そこで繰り広げられているショーの観客に過ぎなかった。助手として使ってほしいと頼もうとしたが、そんなことは夢のまた夢、おいそれと仲間に入れてもらえるようなものでもない。ピエール・ジョリヴェが連絡先のメモをよこし、パリで会おうと約束してくれた。こんなぼくでも、ピエールだけは気にかけてくれるのだ。ぼくはそれが嬉しかった。

最終日、『地獄の黙示録』と『ブリキの太鼓』の二作品が同点となり、パルム・ドールを分け合った。両方とも好きな作品だった。その強烈な迫力といい、濃密な世界観といい、凄いと思う。戦争をまったく異なる形で描きながらも、どちらも、結局戦争は無意味だという点に帰結している。

ぼくはカフェのテラス席で、モーリス・イルーズからチーフ助監督のレジス・ヴァルニエを紹介された。チーフ助監督のアシスタントに対する態度は、タイガー・ウッズのキャディに対する接し方と似ている。サングラス姿のレジスはちょっと偉ぶって見えた。会話のなかに入るようモーリスに促されても、ぼくはなかなか自分を売り込めなかった。すると、レジスがある作品の話を始めた。その作品をぜひ見たいのだという。なんと、それはぼくが前の週に見た映画だった。たまたま広報のアシスタントをしている奴と仲よくなって、そいつがプレス向けの試写会に呼んでくれたのだ。

「ふうん、おおよそ察しはつくけどね」レジスが嫌味っぽく言った。

「どういう意味ですか?」ぼくはたずねた。

レジスは見るからにぼくのことをバカにしていて、とても初対面の人間に対する態度とは言い難い。

「つまりさ、自慢したくてしかたないんだろ? 『それならとっくに見ましたよ。誰よりも先にね。特別試写会に招待されたもんですから』って」

気取った調子で相手はぼくを真似ようとした。ぼくは頭にかっと血が上った。バカにされることほど我慢ならないものはない。

「じゃあ、どう言えばよかったのさ? あんたの顔を立てて、まだ見ていないというべきだったのかな?」ぼくは語気も強く言い返した。

体までかっかと火照ってきた。たちまち、二人はただの映画好きからボスの座を争う二羽の雄鶏になった。こっちは三十キロのハタと格闘した経験もある。カンヌのおしゃべりインコなんか目じゃなかった。

モーリスが仲裁に入ろうとしたが、二人とも手がつけられなくなっていた。電話番号を交換する代わりに罵詈雑言《ばりぞうごん》を飛ばし合い、ぼくは憤然と席を立った。

カンヌ映画祭はすばらしかったが、終始、空気がぴりぴりしていた。心を乱されることもあれば、激昂することもある。何もかもが極端で度を越していた。一斉にカメラのシャッターが切られるか、まったく無視されるか。ここは食うか食われるかの残酷な世界だった。首尾よく映画祭は閉幕し、みんなはサングラスをしまった。また来年使うときが来るまで。

パリに帰ると、パトリックから仕事の打診があった。南フランスでコマーシャルの撮影をするそうで、その現場に見習いとして参加してみないかと誘われたのだ。ただし、車を用意できることが条件だという。つまり、運転免許も必要になる。だが、あいにくぼくはそのどちらも持っていなかった。

「大丈夫です！」ぼくはそう請け合って、次の月曜に現地入りする約束をした。

免許を取るのにかけられる時間は五日。ぼくは試験を受け、交通法規はパスしたものの、実技では二度も落ちてしまった。こと運転技術に関してはフランソワ直伝だったことから、どうも道路とサーキットを混同していたようだ。ぼくは教官のもとへすっ飛んでいき、拝み倒して要求を通した。

「ぼくの将来と人生があなたにかかっているのです。金曜日までにどうしても免許を取らなくてはならないのです」

さすがの教官もぼくの図々しさにあきれたのか、苦笑しながら休憩時間に臨時講習の予約を入れ、二日で免許を取らせてくれた。これでよし。あとは母を説得して、愛車のゴルフを借りるだけだ……と思っていたら、そうは問屋が卸さなかった。母は教習所の教官よりも手強かった。こちらの要求になかなか首を縦に振ろうとはせず、ぼくが恐れていた言葉を口にした。「フランソワに訊いてみて」

これは一生に一度のチャンスなんだ。二度と訪れない絶好の機会なんだよ。これを逃したらぼくは死んでしまう。いい加減、ぼくを応援してくれたっていいじゃないか。ぼくは言葉を尽くして説明した。それでも、母は頑として応じない。結局、ぼくはフランソワに直談判しに行った。だが、フランソワは、ぼくの名前じゃ保険が下りないだの何だのと、御託を並べる一方だった。まったく、点火プラグ一つを交換するのに、エンジンを丸ごと交換しなければならないと言い張る修理工のおやじ並みに始末が悪い。

屁理屈をこねるフランソワに対し、ぼくは噛んで含めるように説明をした。コマーシャルは二本あって、それぞれを二人の監督が撮ることになっている。ジャン＝クロード・ブリアリとロバン・ダヴィといって、ともに大物と言われている人たちだ。ここで頑張って実績を作れば、映画製作への道が拓《ひら》けてくる。このコマーシャル撮影は、いわば一部リーグに直接進める切符を手にするようなものなんだ——。ところが、ぼくの言葉はフランソワに少しも響かなかった。そんな監督の名前など聞いたこともないとほざき、保険に入っていなければ車は貸せない、の一点張りだ。母のほうもフランソワに従うのみだった。

車がなくては、撮影の話はパアになってしまう。腹の底からふつふつと強烈な怒りがこみ上げてきた。強いけれど静かな怒りの感情だった。自動車保険のせいで映画監督への道が閉ざされてしまうなど、とうてい納得のいくものではない。たいして高くもなさそうな、ちっぽけな車の一台くらい、どうして人に貸すことができないのか？　車なんていくらでも買えるくせに。コート・ダジュールの別荘だって買ったじゃないか。

いいところの奥さまのように着飾って、母が居間を横切った。どうやらフランソワの両親の家で食事会があるらしい。

フランソワからは「駅まで送ろう」と言われたが、断った。向こうは親切心から声をかけたわけではない。ぼく一人を新居に残して出かけたくなかったのだ。

母たちを乗せたメルセデスが通りの角を曲がってしまうと、（フランソワの懸念を裏切ることなく）ぼくはすぐさまキーを探し出し、母のゴルフGTIに乗り込んだ。

パリ郊外からはるばる九百キロ、ニースの後背地までやってきた。大きなプラタナスの木立の陰に撮影隊のトラックが停まっている。コオロギがかまびすしく鳴いていて、太陽はすでに真上にあり、照りつける日差しが容赦ない。

パトリックがこちらに気づいて寄ってきた。今回パトリックは製作指揮の立場にある。ぼくはチーフ助監督を紹介された。それはほかでもない……レジス・ヴァルニエだった。ああ、人生はときに残酷だ。遠路はるばる車を飛ばしてきたあげくに、こんな仕打ちが待ち受けていたとは。ぼくにはもう家族もいないのに……。撮影がまだ始まりもしないうちから、クビを覚悟することになるのか……。

ぼくはレジスの残忍な笑みに迎えられた。まさに猫が鼠によろしくと挨拶するようなものだ。向こうはぼくを容赦なくこき使うだろうが、つらく当たられることには慣れっこなので構わない。とにかく、やれと言われたことをきちんとこなして、ぼくがこの仕事に向いていることを証明してみせるのみだ。幸い、監督のジャン＝クロード・ブリアリは好意的だった。この人なら手加減してくれそうだ。そんな気がした。だが、ぼくはここに遊びに来ているわけではない。自分の人生がかかっている。その一言に尽きた。朝は五時から夜は深夜まで、一日中駆けずりまわる。どんな要求にも「了解しました」と答えて、予定時間より早く上げる。常に笑みを絶やさず、食事も口にしない。これ以上自分に何ができるか、もう死ぬくらいしかないんじゃないか、そのくらい懸命に取り組んだ。レジスはやけに嬉しそうに、次々ときつくて厄介な仕事《ミッション・インポッシブル》を言いつけてきたが、ぼくは全部やり遂げてみせた。

撮影隊がプロヴァンスの古い村にいたときのこと、ブリアリ監督が村の中央にある噴水に目を留めた。

「うーん、あそこから水が噴き上げていたら、いい画《え》が撮れるな」

チーズのコマーシャルを撮影しているところだったが、噴水なんて絵コンテにもない。

「やりましょう」と請け合うと、監督は頼もしそうに目を細めてぼくを見た。

「二十分だけやる」レジスが横から言った。噴水は一世紀前から涸れているのでできっこないとでも言いたげだ。

考えるより先に、ぼくは走り出した。

まず、噴水から最寄りの給水場所までの距離を測る。パン屋の店先に蛇口があった。距離にして四十メートル。二十メートルのホース二本分だ。ぼくは近所中の庭を回り、ホースを二本借りてきた。そして、撮影助手からこっそり拝借した粘着テープでホースをつなぎ合わせた。

監督がカメラの位置を決める。ぼくはそっとフレームを確認してから、ホースが映り込まないように噴水の後ろ側へ回し、地面を這わせてパン屋の蛇口につないだ。ハンドルをひねると、間もなく噴水が水を噴き上げた。ともかくカメラからはそう見えた。ここまででかかった時間は十二分。

監督は大喜びだ。

「きみは大物になるぞ」監督は真顔になると、温かい言葉で励ましてくれた。

もはやジュリアス・シーザーからお墨付きをもらえたようなものではないか。

一方、レジスは何も言わず、レフェリーのように傍で見守っていた。


二日後、監督が交代し、もう一本のコマーシャルの撮影が始まった。今度の監督のロバン・ダヴィは監督業のスペシャリストだ。音楽に詳しい。誰に対しても感じがよく、自分の要求を正確に伝え、演者には細かく指示を出す。それに比べると、俳優でもあるブリアリ監督は浮世離れしていて女性的だった。ロバン監督は堅実で、セットにもスイス時計のような正確さを求める。自分の仕事に自信を持っていて、怖いものなしという感じがした。ただ、飛行機に乗るのだけは怖いらしく、パリからここまで列車で来ていて、帰りも列車に乗る予定だった。

最終日、撮影が長引いた。ロバン監督は妥協を許さず、最後まですべて完璧なカットを撮りたがった。助監督のドミニクからぼくは「いつでも車を出せるようにしておけ」と命じられた。監督はアヴィニョン発十七時五分の列車に乗ることになっている。必ずそれに間に合わせなければならない。

ぼくはすぐさま車を出してガソリンを満タンにし、駅までの二十三キロの道を下見した。それから、撮影現場に舞い戻って監督の荷物をトランクに入れると、なるべくセットのそばまでバックで車を寄せた。だが、まだ撮影は続いている。役者の演技に満足できず、何度も撮り直しているのだ。

十六時三十分になった。監督は決して投げ出さず、今度はインサート用に使うカットを撮ることにしたようだ。

ドミニクの額に汗がにじみ出していた。十六時四十分。ぼくはエンジンをかけた。監督が少しいらついた表情をする。ついに役者が思いどおりの演技を見せ、撮影が終了した。

監督は大急ぎで全員に別れの挨拶をし、ぼくの車に飛び乗った。時刻は十六時四十五分。みんなが見送るなか、ぼくは車を急発進させ、砂利を跳ね飛ばす。免許を取ってからまだ一週間だが、だてに十年もレーシングドライバーのそばにいたわけではない。ぼくの運転技術には年季が入っているのだ。

車内では、監督が手当たり次第つかめるものにつかまっている。

車は猛スピードで狭い県道を突き進んだ。監督の顔から汗が噴き出している。

「間に合わないよ。出るのが遅かったんだ。きみが悪いんじゃない。だから、スピードを落としてくれ。次の電車にするから」

監督が震え声ですがるように言うが、仰せつかった任務を果たせないくらいなら死んだほうがましだ。

「間に合わせてみせます」宇宙飛行士並みの集中力でハンドルを握りながら、ぼくは答えた。

連続カーブにさしかかった。もちろん、下見は済ませてある。ぼくはアクセルワークだけで次々とカーブを抜けていった。ハンドル操作は確実で、スリップはしない。監督が母親の名を叫び、片足でブレーキペダルを探った。もちろん踏ませなどしない。しまいに監督は子どものように顔をくしゃくしゃにした。

「お願いだから止めてくれ、死にたくない」と、息も絶え絶えに言う。

ぼくは耳を貸さなかった。街なかに入り、集中を切らすわけにはいかなかったのだ。赤信号をすべて無視したが、無茶はしていない。駅が視界に入った。ぼくは車を歩道に乗り上げると、荷物を引っつかんでホームに向かって駆け出した。あとから監督がよろよろとついてくる。構内ではパリ行きの発車アナウンスが響いていた。ぼくは荷物を電車のなかに投げ込み、続いて監督も放り込んだ。

ぼくにさよならを言う間もなく、扉が閉まり、列車が動き出す。

窓越しに監督の残念そうな顔が見えた。それでも、手を震わせながら親指を立てるサインをする。力なく笑いながら。

帰りの車内は平和だった。四十分かけて戻ると（ノーマルに走ればこんなもんだ）、まだ片づけの最中で、スタッフがセットをバラし、トラックに積み込んでいた。ドミニクが笑顔で待ちかまえていた。

「どうだった？」

「ちゃんと間に合わせましたよ」ぼくはちょっぴり胸を張った。

ぼくたちはカフェに行ってテラス席に座った。ドミニクは紅茶を注文してくれた。そこにレジス・ヴァルニエがやってきて、同じテーブルに座った。レジスも撮影を終えてほっとしているようだ。

「正直言って、最初に会ったときの印象はよくなかったけれど、今回、よくわかったよ。きみには力がある。それをきみは証明してみせたんだ。ほら、ぼくの連絡先を教えておこう」レジスは優しく言った。

ぼくは感激した。その言葉を聞きたいがために、この一週間ほとんど睡眠もとらず、死に物狂いで働きとおしたのだ。

その場を借りて、ぼくはカンヌでの非礼を詫びた。レジスは笑い飛ばし、いっぺんに和やかな雰囲気となった。太陽がプラタナスの木立の向こうに沈みかけていた。

ぼくはこれでやっと映画一門の一員になれた思いがした。これがぼくの家族だ。仕事のためなら骨身を惜しまない、いかれた仲間たち。ひたすら感動するために生きていて、感動を覚えたら、それをフィルムに永遠に焼きつけようとするおもしろい連中だ。

ゴルフを返却するのに、どんな顔をして母に会えばいいだろう。家に戻るのが気まずかった。ぼくは先月の終わりに母の日があったことをふと思い出し、遅れ馳せながら大きな花束を用意した。最初、ぼくの顔を見ても母はにこりともしなかった。ぼくを懲らしめるつもりだったらしい。けれども、花束を差し出すと、表情が和らいだ。花はとてもきれいだったし、息子も無事に帰ってきたのだ。母はぼくを抱き締めてキスをした。ぼくはちょっと誇らしかった。お茶を淹れてもらうと、ぼくはこの一週間のことを語りはじめた。ようやく、ぼくにもみんなに披露できるエピソードができたのだ。母は次々と質問をした。フランソワがたずねたのは一点だけだった。

「とにかく車は壊さなかったんだろうな?」

「大丈夫。洗車も済ませてある。隅から隅まできれいにしておいたから」ぼくは素直に答えた。

だが、そんな答えで満足するようなフランソワではなかった。フランソワは中庭へ行き、車内は調べもせずにボンネットを開けた。そして、エンジンルームを検めると、すぐに戻ってきて、砂が入り込んでいるだの、あちこちに海水の塩分が付着しているだの、もう廃車にしなければならないだのとわめきたてた。さすがシャーロック・ホームズも真っ青の観察眼。事実、ゴルフＧＴＩは三日前に渚を疾走し、波しぶきをかぶっている。だが、それからさらに距離にして千キロを走り、そのあとで徹底的に洗浄されているのだ。にもかかわらず、嗅ぎつけてしまうとは。トリュフ探しのブタ顔負けの嗅覚だ。

その日以来、フランソワは車のキーを手もとで保管するようになった。

カンヌで面識を得たディアーヌ・キュリス監督がフランソワ・クリュゼを起用して新作を撮るという。ぼくは手を尽くして撮影チームに入れてもらおうとしたが、徒労に終わった。チームに空きはなく、しかも、ぼくの前にはすでに二百人の見習いが欠員補充の順番待ちをしていた。一方、パトリック・グランペレもモーリス・ピアラ監督の作品にチーフ助監督として参加していた。あいにくそこにも空きはなかったが、パトリックからは待機しているように言われた。モーリスは二週間ごとにスタッフ全員をクビにすることで知られているため、ぼくにもチャンスがあるかもしれないという。はたしてチャンスは巡ってきた。撮影チームが入れ替わり、ぼくは無給の見習いとして採用された。契約書はない。たいていの場合、契約を結んでもすぐにクビになるから、契約書など何の役にも立たないのだ。

作品のタイトルは『ルル』という。主演はジェラール・ドパルデューとイザベル・ユペールの二人だ。

午前八時、パリ郊外の一軒家でスタッフ全員が監督を待っていた。正午になって監督が到着し、ロケセットを見て回るが、どうも気乗りしない様子だ。この人は年がら年中、仏頂面なのだろうか。

「使いものにならんね」監督が吐き捨てるように言うと、パトリックが黙って頷く。

それでも、小さな庭にある蕾《つぼみ》をつけた二本の桜の木だけは気になったらしい。監督は照明主任に向かって、木に照明を当てて蕾を開花させるように命じた。さっそく十五キロワットの巨大な投光機二台が据えられ、哀れな桜の木たちに大量の光が雨のごとく注がれる。その間、監督は向かいのカフェに昼食をとりに行く。食事中も文句を垂れ続けるのを、パトリックは超人的な忍耐力で聞いてやっている。二時間後、監督が様子を見に来ると、確かに蕾は開花していたが、大半は照明の熱にやられて萎《しお》れていた。それで、その日は終了となった。監督はぶつくさ言いながら帰ってしまい、機材が片付けられる。カメラはケースから出されもしなかった。

ロケーション担当の助監督は泣きたい思いで、また別の一軒家を見つけてきた。監督はその家も気に入らない。助監督が毎朝提示する候補は二十五軒に上ったが、そのどれもが監督のお気に召さなかった。監督はポラロイド写真の家に悪態をつき、センスがないだの何だのと罵っては、写真を次々と床に投げつけていく。現場のピンチに対応するのはパトリックの担当であり、慰めようもないほどしょげ返っている助監督にハンカチを差し出すのはぼくの役目だった。

パトリックは助監督に手頃な家の写真を一枚選ばせて、翌日、預かっていたその写真を素知らぬ顔で監督に差し出した。

「こちらの家なんですが、今朝、たまたまこの前を通りかかりましてね。ピンと来ないかもしれないけれど、一応、ポラロイドを撮っておこうかと思ったんですよ」パトリックもたいした役者だ。

監督はすぐに採用を決め、勝ち誇ったように助監督のほうを向いた。

「おい、いいか？　いつまでもおざなりな仕事をしていると、才能の片鱗《へんりん》を示す者に取って代わられるぞ！　きみが何週間もかけてろくでもない家ばかり探し歩いているうちに、パトリックがさっさと見つけてきてしまったじゃないか」

助監督も心得たもので、しょげたようにうなだれてみせた。

ぼくはこの茶番についていけなかった。監督がどうしてあんな否定的な態度をとるのかも解せない。自分の映画を撮っているのに、どうかしているんじゃないのか？　監督はこの世で最高に幸せな人間であってもおかしくないのに。

「不安なんだよ」パトリックが限りなく優しい口調で教えてくれた。

その瞬間、ぼくは生みの苦しみというものがあることを悟った。独創的な作品を発表すれば、それをもってその人物は評価される。モーリス・ピアラが憧れているのは唯一、創作活動だ。一方で、恐れるものもただ一つ、創作活動なのだ。自分の視線が他人の視線とぶつかって、そこにジレンマが生じる。そのことがわかってからは、監督の横暴な振る舞いも、以前ほどひどいとは思わなくなった。

別の日に、地下鉄の駅で撮影していたときのことだ。監督は、もう十五回は主演の二人の会話シーンを撮り直していた。そして、撮り直すたびにイザベルを罵った。ジェラールを罵るのが恐いからだ。

「きみはでくの坊なのか！　どうしてきみをこの役に選んでしまったかな？　いや、何をやらせてもきみはひどい！　素人と仕事をするのは二度とごめんだ！」

監督はあの手この手でイザベルを追い込んでいこうとする。本当はジェラールを追い込むためだ。そんなモーリスのことをイザベルはよくわかっている。眉一つ動かさず、泰然自若として、毎度おなじみの返答を用意している。「そうね、モーリス」「もちろんよ、モーリス」「わかったわ、モーリス」「もう一回撮り直してみる？　モーリス？」

イザベルは鋼《はがね》のハートを持っていた。いつでもイザベルのほうが一枚上手で、それが監督を苛立たせていた。

フィルム交換を機に五分間の休憩となり、照明が落とされた。スタートの合図がかかるまで、イザベルとジェラールはベンチに腰かけて、当たり障りのない話をしている。ぼくはその場に佇んでこのすばらしい二人の俳優を眺めていた。二人は死なばもろともといった雰囲気を漂わせていたが、監督もそれに着目したようだ。その何気ないけれど〝本来の姿〟が剝き出しになった一瞬を捉えたいと思ったらしい。

監督はカメラを持っていたスタッフをつかまえて小声で囁いた。

「おい、カメラを回せ！」

問題は、録音係がおらず、照明も消えていて、チーフカメラマンはコーヒーを飲みに行ってしまい、カメラを持っていたのが機材担当だったことだ。カメラアシスタントが監督の言葉を聞きつけ、その役目を引き受けた。機材担当から渡されたカメラを肩に担ぎ、絞りを調節しておおよそのフォーカスを合わせる。マイク係が動きを察知して、念のために収録するよう録音技師に知らせた。監督の顔がクリスマスの朝の子どものように喜びで輝いている。監督はカメラアシスタントをそっと二人の俳優のほうへ押しやった。二人は自分たちが撮られていることを知らずにいる。そもそも、カメラが回っていることに、ほかの撮影スタッフすら気づいていない。ましてや、宣材写真を撮るスチールカメラマンが気づくはずもなかった。そして、監督と同じくこのスチールカメラマンもまた、ベンチに座る二人の光景に目をつけていた。カメラマンは絶好のシャッターチャンスとばかりベンチにそろそろと近づき、俳優たちの前に立った。監督が覗き込んでいるフレームのど真ん中に。

「カット！」監督が怒鳴って、カメラが回っていたことに全員が気づいた。

パトリックが駆けつけてきた。折り悪くトイレに行っていたのだ。

「俺の映画を邪魔する気か、おい、こら！」監督がスチールカメラマンに向かって吠える。

しかし、相手も海千山千の古強者《ふるつわもの》、その程度のことでは動じない。

「モーリス、勘弁しろよ。照明もなかったし、チーフカメラマンはバーにいたんだぜ。こっちはあんたの撮影の合間に自分の仕事をしただけだ。何が悪い」

監督は怒り心頭に発して、誰彼かまわず地獄に落ちろとわめきちらす。

「俺は絵描きに戻るぞ！　この世界じゃ、誰からも必要とされていないからな」そう吐き捨てて、とっとと階段を上がっていく。パトリックが急いであとを追いかけた。

案の定、その晩のうちに撮影チーム全員がクビになった。これでもう三度目だ。監督が再び姿を現したときには一週間が経過していた。ぼくは目立たなかったので、新規の撮影チームに参加することができた。パトリックは週に二回だけだが、大掛かりなシーンや夜間の撮影があるときに、ぼくに声をかけてくれた。

夜間の撮影と言えば、こんなこともあった。地下鉄の高架下の狭い通りで撮影したときのことだ。

「向こうのほうからキャストが歩いてくるという設定にしよう」

通りで撮影技師と打ち合わせをしてから、監督はバーに入っていった。通り全体を照らす必要があるため、セッティングに二時間かかると撮影技師に言われたが、監督にとってはかえって好都合だった。というのも、ジェラールに役に入り込んでもらう時間が必要だったからだ。監督はジェラールを捕まえるとバーに連れ込み、二時間にわたってありとあらゆる愚痴をこぼした（たった一人の親友であるジェラールに対する愚痴はない）。さらには、肉屋が肉を叩いて柔らかくするように、なだめたりすかしたり、あれこれ働きかけた。それもこれもジェラールに酒を飲ませたいがためにしていることなのだが、ジェラールには一切通用しない。あの大酒飲みのジェラールが、クランクインしてからは酒を断っているのだ。監督とは旧知の仲なので、撮影が台無しになるようなことはしたくないらしい。それでも監督はごろつきの〝ルル〟になりきってもらうために酒を飲ませたがった。だが、ジェラールが酒に一切口をつけようとしないので憤慨している。たとえジェラールでも、自分に逆らう者は許せないのだ。

二時間が経過した。撮影技師が照明の具合を見てもらうために監督を呼びに来る。監督はシャンゼリゼ通りさながらに明るい通りを一瞥《いちべつ》してから、逆方向を向き、かまどの奥のように真っ暗な通りを指してさらりと言ってのけた。

「実はな、キャストたちはこっちからやってくるんだ！」

撮影技師が怒りをぐっと堪え、照明機材を移動しはじめる。それを見て監督はバーへ引き返した。これでまた時間ができた。たっぷり二時間はある。ジェラールを酔わせるには十分だろう。鼻先に何度もグラスを突きつけられ、ついにジェラールは「ならば一杯だけ」とグラスをつかむ。問題はそれが一杯だけでは済まないことだった。ジェラールの辞書に〝中途半端〟の文字はない。恋愛においても、友情においても。食事でも、酒でも、映画でも。いつでも、どこにいても……。何杯かグラスを重ねるうちにジェラールはへべれけになり、監督はようやくカメラを回す気になった。

そのときの撮影チームは一週間持ちこたえたものの、クビになった。監督はご存じなかっただろうが、パトリックがスタッフの大半を使い回していたため、ぼくは最初の撮影チームのメンバーの半分とまた顔を合わせることになった。

今度は路上での撮影だった。ジェラールとイザベルがこちらに向かって歩いてくるシーンだ。カメラマンがカメラを肩に担いで正面から撮る。何回撮り直しても、監督は納得がいかないようだ。あともうひと味が欲しい。現実感、真実味、あるいは、ドラマ性を持たせるとか……。

「アクション」

ジェラールとイザベルが再びカメラに向かって歩き出す。監督は二人に立ち止まらずに歩き続けるように指示する。そして、カメラマンには、二人を追って歩き去っていく後ろ姿を撮るように命じた。しかし、問題が一つあって、カメラの背後にいるスタッフが途中から映り込んでしまうことになる。

だが、みんな慣れたもので、パトリックの合図でたちどころに機材が撤収され、スタッフは地面に身を投げ出す覚悟で画面に入らないようにした。すべてが、カメラが回っているなかで、音もなく、数秒のうちに運ばれた。ジェラールとイザベルがカメラのこちら側にさしかかった頃には、フレームからすべてがはけていた。ただ、間が悪いことに、通りのど真ん中で監督の奥さんがこちらに背を向けて衣装係とお喋りをしていた。衣装係はこちらの合図に気づくと大慌てで退散し、奥さん一人が取り残された。もちろん、奥さんも変だと思って振り返り、撮影中であることに気づく。奥さんはカメラを見て、それから監督を見て、もう一度カメラを見て、もはや絶体絶命と知る。監督は怒りを爆発させ、絶叫しながら奥さんを追い回した。気の毒に、奥さんは夫の怒りをかわそうと車の下へ潜りかけていた。

「俺の仕事を邪魔する気か、おい、こら！」

パトリックが後ろから抱え込んで落ち着かせようとするが、怒りは一向に収まらない。モーリス・ピアラは撮影現場を去り、戻ってきたのは三日後だった。あいにくぼくの存在は気づかれていて、今度は本当にお払い箱になってしまった。

まずは自分に対して、そして他人に対しても過激で容赦のない監督だけれど、それでもぼくは愛情を覚えずにはいられない。モーリス・ピアラは夢追い人だ。それまでの日々とはまったく異なる新しい一日を夢見ているのだ。決してマンネリには陥らず、絶えず創造し続けようとしている。モーリスにとって、真実は美しくはない。真実とは苦しいものだ。真実は混沌から生まれる。それ以外はこしらえものに過ぎない。モーリスは真実にたどり着こうとするあまり、波乱を巻き起こしてしまったに違いない。

『ルル』の撮影現場でも、本物の役者を間近で見ることができた。ジェラール・ドパルデューもイザベル・ユペールも突然変異体《ミュータント》だった。鍛え上げた鋼の肉体に磁器のように繊細な心を宿している。地球に暮らすぼくらとは違う異星人だ。夢と可能性に満ちた別世界とつながっている。二人に限界はない。無限の可能性を秘めている。死さえ恐れるに足りない。なぜなら死を演じるのはたやすいから。

第十二章　エリック・セラ

父はすでにバカンス村の支配人から地域担当マネージャーに昇進し、ローマに異動になっていた。イタリア国内にあるクラブメッドの全バカンス村を統括するのが仕事だった。

映画の世界に足を踏み入れるようになってから、カティーとの関係は良好になった。家族中で本当の映画好きはカティー一人だったからだ。少なくとも、カティーだけがぼくを質問攻めにした。俳優のこと、撮影のこと、カティーは何でも知りたがった。自分でもミーハーであることは認めていて、そんなところもすごく微笑ましく思えた。実際、カティーはいい人で、よき母親だった。それでもうカティーのことは好きになれたし、ギクシャクしていた時期があったことも忘れることができた。そんなカティーと所帯を持てて幸せだと見え、父もすっかり丸くなっていた。その反面、ぼくには相変わらずよそよそしかった。ぼくたち二人は、通りいっぺんの挨拶を交わし、ぎこちなく微笑み合うだけの仲から抜け出せずにいた。ともあれ、父の一家は波風が立つこともなく、平穏無事に暮らしているように見えた。海が凪いでいるときに不平不満は漏らすまい。

残念ながら、そういう時期は決して長続きするものではない。カティーが病気に罹ったのだ。奇妙な病気で、皮膚が黄色くなった。肝炎だった。肝臓を悪くして、もともと太っていなかったのが、さらにげっそりと痩せてしまった。肝臓に有害物質を分解して害のないものに変える働きがあるとは知らなかった。肝臓が働かなくなれば脳にも影響が及ぶらしい。カティーは錯乱状態を起こし、何度か精神科病院に入院した。

母の一家はと言えば、一年のうちの半分は家族揃って南仏暮らしと決め込んでいた。愛犬のジェリーだけは天国へ行ってしまったが……。ジェリーが死んでから、母はまた新しいバセットハウンドを飼いはじめた。それも、もっと若い雄犬だ。南仏の家はラ・ガルド゠フレネから数キロのところにあり、その美しい佇まいの周りには起伏に富んだブドウ畑が続いていた。ヴァール県、オリーブの林、ラベンダー畑、蟬の声……と来れば、マルセル・パニョルの世界だ。

弟のブルースは大きくなって、日中は庭のプールで水遊びをし、小学校入学を控えていた。

フランソワは、数年前まで所属していたフォーミュラ2のレーシングチームを買い取っていた。名称をAGS（オートモビル・ゴンファロネーズ・スポルティヴ）という。フランソワの工場はゴンファロンの町の入り口にあった。ゴンファロンのトレードマークは翼の生えた薄紫のロバで、マロングラッセが特産品らしい。どうしてロバが紫色をしていて空を飛ぶのか、説明できる人はいなかった。そこには大人の事情でもあるのだろうか。

父方の祖母マルグリットはラ・ガレンヌ゠コロンブのアパルトマンを引き払ってセーヌ゠エ゠マルヌ県のはずれの老人ホームに入居していた。

母方の祖母イヴォンヌは、ミュリエルと一緒に生まれ故郷のブルターニュへ帰ってしまっていた。つまり、パリにはもう身寄りがいないということだ。

子どもの頃から孤独には慣れっこだったが、青春期の孤立はまた別物だ。自分が世界から取り残されたような感覚は、子ども時代にはなかったが、成長するとそれを感じるようになる。

車を持たない子どもは、歩くのが当然だと思っている。青年には車があっても、ガソリンがない。孤独だけではまだ足りないとばかりに、人生が欲求不満まで引き受けようとしているかのようだ。そんなときに頼ったのが、ピエール・ジョリヴェ、ぼくのことを受け入れてくれる唯一の知り合いだった。たぶん、ピエールはぼくの父に恩義を感じていて、それに報いたいと考えていたのだろう。

その頃のぼくは自分の強さと同時に自分の脆《もろ》さも感じていた。ひたすら強くありたいと必死にもがいていたが、自信はいつも揺らいでいた。まさに砂上に根を張れずに立つオークの大木のようなもので、ちょっと風が吹きつけた程度で倒れてしまいかねない。そんなぼくの手を取って支えてくれたのがピエールなのだが、本当は抱きかかえてもらいたいくらいだった。

ある日、ぼくはパン屋でクロアチア人の若い女性に出会った。きれいな人で大きな青い瞳をしているが、ぼくの趣味からすると、少し化粧がきつい。フランス語が覚束ず（訛りがあって、かわいすぎるくらいかわいかった）困っていたので、通訳を買って出て、クロワッサンを買うのを手伝ってやった。老いたる馬は路《みち》を忘れずというにはほど遠いが、ポレッチ時代のクロアチア語をいくらか覚えていたので、少し喋ってみせると向こうは笑顔になり、それですっかり打ち解けた。女性はラドヴァと名乗った。

ぼくにはいつも二つの悩みがつきまとっていた。仕事と眠る場所を見つけることだ。ピエールの兄のマルク・ジョリヴェがボン・マルシェ百貨店の向かいに広々としたアパルトマンを持っていて、ぼくはそこに転がり込んだ。客用の寝室にはすでに先客がいた。リシャール・アンコニナという二十代の役者で、腕を骨折してマルクの世話になっていたのだ。マルクは「ソファで寝るといい」と言ってくれた。ありがたいことこの上ない。ぼくはスーツケースをリシャールの寝室に、歯ブラシを入り口近くのトイレに、寝袋を居間の戸棚に置かせてもらった。窓からはラスパーユ大通りが見渡せ、さながら豪邸にいる気分だった。

毎晩、アパルトマンには大勢の仲間が押しかけてきて、延々と世直しのプランが練られる。ピエールとマルクが次々とゲームを考え出して、みんなでそれを楽しんだ。わけてもぼくが気に入っていたゲームが二つある。一つは、大きなテレビで音声を消したまま映画を流し、ピエールとマルクの二人が即興でセリフをつけるというものだ。兄弟でローレン・バコールとハンフリー・ボガートを演じ、ボガートがバコールの下着が臭うとクレームをつけるシーンなどは、こっちがちびってしまうくらい爆笑ものだった。

もう一つのほうも、みんなの受けがよかったゲームだ。まずは辞書からみんなの知らない難しい単語を選び、めいめいにその単語の意味を書かせる。そのあと、マルクが本来の定義も含めて、全員が書いたものを読み上げ、そのなかから正解を見つける。ゲームの参加者はいったん笑い出すと止まらなくなり、正解が言い当てられたためしがなかった。これらのゲームのすべてがいい勉強となり、夜ごとぼくは力をつけていった。

仕事が見つからないので、昼間はもっぱら創作の時間に充てた。そんなある日、おもしろい体験をした。レ・アール地区で映画を見て、マルクのアパルトマンへ帰ろうとしていたときのこと。地下鉄のホームでぼくは《関係者以外立ち入り禁止》の札を掲げた扉がわずかにあいているのを見つけた。

もちろん、このぼくが素通りするわけがない。扉を押してなかに入ると、長い通路が続いていた。夜も遅い時刻だからか、人影がない。通路をたどっていくと、上の階へ通じるエスカレーターにぶつかった。エスカレーターを上がるとまた通路があり、それが地下鉄のトンネルに通じていた。レールが走っていてその上を列車が猛スピードで通過していく。通路をさらに進むと、巨大なプロペラが回っているのに出くわした。地下道全体に空気を送り込んでいるのだ。トンネルはほかにもいくつかあって、商業施設のフォーラム・デ・アールに通じていた。鉄の梯子段があり、それがかなり上のほうまで続いている。換気塔になっているのだ。梯子をそのまま登っていくと外に出られた。ほかの建物より高く、パリ中が見渡せる。

今度は一番下まで降りてみることにした。着いた先は下水渠《げすいきょ》だった。ここにもまた、新たな世界が広がっていた。この一般人が立ち入ることのできない空間は、通常暮らしている世界のゆうに三倍の広さはありそうに思われた。

奥のほうに目をやると、下水の流れの脇に何十本もの溶けたロウソクがあった。その先には衣類の山も見える。ここで暮らす人々がいるのだ。疑う余地もない。

地下鉄を降りて地上に出てきたころには、朝の六時になっていた。ぼくは衝撃を受けていた。自分の知らない世界があったのだ。これはもう物語にするしかないだろう。

ぼくはひらめきを得ようとして、週に一度は地下に潜った。さしあたり、ぼくのアイディアはまだシナリオの体をなしておらず、数十にわたる場面と登場人物をまとめただけのもので、何の方向性も持っていなかった。

ラドヴァからは電話番号を渡されていたので、ぼくたちはまた会った。ラドヴァはかなり忙しい人らしかった。昼間はソルボンヌで勉強し、夜には補講も受けているという。

ファッションにしても、母親の年代の女性が着るような服を身に着けている。何に対してもはっきりと意見を述べ、ぼくは喜んでそれに耳を傾けた。話してくれるなら、どんな話でも聞くつもりだった。ぼくたちは一緒にそぞろ歩き、語らい、微笑みを交わし合うだけの仲で、二人の関係がそれ以上進展するなど思いもしなかったが、ある日、ラドヴァからキスをされた。キスなんてずいぶんご無沙汰だったから、ぼくは天にも昇る心地がした！　だが、思いがけないその行為にこちらが応えもしないうちから、向こうはマウントを取ろうとした。

「わたしは軽い女じゃないから。ちゃんとモラルはあるし、結婚前にセックスはしない主義なの」

などと、有無を言わせぬ調子で告げる。

　正直なところ驚いた。調子に乗って次の段階に持ち込もうなんて気はさらさらなかったし、キス一つで半年は我慢できたから。それに、結婚など意識したこともない。〝結婚〟なんて言葉すら、逆立ちしたって出てきやしない。ラドヴァはそれを聞くと安心し、ぼくと握手をして帰っていった。ややこしい娘《こ》に当たったなという気はしたけれど、ぼくのほうも淋しいものだから、選り好みはしていられなかった。

　ある晩、マルクの仲間たちと連れ立ってレ・アール地区に繰り出した。目指すは〈無辜の民《イノサン》の泉〉のそばにある同名のレストラン。メンバーは、ピエールとマルクのほかに、リシャール・アンコニナ、フランソワ・クリュゼ、クリストフ・マラヴォワ、ディアーヌ・キュリス、ジャン＝ピエール・バクリ、ジェラール・ダルモン、そして、リシャール・ボーランジェ。ぼくも入れると総勢十名だ。二十代から三十代の若手ばかりで、才能にあふれ、エネルギッシュな面々だった。食事の間中、ボーランジェはぼくの腕をつかんで放そうとしなかった。この役者は酒の臭いをぷんぷんさせていたが、みんなに言わせると、それは酔っ払っているのではなく、絶好調の証《あかし》なのだそうだ。

ボーランジェはにじり寄り、ぼくの耳に直接吹き込むようにして熱く語った。ぼくは三時間にわたって、彼の披露する想像の世界に浸ることになった。詩の話に始まり、純粋な気持ちを維持することについて、などなど……。全部は理解できなかった。でも、本物の役者とこんな風に間近に接するのははじめてだし、ダイヤモンドを眺めるのと手にするのとでは格段の差があった。ボーランジェはエキセントリックだが、そこがまた彼の魅力でもある。

ボーランジェの長話にはずっと前からみんなが辟易《へきえき》していたらしく、本人も新入りのぼくに話を聞いてもらうしかなかったようで、仲間からは「また始まった」と笑われていた。

「大丈夫か？」マルクがたずねた。

「すごくおもしろいよ。でもまあ全部はわからなかったんだけど」そう白状せざるを得ない。

「当たり前だよ、酔っ払うとこいつは半分スペイン語で喋るから」マルクはそう答えてみんなを笑わせた。一方で、当の本人はテーブルに突っ伏して眠りこけていた。

店を出たのは午前二時近かったが、マルクには寝に帰るつもりなどない。オープンしたての新奇な店があるからぜひ行ってみたいと言う。アメリカ発の見世物でののぞき部屋《ピープショー》というものらしい。アンコニナをはじめ、何人かが乗り気になっている。ぼくは眠くてぶっ倒れそうだったが、アパルトマンの鍵はマルクたちが持っているので、ついていくしかなかった。

店に入ると、そこら中に小さなネオンが点っていて、移動遊園地を思わせた。中央に円形の部屋があり、十あまりある扉はすべて閉ざされている。

支配人が説明した。

「お一人ずつ個室に入っていただきます。十フラン硬貨二枚を投入口に入れると、明かりが消え、マジックミラー越しにショーがご覧になれます」

店の入り口に貼ってある写真を見れば、十八歳未満お断りの見世物だとわかる。みんなは興奮して見物したがったが、ぼくは羞恥心から、金がないので外で待っていると言った。もちろんぼくの言い訳は聞き入れてもらえず、マルクはぼくも見物できるように硬貨を二枚くれた。

ぼくは個室に入った。小さな陰気臭い部屋で、鏡の前に椅子が置いてある。そこに腰かけて目の前の投入口に硬貨を入れると、照明が消え、鏡が透明なガラスに変わった。向こうからは見えず、こちらからしか見ることができない。鏡の向こう側には回転台があって、その周囲を同じような鏡がぐるりと取り巻いている。台の上では裸の娘が両手両膝をついていた。両脚を広げ、こちらに向けて尻を突き出している。ぼくは思わず後ろへ飛びのいた。女性器をこんなに間近に見ることなどはじめてで、刺激が強すぎる。ぼくが壁に張りつき両手を口に押し当てている間にも、舞台はゆっくりと回転を続け、その上で女優は身をくねらせている。部屋を飛び出そうとしたそのとき、女優の顔がこちらを向いた。ラドヴァだった。

ありえない。頭が混乱した。嘘だ。ラドヴァであるわけがない。夜はソルボンヌで補講を受けていると言っていたし、この時間には家にいるはずじゃないか。白黒つけるため、ぼくは鏡に近づいて、女優がもう一周するのを待つことにした。女優は再び尻を向けたが、ひたすら顔を見たい一心で待つ。間違いない。女優はやはり、ラドヴァだった。クロアチアの良家の子女だ。もう一度確認するまでもない。ぼくは嘔吐しそうになって個室を離れ、通りに出て外の空気を吸い込んだ。やがて仲間たちが店から出てきた。ひどくご満悦の様子で、三周するまで堪能させてもらったと口々に言う。ぼくは血が引く思いで、言葉も出なくなっていた。

「大丈夫だ、たいしたことはない。すぐに刺激から立ち直るよ！」マルクがからかうように言った。

ぼくは呼吸を整えてから、本当のことを打ち明けた。

みんなは腹を抱えて笑った。

「ありゃあ、いい女だったぞ！」

「紹介しろよ」

ぼくは肩をすくめ、前に立って歩き出した。これ以上笑われたり、からかわれたりするのはごめんだった。

アパルトマンにたどり着くと、ぼくはラドヴァの電話番号をメモした紙を千切って捨てた。

ピエール・ジョリヴェにはショートフィルムのアイディアがあった。腕を骨折した者同士で押し込み強盗を働こうと計画を練って準備しているところを、天井から固定撮影《フィックス》の長回しで撮るというものだ。ギプスがまだ外れていないのをこれ幸いとばかり、リシャール・アンコニナの出演が決まり、ぼくのほうも正式に助監督を任されて得意になっていた。ギャラも出るという。撮影の前後の作業も含めて全部で二百フラン。そんなにいただけるなんて申し訳ないくらいだった。ジョリヴェ兄弟の無償の親切にはただただ感謝するしかない。ノーギャラでやらせてもらってもありがたいくらいなのに。ピエールはぼくを製作のすべての作業に関わらせてくれた。打ち合わせの場にも呼んでくれた。ぼくは徐々に自信を得て、自分の意見を言えるようになった。ピエールは目が肥えていた。優れた監督がみなそうであるように、ぼくの話に耳を傾け、篩《ふるい》にかけて、興味を引かれたものだけを取り上げた。

ショートフィルムはなかなか愉快な作品に仕上がった。今度は一緒にシナリオを書こうよ。ぼくはピエールとそんな約束をした。

リシャールのギプスがようやくとれた。翼を取り戻した鳥のように、リシャールはマルクのアパルトマンから飛び立っていった。リシャールとは毎晩ソファの上で、お互いの将来について語り合ったものだった。役者リシャール・アンコニナ、監督リュック・ベッソンとしての将来を。〝地下の世界〟で着想を得た作品『サブウェイ』の構想を披露したこともある。リシャールは「すごくおもしろい」と言ってくれた。ぼくたちは数年後にまた会って、この作品を一緒に作ろうと約束した。リシャールにやってもらいたい役があった。〈ローラースケートの男〉だ。

ぼくたちは抱擁を交わし、感慨深い思いを胸にして別れた。リシャールは自立を目指して旅立ち、空いた寝室はぼくが使わせてもらった。

パトリック・グランペレが映画撮影の準備をしているという噂を聞きつけ、ぼくはしつこくパトリックに接触を試みた。携帯電話などない時代だからつかまえるのにも一苦労で、それこそ夜討ち朝駆けで家にいるところをつかまえなくてはならない。パトリックからは月曜に電話するように言われ、電話をすると「水曜に」と言われ、しまいには「来週かけ直してくれ」と言われた。フランス各地を移動するロードムービーを撮るからたいへんなのだそうだ。いつまでも待たせるものだから、ぼくに参加されては困ることでもあるのだろうかと気をもんだ。そこで、向こうの気を引こうとしてノーギャラを申し出た。いや、もともとギャラなど発生するはずもないので、食事代《アゴ》も宿代《マクラ》も要らないからと食い下がった。それでもOKはもらえなかった。そんなある晩、電話でパトリックに言われた。

「明日の朝、電話してくれ。アルガにいるから」

アルガというのは撮影機材のレンタル会社だ。明日の朝、アルガにいるということは、朝のうちに借りた機材をトラックに積み込んで、ロケに出発するということではないか。最初の数週間はブルターニュで撮ると聞いている。翌朝、ぼくは言われたとおり八時に電話した。案の定、次の日から撮影が始まり、これからブルターニュに向けて出発するところだった。パリに戻ってきたら声をかけるよと、当てにならない約束をしようとする。ぼくがどうか使ってくれ、決して損はさせないからと頼み込むと、パトリックはためらってから言った。

「いいか、五分後には出発する。待っていられないよ」

「アルガの向かいのカフェから電話しているんだ。スーツケースも持ってきているし、いつでも出発できるよ」

パトリックは絶句した。何かうまい口実を探している。

「リュック、予算がぎりぎりなんだ。ホテルをとってやる余裕もない」

「寝袋があるから、トラックで眠るよ。そうすれば機材の見張りにもなるでしょう?」ぼくは粘った。

今度こそパトリックはぐうの音も出なくなった。ぼくの映画にかける情熱が強すぎたのだろう。そもそもぼくを映画にかぶれさせた張本人はパトリックなのだ。その事実を真摯《しんし》に受け止めてもらわなければ。

「わかったよ……きみも来ればいい」パトリックはとうとう降参した。

ぼくは通りを走って渡り、挨拶もせず、さっさとトラックに乗り込んだ。

トラックの運転手は特機の大ベテランで、昔の撮影の話を聞かせてくれた。最初の仕事はフリードキン監督の『フレンチ・コネクション』だったという。当時は撮影現場に特機係が二十人近くいたそうだ。

だが、今回のブルターニュの現場には三人しかいないという。さっそくぼくは手伝いを申し出た。特に自分の役割を指示されているわけでもないし、そばで勉強させてもらえたら嬉しいことこの上ない。相手は微笑んだ。現場に出入りするぼくみたいな映画かぶれの若者なら大勢見てきたが、たいていはうぬぼれが強くて、裏方には話しかけようともしないらしい。

「特機係はいつもカメラのそばにいて、何でも見聞きできる立場にあるからね。学びの場としては最高のポジションだよ」と漏らす。

ロケセットにはじめて足を踏み入れた日からとっくに知っていたことだが、ぼくはありがたく拝聴し、礼を言った。

せっかくのチャンスがつかめたかに思えた矢先、パトリックにまんまとしてやられた。パトリックはトラックから機材を全部降ろさせてから、ぼくに最初の任務を命じた。空のトラックをパリへ戻せというのだ。ぼくはうんざりした。

すると、パトリックは言った。

「明日、事務所に行けば見習いにしてもらえるから」

ぼくは残念賞をもらった気分だった。

翌朝、最初のカットを撮るためにスタッフのみんなが忙しく立ち働くのを横目に、ぼくはトラックに乗り込んだ。腹痛を覚えた。どうにかしてここに残れないものだろうか。ぼくは涙目になっていた。バックミラー越しに、重さが十キロある照明一号機が点灯するのが見えた。人生を彩るはずだった照明が……。

パリに帰った次の朝、事務所を訪ねると、パトリックが何となく話をつけていたらしく、チーフプロデューサーがいらいらしながら待ち受けていた。午前十時の時点で、すでに二箱目の煙草の封が切られている。

「そこで座っていろ。用があったら呼ぶから」こちらを見もせずに言う。

ぼくはすぐに指定された席に着き、病院で順番を待つように辛抱強く待っていた。

十九時になっても、ぼくはまだ席から動かなかった。すると、ようやくお声がかかった。

「明日、また同じ時刻に来い」扉がバタンと閉められた。

翌朝、前日よりも早く顔を出した。誰に気づいてもらえるわけでもない。昼近くになって、チーフプロデューサーが四歳の娘を連れてきた。水曜日なので日中お守りをしなければならないらしい。たぶん妻とは離婚しているのだろう。女の子は両親の間を行ったり来たりしているに違いない。母親が十分おきに電話をかけてきて、死ぬほど退屈している娘の前で言い争いが始まる。女の子はめそめそ泣き出し、父親はいらいらが募って爆発寸前だ。

「ちょっと、きみ！　これで娘に何か買ってやってくれ！」チーフプロデューサーはそう言って、札を何枚か差し出した。

金を預かると、ぼくは女の子の手を取って名前を訊いた。

「マチルド」幼い声が返ってきた。

ぼくたちは通りに出て、まずキャンディーを買い、それから塗り絵のセットを買って戻ってきた。そして、空き室を見つけて、妖精やユニコーンや空飛ぶロバの世界で一緒に過ごした。十九時に、ドアからチーフプロデューサーの顔がのぞいた。少し心配そうな表情を浮かべている。

「ああ、ここにいたのか。ずいぶん捜したんだぞ!」

マチルドはぼくに抱きついてバイバイを言い、来週の水曜もいるかとたずねた。

「たぶんね」答えに窮してぼくは笑った。

来週どころか、まずは明日も来ていいのかどうかが問題だった。

チーフプロデューサーは娘の手を引いて、ドアを閉める間際にたずねた。

「きみのことは何と呼べばいいのかな」

「リュックでお願いします」ぼくはていねいに答えた。

「今日はありがとう、リュック。じゃあ、また明日」声に何となく優しさが感じられた。

次の日はもう一人のプロデューサーが現れた。ブルターニュから戻ってきて、撮影の進行状況の報告に来たのだ。「万事順調に運んでいます。なにせこのわたしがついていますから」

その名もイヴ・デュテイユという。シンガーソングライターのイヴ・デュテイユとは無関係だ。口ばかり達者なはったり屋、上司にはおべっかを使い、部下にはつらく当たるようなタイプで、誰がぼくを引き入れたのか知りたがった。

「パトリック・グランペレさんです」ぼくは簡潔に答えた。

どうやらぼくを追い払って、身内の人間を入れたがっているらしかった。用心するに越したことはない。ヘマをするのは命取りだ。

あくる日、イヴが事務所へ駆け込んできた。

「ブルターニュの現場でフィルムが足りなくなった！　撮りすぎたんだ！」と叫ぶ。「そこのきみ、至急コダック社に行ってくれ。十箱注文してある。十八時には閉まってしまうぞ」

指名されたはいいが、腕時計を見るともう十七時五十五分だ。レ・アール地区のサン＝マルタン通りから、パリの北の環状線のネイ大通りまで、五分で行かなくてはならない。よりによってラッシュアワーの最中に。

当時の見習いは、任務を仰せつかったら、即、走り出すことが求められていた。できるかどうかなんて考えている猶予は許されないのだ。マルハナバチに置き換えて考えてみるといい。科学的には、マルハナバチは飛べないはずである。体重と筋力と羽根のサイズのバランスからすると飛ぶのは不可能なのだ。にもかかわらず、マルハナバチは飛んでいる。その理由は簡単だ。自分が飛べないことを知らないからだ。

ぼくは階段を駆けおり、会社の車に飛び乗って、タイヤ痕を残すほどのロケットスタートを切った。

信号はすべて無視し、右へ左へと車線を変える。片手でハンドルを握り、もう片方はクラクションの上に乗せていた。留置場にぶち込まれたら、そのときはフィルムも一蓮托生。そういう覚悟だ。環状線はいつものように渋滞していた。ぼくは歩道に乗り入れ、クラクションを鳴らしまくり、並木とゴミバケツの間を縫うように走り抜けて、コダックの倉庫前にぴたりとつけた。十八時四分。ぼくは窓口へ突進した。今しも倉庫係がシャッターを下ろすところだった。ぼくは窓口にかじりつき、格子越しに、電話で注文しておいたフィルムを受け取りにきたと息を切らせながら説明した。

実際、背後に大箱二つが用意されているのが見える。ところが、係は腕時計を見て容赦なく言い放った。

「十八時で営業は終了しました。今は十八時五分です」

ひたすら謝り、交通渋滞を言い訳に泣きついたが、とりつく島もない。ぼくは半ベソをかいて、手ぶらで帰ったらクビになる、一人の若者の将来が台無しになってもいいのかとまで訴えたが、向こうは知ったことかと言わんばかりの顔で帰り支度をしている。まったく絵にかいたような糞野郎だ。ぼくは頭に来て、猿のように格子にしがみついて全力で揺さぶった。思いつく限りの罵詈雑言を浴びせ、流れでできた造語までぶつけてやった。声を荒らげ、唾を飛ばし、わめきちらす。それでも、相手は聞こえないふりを決め込む。こちらの立場が弱いのをいいことに、ちっぽけな権力を振りかざし、すっかりご満悦の体だ。自由と平等の国フランスの友愛精神はどこへ行ってしまったのか。ぼくは憎しみを込めて睨みつけた。

「いいか、このドブネズミ、そうやって自分の巣穴に引っ込んでいるがいい！　一晩中見張っていて、出てきたらとっつかまえてやるからな！」

相手の目に不安の色が過《よ》ぎった。ぼくは格子にかじりついたまま、顔中唾まみれになっていた。倉庫係はメインスイッチを切って建物を真っ暗にした。ぼくはすぐに外へ出て、飢えた熊のように建物の周囲を回りはじめた。ネズミ野郎は表に出てこようとしない。なかで隠れていることにしたらしい。一時間もすると、興奮がおさまり、ぼくは落ち着きを取り戻した。相手にしなくちゃならないバカは野郎だけではないのだ。諦めるしかない。ぼくはのろのろと事務所へ戻り、もごもごと言い訳をした。

イヴ・デュテイユは待ってましたとばかり、嬉々として攻撃してきた。

「どういうつもりだ？　きみのせいで明日の撮影が流れるんだぞ。それだけでどれだけのロスが出るかわかっているんだろうな。映画なんてやめちまえよ。プリズニックでフライドポテトでも売っていればいい！」などと盛んにまくし立てる。

ぼくは黙って涙をこらえていた。プリズニックではフライドポテトを売っていないと言ってやりたかった。高級食料品店で用を足すから、プリズニックみたいな庶民のスーパーには入ったこともないのだろう。それにしても、一日の撮影で大量のフィルムを使いきってしまうなんて、いったいどういうわけなのか。フィルムが足りなくなったのは、十分な量を注文してなかったからじゃないのか。注文したのは誰だよ。あんたじゃないか。

横からチーフプロデューサーが庇《かば》ってくれた。倉庫が閉まらないうちに行ってこいというのはどだい無理な話だ、きみだってわかっていたことだろう、と。

「とにかく、こいつはフィルムを受け取ってこなかった。明日の撮影はどうするんです？　すみませんで済む問題じゃありませんよ」イヴは意地を張った。

二十時頃、パトリックから事務所に電話が入った。イヴが電話口でこちらの状況を説明し、ぼくのミスだとあげつらう。今や見習いの命も風前の灯火《ともしび》か。すると、ふいにイヴが黙り込んでしまった。どうもパトリックになだめられているようだ。やがてイヴは受話器を置くと、焦らすように間をおいてから口を開いた。

「トラックの奥にフィルムが二箱分残っていました。助監督が見落としていたそうです」

体の力が抜けてへなへなになった。ぼくは命拾いした。

二週間後、ロケ隊がパリに戻ってきた。ぼくは現場で身を粉にして働いた。食事もろくにとらず、何か口にするにしても、もっぱらビュッフェ式のテーブルで軽くつまむくらいだった。睡眠時間も四時間だけだ。ミーティングには参加できなくても、いつも近くに座って耳を澄ましていた。あるとき、ロケ担当のセカンド助監督が撮影の背景となる銀行を探しあぐねていた。監督は地方都市の田舎じみた雰囲気を求めていた。それならぴったりの場所があるので、土曜日の朝にクロミエまで行ってポラロイド写真を何枚か撮ってきた。そして、月曜のミーティングの際に助監督に写真をそっと手渡しておいた。写真を見た監督は歓声を上げた。

「これだよ、これ。まさにこんな場所を探していたんだ！」

監督はクロード・ファラルドという。彫りの深い顔立ちで眼光鋭く、マフィアを思わせる風貌に気品を漂わせている。笑うと優しそうに見えた。若い女性と年かさの女性の二人と暮らしているという噂のある一風変わった人だ。

「この場所を見つけてきたのは？」監督がたずねた。

助監督は自分の手柄にすることもなく、ぼくのことを指さした。ぼくはたちまち赤くなった。監督からはクロミエという場所について、それからぼくのことについて、いくつか質問を受けた。ぼくのことと言っても、特別なことを訊かれたわけではない。監督は自分の周りで自分のために働いている人間のことを知っておきたいようだった。

銀行側とロケの交渉がおこなわれ、申請が受理された。クロミエが映画のロケ地となる。つまり、ぼくはホームグラウンドで仕事をすることになったのだ。

野次馬が撮影現場の周りに巡らした柵に向かって押し寄せてきた。リセの元同級生たちや、ぼくが町を出ていくときに嘲笑《あざわら》った連中が、みんな柵にへばりついて見ている。ぼくは柵の内側にいて、胸に関係者のバッジをつけていることで肩身が広かった。かといって、連中を見返してやったという気持ちはない。何とかここまでやってこられたという思いで満足していた。それに、今ではほとんどの連中がぼくのことを誇らしく思ってくれているようだった。ただ一人、どういうわけか、勘違いをしている奴がいた。

「ねえ、アラン・ドロンはどこ？」そいつがたずねた。

「ここにはいない。でも、ジャン＝フランソワ・ステヴナンとジャン＝ピエール・サンティエがいるよ」ぼくは答えた。

だが、言い終わらないうちに、そいつはいなくなっていた。

撮影現場では縁の下の力持ちになれればいいと思った。常にみんなの様子をうかがって、わずかな動きも見逃さず、先手を打つように心がけた。あるとき、カメラマンのカルロ・ヴァリーニが居眠りしそうになっているのに気づいた。カルロがぼくを呼び、コーヒーを一杯頼んだ時点で、すでにカルロはコーヒーを手にしていた。

「砂糖は二つだったよね？」

ぼくが確かめると、カルロは目をぱちくりさせながら頷いた。

飲み物にしろサンドイッチにしろ、ぼくはスタッフ全員の好みを覚えていた。たかが助監督のサードかもしれないけれど、ぼくが美味いコーヒーやサンドイッチを用意すれば、スタッフたちも気持ちよく仕事をすることができ、いい映画が撮れるということはわかっている。つまり、映画の出来はぼくのサンドイッチにかかっていたのだ。

そんなぼくでも、唯一、監督だけは驚かせることができなかった。監督は全員にやんわりとプレッシャーをかけた。監督がいれば、創造の扉は常に開け放たれ、さまざまな可能性が生まれる。監督は既知や想定内の領域にとどまろうとせず、風向きや潮の流れや気分に任せようとした。予期せぬ状況にスタッフが置かれることを好んだ。惰性のなかに創造はないことを知っているのだ。ピアラと少し似ているが、ピアラよりも優しさがあった。

ファラルド監督のこの作品のタイトルは『ツー・ライオンズ・イン・ザ・サン』という。パリでの撮影は三週間にわたった。撮影期間中、ぼくは馬車馬のように働いた。というのも、このあと撮影クルーは作品の要となるシーンを撮るために南仏へ向かうことになっているからだ。並大抵の努力では南仏行きのチケットは手に入らないのだ。

案の定、ある朝、パトリックから南仏には連れてはいけないと告げられた。予算オーバーで、宿代《マクラ》も食事代《アゴ》もギャラもぼくの分まで出せないのだという。ぼくはバセットハウンドの目をしてすがるように見つめたが、パトリックには効かず、決定が覆《くつがえ》ることはなかった。ここまで全力で取り組んできたのに成果を出せなかった。がっかりしていると、心配したカルロがぼくの肩を優しく叩き、また機会はあるさと慰めてくれた。

昼の食事休憩になった。外で撮影のある日には、たいていキッチンカーが現場についてきた。コックが車内で調理したものを、食堂用に張られた大きなテントのなかで食べる。ぼくは隅のほうに座って、フォークの先で料理を弄んでいた。食欲はなかった。そこへパトリックがやってきた。

「よし、きみの勝ちだ。南仏に行こう」笑いながら、ぼくに告げる。

わけがわからない。正直にそう言った。

「スタッフのみんながカンパして、きみも一緒に行けるようにしてくれたんだ」パトリックが説明する。

ぼくはテントのなかを見回した。みんなが悪戯《いたずら》っぽい笑顔でこちらを見ている。そうか、そういうことか。この三週間、ぼくはみんなを観察してきたけれど、ぼくもみんなに見られていたのだ。カルロ・ヴァリーニに目配せされて、ぼくは泣き崩れた。


ロケ隊の一行はマルセイユから少し内陸に入ったロックヴェールに逗留した。日差しが厳しく、蟬が猛烈な勢いで鳴いている。見えなくても海をそこに感じる。海の匂いがした。

地域一帯に十か所以上のロケ地が散っている。あいにく、ぼくはベースキャンプに残って雑務をこなしていたので、面倒なシーンを撮るときや応援を要請されたとき以外は、あまり現場を訪れる機会はなかった。

ある朝のこと、ぼくは港のシーンの撮影に駆り出された。現場の車止めや、物見高いバカンス客らの整理をするためだ。ようやく地中海との再会がかなった。愛しい海はいつまでも年を取ることなく麗しかった。

現場では、水上スキーを履いたジャン゠フランソワ・ステヴナンが水中で悪戦苦闘していた。だが、役者としてのプライドからか、水上スキーの経験がないとは言えずにいると見える。監督はいらいらを募らせ、セカンド助監督が慌てて専門家を探しまわっている。ほかのスタッフはどんよりとした目つきで海上を見つめていた。

「よかったらお手伝いしましょうか。親父が水上スキーのインストラクターだったものですから」

ぼくは思いきって監督に申し出た。

どうやら監督の頭のなかでは映画小僧と水上スキーが結びつかないようだが、ぼくの生い立ちを聞いているほど暇ではないはずだ。

「手伝えるというなら手伝ってくれ」ちょっぴり疑わしげに監督は言った。

すぐさまぼくは水に入ってジャン＝フランソワのところまで泳いでいった。

「大丈夫、ぼくの言うとおりにやってみてください。腿をお腹に引きつけて、両腕はまっすぐ前に伸ばして」

そう言っておいて、ぼくは背後から相手の両腕の下に足を差し入れ、安定するように支えてやった。そのままボートが走り出すと、ジャン＝フランソワは一発で水面に出ることができた。埠頭《ふとう》のほうを見ると、パトリックが誇らしげに微笑んでいた。

それから一、二週間経った頃だろうか、撮影クルーはロックヴェールのホテルにいた。寝室のセットにぴったりの部屋を探しているのだが、これがなかなか見つからない。監督は悩んだあげくにホテルの屋根裏部屋を検分した。そこは物置部屋として使われていて、ありとあらゆる家具類が山積みになっていた。家具は古くて、ほとんどが壊れている。部屋は広く、窓の向きもいい。特に午前中は日差しが燦々《さんさん》と降り注ぐ。

「寝室にするには申し分ないな」監督が言う。

「撮影まであと二十四時間ほどあります」パトリックが付け加えた。

美術班は別の仕事にかかりきりだったので、物置部屋を寝室に仕立てる任務はセカンドのドミニクとぼくに託された。

その間にもロケ隊のほうは二十キロ離れた城に向けて出発していた。屋根裏部屋は寝室というにはほど遠かったため、大変身させる必要がある。それもたった二十四時間で。とまれ寝室ができればちょうどいい。なにせ六週間もろくに睡眠をとっていないから。疲労はピークに達していた。

まずは屋根裏部屋を空っぽにしなければならない。ところが、そんな簡単な話ではなかった。まったく第一次世界大戦の頃から溜め続けてきたのかと思うくらいガラクタが多すぎるのだ。三時間経過した時点で、片付いたのはやっと一番手前の窓のあたりまで。いっこうに埒《らち》が明かず、ぼくたちは焦り出した。こんな調子では間に合うわけがない。

ちょうど週末で、ホテルのオーナーは釣りに出かけているという話だった。オーナーの留守をいいことに、ぼくはあることを思いついた。極端な手段ではあるけれど、ドミニクに意見を求めると、やむなしと同意してくれた。なんといっても背に腹は代えられない。

屋根裏部屋には大きな窓があって、その一つが裏手の狭い畑に面していた。畑を顧みる人はいないらしく、草ぼうぼうで、使えなくなった農機具が山と積まれている。これ幸いとばかり、ぼくたちは窓から次々と家具を放り出した。実に四階の高さからだが、生い茂る草が衝撃を和らげてくれるおかげで、誰もぼくたちのやっていることに気づかない。屋根裏部屋は一時間で空っぽになった。撮影セットに利用できそうな保存状態のいい調度類だけは残しておいた。

足もとは床が見えないくらい厚い埃の層に覆われていた。バケツの水をぶちまけると、南仏ならではの六角形の赤レンガが姿を現した。ぼくは急いで掃除用のバケツとブラシを買ってきて、百五十平米の床の汚れを洗い落とし、艶出しワックスをかけて磨き上げた。

時刻は午前二時になっていた。ロバ一頭を丸ごと平らげることができるくらい腹が減っている。ドミニクが車にあった袋入りのマドレーヌの残りをくれた。今のように携帯電話でフライドチキンやピザを注文できるような時代ではなかったのだ。

ぼくたちはホテルの大広間に行き、仕上げの作業に取りかかった。布を裁ち、カーテンを縫って、あとは屋根裏部屋の窓に取り付けるだけだ。

午前四時頃、ぼくはうっかり針で指を突いてしまった。腹ペコで、眠くてたまらない。撮影現場から二十キロ離れた場所でカーテンをちくちく縫っている自分……。こんなことをするために、この世界に入ったんじゃない。その瞬間、反抗心がむらむらと起きて、ぼくは縫っていたカーテンを床へ投げつけた。ドミニクは平然とカーテンを縫い続けている。まるでそれを生業《なりわい》としてきたかのようだ。

「そのとおりだよ。この仕事のためなら何でもやってやろうという心構えがないなら、今のうちに辞めておいたほうがいい」嘘みたいに穏やかな声だ。ドミニクは続けた。

「この仕事は本当にきつくて、誰にでも堪えられるというものじゃない。でも、この映画のことなら心配するな。空きを待っている見習いなら掃いて捨てるほどいるから。誰も気づかないうちに、明日にもすぐに代わりがやってくるさ。そして、作品が完成したあかつきには……きみは映画館でそれを見ることになるんだ」

ぐうの音も出なかった。自分がこの数週間ルービックキューブと格闘し続けている間抜けに思われた。そのルービックキューブをドミニクは六面すべて揃えて完成させてしまったのだ。ものの十五秒で、あっさりと。ドミニクは三十五歳。ぼくはまだやっと二十歳だ。先はまだまだ長い。ぼくはカーテンを拾い上げ、再び縫いはじめた。

午前五時、ぼくたちは屋根裏部屋にカーテンレールを取り付けてカーテンをかけた。それから、スタッフたちの部屋へ行って〈ブティ〉と呼ばれるプロヴァンス地方独特の白いキルトのベッドカバーを拝借してきた。セットの一角には洗面台と鏡、その向こうに時代物の浴槽と花柄のシャワーカーテンを設える。ぼくは最後の仕上げに雑巾《ぞうきん》がけして床をピカピカにしてから、店を開けたばかりのパン屋へ素っ飛んでいき、ドミニクに焼きたてのクロワッサンを買ってきた。

ドミニクとぼくはテラスに陣取り、日の出を眺めながら最高に贅沢な朝食を味わった。ぼくは前夜からのさまざまな助言に対して感謝したが、ドミニクには少しも偉ぶるところがない。根っから謙虚な人なのだ。好きな仕事ができるだけで自分は恵まれている。ドミニクはそう言うのだった。

監督が午前七時にやってきて、さっそくセットを見たがった。監督はぼくたちと一緒に屋根裏部屋に上り、扉を開けた。日差しが部屋中に降り注ぎ、床のレンガの赤を引き立てていた。そよ風が紗のカーテンと戯れている。おそらく、十キロ四方で最も美しいホテルの一室ではないだろうか。監督は何も言わずにセットのなかを歩き回っている。目を輝かせ、感動の面持ちだ。やがてぼくたちのところへ戻ってきて言った。

「これに恥じない作品を撮るように心がけよう」

その一言でぼくの疲れは消し飛んでしまった。もう撮影が終了するまでカーテンを縫っていろと言われてもいいくらいだった。

数か月後に作品は完成し、ぼくはプレス向けの試写会の席にいた。試写会はジャーナリストにはお馴染みのポンテュー通りの会員制クラブを貸し切って開かれた。監督はぼくを見つけると嬉しそうな表情で、ほかにも招待客が大勢いるだろうに、ぼくとおしゃべりをする時間をとってくれた。上映が始まっても、ぼくはストーリーを追いはしなかった。いまだに撮影の記憶が鮮明すぎて、家族のアルバムを見返しているような思いがしていたのだ。隣の席では、年輩の女性記者が早くも居眠りをしていた。ぼくたちの何千時間にも及ぶ仕事に対していささかの敬意もないのか。あの寝室のシーンになったとき、ぼくは女性記者が目を覚ますように肘で小突いてやった。せめてぼくのカーテンは見逃さないでもらいたい。けれど、記者は軽く咳をして、すぐにまた眠り込んでしまった。

映画が終わると熱烈な拍手が沸き起こった。ぼくは、中庭で招待客の一人一人から称賛の言葉を贈られている監督の隣に立っていた。こういう儀式めいた場に参列するのははじめてだった。なんとなく葬儀の席に似てなくもない。ただ、ここではお悔やみの言葉の代わりに賛辞が述べられている。ぼくは砂を噛むような思いだった。ぼくたちは自分たちの神のため、芸術作品のため、働き蟻のように身を捧げてきた。一方で、招待客たちはどんな映画にも当てはまりそうな仰々しい賛辞を並べたてているだけだ。ぼくたちは本物を披露したのに、偽りの謝辞が寄せられている。ぼくは贋《にせ》金《がね》をつかまされた思いがした。そこに例の年配の女性記者がやってきて、歯の浮くようなお世辞を振りまいた。

「傑作よ、クロード。心が揺さぶられたわ。鮮烈な印象を残す作品よ」声を震わせ涙ぐんで絶賛する。

監督は記者の手をとって答えた。

「そうかい？　気に入ってもらえたのかな？　それならすごく嬉しいよ」

ぼくはあいた口がふさがらなかった。この婆さんはグーグー眠っていたくせに、よくもぬけぬけとそんなことを……。嘘を暴いて婆さんを絞首台送りにしてやりたい。だが、こんな際どい場面でそんなことをすれば、どうなるだろう。監督の顔に泥を塗ることになるかもしれない。そうやって五分ほど逡巡していたが、やはりぼくの正義心が許さず、とうとうチクってしまった。

「さっきの記者の女の人、ぼくの隣の席だったのですが、上映中はお休みになっていたようですけど……」

ぼくはできるだけ遠回しに伝えようと気を遣い、言ってしまったあとですぐ謝った。監督は目を細めて、ぼくの肩に手を回した。

「知っているよ、見ていたからね」そう言って、茶目っ気のある笑いを見せた。

この日、ぼくは本質的なことを学んだ。神がいて、教会がある。神は映画、教会はジャーナリストだ。神が人を殺《あや》めることはないが、教会は神の名において多くの命を奪ってきた。

病身にもかかわらず、カティーはまた身籠った。まあ、こればかりは止めるわけにもいかないだろう。やがて、ぼくにはファニーという名の三人目の妹ができた。男の子がなかなか授からず、おそらくそのせいで、父はぼくとの距離を縮めようとしていた。ただ、父の優しい気持ちはまだ心と脳をつなぐトンネルのどこかで立ち往生しているらしく、それを解き放つ手立てを見つけられずにいるようだった。

ぼくは父の一家が住むローマの広いアパルトマンで何日か過ごし、自分の暮らしぶりを報告した。一人暮らしだから、家族のなかで暮らすのとはまったく違う。幸い、家族と一緒にいられなくても、以前ほどつらい思いをすることはなくなった。大人になったということだろうか。

パリに戻り、ぼくはピエール・ジョリヴェに会った。ピエールとマルクはかの有名な〈レショとフリゴ〉のコンビを完全に解消していた。もう道化は卒業したのだという。ピエールはレコードアルバムの制作に取りかかっていて、ぼくはその手伝いを買って出た。もちろんノーギャラで。ギャラをいただくつもりはなかった。そもそもピエールから教わることや、得られるものは金で買えるようなものではないのだ。当時のぼくにとって、金は存在しないも同然だった。何より頭と心を養うことが先決で、胃袋のほうは折々で満たせればよかったのだ。金のことなど頭にない。金はガソリンと同じで、さしあたり車を持っていないので、なくても平気だった。

数週間後には、ぼくたちはレコーディングの準備に入っていた。録音技師はブッダを思わせる風貌でこだわりが強く、冗談の通じなさそうな男だった。『ロード・オブ・ザ・リング』の世界から抜け出してきた感がある。ディディエ・ロザイックという名で、みんなからディディワと呼ばれていた。アルバムの曲はピエールが手がけたものだ。ベースを担当するのはファン・デン・ボス。才能あるベーシストだが、演奏しているとき以外は大麻を吸っているので、ステンドグラスのように生気のない目をしていた。ドラマーはジャッキー・ブラドゥという。ノリノリでスティックを振らせるとすごくいいが、そうでないと、民謡《ミュゼット》でも始まるのかと思うほど無気力な演奏になってしまう。ピエールはアルバムのなかの一曲で、ギターソロで見せ場を作りたがっていた。すると、ロザイックがいいプレーヤーを知っているという。才能あふれる若者で、ギャラも安くて済むらしい。ギャラが安くて才能がある。この二つは当時、仕事を手に入れるのに必要不可欠の要素だった。

その若いギタリストがやってきた。十九歳になったばかりのひどくシャイな青年で、ギターケースを斜めがけしている。さしずめコッカースパニエル顔のロッカーといったところか。革ジャンにカウボーイブーツという出で立ちで不良っぽく見えるが、修道士並みに礼儀正しい。

ピエールが三十秒で形式を説明してから楽曲を聞かせ、どこで入ってどこで終わるかを指示する。青年は飲み込みが早かった。遅れを取り戻そうとして、ピエールはさっそくやってみようと言い出した。

「念のため、録っておいていただけますか」青年はていねいに頼んだ。

ロザイックがRECボタンを押し、曲が流れはじめた。若者はヘッドフォンをつけて待っていたが、ソロパートに入ったとたん、いきなりものすごいプレイを見せつけた。絶頂期のジミ・ヘンドリックスを思わせた。ソロが終わったときには、みんながみんな、雷に打たれたように放心状態だった。

「こんな感じでいかがでしょうか？」ギターの名手は謙虚にたずねた。

ピエールは無言で頷いた。完全に圧倒されていた。

「正直、いいと思う。キープしておこう」青年の並外れた技巧にやや困惑気味のようだ。

青年はどの曲もほとんど一発でOKを出した。ぼくは休憩時間に青年をそばに呼んだ。お互い年齢が近いせいもあって、親近感が湧き、自己紹介から話を始めた。

「名前は？」

「エリック・セラ。きみは？」

「リュック・ベッソン」

「楽器は何を演《や》っているの？」

「何も弾けない。無器用なんだ。ぼくは映画を作っている」

「すごいね」

「きみの演奏こそすごいよ。みんな圧倒されていた」

「ちょっと心配だったんだ。本当はギタージャなくてベースが専門だから」

「今はどんな活動をしているの？」

「友だちとバンドを組んでいる」

「ギター？　ベース？」

「ドラムスを。ほかにできる奴がいないから」

間違いない。目の前にいる青年は天才なのだ。

「作曲は？」

「少しね」

「映画音楽の作曲なんて、どうかな？」

「やったことはないけど、いいかもしれない。おもしろそうだし」

次のショートフィルムはどんなものを撮るかまだ決まっていなかったが、音楽の担当だけはもう見つかった。


やがてピエールのアルバムが発売された。いいアルバムだと思うが、必ずしもヒットするとは限らない。どちらかと言えば、ピエールはハンサムで、マルチ人間で、かえってそれが仇《あだ》になっていた。ピエールのイメージは曖昧で、大衆に与える印象にもこれといったものがない。しかも、レコード会社がしっかりと発売後のフォローをしてくれず、当時登場したばかりの〝ビデオクリップ〟と呼ばれるプロモーション用フィルムを制作する予算を出し渋っていたのだ。

ピエールは少し気落ちしている様子だったが、やはり矜持があるのだろう、愚痴をこぼすことはなかった。

この状況に、ぼくはじっとしていられなかった。なんとかピエールの力になれないものだろうか。ぼくにはそれだけの恩義がある。なかなか寝つけずベッドで悶々としていたとき、パッと頭にひらめくものがあった。会社のほうで宣伝してくれないのなら、自分たちでビデオクリップを作ってみたらどうか？　費用はどのくらいかかるだろう？　カメラの手配は？　撮影仲間がいるから、日曜日に借りられそうだ。フィルムはどうする？　裁ち落としを集めてくればいい。衣装は？　ピエールの奥さんが衣装係をやっている。どこで撮影しようか？　放置されたままのリラの市民プールがある。何か撮影で使えるかもしれないと目をつけていた場所だ。ぼくは真夜中にピエールに電話をかけて、自分の思いつきを話してみた。

ピエールはこちらのお節介を感謝してくれたが、納得はしていないようだった。

「手だてもないのに、どこをどう転んだって映画なんて撮れやしない。そんなの無理だ」

「いや、無理じゃないよ」ぼくはきっぱりと答えた。

ぼくはとうに知っている。いつだって映画は何もないところから、不可能から生み出されるものだ。なんてったって、ぼくはマルハナバチだから。

その翌週、ぼくは荒れ果てたリラのプールで初のビデオクリップの撮影に挑んだ。現場には、ピエールと仲間のミュージシャンたちの姿があった。もちろん、エリック・セラも。とりわけ彼がキャスター付きのアンプに腰かけてプールの斜面を滑走しながら、ギターソロの見事な腕前を披露するシーンは見ものだった。

クリップの出来は上々で、ついにはレコード会社もごく一部だが、撮影後の編集作業の費用を負担してくれた。おかげでアルバムの売上は少し伸びたが、大成功というにはほど遠かった。実は、当時ピエールには同業の手強いライバルがいたのだ。他の追随を許さないそのライバルの名はダニエル・バラヴォワーヌ。皮肉にもピエールの大親友だった。

最初のショートフィルムがあまりにもお粗末だったから、このビデオクリップが傑作に思えた。いやいや、燃やすなんてとんでもない。今回ぼくは内容、歌詞、リズムに主眼を置いた。アイディアはすべて歌詞から想を得たものだ。また、尺が短いことからより柔軟に空想の世界を広げることができた。

作品はひたすら称賛されたが、ぼくは素直に耳を傾けることができずにいた。褒められることに慣れていないのだ。それに、第一作のトラウマがなかったとも言えない。

実は、二つの作品の間で、ぼくは無意識のうちに多くのことを学んでいた。今では、映画が当たるのは奇跡にも等しいことだとわかっている。映画を成功させるのに二年を要しても、失敗作にしてしまうにはほんの二分で事足りる。重要なシーンで二分間、役者をなおざりにしていたせいで。二分にわたって余計な編集を入れたせいで。二分間の無駄なセリフがあるせいで。暗いシーンが二分続いただけで。二分間、音楽が主張しすぎただけで……。百回吟味を重ね、千回自分なりに検討する。みんなの意見を聞きつつも、流されることなく自分の心に訊いてみる。それも、客観性を失わないように徹底的に用心しながら。

ピエールはいつもの元気を取り戻した。芝居を書くからぼくに手伝ってほしいという。執筆するのはピエールだが、ぼくも脚本に参加させてもらった。ピエールはフットワークがいいし、経験もある。ピエールと仕事をすると、多くのことが学べた。ピエールにアイディアを採用してもらうと、ぼくは得意になった。

完成した芝居はポルト・ド・ラ・ヴィレットにある劇場で上演される運びとなった。ピエールのお母さんのアルレット・トマが劇場の支配人をしている。アルレットはアニメ『カリメロ』でカリメロの声を演じたことでも知られる女優だけれど、どうもぼくとは反りが合わない。向こうは、ピエールとマルクのコンビ解消について、ぼくに責任があると思い込んでいるのだ。もちろん、ぼくは何も関わっていないのだが、息子たちを非難するより、ぼくのせいにするほうが気が楽なのだろう。ぼくは気にしなかった。ピエールのことが大好きだし、ピエールの顔を潰すような真似はしたくなかったのだ。

クリスマスが近づき、パリの街はイルミネーションに輝いた。だが、母は南仏にいるし、父は今なおイタリア暮らしだ。ぼくはシーズン中のバカンス村の支配人から借りたパリのワンルームで過ごしていた。そんなぼくにピエールが電話をくれた。クリスマスの晩に一人きりだなんて淋しすぎるぜと言って、家族の晩餐に呼んでくれたのだ。ぼくは邪魔になるのではと心配したが、大丈夫だからと言われ、ありがたくお呼ばれすることにした。そして、ピエールに敬意を表し、急いで一張羅のシャツにアイロンをかけた。

その一時間後、予定が変更になった。ピエールがぼくを招待したことを告げたところ、お母さんが家族水入らずで祝いたがっているらしく、結局、ぼくの参加は取りやめになったのだ。ピエールはひどく恐縮していたが、ぼくは何でもないふりをして、こっちも急に予定が入ったからと嘘をついた。ピエールはほっとして、ぼくたちは二十六日に会う約束をした。電話を切ったあと、ぼくはたっぷり一時間泣いた。

片頭痛がなかなか治まらないように、孤独感がいっこうにぼくから離れていこうとしない。いったいどうしたらいいものだろう。いやでもやがては燃え尽きてしまう炭火。自分がそのように思われた。だが、このまま灰になって終わるわけにはいかなかった。

第十三章　ジャン・レノ

孤独の対処法は一つだけ、それは外出することだ。人混みにいれば、たとえ知らない人ばかりでも自分がひとりぼっちではないような気になってくるから。

ぼくはシャンゼリゼに足を運んだ。映画館ではフランシス・ヴェベール監督のコメディーがかかっていた。大ヒット中の作品だが、イブの夜とあって館内はがらがらだ。ぼくは七列目に座った。ポップコーンはやめておいた。手もとに残っている金はクリスマスのご馳走のためにとっておこうと思ったのだ。

映画が始まると、ティーンエイジャーの一団がぞろぞろと入ってきて、すぐ前の列に陣取った。映画を見に来たのではなく、はしゃぎたいだけの連中だ。どうやらサンティエから来ているらしい。サンティエといえば、ぼくの通っていた小学校の目と鼻の先、あのカイロ団が跋扈《ばっこ》していた界隈だ。なるほど、少年らはかつてのクラスの悪ガキたちを髣髴させる。それも、成長してニキビ面になった姿を。連中は何かと茶茶を入れ、お化け屋敷でもあるまいにいちいち大袈裟なリアクションをする。あるシーンなどでは、バカ笑いが止まらなくなっていた。そんな状況では映画をゆっくり鑑賞することもできやしない。まったく、この若者ならぬバカ者どものおかげで、ぼくのクリスマスイベントは台無しになってしまった。しかたがない。その分はクリスマスディナーで埋め合わせればいいだろう。

ぼくはマクドナルドに入った。さて、何を食べるとするか。手持ちの金を数え、メニュー表と睨めっこする。そこで、ぼくはとんでもないことに気づいた。なんたることか、このジャンクフード店はメニューを値上げしていたのだ。おい、このタイミングで、そりゃないぜ。しかたない。ぼくは腹をくくった。ここは一か八かの賭けに出よう。なにしろスペシャルセットを奮発する余裕などないのだ。実をいえば、チーズバーガーとポテトのセットでも無理だったのだが。ぼくはカウンターに近づき、サンタの帽子をかぶった店員に子どものように笑いかけて、「チーズバーガーにしたいんだけど二十サンチーム足りないんだ」と言ってみた。クリスマスイブだから奇跡が起きたっておかしくはない。

「ハンバーガーはいかがでしょう。チーズバーガーより六十サンチーム安いですよ」店員の声が無情に響いた。

ぼくは言い返すこともからかうこともできず、ハンバーガーを受け取った。ぼくには「メリークリスマス」と声をかけてもらう資格すらないらしい。

時間をかけてハンバーガーをじっくり味わった。自分に許されることといったら、それくらいしかない。食べ終わってから、歩きで帰った。あいにく地下鉄の回数券は使い切っていたので。無賃乗車を強行するという手もあったけれど、やめておいた。今夜はツキに見放されているからだ。せめて警察でイブの夜を明かすようなことは避けたかった。

ついにパトリック・グランペレが初監督作品を撮ることになり、ぼくは正式に助監督のセカンドとして参加することになった。予算が限られているため、演出と制作進行と撮影の助手も兼任する。

ファラルド監督の映画でロケハンを担当していたドミニクとも再会した。

シナリオは数ページにまとめてあるのみで、あとはパトリックの頭のなかにあった。師匠のピアラ監督と同様、パトリックも真実と斬新さと意外性を追求している。ただ二人の違いは、パトリックが笑顔と人間性でそのすべてを手に入れるのに対し、ピアラは破壊して再構築することで獲得していることだった。

パトリックはまず組み立ててから分解する。パトリックの仕事をきちんと理解するには、通常の撮影の一日がどのように流れていくかを知っておく必要がある。

それは前日の撮影が終了した時点ですでに始まっている。十八時頃、ぼくたちは翌日の撮影の打ち合わせをしにカフェへ急ぐ。パトリックはぶっといジョイントを巻き、それをスパスパやりながら、頭のなかにあるイメージを語り出す。

「明日は婚礼のシーンを撮りたい。そこには新郎新婦と両家の親族、それに、ライスシャワーで祝福する子どもたちがいる。それから白いロールスロイスも一台。台本にはないが、教会から出てくる主人公たちの背景に使いたいんだ」

「どちらで撮りましょう?」ドミニクがていねいに訊く。

「ほら、この前、撮影の帰りに環状線を走っていたとき、右手に見えていた教会」夢見心地でパトリックが言う。

「なるほど」どこの教会を指すのかわからないまま、ドミニクが頷く。

同時にドミニクはぼくに天気予報を確認するように言う。これはいつものことだ。ぼくはすぐに公衆電話まで行って、電話をかけるふりをする。

「霧が発生して、昼まで晴れないらしいよ！」戻ってきて、ぼくは伝える。これもほぼ毎度のことだ。

「またかい？」とパトリックは驚く。

ドミニクがすかさず、撮影は正午から十九時半の間にしましょうと提案する。パトリックは煙を吐き、提案を受け入れて店を出ていく。ぼくたちの芝居は準備のための時間を稼ぐためだ。でないと、パトリックが朝の八時から撮影を始めようなんて、とんでもないことを言い出しかねないからだ。

というわけで、このときもぼくたちの準備はそのカフェで十九時から始まった。そのシーンを撮るための予算はない。金をかけずに全部調達してこなければならないのだ。打ち合わせに参加したスタッフは四人。その四人で八方手を尽くすべく、死に物狂いでアドレス帳をめくる。

ぼくには兵役時代の同僚で先月結婚したばかりの奴がいた。そいつからウェディングドレスを借りることができたが、奥さん本人まで貸してもらうことはできなかった。明日は用事があるのだという。ドミニクの友だちに新婦役を演じてもいいという女性がいたが、サイズが四〇らしい。一方、ウェディングドレスのサイズは三六。さっそく助監督の一人が、明日の朝にサイズ直しに来られるお針子を見つけてくる。

白いロールスロイスも借りられた。故障車でもよければという話ではあるが。すると、照明主任の従兄弟がレッカー車を貸してくれた。結婚式に参列する子どもについては、スタッフの子どもたちを総動員させる。その子たちがさらに友だちまで連れてくるというので、大歓迎だ。もう一人の助監督がくだんの教会を探し当て、司祭と話をつけてきた。司祭はあまりにも急な申し出にいささか渋っていたらしいが、天国の扉はいつも開かれていなくてはならない、と説得されて承諾したとのこと。

二十二時になった。だいぶ前進したが、まだ大きな課題が残っている。パトリックが教会の前庭にいてほしいと言った二百人のエキストラだ。それはぼくが引き受けた。

母の知り合いの女性が経営するホテルが東駅の近くにある。ぼくも寝る場所に困ったときにそこでよく厄介になったものだ。ホテルにはたいてい、近くの大学に通う外国人留学生が大勢滞在している。ぼくはホテルに直行した。二十三時だったが、片っ端から部屋をノックしていき、いい加減な英語で「明日の朝、スターと映画で共演する夢のような体験をしてみないか、アラン・ドロンがいるよ」と学生たちを誘った。スターを間近で見られるという大盤振る舞いの企画なので、ボランティアで参加してほしい、と付け加えるのも忘れなかった。ベルギー人が五十人ほど、オランダ人が一握り、スロバキア人が何人か確保できた。これで八十人。友だちを連れてきてもらえば百人くらいにはなるだろう。配置を工夫すれば目の錯覚で倍の人数がいるように見え、二百人用意できたとパトリックを言いくるめられるはずだ。

午前二時頃、コンピエーニュに住む元同僚を訪ね、ウェディングドレスを入手。そのついでにソファで二、三時間仮眠をとらせてもらい、六時に教会の前庭でドミニクと合流した。ロールスロイスが九時きっかりに届けられた。十中八九、パトリックは動かないロールスロイスを走らせろと言い出すだろう。それを見越してドミニクは車を下り坂に向けて駐車させた。これでいつでも撮影できる。

声をかけておいた学生たちがぼちぼち集まってきたので、教会の前にまとめて立たせた。ミネラルウォーターの一本でも差し入れたいところだが、それすらできない。カフェでは、お針子がウェディングドレスをほどき、ドミニクのガールフレンドが着られるようにしていた。

正午、パトリックが到着した。

新郎新婦は位置についている。二百人のエキストラも。子どもたちはいつでも米を投げられるようにスタンバイしていて、ロールスロイスは教会の前庭でぴかぴかに磨き上げられている。

パトリックは満足して役者を配置し、カメラを回しはじめた。ぼくはといえば、アラン・ドロンがいないじゃないかと文句を言うエキストラたちをなんとかなだめようとしていた。

「今、メイク中なんだ。このあと登場するから」誰彼かまわずそう答えておく。

だが、不満の声が高まって、さすがに暴動が起きるのではないかと心配になった。

パトリックはあらゆるアングルから撮っていて、予想どおり、ロールスロイスを発車させたらいいんじゃないかと言い出した。

「了解」ドミニクが答える。

運転手には秘密が明かされている。ハンドブレーキを解除するだけでいいことが。

「アクション！」

パトリックがカメラを肩に撮影を始めた。子どもたちが米を投げ、新郎新婦が笑顔を向け、エキストラたちが騒ぎ立て、ロールスロイスがカメラのフレームから出ていった。

「カット！」

すばらしいショットが撮れてパトリックは満足だ。

「もう一回撮り直します?」ドミニクが訊く。

それを聞くなり、ぼくは心拍数が一気に上昇した。いくらなんでも悪ふざけが過ぎるだろう。すでに額に汗が滲《にじ》んでいる。

「いや、いい。今ので完璧だ」パトリックが答えた。

ドミニクがぼくにウィンクしてみせる。

撮影が終了すると、ぼくはアラン・ドロンを探す学生たちの群れを避け、走って姿をくらました。それから、カフェの奥の席にいるドミニクと合流した。そこへパトリックが煙草を手にやってきた。コーヒーを注文し、明日の予定を語り出す。

「逮捕のシーンを撮りたい。現行犯逮捕だ。私服刑事が二十人くらいに覆面パトカーが何台か要る。ここは派手にやりたいんだ」

このシーンの予算もやっぱりゼロだ。例のごとく、午前中は霧という予報が出ているので、正午から撮影を始めることになった。

十二時十五分前、ぼくはスーパーマーケットのなかにいた。出演者の最後の一人がまだ見つからないのだ。ぼくは買い物中の夫婦に目をつけた。旦那のほうがいかにも刑事という顔つきをしている。旦那に交渉してみる。ほんの十分ほどです。ご褒美にアラン・ドロンと会えますよ。旦那は一も二もなく奥さんをその場に残してついてきた。ぼくはそのまま撮影現場へ連れていき、特機係から借りた革ジャンを着せる。これで一丁出来上がり、刑事の腕章をつけたようなものだ。

現場で何をすればいいのかわかっていないから、ぼくがつきっきりで旦那に教えてやる。旦那は監督の指示どおりに動き、けっこううまく立ち回っていた。だが、パトリックは苛立っている。警視を演じるプロの役者の演技が気に入らないのだ。互いに自分の意見を主張して譲らず、パトリックは役者をクビにしてしまった。それから残りのキャストたちのほうを見回して代役を探す。ぼくは嫌な予感がした。予感は的中、旦那に白羽の矢が立った。セリフが三つもある役だ。ぼくは宝くじに当たったようなものだと言って旦那を祝福した。セリフを喋らせてみたが、なにせ相手は慣れていない。本職は精錬工なのだ。それでも、ぼくは撮影の準備が整うまで最善を尽くし、旦那を選んだ自分の目に狂いはない、本物の役者に匹敵する人材だと確信しているパトリックの前へ連れていった。

もちろん一発でOKが出るはずもなく、旦那にとって試練が始まり、何度もテイクが重ねられる。さすがにパトリックも焦れてくる。しかし、あまり強くは言えない。ここはさじ加減が必要だ。ぼくの精錬工はもう少しで現場を放り出してスーパーへ戻ってしまいそうだったから。パトリックは気を静めて、ゆっくりと時間をかけて自分が何を望んでいるかを説明してやった。旦那は理解して、自然な演技ができるようになった。撮影は成功。パトリックは旦那を褒めたたえた。ぼくがスカウトしてきたこのにわか役者は、のちにタイトルロールに名前が出ることになる。

撮影は八週間続いた。すべてのカットがゼロから生み出されたものばかりだ。ぼくたちはみんな十歳年を取り、五キロ体重が減ったが、すばらしい映画を作り上げたことに誇りを感じていた。

一九八一年

助監督を務めたドミニクから電話が入った。知らない映画監督から撮影の打診があったのだという。自分が書いた脚本で初の監督作品を撮りたいということらしい。資金ならあると言っている。それで、ドミニクはぼくに偵察を頼んできたのだ。

先方とコンタクトをとり、正午にモンマルトルの丘の麓のおんぼろビルの六階で会う約束をした。ぼくはまともに見えるようにまともなシャツを着て出かけた。呼び鈴を鳴らすと、下はパンティしかつけていない若い女性が出てきた。どうやら、今の今までベッドにいたらしい。

「フィリップさんと約束をしているのですが」ぼくはていねいに言った。

女性がフィリップを起こしに行っている間、ぼくは十人ほどのお仲間が雑魚寝《ざこね》している居間で辛抱強く待っていた。

フィリップが現れた。髪はぼさぼさで、顔はニキビだらけ、半分寝ぼけ眼だ。フィリップもズボンを穿く暇がなかったらしい。ぼくは下着姿のギャング団のアジトに来てしまったようだ。

ぼくたちは寝袋を跨《また》ぎながらキッチンへ行った。フィリップはテーブルに積み重なった食器を押しやって場所を空けた。

「何か飲むかい?」がらっぱちな調子で、フィリップが訊いた。

キッチンに転がるさまざまな色合いの空き瓶を見回してから、ぼくは答えた。

「紅茶があれば」

フィリップは蛇口からグラスに直接お湯を注ぎ、ティーバッグを放り込んで寄こした。ぼくは有能な助監督よろしく手帳を取り出し、ペテン話が始まるのを待ちかまえた。

フィリップは脚本を差し出した。タイトルは『自由なるもの、海を愛せよ』〔ボードレールの詩『人と海』の冒頭部分のもじり〕。なるほど。山羊の番人でもやれそうな立派な体格をしているが、目の前にいる男は詩人であるようだ。脚本はたった三十五ページでも、タイトルに〝海〟と入っているのだから、こいつは根っからの悪人であるはずがない。

フィリップはドゥー県のブザンソンの出身で、家族がそこに十八世紀から続く広大な地所を所有している。城のように立派な屋敷を構えた農場だそうだ。ところが、最近祖母が亡くなって七十万フランの遺産を相続することになった。それで、祖母を偲んでこの脚本で映画を作りたいのだという。

「で、居間にいるのは撮影スタッフ？」ぼくはおずおずとたずねた。

「違う、違う。あれはただのダチだよ。みんなで俺の誕生日を祝ってくれたんだ」フィリップは答えた。

フィリップは映画のことは何も知らないと正直に言った。それで、自分の夢を実現してくれる撮影スタッフを探していたのだ。実家の屋敷で撮影したい、俳優が何人か必要だが、それ以外は家族が演じるという。検討してみましょうとぼくは約束して、お仲間たちを起こさないように部屋をあとにした。

ぼくはドミニクに報告し、二人で脚本を読みはじめた。

内容はボードレールの詩とはあまり関係がなく、海が出てくるのは一度きり、日の出のシーンだけだ。あとの部分はピアラ風とも言えるが、ピアラではない。しかし、こういう仕事はめったなことではオファーがあるものではないし、あの若者には琴線に触れるものがあった。ぼくたちは数日かけて予算を組み、それを若者が相続した金額の範囲内に収まるように調整した。

ぼくたちはカフェでフィリップと落ち合った。今回はちゃんとズボンを穿いていて、ダチは連れてきていない。ぼくたちはこちらからの条件を提示した。撮影期間は四週間。スタッフは十二名。食事《アゴ》と宿泊《マクラ》付きで二週間分のギャラを前払いしてもらうこと。フィリップは大喜びだった。この若者にはどこか純真でかわいいところがあって、それがいじらしく、好感が持てる。まるでクマノミを見ているようだ。ぼくたちと巡り合えたからいいようなものの、映画界には、おばあちゃんの遺産を丸呑みしてしまうようなサメどもがうようよしている。

ぼくはブザンソンへロケハンに行くため、フィリップと東駅で待ち合わせた。フィリップは切符を小切手で支払ったが、その際に提示した身分証がボロボロだった。ジーンズのポケットに入れたまま洗濯機を回してしまい、しかもそれに気づくまで三度も洗濯を繰り返していたらしい。

その身分証のなれの果てが、あいにく暇をもてあましてうろうろしていた私服警官の目に留まってしまった。ぼくたちは身元確認のために駅の交番まで連れていかれ、待合室に通された。フィリップはひどく落ち着きがなかったが、ぼくは平気だった。何もしちゃいないのだ。心配することはない。だが、次の瞬間、フィリップが小さく丸めた銀紙をこっそりベンチの下に捨てるのが見え、ぼくは血が凍りついた。こいつは麻薬の常習者だったんだ。いや、それどころか、売人かもしれない。

「今、何を捨てた?」ぼくは青くなって訊いた。

「どうってことないさ。パーティーで残ったハシシだし」関心がなさそうにフィリップは答えた。

ぼくはパニックになった。ぼくは酒も煙草もやらない。ましてや麻薬なんてただの一度だって。それが、よりによってキャリアの第一歩を踏み出したばかりだというときに、麻薬の密売を疑われ、下手したら十年食らい込むことになるかもしれないなんて……。ありとあらゆるフィルム・ノワールが脳裏を過ぎる。そもそも自分はこの男のことをろくに知りもしないのだ。ハシシだと？　いや、この男は嘘をついている。あの丸めた銀紙の中身はコカインかヘロインに違いない。

ぼくは隠しカメラで監視されていないか、部屋中を見回した。ぼくたち以前に、この部屋でこっそり薬を捨てた愚か者がどれほどいただろう。罠の臭いがぷんぷんする。だが、カメラらしきものは見当たらなかった。先ほどの警官が戻ってきて、ぼくたちは身分証を返してもらった。フィリップは再発行の手続きをするよう忠告されていた。

パリからブザンソンへ向かう間も、ぼくは尾行されていないか、ずっと後ろが気になった。だが、どうやら映画の見すぎだったようだ。世間の人たちにとっては、わずかな量のハシシなど、それこそどうってことないらしい。

フィリップの実家の敷地は広大で、礼拝堂に隣接していた。この礼拝堂も一族が所有するものだという。豪奢な建物の翼部分が家族の住居となっていた。近所の農夫たちがベレー帽をとって、流行になる前の穴あきジーンズを穿いたフィリップに挨拶する。

そこにはフランス革命前の封建社会を髣髴させる世界があった。かつての使用人のなかには革命があったことを知らされていない者もいたに違いない。フィリップの母親は心を病んでいて、姉は自閉症で、祖父は上の部屋に上がったきり、階下におりてこようとしない。地域の福祉担当者がこの状況を見たら、放っておかないのではないだろうか。

フィリップは自分の部屋に案内してくれた。壁にポスターがべたべた貼られ、汚れた衣類が山積みにされ、天井に届くほどのスピーカーが二台据えられている。フィリップがパット・ベネターを大音量でかけたため、もう互いの声も聞き取れないくらいだ。遠くから聞こえてくるのは、ボリュームを下げろと怒鳴っている姉の声だ。ほかの家族は文句を言わない。みんな耳が遠いからだ。

数週間後、農場に二台のトラックが入った。それぞれ撮影機材、照明機材を積んだトラックだ。それ以外のものはステーションワゴン二台で運び込んだ。ピエール・ジョリヴェの奥さんのマガリは衣装係だが、ヘアメイクと賄《まかな》いも担当する。それに、特機担当が一人、照明技師が一人、チーフカメラマンが一人。スタッフも最小限の人数で臨む。いずれも懐事情が苦しい猛者《もさ》ばかりだ。フィリップは経験がなくても熱心で、ぼくたちに絶対の信頼を寄せていた。それに感動して、こちらも一切手を抜かず、丁寧な仕事を心がけた。フィリップが自分の映画に愛情を注ぎ込み、愛着を持っていたので、傑作にはならないことはわかっていても、スタッフはみなフィリップの気持ちを尊重した。愛される映画を作るには、必ずしも美しい作品を目指す必要はない、誠実に作りさえすればいいのだ。

四週間で撮影は完了した。フィリップは撮りたいものを全部作品に盛り込んだ。ぼくは引き続き編集作業に取りかかり、仕上げに三か月をかけた。

映画が完成すると、フィリップは仲間や家族を招いてパリで上映会を催した。感激もひとしおだったに違いない。フィリップの姉でさえ涙を流していたくらいだった。ぼくたちはよき友として別れたが、作品が映画館で上映されることはなかった。

フィリップの映画を撮り終わって間もなく、あるプロデューサーからお目にかかりたいという電話があった。先方の事務所は八区のトレモワイユ通りにある。訪ねてみると、先方は深刻な問題を抱えていた。映画の企画があり、撮影に入る準備を進めていたところでチーフ助監督が辞めてしまったのだそうだ。それでピンチヒッターを探しているのだという。ちょうどいい。こちらはブザンソンで四週間、武者修行をしてきたところだ。

プロデューサーは、どんな監督の下でチーフ助監督を務めてきたのかをたずねた。

「ピアラ、ファラルド、グランペレ、それから、フィリップ・ド・ショワンです。フィリップは有望な若手監督で、カンヌにもいつかノミネートされることになるでしょう、間違いなく」ぼくは何のためらいもなく答えた。

息を吐くように嘘が出てきたが、向こうはポルノ畑の人間だそうだから、まずピアラとは顔を合わせたこともないだろう。

その場で採用が決まり、ぼくは翌日から仕事を始めることになった。

作品のタイトルは『ずっこけ兵隊大作戦』。監督は商業演劇の出身で、ラファエル・デルパールという。主演はミシェル・ガラブリュ。セザール賞を受賞するような実力派だが、受賞するのはこの作品においてではない。いずれにしろ、これを機に本作で助監督を務めた男の監督作品に出演することになる〔リュック・ベッソン監督の『サブウェイ』で助演男優賞を受賞〕。ロケ地は、プロデューサーが見つけてきた城館とその地所だ。ひいき目に見ても城館を兵営に見立てるには無理がある。しかし、そこはプロデューサーのお馴染みの場所で、ポルノを撮るのに何回か使ったことがあり、所有者とも話がすでについていた。所有者のほうも、むさくるしい兵士たちが現れたのを見たときには、さぞかしがっかりしたに違いない。お色気むんむんのナースじゃなくておあいにくさまと言ってやりたいところだ。

火急の問題はキャスティングだった。キャスティング・ディレクターを雇う余裕がないので、その仕事はぼくに任された。若い男女をそれぞれ六人用意しなければならない。ぼくは立て続けに男女六百人ずつ計千二百人の応募者と面接した。一人にかける時間は二分。容姿に自信のあるパリの男たち、フロラン俳優養成所の落ちこぼれ、売れない役者、果てはクラブメッドの元スタッフまで。しかし、これといった人材になかなか出会えない。ヌイイあたりからやってきた金持ちの道楽息子や、華やかな芸能界に憧れる娘たちばかりで、口々におもしろくもない自己PRを早口でまくしたてて帰っていく。そんななか、ある日、異様な風貌をした青年が現れた。身長一九三センチ、がっしりとした体格で、鷲鼻に魚のハタを思わせる目つきをしている。

名前をジャン・レノといった。

とにかくその容姿に圧倒された。そんじょそこらの雑魚とは違う。おまけにコイのようにおそろしく寡黙な男だ。写真を持っていないかたずねると、バッグから宣材写真《コンポジット》を取り出した。この男は間違いなく写真映えがする。

「コンポジはこれだけ？　今までに出演した作品は？　映画でも舞台でも」興味をそそられて、ぼくは訊いた。

ジャンはぼくから写真を取り上げ、裏を返した。相変わらず一言も発しない。写真の裏にはこれまでの出演作が付記されている。

「なるほど、これは便利だ……こうして裏に書いておけば……」相手のオーラに気圧されて、ぼくは口ごもった。

ぼくは連絡すると約束し、相手と握手して別れた。ジャンからは面接の際の口上は一切なかった。

「はじめまして」も「失礼します」も。一言も口を利かなかった。ぼくはこの男に魅了されてしまった。

ぼくはデルパール監督のオフィスに駆け込んで、ものすごい逸材を見つけたと告げた。監督は写真を見て、あまり二枚目には見えないなと言った。ぼくもそれは認めるが、あくまでも候補に加えるよう粘った。この男だったら品行方正な伍長の役どころに打ってつけではないか。監督は疑わしげだったが、ジャンに会うことを承諾してくれた。

数日後、ジャン・レノが再びプロダクションにやってきた。監督との面接は五分で終わった。帰りがけにジャンはぼくのオフィスに立ち寄った。この前とは顔つきが一変していた。地に足がつかず、感動しているのがありありと見てとれる。

「先日は申し訳なかった、横柄な態度をとって。ただ、この業界で食べていくのはたいへんで、自分の身は自分で守らなくてはならないから」ジャンはあきれるくらい正直に言った。

たったそれだけで、ぼくはすっかり心を許した。ジャンがどんな人生を歩んできたのかは何も知らない。だが、ぼくらは同じ星のもとに生まれたのだと感じた。二人とも同じ孤独の海を泳いできた重い体を引きずっているのだ。

「これはきみにとっては不本意な役かもしれない。でも、金が必要なら……」ぼくは率直に言った。

「やらせてもらうよ」ためらわずに答えが返ってきた。

ジャンはすでに二人の子持ちだったのだ。

「今日、きみがぼくのためにしてくれたことは一生恩に着るよ」ジャンは涙目になって言った。

ぼくは恩を返してもらうことを心から期待していた。というのも、ぼくが書いた短編にジャンにもってこいの役があるのだが、資金の調達がむずかしく、ギャラはとても払えそうになかったからだ。

優秀なチーフ助監督がそうするように、ぼくは毎朝一番乗りでロケ現場に入る……つもりでいるのだが、いつもジャンが先に来ていた。ジャンは伍長に扮し、後ろ手を組んで石段の上に立ち、ぼくに声をかけた。

「おはようございます、ベッソン二等兵」

「おはよう、レノ伍長殿」それが毎朝の日課だった。

冗談を飛ばしたり目配せしたりして、ぼくらは気脈を通じ合い、友情の礎を築いていった。

一方で、監督は撮影に手こずっていた。なにしろ演劇畑の人なので、フレーミングの観念がなく、イマジナリーラインを越えてはいけないという原則がわかっていなかったのだ。

カメラの位置一つとっても、こっちから撮るか、あっちから撮るか、どうしたらいいか、日に二十回は訊いてくる。その度に、「ラインを跨いじゃってます」「それは駄目です」などと答えることになる。

「また例のなんちゃらラインというやつかい？　まったく面倒臭いな！　じゃあ、どこから撮ればいいんだよ」監督は一日中がなり立てていた。

ぼくは根気よく、イマジナリーラインをどう結ぶか、カメラはどことどこに配置するか、どんな構図で撮るといいかを進言した。監督の仕事を代行しているようなものだが、少しも苦にならない。それどころか、ありがたいくらいだった。なんてったって、責任を負わずに腕を磨くことができるのだから。一週間もすると監督はすっかり味をしめ、いつもぼくに前もって次のシーンの大筋を決めさせるようになった。監督がやってくると、ぼくはカット割りを提案し、監督は将軍のごとき鷹《おう》揚《よう》さで頷いた。

主演のミシェル・ガラブリュはといえば、いったん楽屋に引っ込んでしまうとなかなか出てこないことが多かった。どうもこの撮影に熱が入らないらしい。三十分以上待たせるときにはいつもぼくが迎えにやらされた。楽屋に入ると、ミシェルは叱られる子どもみたいにうなだれている。

「セリフは入っています?」ぼくは優しく声をかける。

「まあね!」思わず吹き出してしまうようなしかめっ面を作って、向こうが答える。

その都度、ぼくはセリフの練習をさせた。ミシェルは馬鹿馬鹿しくてセリフを覚える気になれないのだ。その気持ちはわからないでもない。

「さっさと済ませてしまえば、早くお家へ帰れますよ」ぼくは説得する。

すると、ミシェルは勢いよく立ち上がり、おどけた身振り手振りでロケセットへ歩いていく。本人としてはこれから戦場へ向かう気持ちでいるのかもしれない。

ミシェル・ガラブリュについてはこんなエピソードが印象に残っている。兵士と町の有力者たちが役場に押しかけるシーンで、間もなく撮影が始まろうとしているときのことだ。ミシェルは小声で冗談を囁いては周りの役者を笑わせていた。そこに、突然、監督からスタートの声がかかり、ミシェルは即座に真顔になって演技に集中した。ところが、ほかの役者たちはそうはいかない。笑いすぎてまだ涙を拭っていた。ミシェルはみんなを油断させておいて出し抜いたのだ。ライバルたちは一人残らずまんまとはめられていた。

監督はまったく気づかず撮影を続行し、次のショットに移った。

ぼくはしばしば唖然として、教訓を心に刻んだ。役者というのは扱いにくい生き物だ。抜け目がなくて、涙を誘うかと思えばそら恐ろしく、実にパワフルだ。その点に気をつけたうえで、役者のことを理解して、動かせるようにならなくてはいけない。

一九八二年

ジャン゠ジャック・ベネックスの『ディーバ』がセザール賞のいくつかの部門にノミネートされた。監督自身もこれまでまったく無名だったし、作品も話題になるまでには時間がかかった。ベネックス監督は映画作りに憧れている世代のヒーローだ。ぼくたちの手本だし、成功は不可能ではないという証でもある。

授賞式の模様を見たくても、部屋にはテレビがない。だが、シャンゼリゼ通りのロカテル〔テレビなどのレンタル会社〕の店舗なら、夜間でも展示用のテレビが点いている。

ぼくは凍えるような寒さのなか、ショーウィンドウの前に立っていた。

ジャン゠ジャック・ベネックスが壇上に上がると、ぼくは嬉しさと希望で胸がいっぱいになった。あいにくテレビは分厚いガラスの向こうにあって、長々と続く受賞スピーチは一言も聞きとれなかったけれど、監督の瞳からは、ぼくには欠かせない希望のすべてが読み取れた。そのとき、ぼくは心に決めた。よし、もう一度短編を撮ろう。

一作目は大失敗に終わったけれど、ピエール・ジョリヴェのクリップを完成させたことで、少し自信がついてきたところだ。それに、何週間か前になるが、十八区をぶらついているときに見つけた異色のロケーションもある。それは解体中の映画館で、壁の一部がぶち抜かれていた。二階にホールがあって、通りから、スクリーンと向き合う客席の赤いシートを見ることができた。その光景には、観客の秘部を暴いてしまったかのような、淫靡《いんび》な何かが感じられた。そのときから、ぼくはビルの解体工事の現場や、崩壊して生気のなくなった住居を探すようになった。それらの場所にはこの世の終焉《しゅうえん》を思わせる舞台装置がすでにできあがっているのだ。これをセットで作ろうと思ったらとんでもなく金がかかることだろう。

頭のなかに、黙示録後の世界を舞台にした単純なストーリーが浮かんだ。二人の男が最後の生き残りを賭けて戦う。やがて片方が相手を打ち負かしたとき、三人目の男が現れて、そいつに殺されてしまうのだ。タイトルは『最後から二番目の男』にするつもりだ。この程度のシナリオでは映画に革命は起こせやしない。それでも、ぼくは謙虚に身の丈に合った映画を撮りたいと思った。シンプルで良質なものを作るように努めよう。それができれば十分だ。

ぼくはジャン・レノに電話をかけ、カフェで落ち合って新作の話を持ち出した。

「言っておくけど、只働きはしないよ」ジャンはいきなり先制パンチを繰り出した。

その喧嘩腰のもの言いにやや面食らって、ぼくはしどろもどろに釈明した。映画を作る資金がなくて、ギャラは百フラン（十五ユーロ）しか払えないと。

「OK、それでいい。金の話はこれでおしまいにしよう」ジャンは言った。

交渉成立。ジャンにとって重要なのは金額ではなく原則なのだ。ギャラを支払われることで自分は正当に役者として評価されたことになる。そのがっしりとした立派な体軀《たいく》の下には不安が隠れていることに、ぼくは気づきはじめていた。この男、なりはでかくても気は小さいのだ。そういったところも含め、ジャンのすべてに好感が持てた。

相手役にはフランソワ・クリュゼがいいと思い、本人に打診した。役者としてまだ経験は浅いが、巷では話題になっている。フランソワは頭脳派で、ぼくを質問攻めにした。ストーリー、登場人物の来歴やアイデンティティ、性格的な特徴などなど……。ぼくは、これは二人の男が殴り合いをする八分間のショートフィルムで、同じモノクロでも『市民ケーン』のような作品ではないのだと説明した。しかし、フランソワはとことん追究するタイプで、一瞬一瞬を役者として生きている。エベレストを前にして武者震いをする登山家にも似ている。フランソワならマチネでモリエールの喜劇を、ソワレでシェークスピアの悲劇をやらせてもこなしてしまうのだろう。ぼくなどとうてい及びもつかない次元にいる。ぼくの短編ではもの足りなすぎるのだ。結局、フランソワは今回のオファーをやんわりと辞退した。

ぼくはがっかりして、ピエール・ジョリヴェにこぼしたところ、ピエールは少し気を悪くしたようだった。自分という仲間がいながら、どうしてクリュゼなんぞに話を持っていったのか、と。ぼくからすれば、まさに仲間だったからこそピエールに声をかけなかったのだ。ぼくは映画監督としてまだまだ世間から認知されていない。だから、友だちのよしみで出演してくれる役者は使いたくなかった。自分の力量で世間を納得させたかったのだ。だが、そのときのぼくにはどう自分を売り込めばいいかわからなかったし、誰もぼくの仕事に興味を持ってくれなかった。興味を持ってくれているのは、ぼくを信じてくれる仲間だけで、その筆頭にいるのが、ピエール、ジャン、エリックの三人だった。

なんだかんだ言ったところで、結局は、ピエールとジャンが主役の二人を演じ、エリックが音楽を担当することになった。

衣装係はヴァロワールの青い髪のパンク娘、マルティーヌ・ラパンに連絡をとって引き受けてもらった。それから、ブザンソンで監督の経験をしたフィリップ・ド・ショワンに、今度は助監督をやってもらうことにした。また、『ツー・ライオンズ・イン・ザ・サン』ではカメラマンだったカルロ・ヴァリーニを撮影主任に抜擢《ばってき》した。撮影は週末に予定しておいた。セットは既存の構造物をそのまま使う。しかも無許可で。撮影機材は土日に休む撮影現場から借りてきた。

衣装については、義父のフランソワのヘルメット工場には産業廃棄物が山とあるので、そこから材料を拾ってきて、マルティーヌとぼくで幾晩もかけて作り上げた。

撮影用のクレーンを借りる余裕はないが、梯子で代用すれば問題ない。梯子の先端にカメラを固定し、反対側にバランスをとるための錘をつけ、人間が梯子の中央に立って回転軸の役割をすればいいのだ。少し練習を重ねれば、それで十分に対応できた。

撮影の準備はカフェの店内でおこなわれた。オフィスを借りるなんてとんでもない。そんな金があったら、映像に注ぎ込むべきだろう。

店のど真ん中で、ジャン・レノが長い両腕を広げ、マルティーヌが端から端までの寸法を測る。ぼくらのオフィス使用料は日に三杯のコーヒー代だけで済んだが、店主に毎回ご辛抱願うわけにはいかないので毎日店を変えるようにした。

土曜の朝六時、奇襲作戦よろしく撮影が決行された。

念には念を入れ、ぼくはそれぞれのショットをどの位置から撮るかきっちり決めておいた。各ショットには五分以上時間をかけないようにする。巡回中の警備員がいた場合に、見つからないようにするためだ。といっても週末だから、工事現場の警備員ならむしろ宿舎で寝て過ごしているに違いなかった（ヴィジピラット計画〔政府主導のテロ対策〕などなかった時代の話だ）。

ロケセットの一つ一つが、壁が大きくえぐられていたり、崩れ落ちていたりしている建物だったので、ぼくらは週末を終末の世で過ごしている気分だった。

本作ではシネマスコープ方式を採用し、一つ一つの画面構図に気を配った。ピエールもジャンもぼくの指示どおりに動き、撮影はスムーズに進行した。今回はしっかりとテーマを持った作品になりそうだった。

あっという間に映画は完成し、スタッフだけで上映会をすることになった。

試写室の前でぼくたちは順番を待っていた。なかではちょうど、ベルトラン・タヴェルニエ監督最新作のラッシュ試写がおこなわれていた。試写が終わって入れ替わる際、ピエールがベルトラン監督に声をかけ、ぼくたちの完成作品を見ていかないかと誘った。ベルトラン・タヴェルニエといえば、映画界の大御所として尊敬を集めている人だ。ぼくはドキドキした。

上映が終了すると、監督は笑みを浮かべてぼくを称える一方で、プロの目できちんと批評してくれた。ぼくにとってこれほど嬉しいことはなかった。褒め言葉は自尊心をくすぐる以外、何の役にも立たない。作品を批評することで、監督はぼくを認めてくれたのだ。ようやく映画人の仲間入りができたような気がして、ぼくは小躍りした。

数々の映画祭に応募した結果、この作品はアヴォリアッツ国際ファンタスティック映画祭の短編部門にノミネートされた。

というわけで、いざアルプスへ。映画祭の開催地は雪上に着陸した巨大な宇宙船を思わせる最高のスキー天国だった。

短編部門のノミネート作品は全部で十本。ぼくたちはそれぞれの出品作を鑑賞したが、上映中、会場内はひどい有様だった。観客は行儀が悪く、映画の内容などそっちのけで、絶えず野次を飛ばしている。そのハチャメチャぶりにはパトリス・ルコント監督のリゾート地を舞台にした群像喜劇を見る思いがした。確かに目を引くような作品ばかりではないかもしれないが、作り手がどれほど苦労してここまでやってきたかを慮ると、少しくらいは敬意を払ってくれてもよさそうなものだ。

ぼくの作品は最後から二番目の上映だった。タイトルの『最後から二番目……』がスクリーンに現れると、観客はどっと笑って喝采した。

「やれやれ、このあとにまだ一つ残っているのか！」ジャーナリストの一人が大声で茶化すと、ホール中が腹を抱えて笑った。

こんな状況で自分の作品を見るなんて無理だ。ぼくはホールをあとにした。

短編部門のグランプリは、ヌイイから来たロシュフコー何某が受賞した。長いマフラーを巻いた長髪の青年で、作品はゴダールがコメディに思えてしまうくらい、すこぶる難解なものだった。青年は賞金二万フランと翌年の短編部門の出品権利を手にした。『最後から二番目の男』は何ら反響がなく、注目を引かなかった。ぼくはお墨付きをもらえずに、手ぶらで帰った。

パリに戻ってから、地下鉄構内を舞台にした映画のシナリオを仕上げることにした。ピエールの手を借りてストーリーは確たるものになりつつあった。ぼくは大手の映画会社を回った。

これまでと大きく異なるのは、自己PRで二本の自主制作作品を提示できるようになったことだ。もちろん、ピエール・ジョリヴェのビデオクリップと『最後から二番目の男』の二本で、片やカラーのミュージックビデオ、片やモノクロでシネスコサイズのSF作品だ。幅広い制作活動をアピールすることはできるかもしれないが、ぼくには肝心なものが欠けていた。それは知名度だ。映画畑でぼくの名前は知られていないし、製作大手の系列に所属しているわけでもないから、プロデューサーのほとんどは会ってもくれない。ただ一人、わざわざぼくに会ってくれた女性がいた。マリー＝クリスティーヌ・ド・モンブリアルといって、ゴーモン社に勤めている。マリー＝クリスティーヌは三十代で、履いているハイヒールから声の感じまで徹底して毛並みのよさが感じられるが、笑顔が母親のように親しみやすい。才能のあるなしはさておき、ぼくの映画に対する熱意と愛情に心を動かされたようで、出資を募りたいならまずは出演者を決めることだとアドバイスしてくれた。

そこで、ぼくは再びフランソワ・クリュゼに話を持っていった。今度は二本の映像作品を引っ提げて会いに行くから、それで少しは信用してもらえるのではないかと思ったのだが、フランソワは人気があってスケジュールを調整するのはたいへんそうだった。それでも何とか「スケジュールが空いていたらね」という答えを引き出すや、マリー＝クリスティーヌには「出演の承諾を得た」と言い換えて伝えた。

ところが、ゴーモン社の上層部は若手のフランソワのことを知らず、話はおじゃんになった。マリー＝クリスティーヌから電話で知らせを受け、目の前が真っ暗になった。二か月という約束で他人の厚意で借りている小さなアパルトマンの真ん中で、ぼくは肘掛椅子に座り込んでしまった。もう力も出ない。人生にも見放された。自分には価値がない。才能もない。家族もいない。恋人もいない。そして、今、将来の望みも絶たれてしまった。

こんなとき、ぼくはいつも一、二時間泣き続ける。気の済むまで雨を降らせる嵐のようにひたすら泣く。そして待つ。少し風が出てくれれば、必ずや嵐は過ぎ去っていく。朝になれば涙はすっかり乾いていて、再び空は晴れている。

食料品を調達しに街へ出て、解体中のビルの前を通りかかった。世界の終焉の舞台装置はなおもパリのあちこちにある。ご自由にお使いください。安上がりでしょう？　そんなメッセージを投げかけられているような気がした。最初にスクラッチを擦《こす》ったときにはハズレが出たが、まだ当たりが出るチャンスは残っている。

ふと、『最後から二番目の男』で音響効果を担当したアンドレ・ノダンと交わした会話が頭を過った。アンドレはあの作品をとても気に入って、ピエールとぼくにこう言ったのだ。

「どうしてこれで長編を撮らないのかい？　ストーリーはおもしろいし、ロケセットはただで使いたい放題。大所帯の撮影チームも必要ない。それに、短編が撮れるなら長編だって撮れるはずだ」

あのときは、ぼくらに輪をかけて素っ頓狂な奴だと思ったものだが、よくよく考えれば、あいつの言うことは筋が通っている。長編は短編を引き伸ばしたものなのだ。

ぼくが電話で長編のアイディアを伝えると、ピエールは一も二もなくこの話に飛びついた。ジャン・レノとエリック・セラも乗り気だった。ぼくはピエールと一週間でシナリオを書き上げた。シナリオの枚数は十二ページ。作品のタイトルは『最後の戦い』と決まった。

ピエールはアドレス帳を取り出し、次々と名前をリストアップしていった。そのうちの女性二人に協力を仰げそうだという。歌手のマリー＝ポール・ベルとプロデューサーのミシェル・ド・ブロカだ。ピエールは二人を説き伏せてそれぞれ三万フラン（五千ユーロ）の出資を取りつけた。お二人には感謝してもしきれない。ショービジネス界広しといえど、この企画を信じてくれたのはこの二人だけだった。刷新すべきは旧態依然としたフランス映画界の構造であり、その度量の狭さには首を傾げざるを得ない。

短編二本を撮った若造は、のちに六十本のシナリオを書き、十八作品の監督を務め、その製作作品は百五十を数えることになる。映画業界にそれを予測できた者がいなかったのは残念だ。とはいえ、十二歳のルイス・ハミルトンと出会ったモータースポーツ界の人間は、誰もが、ルイスが将来優秀なレーサーになることを見抜いていたのだ。

しかし、芸術はスポーツとは違う。芸術のことは芸術家にしかわからない。芸術家以外の人々は川岸にいて、船が通るのを眺めているだけなのだ。

ぼくの映画の企画はパリ中の製作会社、配給会社に断られた。空前の大ヒットとなった『スター・ウォーズ』が全米中の撮影所に拒否されたのと同じように。ジョージ・ルーカスの例に励まされ、ぼくたちは映画業界の外に出資者を探し続けた。

四人がぼくたちに協力を申し出てくれた。

一人目はコンスタンタン・アレクサンドロフ。ロシア出身の旅行代理店の経営者で、三十万フラン（五万ユーロ）の出資を約束してくれた。

二人目はフィリップ・ド・ショワン。使いきれずに残っていた祖母の遺産を提供してくれた。

三人目はジョリヴェ兄弟の友人で、靴屋のオーナーだった。快く二万フラン（三千ユーロ）を出してくれた。

最後は偶然に出会った若者だった。交通事故で片脚を失っていたが、映画で小さな役がもらえるなら事故の保険金を出したいという。ぼくは承諾したものの、結局、役はあげられなかった。その代わり、青年は毎日撮影に立ち会った。

以上がぼくの初の長編作のスポンサーの面々だ。製作者として持つべき徳を備えた、製作者にふさわしい本物の製作者たちだ。金儲けが目的ではなく、芸術家のあとに続き、冒険に夢に参加するためにそこにいる。夢を見ることには金では計れない価値があるのだ。

主役の二人はピエール・ジョリヴェとジャン・レノに決まっていたが、三人目の男を演じる俳優が必要だった。第一候補はジャン・ブイーズで、ぼくの大好きな役者なのだが、事務所に出演交渉を阻まれた。

ジャン・ブイーズが所属していた〈アールメディア〉は当時最大手の芸能プロダクションで、何をするにもそこを通さなければならず、役者に会わせてもくれない。ところが、ぼくはツイていた。身近にブイーズの奥さんのイザベル・サドヤンを知っているという人間がいて、その伝手《つて》で本人に会えることになったのだ。

ぼくたちはカフェで待ち合わせた。ブイーズはイザベル夫人を伴って現れた。本当に仲睦まじい、ほれぼれするようなカップルだった。二人とも長編のシナリオと『最後から二番目の男』の両方を気に入って、出演を快諾してくれた。ぼくは小躍りしたが、すぐに事務所のことが気になった。事務所を通さなかったことで、ブイーズの立場がまずいことになりはしないだろうか。すると、ブイーズは心配することはないと言ってくれた。ギャラと撮影日数については了解済みだし、あとは自分が事務所に説明しておくから、と。

芸術家はエージェントの目を盗んで創作活動をしなくてはならないのだろうか。なんだか世の中は逆行している。信者であることを隠して、地下室でこっそり祈る必要があった時代でもあるまいに。

第十四章　『最後の戦い』

少しずつスタッフが決まり、撮影の準備が進んでいった。チーフ助監督を務めるのはコマーシャルフィルムの撮影で知り合った男だ。少しだけ年上で、ぼくと同じく映画のシナリオを書いている。自身初の長編作品らしい。ぼくより頭がよくて、はるかに計画性がある。こちらが後先を考えずに突っ走るのをおもしろそうに眺めていたが、ぼくの決意の固さには一目置いている様子だった。ところが、ある日、自分は船を下りると言い出した。次々と行く手に立ちふさがる障壁がどんどん厚みを増していくにもかかわらず、ぼくが突進していくのを見て、これは沈没するぞと判断したらしい。もっと割りのいい仕事を見つけたとかいうのではなく、ただ、ぼくがまったく無謀で現実を無視していると危ぶんだからだ。

「リュック、きみにはこの映画は絶対に撮れない。だって、コネもないしカネもないじゃないか。きみは夢を見ているんだよ」友人が同情してくれているような口ぶりだった。

向かっ腹が立ったが、相手の態度に横柄なところはまるでなく、怒鳴り返すこともできない。ただ衝撃をまともに食らい、確信の壁にひびが入ったことは確かだ。それでも、乗りかかった船。大洋の真ん中で引き返すわけにはいかない。

「野心を持つのは結構なことだが、きみは強情を張って、バカな真似をしている」相手は止《とど》めを刺しに来た。

いや、屈辱をなめるよりはバカな真似をするほうがいい。

「野心とは、誰よりも強く夢見ることなのさ」ぼくは誇らしく言い返した。

相手は微笑んで頑張ってくれと言い、部屋を出ていったきり二度と戻ってこなかった。

金のないときには優秀な人間を採用しない。ただみたいな給料でもいいから映画を作りたいという人間を選ぶ。

ぼくは新しいチーフ助監督を見つけてきた。今度の青年は吃音がある。感じのいい奴だが、意思の疎通にとんでもなく時間がかかってしまう。時間を節約するため、向こうが口ごもると、その先を引き取って代わりに言ってやろうとするのだが、いつも見当外れで、答えが返ってくるまでに余計に時間がかかる。そこで、質問するときは、イエスかノーで答えられるように心がけた。

この助監督が自分の友だちを大勢連れてきてくれた。全員が失業中で、失業者のままでいたいという連中だ。失業給付をもらっているから、職安には内緒にしていてほしいそうだ。別にぼくのほうは構わない。どのみち彼らに払える金などないのだから。

ギャラが安くても、スタッフが集まってくる方法はある。それは格上げしてやることだ。ぼくは、ファラルド監督の映画でカメラマンをしていたカルロ・ヴァリーニに、撮影主任としてチームに加わらないかと誘ってみた。すでにカルロは短編のほうでも撮影主任を務めてくれているが、今度の作品が正式に長編デビュー作となる。

とにかく粘ったり駆け引きしたり、あの手この手を使いつつ、ぼくは撮影の準備を進めていった。

ところが、クランクインの三週間前になって、吃音の助監督が話したいことがあるという。一時間かけて聴き取ったところ、辞めたいということだった。もっと実入りのいいテレビ映画の働き口を見つけたらしい。ぼくとしては恨み言を言うわけにもいかなかった。なにせ三週間前から給料を払っていないのだから。困ったのは、助監督がスタッフの大半を連れて辞めていったことだ。助監督も制作進行も美術係もいなくなってしまった。あとに残ったのは衣装係のマルティーヌと撮影主任のカルロだけだった。演出見習いが辞めずに残ってくれていたので、チーフ助監督にしてやると持ちかけたら、向こうは恐縮して辞退した。もちろん、そこまでの技量がないからだ。

「チーフ助監督になるか、クビになるか、どちらか選びたまえ」ぼくは容赦しなかった。

悠長なことを言っている暇はないのだ。撮影は二週間後に迫っている。金もないし、撮影許可もとっていない。見習いの青年はこちらの要求を受け入れた。とにかく失業するよりはましなのだろう。

青年の名はパトリック・アレサンドラン、まだ二十歳かそこらだった。セカンド助監督には、パトリックの友だちのまた友だちが就いた。このセカンドはフランス南西部から出てきた訛りのきつい男で、ディディエ・グルッセといった。後年、ぼくはこの二人の監督デビュー作をプロデュースすることになる。

撮影の準備はソフィー・シュミットのアパルトマンを借りておこなった。ソフィーはぼくのパートナーでもあり、『最後から二番目の男』の編集の際に知り合った。鳥のようにか細い女性で、体重は四十キロそこそこといったところだろうか。煙草は一日に一箱を空けてしまう強者《つわもの》だ。今回の長編では編集助手として、スタッフに加わっている。

ソフィーのアパルトマンはナシヨン広場にある建物の最上階にあった。アニエールにあった母方の祖母のアパルトマンを思い出す。居間とキッチンと浴室が廊下の奥にあり、寝室が反対側の突き当たりにある。

ぼくたちは強い信頼関係で結ばれていた。愛情以上に、真の友情を見つけたと思っている。ソフィーは少しも媚《こ》びることなく、何につけても、訊かれもしないのにずけずけと自分の意見を述べた。それでもソフィーの支えはありがたく、自分は本当に助けられていると実感したものだ。

予算面では苦労のし通しで、フィリップ・ド・ショワンが前払いしてくれた資金で何とかやり繰りしていた。予算の大半をロシア人の旅行業者コンスタンタン・アレクサンドロフの出資金でまかなうことになっていたのだが、経営がたいへんとかで、送金は先送りにされていた。

ストーリーでは家電量販店のダルティが登場するシーンがある。そのシーンでは、世界の終焉らしく店舗が深さ一メートルの水に浸かっているのだ。ダルティ側はスポンサーとして金を出す用意があるようだが、ラッシュを見て看板が映っているのを確かめてからでないと、約束の一万フランは支払えないという。

そんなわけで、撮影に入る頃には口座に千八百フラン（三百ユーロ）しか残っていなかった。最初の二日分の昼食代を払ったら、すっからかんになってしまう。しかたがない。撮影は正午から始めることにして、ぼくはスタッフ全員に昼食を済ませてから現場に入るように連絡した。同時に、ロケセットは食堂のテントを設営できないような廃墟ばかりを選んだ。

撮影初日、ぼくは六時に目覚めた。しっかりと朝食をとり、シナリオをもう一度はじめから終わりまで読み直し、この日の撮影のカット割りを確認する。準備完了。ぼくは地下鉄に乗ってガリバルディ駅で降りた。

撮影場所は破壊され尽くしたビルの解体現場だ。地面が膨大な瓦礫に覆われて悪夢のような光景を見せている。撮影地点へ向かって歩いていくと、遠くにスタッフの姿が見えた。突然、原始的本能的な恐怖がこみ上げてきて、ぼくは朝食を全部吐いてしまった。脚ががくがくした。辞めていったチーフ助監督の声が脳裡によみがえる。きみは自分に嘘をついている、この映画はできっこない……。

ダイビングで真っ先に教わるのは、パニックを起こさないということだ。パニックは死を意味する。呼吸を整え、落ち着きを取り戻し、心拍数を抑えなくてはならない。街の真ん中にいながら、自分が水深四十メートルの海中で魚の網に絡まってしまったかに思えた。ぼくは両目を閉じ、静かに息を吸って自分に問いかけた。

今日やるべきことは？——八つのショットを撮る。

まずはショットを撮ることはできるか？——できる。

では、それを八回続けてできるか？——できる。

たった一日で映画を作ろうってわけじゃないんだ。一年がかりでやればいい。今日は八つのショットを撮るだけだ。家を建てるときのことを考えてみろ。レンガを一つ置き、その隣にまた一つ置く。そうやって一つ一つ並べて壁を作るじゃないか。壁が一枚上がったら、また次の壁に取りかかり、四方の壁を作っていく。

映画も同じことだぞ。ショットを一つずつ撮影していけばいいんだ。

パニックは遠のいた。崖道におびえないように遮眼帯をつけられた馬になった気分だ。

ショットを一つずつ撮影する。それだけだ。

ぼくは何事もなかったように撮影地点に着くと、最初のショットを撮るために次々と指示を出した。十五分で終わる。残り七つだ。

こうして撮影初日は無事終了した。楽勝だったと言ってもいい。ぼくはこれまでの人生、ずっとこの仕事に携わってきたような気になっていた。

翌日から三日間はピエールとジャンの戦いのシーンだった。これを二十五のショットに割って撮る。ぼくたちは念入りにリハーサルを重ねた。フィルムに余裕がないため一つのショットにつき二回しか撮れないからだ。

四日目にはじめてみんなでラッシュを見た。ここまで撮影してきたモノクロの映像は上々の出来で、文句のつけようもなかった。スタッフ全員が心を奪われ、口々にぼくの采配ぶりを絶賛する。褒められてぼくは有頂天になり、風船が膨らむように自負心が肥大化していった。

翌日、ぼくはレイバンのサングラスをして現場入りした。すでに心はカンヌに向かって飛んでいる。

そこに四十がらみのエキストラの男性が通りかかった。この業界で生き残るのに必死になっている手合いだ。二十年以上役者稼業を続けてきて、ぼくみたいな愚か者を何人も見てきたに違いない。

「おやおや、三日間監督をやってみて、さっそくレイバンですか？　ずいぶんご機嫌ですね」男性が声をかけてきた。

その男性はぼくを敵に回そうとしたわけではない。鏡に自分の姿を映してみるがいいと、暗に戒めてくれたのだ。ぼくは口ごもりながら体裁を取り繕うような言い訳をしてその場を離れたが、頭のなかでは先ほどの役者の言葉がぐるぐる回っていた。三十あまりのショットがうまく撮れただけで、いい作品を作ったつもりになるのはまだ早い。単に、前半戦で先制のゴールを決めたに過ぎないのだ。ぼくはこの日、うぬぼれは創造の最大の敵であることを学んだ。そして、謙虚さこそが最大の味方になるのだろうということも。撮影中、ぼくは二度とレイバンをかけることはなかった。

その週の金曜の朝、ピエールとぼくはスタッフを集め、夕方支払うことになっていた一週間分の給料が払えないことを打ち明けた。例のロシア人がずるずると送金を先延ばしにして、来月になったら振り込むと言ってきたのだ。実のところは、ラッシュをもっと見てから、出資を確定させたいらしい。スタッフたちは自分たちの仕事に自信があったから、多少文句は垂れたものの、基本的には給料の遅配を了承してくれた。ぼくはスタッフが信頼を寄せてくれることに心から感謝の言葉を述べ、その日の撮影に臨んだ。

編集に関しては、クロード・ルルーシュ監督作品の編集を手がけた編集技師を口説き落とし、編集主任を引き受けてもらった。スタッフのなかで華々しい経歴を持つのはこの技師一人なので、ぼくたちは大物を引き当てた気分になった。人に作品の話をするときは、監督や役者の名前を挙げなくてもこう言えばいい。「スタッフにルルーシュ監督と仕事をしてきた編集マンがいるんですよ」と。それだけで、みんなが感嘆の声を上げる。

編集技師は自宅に二つのモニターが付いたスタインベックのフィルム編集台を持っていた。報酬が後払いになることや、ソフィーを助手につけることは了解をとった。

日曜日、編集済みのシーンをチェックするため、ぼくは編集技師宅を訪ねた。

それはピエールとジャンが戦うシーンだった。ぼくはきっちり二十五のカットに分けて撮影していたので、それらをつないだものが見られるかと思うと、ワクワクして興奮が収まらなかった。ところが、である。いざ見せてもらうと、この編集技師はカットの順番を無視して勝手に並べ替えていたのだ。最初に見たとき、ぼくは何も言わないでおいた。本人がこのシーンをまったく理解していないのか、それとも、独自の解釈にこちらがついていけないのか……。なにしろ相手はルルーシュの編集技師殿だから、きちんとこちらの意図を説明するためにも、ぼくは気を遣いながらもう一度見せてほしいと頼んだ。

二度目の確認が終わったとき、ぼくはすっかり幻滅していた。場面の流れがちぐはぐで、辻褄《つじつま》が合わないのだ。ぼくは相手にわかるようにていねいに説明した。まずは、撮影の順番どおりに編集してもらって、提案はそれからにしてほしかったのですが、と。すると、技師はニヤッと笑って編集機を止め、鼻持ちならないほど驕り高ぶった態度で椅子にふんぞり返った。さては、オーソン・ウェルズの講釈でも始まるのか。

「いいかい、きみ。撮影というのはつまり、こういうことだ。きみは素材を選んでくればいい。こっちは編集でそいつを加工し命を与える。撮影が切り取る現実と編集が作り出す現実は当然違うものになる。ぼくの役目は監督の領域に踏み込んで、監督自身も見たことのないような作品を生み出すことなんだよ。きみがそれに同意できないというのなら、今すぐぼくたちの協力関係は解消したほうがいいね」

まさかこんな脅しをかけてくるとは……。信じられなかった。編集はまだ始まったばかりなのに。この男は、これがぼくの初の監督作品で、預けたラッシュが第一週に撮った一本目のフィルムであることを知っている。そして、ぼくたちに金がないことも。その弱みにつけ込んで、ルルーシュ監督に対してはとてもできないような主張をぼくには平気で突きつけてくる。みんなと同じく、この男も自分の存在を示したいのだろうが、一つ忘れていることがある。ぼくは若輩者で、失うものなんて何もない。まだそんな口を利こうとするなら、一発お見舞いしてやってもいいのだ。

「いいか、こっちはちゃんと順序を考えて撮っているんだ。編集で見たいのはそれなんだ。自分のやろうとしていることを邪魔されるつもりはない。相手が何様であろうとね。もう編集してもらわなくて結構。あばよ！」ぼくは殴りたいのを堪《こら》えて言った。

相手は慌てふためいた。強気に出たのは間違いだったとわかったようで、甘ったるいお世辞を並べて和解に持ち込もうとしたが、ぼくはラッシュを取り返し、さっさとその場をあとにした。

編集主任のポストにはソフィーが昇格して就いた。

二週目はヴィヴィエンヌ通りにある解体中のアーケードで撮影した。跡地には国立図書館の別館が建設される予定らしい。『最後から二番目の男』のロケでも使っているので、週末の警備員の見回りをごまかす術は心得ていた。この週の目玉は、空から魚の雨が降ってくるシーンだった。巨大な竜巻が洋上を移動しながら海水とともに魚を巻き上げ、千キロ以上も離れた内陸部へ吹き飛ばしたという筋書きだ。

主人公は中庭にいる。四方は廃墟と化したビルだ。と、天からの恵みのように魚が一匹降ってくる。続いて二匹。さらに四匹。それからは雨あられと降りかかる。今ならどんな特撮会社でも一週間で作り上げてくれる特殊効果だが、ぼくたちには外注に頼る金がない。そこで日曜の朝、友人を総動員して、めいめいに籠一杯の魚を持たせた。魚といってもタラの一種で、猫の餌にするような雑魚だ。友人らはそれを抱えて廃墟となった建物の階上へ上がり、各自がそれぞれの窓の前に待機した。友人たちだけではない。メイク係も衣装係も、カメラの周りにいないスタッフは残らず全員だ。

ぼくは主役のピエールに活を入れた。一発でOKを出さなくてはならない。活魚がテイク2まで持ってくれるとは限らないからだ。

雨については、助監督がBHV《ベーアッシュヴェー》百貨店からホースを二本黙って拝借してきて、それを隣のビルの管理人室の水道につないだ。

カメラが回り出す。魚が一匹落ちてくる。続いて二匹目、そして三匹目。

ピエールが魚の雨に降られている。ぼくが大声で魚の降らせ方の加減を指示する一方で、助監督がホースでカメラの前に水を撒いている。

傍から見ればそうとう罰当たりなことをしているようだが、結果はもう最高だった。ジョージ・ルーカスの特撮会社ILMでもこうはいくまい。

使い物になりそうな魚を集めてきてもう一回撮ってみたが、今度はテイク1ほどの成果は得られなかった。そこで撮影は終了した。

ぼくをはじめスタッフ総出で魚を拾い集め、自宅の引越しだとごまかして知人から借りてきた軽トラックに積み込んだ。積み終えると、小道具係がキャットフード加工会社へまっしぐら。トラック一台分の魚を三千フランで売りつけてきた。この小道具係は、前日ドーヴィルの港に行って五千フランで魚を仕入れてきたので、この映画最大の見せ場を二千フランで撮影した計算になる。今でいうと三百ユーロあまりだ。アメリカの製作会社が毎朝大スターの楽屋へ届ける花にかける金額と同じくらいというところか。

次の週からはアンドレ＝シトロエン河岸通りの近辺で撮影した。そこに取り壊し中の広大な工場の敷地があるのだ。あとにはカナル・プリュス本社の新社屋が建つ予定だという。急ピッチで解体作業が進んでいるので、ぐずぐずしてはいられなかった。

ロケ現場はバラール車両保管場に隣接していた。そこには駐車違反で牽引された車が大量に置かれ、巨大な屑鉄市場を見る思いがした。

その日は砂嵐のシーンだった。ト書きには《激しい風が吹きまくり、主人公は自分の住み処になかなかたどり着けない》とある。ぼくたちは飛行機のエンジンほどもあるどでかい送風機を借りてきていた。

砂嵐に見せかけるため、カメラを回している間中、みんなにはスコップなどで砂をすくってプロペラめがけて放り投げてもらった。

近くの工事現場から頂戴してきた三トンの砂がすっかりなくなるまで、続けざまに数ショットを撮る。

見事なシーンが撮れてよかったが、その後一週間は髪や地肌にこびりついた砂に悩まされることになった。

撮影終了後、車両保管場の責任者だという警備主任がやってきた。肩を叩かれて、ぼくは砂漠の戦士さながらのゴーグルをとって挨拶した。

警備主任は無言で親指を立てて見せた。ＯＫサインではない。保管場に二センチほど降り積もっている砂を指しているのだ。

どうもこちらで吹き飛ばした砂が奥の壁に激しくぶつかって跳ね返り、ぼくらの頭上を越えて、保管場の車の上にあまねく降り注いでしまったらしい。

ぼくは平謝りに謝って、その日の残りの時間は保管場の掃除にあてた。

その数日後には、家電量販店ダルティのシーンの撮影があった。

ぼくらはアンドレ＝シトロエン河岸通りの廃工場の建物の二階のだだっ広い部屋に目をつけ、そこをロケセットに利用した。出入口を小さなレンガの壁で塞ぎ、雨水を溜めるのに農家で使われているようなビニールシートで床や壁を覆った。

美術主任は撮影当初から苦労のしどおしだった。有り合わせのもので工夫したり、使い回したりするのはもう懲り懲りだ。口約束の給料は当てにならない。そう言い捨てて、いきなり現場を離脱し、よそへと移っていった。外でのロケがなく、ちゃんと給料がもらえて、予算の心配もなく、寒さに震えなくて済むスタジオの仕事を選んだのだ。

ロケセットを完成させずにいなくなったのは痛手だった。一方で、本人も最低限のルールが守れなかった。船が岸を離れたら、下船するわけにはいかない。この男はささやかな快適さのほうを採ったのだ。これからどれほど場数を踏んでいくかは知らないが、きっと凡庸な美術主任のままで終わるだろう。

残りのメンバーで何とかセットを完成させ、このにわか作りの水槽にタンクローリー二台分の水を注ぎ入れた。摂氏十度、お世辞にもきれいな水とは言い難い。セットはマドレーヌ地区にあるダルティの店舗の地下売場をそっくり真似た。

このシーンでは、ピエールがガスコンロを探して、半分水に浸かった洗濯機の上を飛び移っていく。すると、突然、水中に怪物の影が現れ、ピエールに危険が迫るという筋書きだ。

ところが、誰もその怪物の役をやりたがらない。ろくに食事にありつけなくても、給料がもらえるかどうかわからなくても我慢できる。だが、母親でさえわが子とは気づかないような役のために、不潔で冷たい水中に身を沈めるなどごめんこうむるというわけだ。

ならばしかたない。ぼくはカメラをカルロ・ヴァリーニに任せ、ウェットスーツを取り出した。マルティーヌにボロやらガラクタやらをベタベタ貼りつけられた体で、ぼくは素潜りを敢行し青緑色の水の底を這いずり回ることになった。とにかく、こんなにシビれるダイビングは経験したことがない。何回か撮り直したあとで助監督がストップをかけた。ぼくの顔が、死体置場でしかお目にかかれないような色に変わりつつあったからだ。どのみちセットは水漏れしていて、もう一度撮り直せるほど水は残っていなかった。

ぼくが小さなガスヒーターのそばで冷え切った体を温めていると、先日の警備主任がまたやってきた。一難去ってまた一難。車両保管場が今度は水浸しになっているという。ああ、砂浜の次は海と来たか。二階に作ったセットから漏れ出た水が保管場に流れ込んだのだ。その日の残りは、全員で水を掻き出す羽目になった。

最後の戦いのシーンにはそれにふさわしいとびきりの舞台を見つけておいた。パリ郊外のプレイエルの交差点付近の電力公社の廃墟のなかにある給電指令室だ。三方の壁が一面びっしりと制御装置盤で覆われ、天井がガラス張りになっているのも申し分ない。ところが、助監督から悩ましい情報がもたらされた。聞くところによると、月曜にブルドーザーが入り、朝から取り壊しが始まるらしいのだ。

このシーンの撮影には二日をかける予定だったが、日曜日の一日だけで撮り切らなくてはならなくなった。

日曜日、明け方から撮影が始まった。まず、主人公が追われるショットと男が主人公を追うショットをまとめて撮っていく。正午になる頃には、最後の戦闘の場となる給電指令室に向かうシーンを撮っていた。

この電力公社のロケ現場にたどり着くには、文字どおり這いつくばって壁にあいた穴を通り抜けることになる。それしか方法がないのだ。壁を抜けると、そこにあるのは世界の終焉で、ジャンもピエールもとことん役にのめり込んでいた。のめり込みすぎるあまり、ピエールはジャンの顔にルーフキャリアを叩きつけてしまい、ジャンは眉の上を切って血が止まらなくなった。メイク係が持っていた絆創膏《ばんそうこう》二枚ではとても間に合わず、助監督が緊急医療サービスを呼んだ。間もなく医師がこの凄まじい現場に駆けつけてきた。瓦礫《がれき》の山を掻き分け、穴を這ってくぐりぬけ、ようやく折り畳み椅子に掛けているジャンまでたどり着く。ジャンはその巨体を原始的な防具で覆い、手には剣を握ったままだ。ぼくたちもみな、荒廃した世界をさまよう悲惨な種族か、はたまたゾンビのような風体だった。警察に通報されて全員が施設に送られてもおかしくはないのに、医師はこちらの熱意を汲み取ってくれたのか、何も言わずにその場でジャンの傷口を縫合した。結局四針縫うことになったのだが、ぼくは治療費すら払えず、カルロ・ヴァリーニに立て替えてもらった。

「ジャン、大丈夫か？　続けられそう？」

ぼくが恐る恐るたずねると、ジャンは頷いた。役になりきっている。何をもってしてもジャンを引き留めることはできないだろう。敵と最後まで戦い抜くつもりなのだ。そして、夕方には死ななければならないことも知っている。しかし、このアクシデントで時間をロスしてしまい、給電指令室にたどり着いたときには二時間遅れの十六時になっていた。あと一時間十五分で天窓から太陽の光が差し込まなくなる。そうなったら、明かりが足りず撮影は続行できない。

カルロはもう無理だという顔になっているが、ぼくらに諦めるという選択肢はない。この場所は、明日の朝にも取り壊されてしまうのだ。だから、演出を変えればいい。カメラを手持ちに変えて全シーンを撮ることにする。当然ながら、一つ一つリハーサルしている暇などない。けれども、すでに出だしの動きは考えてあった。よし、まずはそれで始めてみよう。

ほかのみんなを部屋から閉め出し、ぼくとジャンとピエールとカルロとフォーカスマンだけが残った。

最初のアクションはぼくのカメラで撮影する。続いて次のアクションを反対側のポジションからカルロのカメラが捉える。リバースショットだ。そして、さらに次のアクションに続く。ぼくたちはその場にあった家具や壁や小物類を活用した。信じられないくらい創造のエネルギーがあとからあとから湧いてくる。

過剰にならない。何一つ無駄にしない。一向に勢いの衰えないエンドレスの波に乗るかのごとく。一台のカメラで長回しをしているように、呼吸を合わせ、次々とショットを撮り続ける。なめらかにスピーディーに。

ぼくらは汗だくで、Tシャツで顔を拭っては、五分ごとにフィルムを交換した。その一連の動作の流れにひたすら身を任せた。いつの間にかぼくは知恵をつけ、このひとときは忘れ得ぬ創造の時間となった。ぼくらは自分たちの神である映画に仕えるために生きていた。映画のためなら明日死んでも構わなかった。取り壊されることになっているこのロケセットもろとも。

戦闘シーンの最後のショットは、ぼくがカメラを肩に担いで撮影した。ピエールがジャンを鉄の棒でめった打ちにしてから、自らも床に倒れ込む。ピエールの姿がフレームの外へ切れ、とっさにカメラを上に振ると、まさに太陽が天窓の端から消えゆくところだった。ここでショットは終了し、戦闘シーンも終わる。ぼくらはこのロケセットを日没の最後の光線に至るまで、一滴も余さず絞りとるようにして活用し尽くした。

ピエールとジャンはサムライのように礼を尽くし、握手を交わしている。ぼくは床にへたり込んでしまった。これ以上立っているのは無理だった。ほかのスタッフがなかに入ってきた。彼らの存在すらぼくは忘れていた。

翌朝、建物は予定どおりに取り壊された。ちなみにそこからほど近い場所に、やはり廃用になった火力発電所があるが、そちらは三十年後に映画スタジオや映画学校のある複合施設〈映画都市《シテ・デュ・シネマ》〉に生まれ変わる。

次の週の撮影は、母の一家が暮らすプチ゠パリから数キロのところにある石灰岩の採石場でおこなわれた。そこに目をつけたのも、母に撮影隊の食事を用意してもらって、現場まで届けてもらえるという点で有利だったからだ。それだけでもかなりの節約になる。

採石場は使われないまま放置されていた。削りとられた白っぽい崖の岩肌に、えぐられた丘。この世の終焉にはもってこいのロケーションだ。

筋書では、生き残りのならず者たちがこの場所で車上暮らしをしている。連中が寝泊まりしている車はどれもポンコツばかりである。

ということで、ポンコツの車両は現場の数キロ先にある自動車修理工場から調達してきた。持ち主不明の放置車両のストックから十五台ほど貸してくれたのだ。運搬に必要なレッカー車のガソリン代だけを負担してくれればいいという。現場に運び込まれた車を画になるように配置する作業は撮影スタッフに任せた。

撮影は五日間の予定で始まった。いつも正午になると母が食事を持ってきてくれる。ぼくはせいぜい豪華に頼むと言っておいた。スタッフたちには給料を払っていないので、せめてたらふく食べてもらいたかったのだ。母はぼくの期待に応え、みんなのことをフォワグラにする気かと思うくらいたっぷりと料理を用意してきた。

フランソワも撮影の様子を見に来たが、オンボロ車が雑然と置かれている光景にむかついたと見え、五分もしないうちに帰ってしまった。

撮影は順調で、移動撮影のために借りてきた台車《ドリー》専用のレール三組をフルに活用した。レールのレンタル料金はなんとか工面することができたのだ。

けれども、カメラのレンズは三二ミリと五〇ミリの二枚しか用意できなかった。この二枚だけで全編を撮るのは厳しいが、なにせ余裕がない。撮影期間中、ずっとレンズ一式をレンタルしたままでいるわけにもいかないのだ。そこで、ぼくらは一計を案じた。クローズアップで撮りたいときは、撮影助手がアルガ社へ走ってひとまず一〇〇ミリのレンズを注文する。助手は街でカメラテストをしたいからと言って見本を寸借し、車で待機している助監督に渡す。レンズを託された助監督は撮影現場に急行、ぼくがクローズアップを撮り終えるとすぐにアルガ社に引き返し、そこで待ち受けている撮影助手にレンズを返す。そのあとは、助手がなんだかんだいちゃもんをつけて注文をキャンセルし、レンズを返却するといった運びだ。しかし、その手はすぐにバレてしまった。したがって、作品を通してクローズアップで撮ったショットは三つしかない。

その前の週のラッシュが申し分なかったので、ぼくは少し自信が出てきた。

ただ気になることがあった。いつもたいてい同じショットを二回だけ撮るようにしているのだが、そのうちの一つが必ずピンぼけになっているのだ。レンズの目盛りを合わせるときには、フォーカスマンが「ピント合っています」と請け合ってくれる。なのに、なぜかピントがいつも甘い。幸いどちらかのテイクがちゃんと撮れているからいいようなものの、その分、編集の際に選択肢が限られることになるから手放しで喜べない。だが、この週は戸外の大空のもとでの撮影なので、その心配はいらないはずだった。絞りを閉じてパンフォーカスに設定すればいい。

ぼくは移動撮影の準備をしていて、妙な臭いに気づいた。吸ったことはないが、ジョイントの臭いだ。以前から父が吸っていたので、すぐわかる。何度も勧められたが、父がドロンと淀《よど》んだ目つきをしていたので、とても吸う気にはなれなかったのだが……。

猟犬のように臭いの出どころを探っていると、ほかでもない、フォーカスマンがドリーに腰かけてぷかぷか吹かしているではないか。

ピントがボケていたのはカメラのせいではない。この男のせいだったのだ。こいつがいい気になって朝から晩までジョイントを吹かしやがっていたせいで、十日前から、ぼくはピンぼけのショットを撮らされていたのだ。おまけにフォーカスマンがジョイント漬けになっていることを、ほかのみんなは最初から知っていたというのだから、ぼくもそうとうなバカ野郎に違いない。

ぼくは男をこっぴどく叱りつけた。男は台車から降り、ぼくに伴われて自分の車へ向かった。こいつの助手でスキンヘッドの品のない不良娘もグルだったこともわかり、同時に二人が辞めていった。二人の映画の冒険ももはやこれまでというところか。

翌日には、新しい撮影助手がやってきた。ヴァンサン・ジャノとフランソワ・ジャンティの二人で、どちらも前の晩のうちにラッシュを見て、喜んで撮影チームに参加してくれたのだ。この二人とはこのあと五本の映画を一緒に撮ることになる。

この日は晴天だった。ロングショットを撮るには都合がいい。

移動撮影をするためレールを敷き、ドリーにカメラを設置する。

撮影開始。生き残りの男たちがポンコツ車の間を抜けて歩いてくる。よし、いいショットが撮れたぞと思いきや、背景に何か違和感がある。よく見ると、フレームの中央にこちらに向かって歩いてくる男の姿が入っているではないか。

「カット！」

現場への進入を遮る係がいないにしても、こんな採石場に迷い込んでくるなんて、いったいどうしたのだろうか……。その答えはようやくその一分後にわかる。

目の前に現れた男は二十歳前後の青年だった。農夫のようながっしりとした体格で、身にまとっているのは七〇年代ファッションだ。青年はポンコツのなかの車輪のない一台を指さして、ドスの利いた声で言い放った。

「そこにある車は俺のもんだ！」まるで自分の女を盗られでもしたかのような口ぶりだ。

青年が主張するには、その車は二年前から自動車修理工場の廃車置き場に雨ざらしになっていて、いつも仕事へ行く途中に眺めていたものらしい。

「今すぐ返せよ」まるで駄々をこねる子どものようだ。

「なら、持っていけよ」ぼくは意地悪く答えた。

かといって、脇に抱えて持って帰れるような代物でもない。相手はかっとなり、怒りと屈辱をない交ぜにして屁理屈をこね出した。いいか、車を取り返すまで、俺はここから動かないぞ。ずっと居座って撮影を邪魔してやる、と。ぼくはぼくで〝世界の終末〟の境地にいたものだから、じゃあ目にもの見せてやろうじゃないかとばかり、相手につかみかかりそうになった。

助監督が慌てて間に割って入り、ぼくを押しやって、代わりに青年と交渉を始めた。結局、車はこの日一日貸してもらうことになり、借り賃は二十フランで、とりあえず十フランを先に払っておいて、残りは撮影が終わってから払うということで話がまとまった。ぼくは一フランも持ち合わせがなかったから、スタッフたちが金を出し合って、撮影は続行した。

給料を辛抱して待ってくれるスタッフのおかげで、撮影は滞りなく続いていたが、口座の金はすでに底をついていた。

ラッシュを見ると、これまでどおりきれいに撮れているのだが、部分的にスタティックマークのような白い筋状のものが現れているのに気づいた。現像所は誓って自分たちの責任ではない、フィルムのせいだと断言する。そこでぼくたちは製造元のアグフア社の人間を呼んだ。慌てふためいて駆けつけた社員は、すぐに調査すると約束し、それまでの間に合わせに、サンプルフィルムの詰まった車のトランクから百二十メートルのフィルム一缶を取り出して渡してくれた。ぼくたちにとっては金塊みたいなものだ。

それ以来、ぼくたちは毎週のように苦情の電話をかけ、アグファ社の社員が撮影現場にやってくると、撮影助手がその車を撮影の邪魔にならない場所へ駐車させ、ついでにトランクのサンプルフィルム二缶をせしめてきたのだった。アグファ社が気前よく提供してくれたこの異例のプレゼントは、撮影で使用したフィルムの十分の一にあたる。まさにアグファ社さまさまだ。

ちなみに、ネガに入っていた白い筋については、こちら側には一切責任がないことが判明した。フィルムは核廃棄物を輸送する貨物列車に積まれてドイツを経由してきたそうで、放射線の影響を受けてしまったらしい。まあ、映画の内容を考えれば、さもありなんという話だろう。

翌週からは再びパリに戻って撮影した。撮影はたいてい正午から始まった。というのも、午前中はピエールが金策に奔走していたからだ。ゴーモン社は会ってはくれたものの、話には乗ってこなかった。ほかの映画会社は面会すらかなわなかった。

ある日、ぼくらはヴィヴィエンヌ通りのパリ証券取引所の隣で撮影をしていた。この通りにはクラブメッドの本社もあり、父はチュニジアに異動になる前、そこの四階で働いていた。

昼食はレストランでとることにした。全部で十五人分だから、六百フラン（百ユーロ）以上にはなるはずだ。もちろん、ぼくにはとうてい払えない。そこで、父を訪ねて食事に誘った。食事が終わる頃、おごってもらうのを当てにしていたことを打ち明けると、父は嫌な顔一つせずに勘定を済ませてくれた。ただ、その眼差しから、ぼくのことを心配しているのがわかった。父の目にはぼくが帆もなく羅針盤もなく航海をする酔いどれ船の船長のように映ったのだろう。そう見られてもしかたがないが、必ずしもそうではないのだ。ぼくには自分の行くべき場所がわかっている。わからないのは、そこに到達できるのかどうかということだけだ。毎日撮影を終えられていることが奇跡だった。一日を終えさえすれば、また新たな一日を始められる。だが、それを終えられる保証はないのだ。

例のロシア人、コンスタンタン・アレクサンドロフについては、もう十分にラッシュを見せたこともあり、ちびりちびりとではあるが、資金を提供してくれるようになった。

やがて、ピエールが配給業者を見つけてきた。大手ではないがボルドー地方にしっかりした基盤を持っているらしい。先方はとりあえず前払い分として六万フラン（一万ユーロ）の手形を振り出して配給を請け負う約束をしてくれた。つまりそれは、ぼくらが後日現金を受け取れるといういわば保証付きの契約ということになる。

そんなわけで、手形の割引をしてくれそうな銀行を探す必要も生じてきた。映画業界を支援するため、映画関連の契約の手形を割り引いてくれる専門機関はあったが、こちら側は実際に業界に属しているとはとても言い難く、ぼくの製作会社〈レ・フィルム・デュ・ルー〉にしても短編映画専門なので、正式に長編を製作する権利すら持っていなかった。

ピエールはそうした問題を解決しようと午前中いっぱい駆けずりまわったあとで、終末の世界を生きる主人公の衣装をまとう毎日だった。今考えると、もはや文明など存在していないような架空の世界より、実際に生きている現実社会のほうがぼくらに対してつれなかったとはおもしろい。ぼくが息をしていられるのは撮影現場にいるときだけだった。現場の外では人間が策に溺れ、巨大なカオスが渦巻いているように思えた。

ぼくらはすさんだ夢に生き、舵が利かない現実においてはすでに死に体となっていた。現実からぼくらを守ってくれたのはぼくらの夢だった。

第十五章　受賞、そしてゴーモン社試写室へ

十一週にわたる撮影がついにクランクアップを迎えた。果てしなく続くように思われた苦難の日々だった。作品は無から生み出され、不可能から作り上げた。ひとたび限界を超えてしまえば、もう限界はなくなるということだ。

小道具係が父親の経営するピザレストランで打ち上げの席を用意してくれた。全員が幸せを噛みしめていた。作品が完成するのはまだずっと先のことで、公開がいつになるのかは誰にもわからない。それでも、自分たちが確実に成果をあげたことや、排他的な業界の体制の隙間をすり抜けて潜り込めたことはわかっていた。創造の世界は開かれた世界であるべきなのに、実際はきわめて閉鎖的な世界だ。そこにはエリートしか入れてもらえない。だが、ついにトロイに木馬が入り込んだのだ。そして、ぼくら戦士は最後の夢を叶えるまで闘い続けることになる。

実はまだ撮っていないシークエンスが残っていた。ピエールが砂丘を歩く場面で、砂漠で何ショットか撮影する必要がある。このロケには最小限のスタッフで臨む。というわけで、ぼくたちはチュニスに向けて出発した。チュニスにはクラブメッドの本社から異動になった父がいる。

到着すると、その足で撮影許可を申請しにチュニジアの文化省に向かった。ところが、四時間近くも待たされる羽目になり、さすがに堪忍袋の緒が切れた。

「わたしはチュニジアを紹介する映画を撮るためにフランス文化省から派遣されてきた者ですが、いったいこれはどういうことでしょう？　先ほどからずっと待たされっ放しなのですが」ぼくは廊下で大声を出した。

数分後、文化大臣が直々にお出ましになり、ぼくは執務室に通された。

大臣の机の上には、テレビ番組『ムッシュー・シネマ』の映画紹介カードのコレクションケースが二つも置かれている。ならば、相手は映画通ということではないか。そこで、ぼくはアラン・ドロンやモーリス・ピアラやトランティニャンの話題に触れ、また、ぼくを支援してくれた友人たちの話を披露した。

大臣は目を輝かせてこちらの話に聞き入った。それに乗じてぼくは説明をした。今回は何日間かテスト撮影をするだけですが、満足のいくものが撮れれば、数週間後にまた来ます。サハラ砂漠を取り上げた壮大な作品にするつもりです。今のところ、映画の内容は極秘事項となっており、詳細はお話しできないのですが……。大臣はすっかり信じ込んで、撮影許可書に証印してくれた。

父の現地の知り合いにユーロップカーの支配人がいるので車を手配してもらい、週末いっぱいルノー9を借りられることになった。

いざ出発。チュニジア南部にある本物の砂漠に会いに行く。片道五百キロの道のりだ。車には機材と、総勢四名のロケ隊が乗る。ピエールに、カルロに、撮影助手のヴァンサン・ジャノ。運転はぼくが引き受けた。

行きと帰りに十回ばかり検問があった。検問所の憲兵はこちらの許可書を検めようとするが、明らかに何が書いてあるのか読めないようだった。それでも文化省のレターヘッドと証印があるだけで、ぼくらの一行が怪しまれずに済んだことは確かだ。

撮影はほんの数時間で終わった。ショットは全部で六つ。

そこまではよかったのだが、車を砂丘に近づけすぎたせいで、なんと！　なんとタイヤが砂に埋まってしまったのだ。そこから抜け出すのに二時間。シャベルの用意がなく、手で砂を掻き出す羽目になったからだ。

満天の星の下、車を飛ばして帰り着いたのは朝食どきだった。父は英雄を迎えるように一行をもてなしてくれた。ぼくらはこの先一週間は生きていけるくらいのご馳走を腹に詰め込むと、すぐにパリに戻った。

これで本当に撮影は完了した。ぼくにはほんのわずかなエネルギーも残っていなかった。ぼくはさっそく体調を崩し、それから一週間というものベッドの上で生活することになった。

ソフィーの編集は順調に進んでいたが、音入れの作業はまだだった。音は想像するしかない。資金不足はいよいよ深刻になってきていた。

音楽担当のエリック・セラが作業に取りかかることができるようにフィルムをコピーするための金さえないのだ。

とにかく編集を終わらせて、無声のまま試写会を開かなければ。だから、出資者が作品の完成に向けて援助しようという気になるくらいのいい出来を期待したい。

ほかにもやらなければならないことがあった。お役所関係の手続きだ。作品は許可をとらずゲリラ的なロケを続けて作り上げたものなので、公式にはぼくらは実体の伴わない集団ということになるらしい。国立映画映像センターの女性職員から撮影終了の届け出を求められたが、そもそも撮影開始届を提出していないのだ。いやはや、そんなものが必要だったとは……。

この業界では、ぼくはどこの馬の骨ともわからない不法滞在者だった。だが、身元ならはっきりしている。ぼくは身元保証など必要のない世界からやってきたのだ。

相談に乗ってもらえそうな人を探すうちに、ぼくは一人のプロデューサーの名前に目を留めた。ルイ・デュシェーヌ。六十近くの大ベテランの男性だ。業界のあらゆるからくりやルールに通じていて、自主制作の映画に関してのみ全般的な業務を請け負っている。

会いに行くなり、ぼくは大きな封筒を手渡した。なかには制作にかかった経費の明細やら請求書やらがそっくり入っている。ぼくがやったことといえば、それらをひたすら溜めに溜めておくことだけだったのだ。それがよほど衝撃だったらしく、相手は原始人でも見るような目でぼくをまじまじと見つめた。デュシェーヌ氏は半年かけてそれらを全部整理し、国立映画映像センターに作品登録をして、公認申請をしてくれたのだった。

デュシェーヌ氏と面会した日からしばらくして、例のボルドーの配給業者のために、シャンゼリゼ通りの上映室で試写会を催した。前払いすると約束していた六万フランはまだ払われていなかったのだ。大きなスクリーンで全編通して見るのはぼくもはじめてだった。音入れをしていないのでやや粗い印象があったが、それでも感動ものだった。決して安易な作りにはなっていない。独自のスタイルを持ち、構図も決まっている。役者たちは申し分ない。セリフはなくても、そこには言葉があり、作品が言わんとしていることが伝わってきた。これならパトリック・グランペレもいいと言ってくれるのではないだろうか。ぼくの両親がこれを見たら……まあ、それはいずれわかるだろう。

上映のほうは順調に運んでいたのだが、ボルドーの配給業者が作品に物言いをつけてきた。ぱっとしない。理解できない。おもしろくない。これを映画館主たちに見せるのは恥ずかしい、とまでのたまう。

ぼくはひどくショックを受けた。それでも、前向きにアドバイスに耳を傾けようと努めた。

「まず、登場人物たちがセリフを喋らなくてどうするんですか！」相手は文句を垂れた。

ぼくはこの作品の主旨を思い出してほしいと言った。みんな有毒ガスで声帯をやられてしまって、喋ることができないんです。シナリオにも書いてあったはずですよ。それに、セリフがないのがお気に召さないのだとしても、作品はすでに撮り終えてしまっていますから。今さらどうやってセリフをつければいいというんです？ 役者の口が動いていないのは誰の目にも明らかでしょう？

すると、相手は映画史上最もふるった反論で切り返してきた。

「こっちに背中を向けているときに喋らせればいいのでは？」ユーモアの欠片もあったものではない。

ぼくは唖然とした。束の間、役者が背中を向けている全シーンでセリフを言っているさまを想像してみる。いや、ありえない。それをやるなら、ジャン・レノにバレリーナの格好をさせてもおかしくないことになるだろう。ぼくは深い淵のそばに立たされている気分だった、買い手と作り手を分かつ深い裂け目に。チャーリー・チャップリンもプロデューサーに同じことを言われただろうか。その可能性は大いにある。

しかし、このボルドー野郎の口撃はそれだけにとどまらなかった。

「カラーにするべきです！」

お次はそう来たか。ぼくは再び応戦した。最初に話しておきましたよね？　モノクロの作品を撮っているって。さらに畳みかける。モノクロにすることで時間を超越した側面を持たせることができるんです。それによって時代を超えて生き続ける作品になると思います。ぼくは力説したが、向こうにとって、そんなことはどうでもいいらしい。この作品の未来は今日で決まると言わんばかりだ。野郎はカラーにしようと言ってきかなかった。こちらにそんな余裕などないことを繰り返しても、主張を通そうとする。

「そんなに金をかけずに色をつける方法がありますよ。瞳を青く塗るだけでもいい、それだけでも少しは色味のある感じがするでしょう。ただみたいな料金でそれをやってくれるポーランドの会社を知っていますから」愚か者特有の自信をもって言ってのける。

ぼくはぎょっとするあまり、言葉に詰まった。

「考えておきます」窮地を脱したい一心でそう答えておいた。

相手はこちらの動揺を読みとり、それに乗じて作品をさんざんこき下ろし、あげくの果てには、極めつけの屁理屈をぶつけてきた。

「それに、最後のシーン、あれは中途半端でいけませんな。同じ女優を使って撮り直してください。オッパイは下手に隠さず、露わにするべきですよ！」シェフよろしく料理法は心得ているとでも言いたげである。

要するに、ぼくたちの映画にはセリフと色とエロスが欠けているというわけなのだ。

ぼくはおとなしくしていたが、ピエールのほうがブチ切れて、今にも相手につかみかかりそうな勢いだった。実は、胸を見せろと言われた女優はピエールのガールフレンドだったのだ。

ピエールは語気を荒らげ、凄みを利かせた。そのいきなりの変容ぶりに野郎はたじたじとなり、言葉に窮してしまった。同席していたソフィーも端からはらわたが煮えくり返っていたと見え、我慢できずに罵り出す。野郎は追い詰められて、罵声を浴びながらほうほうの体《てい》で退散していった。

このボルドーの配給業者だが、実は、試写を見る前から契約を破棄するつもりでいたらしい。あれこれ難癖つけてきたのはただのポーズで、ぼくたちを追い込んで貶め、こちらに落ち度があるように仕向けておさらばするための方法に過ぎなかったのだ。

ピエールは、試写会なんてやらなければよかったと恨めしそうに言い、余憤さめやらぬ様子で出ていった。

ソフィーも腹の虫が収まらず、ぼくを意気地なしと罵って帰ってしまった。ぼくはシャンゼリゼ通りに一人佇み、暗澹《あんたん》たる未来と向き合っていた。

しばらく落ち込んでいるうちに、嵐は去っていった。今、自分が手にしているのはとてもいい作品なのだ。ぼくはせめてそう思い込もうと努めた。

音響効果は今度もアンドレ・ノダンに頼んだ。そう、『最後から二番目の男』を長編にするように勧めてくれたあの音響効果技師だ。

アンドレは就業時間外に作業をするということで仕事を引き受けてくれた。ぼくはあらゆる効果音の録音現場に立ち会ったが、音の世界は新たなる発見の連続だった。

アンドレはアーティストだ。登場人物に命を吹き込み、雄弁で表現に奥行きを持たせた物語性のある音作りをする。たとえば、ジャン・レノが手押し車を押している画。アンドレは古い台所用品を使って、手押し車の車輪がキコキコと軋《きし》む音を創り出した。すると、どうだろう、たちまちそのシーンはコミカルで古めかしい感じになった。軋み音を入れただけで、ジャン扮する男の人物像がくっきりとしてきて、愚鈍で少し滑稽《こっけい》なキャラクターになる。血に飢えた戦士に人間味が加わったのだ。

夜ごとアンドレは自分の言葉でフィルムを書き換えた。彼の言葉は潜像を印画紙に出現させる現像液のような働きをした。

一方、ピエールは友人のRCAミュージックの社長を説きつけて、映画音楽の製作費用を出してもらった。おかげで、エリックはレコーディングができるようになり、ぼくも少しだけトンネルの出口が見えてきたような気がした。

エリックは作曲を終えると、今度は自らほぼすべての楽器の演奏を次々とこなしていった。誰の影響を受けているかは明らかで、ジャコ・パストリアスのようにベースを鳴らし、ハービー・ハンコックさながらに鍵盤を叩く。苦手なのはサックスくらいなもので、サックスのパートはエリックが応援に呼んだ若者が担当した。その若いミュージシャンは末恐ろしいほどの才能を見せつけてくれた。

RCAの社長ができあがった曲を聴きに立ち寄った。そして、満足げにエリックを褒めると二、三のアドバイスをくれた。分《ぶ》をわきまえている人は自分のなすべきこともわかっている。本物のプロが相手だと、得るものがとても大きい。あのボルドー野郎とは雲泥の差がある。

社長はピエールとぼくを車で送ってくれた。マドレーヌ広場の近くにさしかかったとき、街なかにシャンタル・ゴヤのTVショーの新番組を宣伝するポスターがでかでかと貼られているのが目に入った。

「うちがプロデュースしている売れっ子歌手だ！」社長が嬉しそうに言う。

それを聞くなり、ぼくは若気の浅はかさから憤慨した。この人はフリージャズを愛し、マイルス・デイヴィスからウェザー・リポートまで全曲を口ずさめるくらいの音楽の達人なのに、どうしてくだらない仕事に手を染めているのか、あんなイケイケのアイドルごときのプロデュースなんて……。

社長はぼくのほうを向き、親しげに微笑んだ。

「ねえ、リュック。あのシャンタル・ゴヤのおかげで、わたしはきみの映画に金を出せるんだよ」

その言葉に、頭をハンマーで殴られたような衝撃を受けた。

ぼくはその場で教訓を得た。先ほどのぼくのリアクションは偏狭で愚かな小市民も同然だった。身の周りのもの以外は受け入れない、ケチをつけてばかりの青二才そのものだ。否定からは何も生まれない。肯定こそが可能性に向けて開かれた扉なのだ。

ポジティブに捉えるということは、道を切り開くこと、可能性を開拓することだ。何かが豊かになり、何かが実現するという保証はないが、ポジティブに捉えることで活動の範囲が広がる。反対に、ネガティブなままでいれば、いつまでたっても活動の範囲は広がらない。

のちに出会った偉大なアーティストはみなポジティブで、開かれた心の持ち主だった。ファッションデザイナーのカール・ラガーフェルドやジャン＝ポール・ゴルチエ、漫画家のメビウス、ハービー・ハンコック……ほかにも大勢いる。

あのときの一言で、一人の成功がほかの人々にとっては希望になることを学んだ。以来、ぼくはシャンタル・ゴヤに対して一目も二目も置くようになった。そして、今も映画を完成させてくれたことに感謝している。

もちろんこれで映画が完成したわけではない。まだミキシングが残っている。この最終段階でおこなう作業が最も費用がかさむ。

SISは映画の音響を手掛けている会社で、ラ・ガレンヌ＝コロンブにある。アンドレ・ノダンが効果音をつけてくれたのもこの会社の録音室だ。SISの代表は人格者だったが、映画作りで食べている以上は、無償で仕事を引き受けるわけにはいかないと言う。それでも向こうには打つ手があった。新しい音声調整卓《コンソール》を使って新方式の音声技術を試してみたいのだそうだ。当然ながら、かけがえのない自分のフィルムを実験台に使ってもらおうと名乗りを上げる奇特な人などいない。そこで、代表はその新しい技法でもってミキシングをしてみないかと提案してきたのだ。営業時間外の夜間にテストをするのはどうかと言われ、ぼくは一も二もなく承知した。さっそく、その晩の二十二時から、架台に載せたミキシングコンソールで作業が始まった。新しい機器はしょっちゅうへそを曲げ、ときには何時間か作業が中断されることもあったが、別に騒ぎ立てるほどのことでもなく、ぼくらは録音スタジオに卓球台を持ち込んで暇を潰した。

数日後には一巻目のフィルムのミキシングが終わった。音にインパクトがあり、ものすごく見応えのある映像になっている。ぼくらは誇らしさで胸がいっぱいになった。

数週間後に完成を見た『最後の戦い』は、この〈ドルビーステレオ〉と呼ばれる新しい音響方式を採用したフランス初の映画となった。

一九八三年

ぼくらの作品はアヴォリアッツ国際ファンタスティック映画祭への出品がかなった。今度は長編映画部門だ。あの場でショートフィルムを発表してからもうすぐ一年が経つ。いざ、再び雪のマウンテンリゾートへ。

上映用のプリントがまだ上がってきていないため、順番を最後のほうに回してもらうように願い出て、作品は最終日に上映する運びとなった。

ぼくは一足先に出発していた。この作品を外国に売り込むためにも配給会社を見つけなければならないのだ。作品の紹介文だけでは見つかりそうもない。フランスのSF映画、モノクロで無名の若手の監督作品、主役は元コメディアン。これではバイヤーが押しかけてくるわけがないだろう。ゴーモン社は関心を寄せてくれていたはずだが、どこを探しても、肝心のマリー゠クリスティーヌ・ド・モンブリアルの姿が見当たらなかった。

作品の上映は一週間後。つまり、あと一週間、作品を宣伝する時間が残されているということだ。この一週間が勝負どころだ。〈レ・フィルム・デュ・ルー〉の破産を回避できるか、あるいはプリズニックでフライドポテトを売る羽目になるか。

ぼくらの作品に期待している人は皆無で、映画祭のパンフレットにはキャストとスタッフの名前が載っているに過ぎない。ここは作品を広く知らしめる必要がある。ぼくはメディアというメディア、あらゆるラジオ局を当たったが、誰からも相手にされなかった。

「本社が決めることだし、うちらじゃ、どうにもならないんだよ」決まって同じ答えが返ってくる。コンペティション部門の作品はすべて取り上げるのがメディアの務めではないかと論陣を張ってみても、何の手応えもない。

ぼくはひどく失望した。いったい、みんなには好奇心というものがないのだろうか。どいつもこいつも似たり寄ったりで、親分の言いつけに唯々諾々《いいだくだく》と従うのみ。冒険をしようという気概もない。どうやら、映画というのは、センチメンタルな観客を育て、野心のない資産家連中を肥えさせる夢想家たちの手で作られているもののことを指すようだ。

結局、この一週間、一度もインタビューを受けられずじまいだった。配給会社との出合いもなかった。やっとのことで頼みの綱のマリー＝クリスティーヌ・ド・モンブリアルをつかまえたはいいが、今は余裕がないのでパリに帰ってから見せてもらうと言われる始末。ラグビーのプレーで言えば、タッチキックというところだろうか。まあ、彼女の場合、にっこり笑ってスノーブーツでボールを蹴り出したわけだが。

パリからはまだ映写用のプリントが届かず、ぼくは心配になっていた。天気予報で吹雪《ふぶき》と出ていたからだ。吹雪になれば、リゾートまでの道路は閉鎖されてしまうだろう。木曜日、ぼくは雪の積もる街なかを歩きまわった。寒さでバスケットシューズはひび割れていた。配給業者の連中はホテルのスイートにこもってぬくぬくしているというのに。今もってインタビューの予定はなし。ぼくはいよいよ希望を失いかけていた。もう山をいくつも登ってきたような気がするのに、社会という見えない陰険な壁が立ちはだかって、乗り越えることができずにいる。玄関から、窓から、煙突から入ろうと試みたが、いかんともしがたい。あとは強行突破の道しかなかった。

ぼくはラジオ7に押しかけて、映画のPRをさせてほしいと頼み込んだ。もし朝の番組に呼んでくれたら、クロワッサンを差し入れるとまで約束した。すると、居合わせた若い女性のパーソナリティが吹き出した。実際、笑われるだけのことはあったのだ。カナリア色の髪をした山男みたいな若造が、コカ・コーラのステッカーを貼ったスーツケースを引っ張りながら、雪のなかをバスケットシューズで歩きまわっていたのだから無理もない。パーソナリティは自分の朝のトーク番組のなかでPRの時間を作ってくれた。それがぼくがはじめて受けたインタビューとなった。

上映用のプリントが上がり、それを持って助監督がこちらへ向かった、との知らせが入った。だが、空は暗くなり、正面の山々ではすでに雪が降り出していた。

金曜の朝、麓の町に到着した助手から電話がかかってきた。雪山の装備の用意がなくて、上まで上がってこられないという。おまけに、大雪でじきに道路が閉鎖されるだろうとのこと。上映は土曜の午前中だ。ぼくたちに残された時間はあとわずかしかない。

ぼくは思い切って南仏の別荘に滞在しているフランソワに電話をしてみた。そう、母から常々聞かされてきたのだ。あの人はあなたのことをちゃんと愛しているのよ。だけど、どうやってそれを伝えたらいいのかがわからないの、と。ならば、今がその愛情を示すチャンスではないか。

今から二時間で助手のところまで行ってプリントを受け取り、山の上まで上ってこなくてはならない。電話に出た母がぼくの頼みを伝えると、フランソワは渋っている様子だった。だが、母が尻を叩いて、運転席に押し込もうとする。ねえ、いつまでそうやって長男に心を閉ざしているつもり？　わたしの息子が助けを求めているの。そして、わたしはあなたの助けを必要としている。あなたにはそれに応える義務がある。わたしはいつもあなたに尽くしているじゃないの。

母の訴えはフランソワに通じた。二人はヴァール県ラ・ガルド＝フレネを発ち、助手の待つモルジーヌの町に立ち寄ってプリントを受け取ると、アヴォリアッツを目指した。だが、すでに憲兵隊によって道路は閉鎖されていた。その頃、ぼくはアヴォリアッツの入り口に立ち、メルセデスが来るのをまだかまだかと待ちわびていた。

母はパニックになりかけていた。フィルムが映画祭で上映されなければ、生涯、十字架を背負うことになるだろう。一方、フランソワにとっては、これで引き返すに十分な口実ができた。自分はなんとか行こうとしたのに、憲兵隊に阻まれたのだ。自分は少しも悪くない。降りしきる雪と同じく潔白だ。

だが、母から聞いていたとおりだった。フランソワは、その機械油で汚れた鎧の下に、つらい思いをした少年時代を隠していた。ぼくと同じく、ろくに面倒を見てもらえず、愛情に飢えていた少年時代があったのだ。もう辛い思いはしたくない。だから、苦しみは心の奥にしまい込んで忘れることにする。そうやって自分の痛みを忘れることで、フランソワは他人の痛みまでわからなくなっていたのだった。

ところが、この期に及んで再び古傷が疼《うず》き出す。かつて両親は自分をエンジニアにさせようとしていたが、自分にはレーシングドライバーになる夢があったのだ……。過去の記憶がよみがえったそのとき、フランソワは気づいたのではないだろうか。ぼくの人生を救えば、少しは自分も救われるのではないかと。

フランソワは通行止めをしている憲兵にでまかせを並べた。

「ここからすぐのところに友人が住んでいて、会いに行く約束をしているんですけどね」

憲兵はそれを信じて車を通した。

雪が激しく舞っているが、フランソワのメルセデスはチェーンを履いていない。今こそ、昔取った杵柄《きねづか》でレーサーの腕前を証明すべきときだ。

三十分後、闇を貫くヘッドライトが現れた。フランソワだ。間違いない。三時間前からここまで上ってきた車は一台もない。こんな悪天候のなかを運転してくるのは、フランソワの阿呆《あほう》しかいない。目の前にメルセデスが停まる。ぼくは涙ぐんでいた。

今になってやっとわかったのだ。母も、義父も、少しはぼくを愛してくれていることが。全然愛されていないより、無器用な愛のほうがいいに決まっている。

「おまえの映画のせいでこっちはひどい目に遭ったぞ！」

フランソワがそうこぼすと、母が肘で小突いた。

ぼくは吹き出して、二人いっぺんに抱きついた。数分後、ぼくはホールで夜間のリハーサルに立ち会っていた。映写技師がプリントを一本につなぎ、上映用のリールに巻き取る。映画が掛かり、ぼくらは通しで見た。ラボはすばらしい仕事をしてくれていた。プリントは申し分なかった。

リハーサル後、ぼくらは喉を潤しに行った。ホテルのバーでは、どの作品が受賞するかの予想談義でもちきりだった。もちろん、ぼくらの作品は俎上《そじょう》には上がらない。上映がこれからだからだ。一回目の上映は翌朝の十時に予定されている。だが、なかには、見る前からぼくらの作品を落選と決めつけている記者たちもいた。

「無名の監督がコメディアン上がりの役者を使ってモノクロのSFを撮ったのか。まあ、見なくてもいいだろう。俺は明日の朝、パリへ帰るよ！」

縁起でもない。嫌な予感がしてきた。

土曜日、午前十時。ホールは満席で、観客は上機嫌だ。審査員の一団がぼくの前を通ってホールへ入っていった。ジェラール・ウーリー、ミシェル・モルガン、クロード・リッシュ、それから、ジョージ・ミラー、ジャン＝ジャック・アノー、マルト・ケラー、アラン・J・パクラ、そして、ロバート・デ・ニーロの姿もある。

言うなれば『大進撃』『人類創世』『大統領の陰謀』『マッドマックス』『タクシードライバー』の行進だ。ホールに入る前から、ぼくは腹が痛くなった。

間もなく上映が始まった。だが、音が小さすぎる。満席状態により、ホールの吸音力が高まったのだ。これでは、前の晩におこなった調整が意味をなさない。ぼくは映写室へ飛んでいって、音のレベルを三デシベル上げた。

ホールへ戻っても、心配のあまり席に着けず、一番後ろに立ったままでいた。五分ほどすると何人かがホールを出ていった。目の前を通りすぎていく連中を、ぼくは呪うように睨みつけた。だが、続いてまた何人かが席を立つ。さらに、また何人かが……。十五分ほどの間に四十人以上がホールを去っていき、その流れは止まりそうにない。耐えがたい光景に胃が引きつり、ぼくは外に出て雪の上に嘔吐した。

ぼくはピエールのところへ行った。ピエールも緊張に堪えかねて、上映には立ち会わなかったのだ。ぼくたちはホテルのバーで唇を嚙み、しょぼんとした。だが、パンチを食らってもピエールのほうがぼくよりタフだ。三十分もすると立ち直っていた。ぼくたちは映画を完成させたじゃないか。そのことに誇りを持とうぜ。それが一番肝心なことだ。今回はしくじったが、次はもっとうまくやれるよ。さあ、ショー・マスト・ゴー・オン、何があっても続けていくんだ。

ぼくはのろのろとピエールに従い、紙を一枚取り出した。会社が抱える負債額がどれくらいあるのか、二人で計算を始める。プリント代に照明機材のレンタル料、社会保険に付加価値税、その他もろもろ。総額は四百万フラン（七十万ユーロ）近くに上った。ピエールにもぼくにもそんな金はない。ぼくたちは破産申請をしなくてはならないかと覚悟した。もっとも、どんな手続きを踏めばいいのかさえ知らなかったのだが。

暗い気持ちで数字を眺め、またもや落ち込んで一時間ばかり鬱々としていただろうか。ぼくたちは腹をくくり、せめて映画のエンディングには立ち会おうと決めた。だが、会場前にたどり着いたときには、上映が終わっていて観客が出てくるところだった。そのなかに話に夢中になっているグループがいた。どんな感想を持ったのだろう。ぼくはそっと近づいてみた。顔を知られていないから近づくのはわけもない。引越し業者のようにがっしりした体格で長身のゲイが雪上で叫んでいる。

「もう、最高ったらないわ！」

ぼくはそばに行って、何が最高なのか訊いてみた。

「あらやだ、『最後の戦い』に決まっているじゃない。あれは傑作よ！」

「あ……それ、ぼくが撮ったヤツです」思わずポロリと言ってしまった。

相手は一瞬息を呑み、それからぼくの名前を問い質した。なんだったら、こっちはパスポートを提示しようかと思ったくらいだ。

ぼくが名乗ると、相手はそこいら中に触れ回った。

「ねえ、聞いて。すごい映画なのよ。この人、天才よ！」

かくして、ラジオ7のニュースリポーター、ジャン＝ミシェル・グラヴィエはぼくのファン第一号となった。

続いてジャン・ブイーズがホールから出てきた。ジャンは完成した作品を見るのはこれがはじめてだったが、満面の笑みを浮かべて心からぼくを祝福してくれた。

「来てくれ、きみに会いたいっていう人がいるんだ」

ジャンはそう言って、ぼくをマルト・ケラーのところへ連れていった。シドニー・ポラック監督の『ボビー・ディアフィールド』にアル・パチーノと共演したすばらしい女優さんだ。マルトは輝くばかりに美しく、天使のような笑みを湛えていた。

「わたしは審査員だから本当はあなたに話すべきではないのだけれど、予想外の作品だったわ。すばらしかった。自分の仕事に誇りを持っていいわよ」魅力的なオーストリア訛りで言う。

ぼくは操り人形のように何度も頷き、サインをねだりそうになるのを堪えていた。マルトはほかの審査員たちとともに退場していった。ピエールのほうを見ると、向こうも周りから賛辞を浴びている。ぼくと目が合うと、顔を大きくほころばせ、ぼくを抱き締めた。ぼくたちはもう駄目かと思っていたが、なんとか首の皮一枚でつながった。とりあえず、今日のところは。

幸福感に浸るうちに希望が湧いてきた。それでも、会社存続の危機を脱する道は一つしかない。それは賞を獲ることだ。

アヴォリアッツの夜は特に冷え込む。気温は氷点下十五度まで下がっていた。だが、ホテルのバーは暖かく快適だった。ぼくたちは客の話し声に耳を澄ましていたが、これといった情報は得られなかった。目ぼしいメディアはどこも、グランプリはすでに決まったようなものだと考えて、前日のうちに引き上げていた。一番人気は『ダーククリスタル』。TV番組『マペット・ショー』の考案者ジム・ヘンソンとフランク・オズが監督したアメリカのファンタジー作品だ。

ぼくたちは欲張らず小さな賞を狙っていた。技術協会賞かGAN保険グループ賞、あるいはTF1賞あたりならいけるんじゃないだろうか。と言ったところで、賭けるものもなかったのだが。

授賞式当日、ホールは超満員で熱気でむんむんしていた。審査の経緯は一切知らされないため、会場は緊張に包まれていた。ラジオ7のジャン＝ミシェル・グラヴィエの姿も見える。ほかの観客より頭一つ背が高いので、ひときわ目立つ。いまだ陶酔状態にあるらしく、興奮冷めやらぬまま、朝っぱらから手当たりしだい人をつかまえては、「彼は天才よ」などと騒いでいる。ピエールの姿がホールの反対端に見えたが、なにぶん人が多すぎて合流できない。

とうとう審査結果の発表が始まった。ぼくは小さな賞の発表を胸の締めつけられる思いで聞いていた。ぼくたちの作品はどの賞にも該当していなかった。

ぼくはがっくりと肩を落とし、シートの背にぐったりもたれた。希望の灯《ひ》はほんのわずかのうちに燃え尽きてしまった。文無しの状態から脱け出したかと思っていたのもせいぜい数時間のこと。これでまた振り出しに戻ったというわけだ。主演男優賞も獲れず、映画技術や監督にもらえる賞もなし。ぼくは席でうなだれ、もうステージも目に入らなかった。司会者が告げる。

「さあ、いよいよ、残り四つの賞の発表です！」

ぼくだけでなく、誰もが努力してきたのだから、どの作品が受賞しようと勝者に対して文句はないが、心から祝福する気にはなれない。ぼくは自分の世界に閉じこもった。小言に耳を塞ぐ子どもよろしく、周囲の喧騒を寄せつけず、想像の世界に逃げ込んだのだ。

「観客賞は、『最後の戦い』！」司会者が発表する。

肘で小突かれ、顔を上げると、ソフィーが晴れやかな笑顔でぼくを見ている。わけがわからなかった。そんな賞があるなんて知らないから、とっさにどっきりカメラかと思った。だが、みんながこちらを見て拍手している。

ぼくはゾンビのようにおぼつかない足取りで壇上に上がり、ボソボソと「ありがとう」を言うだけ言って自分の席に戻ってきた。何が起きているのか考えられなかった。

「続きまして、審査員特別賞は、『最後の戦い』！」司会者が叫んだ。

ホールは熱狂の渦となった。ソフィーがまたぼくをステージへと押しやる。ステージ上でデ・ニーロから表彰盾を手渡される。まさかカメラが回っていて、すべてがフィクションということではないのか？　デ・ニーロの演技はさすがに完璧だ。エキストラたちも真に迫っている。やがてアラン・J・パーカーが「カット！」と叫び、ぼくはNGを出される。そして、もう一回撮り直すことになって……。デ・ニーロがマイクを差し出す。もちろん、何の準備もしていない。ぼくはもごもごといくつか言葉を並べたが、自分でも支離滅裂なことを言っているのがわかった。

ジャン＝ミシェル・グラヴィエがひときわ大きな声で「天才」と二度叫ぶのが聞こえ、観衆がそれに続いた。ホールの熱狂は収まらない。ぼくは、鶏小屋で何百羽というニワトリたちを前に怖気づく、殻から出たばかりのヒヨコのようだった。

グランプリの発表は自分の席で聞いた。受賞したのは『ダーククリスタル』。予想どおりで、これといって驚きはない。アメリカ人監督二人は列席していなかったので、配給会社の代表が代理でトロフィーを受け取っていた。ところが、授賞式はそれで終わらなかった。プレミア誌のアンリ・

ベアール記者がステージ上に現れ、マイクを握った。

「さて、批評家賞ですが、こちらは満場一致で選ばれた……『最後の戦い』です！」

観客は、フランスチームが決勝進出を決めるゴールを挙げたように沸き立った。

ぼくはもう何が何だかわからなかった。アドレナリンが過剰に分泌され、幸福感と相まって、ディーゼルエンジンを搭載しているかのように心拍数が上がる。こんな状況には慣れていないものだから、目まで回ってきた。誰かに差し出された飴を口に含み、何とか壇上に立つことができた。ぼくはマイクを受け取ると、先ほどとほぼ同じことを順番を入れ替えて喋った。万雷の拍手が巻き起こり、やがて観衆は徐々に席を立ちはじめた。ぼくは両手に盾を抱え、シャツ一枚で氷点下二十度の雪のなか、表に出た。セーターはホールに忘れてきてしまっていた。たちまち、記者の群れが雲《うん》霞《か》のごとく押し寄せてきた。顔の前にマイクを何本も突きつけられる。マイクフラッグにはユーロップ1、RTL（ラジオ・テレビジョン・リュクサンブール）、RMC（ラジオ・モンテカルロ）、フランス・アンテルなどのロゴが見えた。この一週間、ぼくがコンタクトを取ろうとして冷たく退けられたところばかりだ。しかし、ぼくは幸せで胸がいっぱいだったので、仕返ししようとも思わず、矢継ぎ早に繰り出されるハチャメチャでくだらない質問の数々に答えた。

「今、どんなお気持ちですか？」

「受賞して、驚かれましたか？」

「朝食には何を食べましたか？」

「アヴォリアッツは気に入りましたか？」

誰も作品については触れてこない。それもそのはず、見ていないのだから。餌にたかっていたスズメの群れが一斉に飛び立つように記者たちは去っていった。ぼくのシャツは破れ、ボタンが二つなくなっていた。

そんなぼくの肩にコートをかけてくれる人がいた。振り返ると、なんとあのボルドーの配給業者がそこにいるではないか。まったくどこから湧いて出てきたのやら、人の成功を知るなり欲にまみれた笑顔を向けてきやがる。

「いやはや、ものすごい作品に仕上がりましたね！」

その甘ったるい声に虫唾《むしず》が走った。

「ええ、モノクロでセリフがないのが残念賞です！」ぼくはそう答えて、コートを雪の上に振り落としてやった。

映画館の前はごった返していた。夜で、しかも雪のなかを大勢の人が立ったままで話し込んでいる。そのなかで両親を捜すのは一苦労だったが、ようやく母の姿を見つけた。母の顔は涙でぐちゃぐちゃになっていた。もう一時間も泣きどおしだという。ぼくが両腕を広げると、母は飛び込んできて言った。

「ごめんね！　ごめんね！」

それしか言葉が出てこない。子どものように嗚咽《おえつ》しながら、延々とそれを繰り返す。ぼくが抱き締めてやっても、泣きやもうとしない。

「何を謝っているの?」ぼくはたずねた。

「あなたを……信じて……あげられ……なかったこと……」しゃくり上げながら母が言う。

途切れ途切れに話すので、聞き取りにくい。どうもこれまでぼくのことが心配で、不安や疑念を抱いていたようだ。だが、今は過去を総ざらいしているようなときではない。こんな幸せなひとときはそう長くは続かないだろうから、今のうちに十分楽しんでおくべきだ。フランソワがそばに来て、ぼくをまじまじと見つめた。まるで、ぼくが宝くじでも当てたかのようだ。今回の受賞がどれほど影響力を持つことなのか、ピンと来ていないが、喜んではくれているらしい。改めてプリントを届けてぼくを救ってくれたことを感謝すると、フランソワは肩をすくめ、母を促してメルセデスに向かった。深夜、氷点下二十度のなか、二メートルの凍りついた雪の壁の間を運転して帰ることになるのだ。

ぼくは映画祭の閉幕を祝う晩餐会が開かれるグランドホテルへ向かった。ホテルに着くなり、給仕長が特別席へと案内してくれた。途中ですれ違う人は誰もみな、こちらに微笑みかけ、おめでとうと声をかけてくる。みんながぼくを知っていることに驚かされた。つい二時間前までは、ホテルの玄関で保安係に呼び止められ、なかに通してももらえなかったのに。他人から受ける扱いがこうも激変するとは……。ぼくにはそれが胡散臭く感じられた。二時間の間に変化したのは自分ではない。ほかの人たちだ。二時間前より今のほうが幸せなだけで、ぼく自身は変わっていない。朝は野良犬のように見られていたのに、夜には極上の晩餐会の主賓席にいる。

社会がどれほどレッテルやブランドに敏感であるかを知ると、バカらしくなる。たとえぼくに才能があったとしても、それはこのたった二時間のうちに獲得したものではない。けれども、世間では〝賞〟が物を言うらしい。

一人の男性に腕をつかまれた。太い葉巻をくわえ、満面に笑みを湛えている。テレビ司会者のパトリック・サバティィエだった。ブラウン管の外で本物を見るのははじめてだ。

「ブラボー、リュック！　いや、恐れ入ったよ！　ところでなんだが、きみは英語は話せるかい？」サバティエ氏が訊く。

英語と言えば、最後に受けた試験で二十点満点中二点を取り、答案用紙に先生から《前回よりも進歩しています》とコメントが添えられていたことが記憶に新しい。

ぼくが「もちろんです」と答えると、サバティエ氏はそれを疑いもしなかった。

有名な監督ならば、英語くらいペラペラでなきゃ駄目だろう。今はどんな冒険に出てみても大丈夫なような気がしていた。今夜なら、次回作はカリフラワーがねじ回しに恋する話だと発表しても、誰もがすばらしいと言ってくれるに違いない。

サバティエ氏はぼくを階段下まで連れてくると、20世紀フォックスの社長に紹介してくれた。社長はサバティエ氏のよりもっと太い葉巻をくゆらせていて、ぼくにも勧めてくれたが、丁重にお断りした。相手は英語を喋り、ぼくには十に一つの単語しか理解できなかった。とはいえ、さもわかっているようなふりをするくらい何でもない。車の後部に飾る首振り人形のように何度も頷き、相《あい》槌《づち》を打ってみせる。話の内容はだいたいのところ、ロサンゼルスに来た折にはすぐに連絡をくれということらしい。まるで週末はロサンゼルスで過ごしていますというような顔で、ぼくは礼を言って受け取った名刺をしまった。相手が向こうへ行ってしまうや、ぼくは一人ほくそ笑んだ。わが身に起きていることが信じられない。遭難して十年間海の上を漂っていたところを、パーティーの真っただ中にいる億万長者たちの船に拾い上げられたような気分だ。この状況を享受しない手はないだろう。ぼくはどんなアトラクションでもただ乗りが許されるこの遊園地を大いに楽しんだ。

主賓席ではピエールが酔っぱらっていた。葉巻までくわえているのを見て、ぼくは笑いがこみ上げてきた。少しくらい羽目を外したっていいさ。ピエールにはその権利がある。しゃにむに頑張ってきたのだし、ピエール抜きでは作品を完成させることはできなかったのだから。ピエールが満足そうなのを見て、ぼくも嬉しかった。それに、今のうちにせいぜい楽しんでおいたほうがいい。明日はどうなるか知れないのだから。

ジャン＝ジャック・アノー監督が近づいてきた。ぼくの腕に手をかけ、話しておきたいことがあるという。《あなたの『人類創世』を三日連続で見にいきました……》ぼくは思わず口にしかけた言葉を飲み込んだ。《ぼくが刺激を受けたフランス人監督はあなたとベネックス監督だけなんです》

アノー監督の話とはプロモーションのことだった。自分の作品を見守っていきなさい、目を離してはいけない、目ぼしい地方都市を回って上映されるように働きかけ、それから、諸外国にも売り込みをかけるべきだ、というのだ。ぼくはアドバイスに注意深く耳を傾けていたが、実際にはそんなことを言われてもピンと来なかった。ぼくの大それた夢の一つが、シャンゼリゼ通りの映画館で自分の作品が上映されることだったくらいだから、パリ以外で、ましてや外国で上映することなど、夢のまた夢だった。

アノー監督のおかげで、視野が一気に開けた。ぼくはパリのなかにとどまらず、世界を見据えたクリエイターにならなければならない。

「きみの作品にはセリフがない。つまり、言葉の壁がなく、メッセージが普遍的に伝わるということだ。頑張ればどこでも上映することができる」自身がプロデューサーであるかのように、監督は熱っぽく語った。

要するに、もっぱら経済的な事情で採用した映画の手法が、図らずも作品を商業ベースに乗せることになるかもしれないのだ。アノー監督に出会うまでは、そんなことには気づきもしなかった。とはいえ、今のところ、外国どころか国内でも配給先が見つかっていないのだ。シャンゼリゼ通りで上映するためには奮闘努力する必要があるだろう。

ぼくたちはパリに戻った。月曜日、朝刊のほとんどがぼくたちについて取り上げていた。ソフィーとぼくは、ナシヨンにあるアパルトマンの小さな居間で記事の一つ一つにじっくりと目を通した。嬉しいことは嬉しいが、どの記事も自分たちのことを書いているようには思えなかった。紙面で語られているのはきれいなことばかりで、ぼくたちの困窮状態には触れていない。ぼくの会社は借金で首が回らないし、真剣に取り合ってくれそうな配給先もまだ見つからないのだ。どの記事も痛みをいくらか和らげてくれる軟膏にはなっても、傷口を癒してくれるわけではなかった。

仲間たちがぼくたちを祝うためにアパルトマンに集まってきた。だが、すぐにぼくはみんなの異変に気づいた。誰も以前のような口の利き方をしない。ぼくを尊重しているような、ぼくと距離を置いているようなそんな感じがする。新聞各紙に顔が載ったことで、ぼくの印象——少なくとも仲間がぼくに対して持っていたイメージが変わってしまったかのようだ。こちらに気を遣って、テーブルの上に足を乗っけるとか、サッカーの中継を見ながらゲップをするとか、断りもなく冷蔵庫を漁るとか、そんなことはもうしない。

新聞に名前が出たせいで、仲間意識が失われてしまったのだ。ぼく自身、グラウンドで一勝をあげてロッカールームに戻ってきたくらいのつもりでいるのに、チームメイトはぼくを特別視している。今ではぼくは有名人だ。そして、仲間からはじめてこんなことまで言われてしまった。

「迷惑にならないようにするから……」

いつからそんなことを気にするようになったのだ？　何時だろうがお構いなく押しかけてきて、ソファで眠り、人の食事を勝手に平らげていた連中が……。

みんなの変わりように、ぼくは不安を覚えた。自分の拠りどころとするものが奪われてしまうような気がした。そこで、本来足並みを揃えるのは苦手なくせに、わざとみんなに調子を合わせるようにしてみたのだが、それも空振りに終わった。ぼくは腫れ物扱いされ、しばらく経つと、ほとんどの仲間が離れていって、ぼくのそばにはソフィーだけが残った。みんなは勝手にぼくのイメージを作り上げて、そこから離れていったのだ。イメージを汚すまいとするかのように。

みんなが去っていくのをどうすることもできず、ぼくはひどく傷つき、有名になったことを呪うようになった。一時的に自尊心をくすぐられはしたが、新聞に取り上げられたからといって、何かが得られたわけではなかった。

アヴォリアッツではろくに話もできなかったゴーモン社のマリー＝クリスティーヌ・ド・モンブリアルから連絡があった。なんと留守番電話に十二件ものメッセージを残していたのだ。こちらの連絡先を探し当ててくれたのだと知って、ぼくは胸がいっぱいになった。賞を獲ったあとではマリー＝クリスティーヌまでぼくに対する態度が変わっていた。電話で話していても、もうぼくを子ども扱いしていないことがわかる。実は、マリー＝クリスティーヌ自身はぼくのことを買ってくれていたのだが、社内ではほかに支持する人がおらず、それでなかなか話が前に進まなかったのだ。それが、このたびのぼくの受賞で、少しは立場が強くなったらしく、本社で試写会を開きたいのだということ。ぼくのたっての願いだった試写会だ。

「ぜひお願いします。いつですか？」ぼくは喜び勇んでたずねた。

「明日の正午はどうかしら、ご都合がつくようなら」間髪を容れず答えが返ってきた。

そんなふうに直近のスケジュールを空けてくれたのは今回がはじめてだ。

翌日、ぼくはゴーモン社へ上映用のプリントを持参し、すっかり顔なじみとなった映写技師と打ち合わせをした。ゴーモン社の八階建ての社屋のなかで、ぼくが一番知っているのはこの人かもしれない。それというのも、よく夜間にこの作品のラッシュを誰にも内緒で掛けてくれていたからだ。

この人も今回の受賞を心から喜んでくれているのがわかった。自分も控え目ながらこの冒険に加わっていたことを、ちょっと誇りに思っているようでもある。

ぼくの作品は、この映写技師のように純粋に映画を愛しているから、純粋に創造の自由を守りたいからという人たち全員の善意を抜きにしては、何も語れない。『最後の戦い』の勝利は彼ら一人一人の勝利なのだ。個人を一消費者としてしか捉えようとしないこの社会に対して、一人一人がささやかな復讐をしたとも言えよう。この作品を通して、みんなが少しずつ創造をし、規制やルールに囚われず、それこそ重力にも逆らって羽ばたいたのだ。

映写技師とぼくは試写をおこない、画や音をチェックして、最適な状態になるように調整した。それが終わると、ぼくはお茶をしに行った。九十分の上映の間の不安を紛らわすために。

映画が終わる頃を見計らって映写室へ戻ってみると、驚いたことにホールは満杯だった。マリー＝クリスティーヌが知り合い全員に声をかけていたらしい。上映が終わってホールが明るくなると、ゴーモン社全部門の人間が集結していることがわかった。

製作、配給、興行、ビデオ制作、マーケティング、海外渉外。それどころか、写真でしか見たことのないトスカン・デュ・プランティエ社長の姿もあった。

社長はその立派な口髭と凝りに凝った言葉遣いをするせいで、別の時代からひょっこり現れた人物のように見えた。ぼくの映画をとても気に入り、あまりにも褒めてくれるので、ひょっとしてそれは自分の作品のことではないのかと思えてくる。聞いていると、まるでぼくが自分の知性を超える知的な映画でも作ったかのようだ。

はじめてぼくはゴーモン社の最上階に通された。天にも昇る心地とはまさにこのことだろう。フロアにはオフィスが二つあるだけだった。社長室と会長室の二部屋だ。会長のニコラ・セドゥの話題はみんなの口の端には上るが、本人は決して人前に姿を見せず、謎めいていた。代わりにデュ・プランティエ社長がゴーモンの顔として表に立っている。片や光の当たる場所で輝き、片や陰で操る。まるで蟬と蟻だ。

社長は熱弁を振るい、ぼくは舞台を見る思いで話に耳を傾けていた。この人にはどこか人を惹きつけるところがある。当時のゴーモン社は、ピアラからジェラール・ウーリー、フェリーニの作品にいたるまで、毎年三十本以上の制作中の映画を抱えていた。ヨーロッパ最大の製作会社で、その一員となるのはすこぶる名誉なことだった。

社長は次回作のアイディアはあるのかと訊いた。ぼくがゴーモンに『サブウェイ』の企画を持ち込んで、マリー＝クリスティーヌ・ド・モンブリアルの手を煩《わずら》わせてからもう二年が経つというのに、どうやらシナリオは八階まで上がっていなかったらしい。

ぼくがストーリーを少し話すと、最後まで聞かないうちに社長が叫んだ。

「おもしろいじゃないか！　パリの地下、表舞台の裏側か。現代的で大それたアイディアだよ。これぞわが社の求めるものだ！」

社長はていねいに戸口まで送ってくれ、金の問題についてはマリー＝クリスティーヌと相談するように言った。

面会はエレベーターで往復する時間も含め、七分で終わった。

かくして、ゴーモン社が正式に『最後の戦い』の上映権を獲得し、劇場公開することになった。ただし、その前にぼくには片を付けておかなければならない問題があった。あのボルドーの配給業者の件だ。

ボルドー野郎とはすでに契約を交わしている。だが、野郎は撮影中に払うと約束していた六万フランをいまだに払えずにいるのだ。そのくせ、作品がアヴォリアッツで受賞してからというもの、甘言を弄するようになり、大々的に宣伝して封切は派手にやりましょうなどと言ってきやがる。ディナーの前のピーナッツじゃあるまいし、端金も同然の小切手を差し出してきたので、目の前で破り捨ててやった。向こうは憤慨した様子で席を立っていった。

そんな折、新たに仲よくなったゴーモン社の社員たちから、ボルドー野郎の素性を知らされた。確かに配給業者の免許は持っているが、それはボルドー地方に限られるという。つまり、ボルドー以外の地域では上映できないということだ。ところが、契約書では全国で公開すると確約している。そう、野郎は不誠実な人間どころか、詐欺師だったのだ。

ピエールとぼくはもう一度ボルドー野郎と面会の約束を取りつけた。何としても相手に契約解除の署名をさせなければならない。そこで、ぼくらはちょっとした作戦を立てておいた。野郎とは八区にあるシャトー・フロントナック・ホテルの喫茶室で会った。ピエールが野郎とテーブルにつき、ぼくはホテルのロビーに立って、離れたところから二人の様子をうかがっていた。

ピエールは野郎の正体を暴くと、契約解除の書類を突きつけて、合意の署名を求めた。相手は怒り出し、今にも修羅場を演じそうな姿勢を見せた。だが、演じるならピエールのほうが一枚も二枚も上手だ。ピエールは深刻な顔をしてみせた。

「こちらとしては、この件は穏やかに解決したいと思っている。だが、ほら、あそこにいるリュックがね、手が付けられないくらい怒っているんだ。あんたに近づけたら何をしでかすかわからない。だから、あそこで待っていろと言い聞かせておいたんだが。下手すると、あんたの首を絞めかねないからね」

ぼくは遠くで、闘牛場の雄牛を演じるように言われていたので、野郎への憎しみを嚙みしめつつ、ホテルのロビーを行きつ戻りつしてみせた。

「なんせ怒り狂っていて、あいつを抑えておくのは並大抵のことじゃない。体重だって百キロを超えているし、腕っぷしも強い。喧嘩自慢の負け知らずだからな。血を見ることがないといいんだが」ピエールが心配そうに相手の顔を覗き込む。

ぼくは飢えたライオンのように野郎を睨みつけてやった。涎まで垂らしそうな勢いで。おい、今すぐにサインをしたほうが身のためだぜ。いいか、もうすぐ檻が破られるぞ。

ボルドーの詐欺師は額に玉の汗を浮かべはじめ、ピエールは早く楽にしてやるために、ペンを差し出した。ついに野郎は署名した。

「さてと、俺があんたなら、ボルドーに帰ってしばらくはおとなしくしているけどね」そう釘を刺して、ピエールはぼくのほうに戻ってきた。

外に出てからぼくたちは思い切り笑い、近くのカフェで祝杯を挙げた。

第十六章　パリからタオルミーナまで

ゴーモン社が正式にぼくたちの作品の配給を請け負い、十一の映画館で上映することになった。パリでの公開は七館で、残りは地方の映画館だ。

宣伝にかけられる予算は微々《びび》たるもので、アヴォリアッツ効果もとうに薄らいでいる。やっと公開まで漕ぎつけたのに、厳しい結果を見ることになりそうだった。ところが、ピエールがなかなかの顔利きで、TF1の〈十三時のニュース〉の人気キャスター、イヴ・ムルジと大の仲よしだったことから、ぼくたちはテレビに出ることになった。はじめてのテレビ出演だ。

毎日、昼間にこの番組を見ている視聴者は一千万人以上いるという。だから、この番組に出ることは、作品にとっても極めて大きな意味があるのだ。イヴ自身は作品を見ていないが、ぼくたちの熱意にほだされたようだった。

ぼくたちは午前十時三十分に局に到着した。番組の打ち合わせと映画のダイジェストを用意するためだ。一方、イヴは十一時五十分に現れた。拍子抜けするくらいのんびりしている。こちらは二時間前から落ち着かず、そわそわしっぱなしだというのに。この日のトップニュースは、パリの大使館に立てこもっていたソ連の外交団が警察によって退去させられるという事件だった。数百人の警官隊が大使館を包囲しているさまが中継され、ニュース編成部は緊迫した空気が漂っていた。イヴは局へ来るまでの車中、ラジオを聴きながら事件の経過を追っていたらしい。

「イゴールっていったっけ、前に会ったあの同性愛者の男性は？　確か、大使館勤めだって話していたよな？」イヴがＡＤに確かめる。

ＡＤがそのとおりだと答えると、電話番号を調べるように指示してから、ぼくに向かって話しかけた。

「それで、きみは？　ああ、映画のＰＲだったよね。簡単に説明してくれないか？」

ぼくは二言三言もごもごと喋り出したが、生中継で映し出される状況が気になって集中できない。

「イゴールとつながりました。一番です」ＡＤが告げた。

イヴが受話器をとる。

「やあ、そっちは大丈夫なのか？　いったいどういうことになっているんだ？」にこやかに取材を始める。

相手は、画面に映る警官隊に包囲された大使館から状況を伝えているらしい。

会話は早々に切り上げられた。

「土曜日に会おう」そう言ってイヴは受話器を置いた。

飛び入りの映画のＰＲは中止になるんじゃないかと不安になったが、心配はないとイヴは請け合った。

「いや、どうってことない。茶番だよ。連中が国へ帰って幕引きさ」

数分後、ぼくはスタジオのセットに入り、ニュースショーが始まった。フランス全土の視聴者を前に、ぼくはこちこちに緊張していた。

イヴはぼくの緊張をほぐし、打ち解けてきた状態でインタビューを開始した。とりわけ作品についてとても好意的な質問をしてきたが、ぼくが答えようとすると、中継が入って中断されてしまった。

映像では、ソ連の外交官たちが〈タチ〉の大きなショッピングバッグを手に列をなし、警官隊に警護されたバスへ乗り込んでいる。

こういった状況でモノクロのSF映画の話をするのはむずかしく、見事にインタビューは失敗に終わった。同性愛者のイゴールと〈タチ〉のショッピングバッグに、映画のPRは台無しにされてしまったのだ。

番組が終了し、イヴから謝罪されたが、生放送なのだからしかたがない。幸運を祈ると言い残して、イヴは編成室へと消えていった。

それから数日して、映画が封切られた。

ぼくは初回の上映を見るためにシャンゼリゼ通りへ出かけた。上映はゴーモン・コリゼ館（現在はもう存在しない）の小ホールでおこなわれた。

入り口の前に小さな列ができていた。十五人くらいはいるだろうか。ぼくは一人一人をしげしげと眺めた。どんな人がぼくの映画に関心を寄せてくれているのか、興味津々だったのだ。どちらかと言えば年配の人が多い。高学歴で、いかにもパリっ子という感じがする。学生風の若者も何人かいた。みんなとりたててワクワクしている様子でもない。ただの好奇心から並んでいるだけだ。ぼくは一人ずつ抱き締めて、来てくれてどんなに嬉しいか、永遠に感謝の気持ちは忘れません、と伝えたかった。この人たちはぼくのことを知りもせずに、ぼくを信用し信頼を寄せてくれたのだ。そう、かつて映画の撮影現場をはじめて訪ねた日に、ぼくを迎え入れてくれたあの若い女性スタッフのように。

この日、ぼくは観客もまた、ぼくたちの家族であることを悟った。観客もぼくたちと同じ神を崇める信者なのだ、映画という神を。作る者と見る者、家族が揃ったところで映画は始まる。

ぼくは切符売場の傍らで上映が始まるのを待っていた。始まってからホールに入り、会場の雰囲気を味わいたかったのだ。そこに、二人連れの客が遅れてやってきた。

夫婦と思しきその二人は六十がらみで、おそらく北アフリカの出身ではないかと思われた。奥さんは美しいスカーフで頭をすっぽりと覆い、旦那のほうは晴れ着でめかし込んでいる。

「『最後の戦い』を二枚！」慎重に財布を開きながら旦那が言った。

SF映画にはまったく縁のなさそうな二人だったので、ぼくはとても驚いた。つい好奇心から、「失礼ですが」と声をかけ、この映画を選んだ理由をたずねた。

「彼の親父さんのことをよく知っていたからね。若い頃、彼がリングで戦っているのをテレビでよく見たものだよ」

すぐにぼくは旦那が勘違いしていることに気づいた。ボクサーのマルセル・セルダンの生涯を描いたクロード・ルルーシュ監督の『恋に生きた女ピアフ』が同じ日に封切られていたのだが、それと『最後の戦い』を取り違えているのだ。

「楽しんでくださいね！」ぼくは笑顔でそう答えておいた。

貴重な観客二人を失うわけにはいかない。

ぼくは向かいのカフェに行って仕事仲間たちと合流し、パリのほかの上映館の入場者数との合計を出した。千人に届かない。数字のことは何もわからないが、どうも少ない気がした。ゴーモン社の若手社員が似通った例をたくさん挙げて気休めを言ったが、そのどの作品も見たことがなかったので、かえって心配になってきた。

それと同時に気づいたことがある。みんながみんな、水曜日の十四時から〔フランスの新作映画の封切は水曜日〕わざわざ終末の世界を舞台にしたモノクロの映画を見たいと思うだろうか。そんな作品なら、大多数の人は夜に見ようと思うのではないか。ぼくは夜の部の入りに期待した。

ぼくは観客の反応をうかがうため、コリゼ館のホールに戻った。スクリーンには、ピエール・ジョリヴェとジャン・ブイーズが必要最小限のものしかない部屋で食事の仕度をする長回しで撮ったシーンが映っていたが、あいにく、隣のホールではランボーが街を破壊していて、ついでにぼくの映画も台無しにしていた。ぼくはランボーの手からナイフをもぎとり、プリントをずたずたにしてやりたかった。だが、ふと隅に目をやると、さっきのマグレブの夫婦がすっかり映画にのめり込んでいる。スタローンの雄叫びも気にならないふうだ。ぼくは少しほっとしてホールを立ち去った。

翌朝、集計結果が出た。

公開初日、作品の観客動員数は全国で四千二百人、パリだけで見ると二千八百八十一人だ。

一方、『ランボー』と『恋に生きた女ピアフ』はすでに十万人を超えている。

これではまずい。

ぼくたちの映画はあってないようなものだった。メディアはどちらかと言えば好意的に取り上げてくれていたが、ルルーシュ作品には数ページを割いている一方で、こちらについては数行程度の紹介記事で片付けてしまっている。たとえば、創刊間もない映画雑誌〈スターフィックス〉などは、『最後の戦い』を十行にわたって褒めてはいても、表紙に使っているのは別の作品なのだ。

映画館から出てきた客の反応はよかったものの、口コミでヒットするにはいかんせん数が少なすぎる。ぼくたちにはもっと宣伝が必要だ。

宣伝費の予算を一桁間違えてやしないか確かめようと、ゴーモン社に電話してみたところ、あいにく担当者全員が出払っているという。またしてもお約束の社員研修らしい。その都合のいい研修とやらはロンドンで開催されているのかと訊いてみたが、冗談はまったく相手に通じなかった。

目下の問題は、二週目から上映が打ち切りになる恐れがあることだった。当時のルールは単純で、入場者数が日曜の夜までに（つまり、水曜の封切から五日目の夜の部まで）千人のボーダーラインに届かなかった作品は、劇場のプログラムから外される対象になるのだ。パリで『最後の戦い』を上映する劇場は七館。まさか全館から見放されることはないと思うが、一館だって失うのはごめんだった。

そこで思い立ち、金曜日に、好意的な批評記事ばかりを載せたチラシを刷ることにした。

いつもシナリオの印刷を頼んでいる業者に交渉したところ、先方は一色刷りのチラシの製作を破格の料金で引き受け、おまけに支払いを先延ばしにすることも了承してくれた。

ぼくたちは友人知人を総動員し、土曜の十四時に手分けしてパリ地区の上映劇場七館の前に立ち、窓口に並ぶ客たちにチラシを配りはじめた。そればかりか、客の一人一人をつかまえては、向こうが並ぶ列を変えるまで自分たちの映画を売り込んだ。ランボーとそのバトルアクションをけなし、ピアフと時代遅れのシャンソンを鼻で嗤《わら》う。相手を笑わせ、その懐に入り込み、同情を引く。要するに、営業妨害だろうが何だろうが、自分たちの映画を見てもらうために何でもやったのだ。翌日の日曜も同じ手を使った。

月曜の朝、ゴーモン社では翌週のプログラム編成がおこなわれた。パリの劇場七館は維持できていたが、地方では早くも打ち切りになった劇場が出て、フィルムはすでに近隣の都市に回されていた。

ジャン゠ジャック・アノー監督からのアドバイスがよみがえる。

「自分の作品から目を離すな」アノー監督はアヴォリアッツで何度もそう繰り返した。

そこで、ぼくたちはゴーモン社系列の映画館主のリストをどうにか入手して、一人一人に電話をかけた。

こちらから出向いて上映後に座談会を開くのはどうかと提案すると、小屋主たちは手放しで喜んだ。当時、映画のキャストやスタッフとともに地方を巡業するような監督はいなかったのだ。ただ一人、ジャン゠ジャック・アノーを除いては。

話はまとまり、ぼくたちはそれからひと月の間、作品を追いかけて町から町を巡った。ピエールはできる限り一緒に回った。一方、ジャン・レノとエリック・セラは毎回参加してくれた。この二人との友情の絆が固く強いものとなったのはこのときからで、それは今でも続いている。もの珍しさも手伝ってか、この新しい取り組みに小屋主たちも骨を折ってくれ、座談会は超満員の大盛況だった。

映画館が営業を終えてからも、座談会はたいてい午前二時か三時まで路上で続いた。学生の多い都市、とりわけエクス゠アン゠プロヴァンス、モンペリエ、ボルドー、トゥールーズでは熱烈な歓迎を受けたものだ。ぼくたちの試みはたちまち軌道に乗り、その後上映が打ち切りに遭うことはなかった。

思えば、あれは魔法がかかったような日々だった。いまだに忘れえぬ経験として記憶に残っている。

観客との交流には体温が感じられ、生《なま》の声を聞くことができる。ぼくたちはまだ無名で、何も失うものはなかった。

栽培した野菜を買いにきた客と喋る農夫の気持ちがわかるような気がした。栽培者と購買者との間には壁がなく、本音を聞くことができ、いろいろと情報交換ができる。ぼくはメディアの映画評より多くのことを、観客との出会いのうちに学んだ。メディアといえば、こんな評論があったのを覚えている。そこには、三本の映画のタイトルが挙げられていた。筆者によれば、『最後の戦い』は明らかにその三本の作品の影響を受けているらしい。パリジャンならではの皮肉なユーモアを込めて、ぼくがほかでもないその三本を剽窃したと言わんばかりの論調で書かれていた。ところが、ぼくはその三作品のどれも見たことがない。当時のぼくの映画の教養はないに等しかったのだ。

どんな映画だろうかと興味をそそられて、ぼくは知り合いからビデオデッキを借り、ぼくが真似たというその三つの作品のビデオをレンタルしてきた。三作ともいい映画だった。なかでも、はじめて名前を知ったが、タルコフスキーという監督の作品がすごくおもしろい。しかし、その三作品と『最後の戦い』の間には何の共通点も見出せないのだ。どういうことかさっぱりわからなかったが、あとでピエールが教えてくれた。

「何の共通点もありはしないよ。これを書いた奴は、名だたる監督の名前を並べて自分の知識をひけらかしたいだけなんだ。それだけのことさ」

なるほど。今度はそういう視点で記事を読み返してみると、一気に謎が解けた。筆者は自慢話をしようとしているに過ぎない。それでもその筆者には感謝したい。おかげでタルコフスキー作品との出会いがあったのだから。

懸命の努力にもかかわらず、『最後の戦い』の観客総動員数は十万人の大台にはなかなか乗らない。それでも、映画関係者は残らず見てくれたらしく、作品の支持率は確実に上がり、十あまりの国際映画祭にノミネートされた。

スペインのシッチェス・カタロニア国際映画祭を皮切りに、いよいよ世界巡業が始まった。コンペティション部門には、アヴォリアッツとほぼ同じ作品が揃っていた。どの映画祭でもぼくたちは大きな賞をかっさらい、観客から拍手喝采を浴びた。

権威あるイタリアのタオルミーナ国際映画祭にも参加した。この頃までには五つくらい賞を獲得していたかもしれない。

タオルミーナはシチリア島の山腹に広がる美しい町だ。目の前に広がる地中海は変わらぬ高貴さを湛えており、ぼくはホテルの部屋から惚れ惚れと眺めた。

エレベーターでほぼ海抜ゼロメートルの地点まで下り、トンネルを抜けるとプールと海辺のレストランに出る。そこには幻想的でドラマチックな光景が広がっていた。映画の舞台として申し分ない。ぼくはメモをとっておいた。いつか海の世界をテーマに映画が作れるようになったら、必ずここに戻ってこようと。

街並みもすばらしかった。狭い通りと石造りの家が入り組む古い歴史のある街だ。聞くところでは、紀元前七〇〇年以前に、ナクソス島から来たギリシャ人がここに植民都市を建設したという（ナクソス島は、ぼくが子ども時代に慣れ親しんだイオス島の隣だ）。それから六百年あまりのちに、ローマ人がこの地に三千人を収容できる円形劇場を建設した。星空のもと、海を望むこの野外劇場に設置された巨大なスクリーンで作品が上映される。

映画好きにとっては天国も同然のロケーションだ。玉に瑕《きず》は、音響設備が充実していないために街の喧騒が映画の音声にかぶることだったが、生物の気配のない黙示録後の世界を披露する分にはあまり問題にならない。

隣のホールで『ランボー』を演っているのとたいした違いはないし、そんな状況で映画を見るのも愉快でならなかった。

若い女性が声をかけてきた。感じのよさそうな人で、プレミア誌の記者だという。ぼくは映画を志してクロミエからパリへ出てきたときの話をした。当時有り金で買ったのが電車の切符ではなく、プレミア誌だったと話すと、女性は打ち解けた態度になった。お互いに映画について熱く語り合い、上映中は一緒に鑑賞して、上映の合間にパスタ料理を食べた。ぼくは映画を完成させて公開できる喜びに浸っていた。こうして観客とも家族になれて、映画祭から映画祭へと世界を渡り歩く幸せを嚙みしめていた。

嵐が過ぎ去っても、また嵐がやってくることは承知している。借金が多すぎるので、それを忘れるわけにはいかないのだ。しかし、さしあたっては太陽と与えられた平和なひとときを享受したところで罰は当たらないだろう。

出会ってから三日目、女性記者はばつが悪そうにもじもじしながら打ち明けてきた。実は、プレミア誌にぼくの作品の批評を書いたのは自分なのだという。

「へえ、そうなのか。そいつはラッキーだったな!」どんな記事だったか覚えていないが、それは言わずに、ぼくは笑って返した。

「ラッキーどころじゃないわよ。お世辞にも好意的な記事とは言えない」相手がぼそりと言った。

記憶をほじくり返してみると、そう言えば、ちょっと意地悪な批評があったかもしれない。

「どうして? はじめて会ったとき、気に入ったって言っていなかったっけ?」ぼくはちょっとがっかりして訊いた。

「わたしはとてもいいと思ったのよ。なのに、おまえは作品を持ち上げすぎだと編集長に言われて、三度も書き直しをさせられたんだから!」相手はやましさから逃れるように釈明した。

その編集長とはマルク・エスポジトのことだった。人呼んで〈マルケス・ポジト〉。〈薬剤師〉などと呼ぶ人もいる。そう呼ばれるのは、酷評記事を処方して、パリの知識階級の憂さ晴らしに一役買っているかららしい。文化人や芸能人御用達のナイトクラブ〈バン・ドゥッシュ〉と映画館の間を行き来する日々で、その合間に記事を書いているという評判の御仁だ。

「でも、不本意なら、どうして書き直したりしたのかい?」

すると、相手は答える代わりに、皮肉っぽい笑みを浮かべた。なるほど、そうか。ぼくはよほどおめでたかったらしく、社会にはびこるシニシズムからコケにされる形となった。この惑星にはどうやら二つの世界が存在する。

一つはカネと権力がものを言う世界。食うか食われるかがルールだ。もう一つは芸術の世界。そこではすべてが可能で、すべてが受け入れられる。ギブ・アンド・テイクの世界だ。そのどちらの世界を選ぶか。

ぼくはとっくに選んでいる。冷笑主義よりおめでたいままのほうがいい。それで痛い目に遭おうとも。

にわかにタオルミーナの空がかき曇り、嵐がやってきた。

ホテルの部屋で、ぼくは、担当プロデューサーのルイ・デュシェーヌから手渡された封筒をようやく開封した。悪い知らせが入っていた。収支報告は惨憺たるものだった。借金を埋めるには映画館の収入だけでは足りない。新しくできるテレビ局のカナル・プリュスからの放映権料を見込んでも、問題の解決にはならなかった。

おまけに、スポンサーになってくれるはずのあのダルティまでが、なんだかんだ理由をつけて金を払おうとしない。映像にはダルティの看板がはっきりと映っているにもかかわらず。だが、契約書では《三十秒間の映像》と記されていて、実際はそれに五秒足りない。こちらとしては法廷に持ち込むこともできず、向こうはそれを承知していて強気に出ているのだ。当てにしていた一万フランなのに……。向こうにとっては端金かもしれないが、ぼくにとっては大金だ。

映画制作には常にカネの問題が付いてまわることを認めないわけにはいかない。カネになる映画（少なくとも投資した分を回収できるくらいの映画）は〝次回の映画制作の引換券〟になる。それがルールなのだ。それはそれでしかたない。冷笑主義の世界に色目を使うことにもなろう。しかし、ものは考えようだ。ダンサーは思う存分創作活動をすることができるが、それにだって限界がある。自らの肉体だ。あれもこれもと求めすぎれば、体が持たなくなる。

限界があるということは制約《フレーム》があるということだ。

画家にもフレームがあるではないか。

つまり、ぼくにとっての制約条件は、相手を納得させるということになるだろう。カネの問題で悩まずに済むためには、みんなが夢中になるような話を書かないといけない。それが新しいルールとなる。極めて健全なルールだ。

投資家に対して気に入らない映画に出資してくれとは言えないし、観客に見たくもない映画を見せるわけにもいかない。ああでもないこうでもないと頭を悩ませながら、ぼくは一日中どんよりと海を眺めていた。

ぼくとは正反対で、ピエールには悩みなどないようだった。タオルミーナにはフィアンセを連れてきていて、買ったばかりのポルシェのサングラスをかけ、大いに楽しんでいる。もちろん、楽しんでくれていいに決まっているし、そんなピエールの様子を見るとぼくも嬉しい。けれども、将来のことを考えると不安で、昼食をともにした折に相談してみた。

ぼくは、会社が火の車であること、映画が赤字であること、賞や栄誉を手にしても、相変わらず首が回らない状態にあることを告げた。

冷笑主義の社会に追従するようではいけないが、戦うべき相手がわかっているからには、戦うことを学ばなければならない。ぼくの不安にピエールは笑顔でもって答えた。ピエールはすっかり安心していて、フィアンセに夢中になっていた。そして、ぼくが抱えている問題の答えはここにあるとばかりに、テーブルに六十枚の手書き原稿をぽんと置いた。次回作だという。

「読んでみてくれ。それでぼくらの問題はすべて片付くんじゃないかな」ピエールは晴れ晴れとした顔で言った。

つまり、取引ということだ。はじめにピエールがぼくの映画を手伝ったから、今度はぼくがピエールの映画を手伝うことになる。

ピエールは年上だし、ぼくはこれまでずっとピエールのことを尊敬し、慕ってきた。この六十枚の原稿は、ぼくの不安を受けて書かれたものなのだ。ピエールは何もかもわかっていて、ぼくがくよくよしている間に、せっせとこれを書き上げたのだ。一歩先を行っている。とても敵わない。

ピエールのような友人がいて本当によかった。手稿をぼくに預けてくれたことがとても誇らしかった。おかげで不安は雲散霧消《うんさんむしょう》、ぼくは笑顔を取り戻した。

その晩、ぼくは上映会には参加せず、ホテルの部屋にこもって原稿を読みはじめた。

次回作のアイディアは数か月前にピエールから聞いていた。刑事が自分の家族について捜査しなくてはならなくなるという話で、おもしろい作品になると思っていた。

ぼくは最後まで目を通してから、もう一度ゆっくりと時間をかけて読んでみた。お茶を淹れ、さらにもう一度読んでみた。

信じられないことに、ぼくは失望していた。ぼくの読み方が悪かったのか。頭が悪いせいで、それとも教養が足りなくて理解できないのか。そう思って、二回読み返したが、結論は変わらない。そんなにおもしろくないのだ。自信過剰で、確信に満ち溢れていて、その割に熱がこもっていない。苦心した跡が見られなかった。

ひどいわけではないが、安易な筋立てだ。ピエールだったらこの十倍はいいものが書けるはずだ。

翌朝、ぼくたちは朝食をともにした。ピエールは自信たっぷりにぼくが褒めるのを待っている。

そんな相手にぼくは冷水を浴びせた。率直にシナリオの感想を述べたのだ。荒療治に出ようとして、少しきついことまで言った。ところが、自信がありすぎてかピエールは状況が飲み込めておらず、ぼくのことを被害妄想に陥っているだのと茶化してやり過ごそうとする。それでもぼくは容赦しなかった。

「いつまでそうやって耳を塞いでいるつもりなの？ みんなをあっと言わせるような映画を作らなきゃ、ぼくたちは破滅だよ！」ぼくは真剣に訴えた。

するとピエールもだんだんわかってきたようで、上機嫌から一転、ショックで黙りこくってしまった。

破滅するかもしれないという思いに、ぼくは何日も前からつきまとわれている。映画制作を夢みても、実際に作るには目を覚まさなければならない。

ピエールにこんな口を利くのははじめてだった。ぼくはもはやピエールの助手ではない。パートナーとして対等の関係にあるつもりになっていた。

このぼくのいきなりの変わりようにピエールは呆気にとられた様子だった。しかし、今は非常事態なのだ。ぼくは一人で戦うつもりはなかった。ピエールのことが必要だった。ピエールは長いこと黙り込んでいたが、やがて「よく考えてみる」と答えた。こちらこそそう願いたい。きみのことを支えるから。二人の友情は変わらないから。きみの映画には全面的に協力するから。ぼくはそう請け合った。

明日からでもさっそく一緒にシナリオを練り上げようと言うと、相手は上の空で聞いていた。すっかり動揺している。これは一晩ゆっくり休んでもらったほうがいいだろう。

翌日、朝食時にぼくたちは再び話し合いの場を持った。ピエールは元気を取り戻し、ポルシェのサングラスをかけていた。やる気満々の様子に、ぼくはまた一緒に戦線に向かえることを喜んだ。ところが、今度はぼくが冷水を浴びる番だった。

ピエールは長いことフィアンセと話し合ったという。その際、フィアンセがピエールを安心させ、おだてるようなことを言ったらしい。ピエールは天才だとか、ぼくはただの助手に過ぎず、才能ある人間をやっかんでいるのだとか何とか。

それを知ってぼくはあきれた。ピエールに対しては尊敬と感謝の念を抱いているだけで、嫉妬なんてこれっぽっちも持ってやしない。

いや、ほんの少しはあったかもしれない。だってピエールは男前なのに、自分は容姿に自信がなくて……。だが、それはさておき、ピエールはぼくにとって神さまみたいな存在だった。善意からこれまでずっとぼくに目をかけてきてくれたのだ。だから懸命に弁解したが、ピエールは耳を貸そうとせず、取り付く島もなかった。ぼくが嫉妬深くて傲慢だから、懲らしめのためにぼく抜きで映画を撮るという。

またしても自分の世界が崩れていくような気がした。二十年かけてやっと築いてきたのに、ピエールがそれをトランプの城のように一吹きで崩してしまった。ぼくは打ちのめされた。

ピエールは前日のしっぺ返しをしたのだ。ぼくの言葉を聞き入れてシナリオを再検討するよりは、ぼくを外したほうが楽には違いない。それが人情というもので、ことに〝男にありがちな反応〟だと言える。

窮地を脱するために、ぼくは手を尽くした。昨夜もう一度読み直してみたら、自分が間違っていたことがわかった、このシナリオはすばらしいと褒めた。

いろいろと家族に問題があったものだから、指摘のとおり被害妄想に陥っていたのかもしれないとも言った。自分の才能など取るに足らず、それすらピエールの手を借りなければ発揮することもできないのだと打ち明けた。友を失わずに済むならどんなことでも言えたが、何を言っても無駄だった。ピエールは冷ややかで、頑として譲ろうとしない。固く結ばれていた友情はものの数時間で綻《ほころ》んでしまった。二人の子どもが両端を引っ張り合って編み物をほどいていくように。

ここまでともに歩んできながら、二人の関係がこんなふうに終わってしまうとは。

こういう場合は時が解決してくれるのを待つしかない。ほどけた毛糸を編み直すことができるのは時だけだ。


そうこうする間に『最後の戦い』は国際映画祭で十三の賞を獲得し、借金は四百二十万フラン（七十万ユーロ）近くまで膨れ上がっていた。

パリに帰ると、ぼくは金策に走った。照明機器レンタル会社トランスパリュクスのディディエ・ディアズ社長は作品を気に入り、太っ腹なところを見せた。次の映画で自分のところをまた使ってくれるなら支払いを待ってもいいという。ぼくがまた映画を作ると確信していたのは、この人くらいなものだった。エクレールラボのベルトラン・ドルモワ社長も同様の措置を取ってくれた。ラボにはゴーモン社からすでに劇場用のプリント代が支払われていたので、それが幸いしたのかもしれない。

コンスタンタン・アレクサンドロフが出してくれた金で、スタッフの給料はなんとか賄えた。遅れたばかりか少額であるにもかかわらず、これといって問題は起きなかった。スタッフたちはみなこの作品に参加できたことを誇りに思っていて、全員がすでに次の仕事に就いていたからだ。

あとは、事業主としてお国に納めなければならないものがある。その納付先の一つが社会保障費徴収機関のURSSAFだ。

窓口で対応した若い女性職員は、ぼくの提出した会社関係の書類に目を通して、信じられないという表情を浮かべた。内容がしっちゃかめっちゃかで、お子ちゃまが会社ごっこをしているかに見えたのだろう。窓口に四回通い、ようやく相手も状況が把握できたようで、算出された社会保険の事業主負担分は百八十万フラン（三十万ユーロ）近くにまでに上った。だが、それだけでは済まない。ほかにも付加価値税、拠出金の負担分、休業補償やら何やらがあるのだ。

女性職員はぼくに同情して四年かけて分納できるようにしてくれた。さあ、これで、いよいよ仕事に励まなくてはならない。

映画を完成させ、現にそれが公開され、世界中で認められ、そのおかげで数々のすばらしい出会いが得られたことは幸せに思うが、今度はその幸せの代償として、二十一歳で六百万フラン（百万ユーロ）近くの借金を背負わねばならなくなったのだ。

今回、何もせずとも大金が懐に転がり込んできたのは、お国だった。

観客動員数は大したことはなかったが、大半の映画人がこの作品を見て、かなり評価をしてくれていた。

その一人、アレクサンドル・アルカディ監督から電話があった。仕事のオファーだ。チュニジアで大掛かりな映画を撮るので第二班の監督が必要だという。ぼくは手放しで喜び、同時に声をかけてもらったことに感激した。さっそくオフィスを訪ね、プロデューサーのアリエル・ザイトゥーンと契約条件について話し合った。ぼくは交渉しているようなふりをした。最初に提示された額だけでも相当な金額だったからだ。お金を頂いて映画を撮るなんて慣れてないものだったから、半額でも喜んでOKしていただろう。

それからしばらくして、ぼくはチュニジアで撮影中の『グラン・カルナヴァル』の広大な現場に来ていた。到着早々、アルカディ監督から仕事を託された。前の週に撮り切れなかったシーンがあるのだという。それで、必要な何ショットかを代わりに撮ってほしいとのことだった。監督は三十秒でシーンの説明をすると、その場からいなくなった。撮影したフィルムは現像のためにフランスへ送られてしまったあとで、撮影内容を知る術はない。そこでぼくは撮影日誌に頼った。監督がどのレンズを使用したか、何時に撮影が始まり、そのときの天候はどうだったのかを知ることができる。それからセットへ行って手がかりを探した。車道にタルクの跡が残っていて、どこで移動撮影をしたのかがわかった。最後に、役者たちの話を聞いて、その場の雰囲気やテンポを確認した。

ジャン＝ピエール・バクリもジェラール・ダルモンも、第二班監督の若造から指示されるのはあまりお気に召さないようだった。二部リーグでプレーさせられる気分だったのだろう。ぼくが配慮しながら説明すると、二人は状況を受け入れてくれた。その日の夕方、ぼくの撮影したフィルムはパリへ送られたが、それが前後とうまくつながるように撮れているかどうかは知る由もなかった。

それからもアルカディ監督は、撮っている時間がないとか、撮るのが面倒臭くなったショットは全部、ぼくのほうに回してきた。車が発進するところとか、戦車が停車しているところとか、なかにはロバが歩いている場面もあった。

けれども、ぼくはへっちゃらだった。これほど多くの機材を自由に使えるなんてこれまで経験したことがなかったから、どんなショットでも張り切って臨んだ。

撮影隊はバカンス村のような場所に逗留していた。バカンス村といっても、クラブメッドを貧弱にしたような趣の場所ではあったが……。

エグゼクティブプロデューサーのタラク・ベン・アマールはチュニジア人だ。なかなかいい顔立ちをしている。まるで自宅の庭先でロケをしているかのように、いつも現場に顔を出していた。かつてジョージ・ルーカス監督がチュニジアで数週間にわたる『スター・ウォーズ』のロケをおこなったときに世話をしたのもタラクだった。それ以来、映画の虜になったらしい。

キャストも全員がバカンス村で寝泊まりしていた。フィリップ・ノワレ、ロジェ・アナン、バクリ、ダルモン、パトリック・ブリュエル、ジャン・ベンギギ、フィオナ・ジェランといった面々だ。GI役にはアメリカから二百人のエキストラを呼んでいた。残りは現地で調達したエキストラが米兵の格好をして演じた。夜になると、ニューヨーカーたちが何人かでキャンプファイヤーを囲んでギターを弾く。ぼくがアーサーとジョンのシムズ兄弟と出会ったのもこの場でだった。二人はやがて目を離せないデュオとなっていく。

若きパトリック・ブリュエルはそこで刺激を受けたらしく、よくギターを爪弾いては歌詞を書き留めていた。錚々《そうそう》たる俳優陣のなかにあって、役者としては確かに息が詰まる思いをしていたに違いない。そんなブリュエルも、後年シンガーソングライターとしても成功を収めることになる。

さて、アルカディ監督はというと、ぼーっとしている場面が多く見受けられるようになっていた。映画の規模が大きすぎたせいもあるが、女優に少々熱を上げていたからでもある。この二つの問題が重なってしまうと目も当てられず、始末に負えなくなる。自分専用のトレーラーに何時間もこもりっきりで現場のみんなを待たせたり、祭りのシーンのために集めてきた六百人のエキストラをおっぽり出して三歳の息子がブランコに乗っているのを撮っていたり……。あのフィリップ・ノワレがいらいらを募らせていた。温厚なノワレでさえもさすがに我慢ならなかったと見える。

その一方で、ぼくは撮影主任と角《つの》突き合わせていた。監督がカメラの位置を決めると、それをサポートするため、ぼくはその対角線上に自分のカメラを設置する。そして、監督のカメラを覗いてフレームのなかに映り込んでいないことを確かめてから自分のカメラのところに戻ってくると、その都度カメラがどかされていて、代わりに照明器具が置かれているのだ。

ぼくがカメラを設置するたびに撮影主任がそれを移動させるという、まさにイタチごっこだ。ぼくはいらついてきた。そこで、そちらの照明の邪魔にならないようにするにはどこにカメラを置いたらいいでしょうと下手に出たら、何度セザール賞にノミネートされたか知らないが、相手はお高くとまって返事もしてくれない。

そんな屈辱的な状況がしばらく続き、ついにはカメラをセットのテーブルとテーブルの間に置いた。そこならテーブルの端から垂れたクロスがうまい具合に隠してくれるし、相手だってまさかそんなところに照明を設置するわけにはいくまい。フレームのど真ん中に入ってしまうからだ。

ぼくはメインカメラを覗いて、ぼくのカメラがテーブルからはみ出していないことを確かめた。そして戻ってきてみると、またしてもカメラが消えているではないか。

時刻は午前二時。ぼくはハーフサイズのケバブを腹の足しにしたところだったが、一気に体中の血が煮えたぎった。その撮影主任のとんちき殿下を見つけると、鼻が触れ合うくらいに顔を近づけ、感情を押し殺して（直情型の父が反面教師となった）言ってやった。

「今度ぼくのカメラに触れたら、ただでは済みませんから」

メッセージは相手にしっかりと伝わり、ぼくのカメラが動かされることはなくなった。これでようやく監督の撮影補助に入ることができる。ぼくは編集の際につなぎで使えるようにショットをいくつも撮っておいた。

翌日、くだんの殿下が人を介してぼくを昼食に誘ってきた。ぼくは喜んで応じた。相手は愛想よく振る舞って、ぼくに釈明をした。自分は第二班が撮影することには反対だった。なぜなら、同時に二方向から照明を当ててしまったら調整のしようがないからだ、と。撮影主任は完璧主義者だったのだ。名誉をかけて、自分の美学を貫こうとしただけだったらしい。だが、監督からの要請があってぼくはここにいるのだから、ぼくの仕事を邪魔していいわけがない。

自分が間違っていたと認めて、撮影主任はぼくに笑いかけた。食後のミントティーを頼む頃には、ぼくたちはすっかり和解していた。

翌週は北アフリカ上陸作戦の一大スペクタクルシーンの撮影だった。午前三時に起床し、前の週に下見しておいた浜辺に集合する。夜が明けぬうちにGIに扮した三千人のチュニジア人を振り分けて、それぞれ上陸用舟艇に乗せる。監督は砂丘の上にクレーンを据え、このモブシーンをワイドショットで撮影するつもりだ。

そんな状況で身を隠すのは難しい。そこで、ぼくはフォーカスマンとともに衣装部屋へ飛んでいってGIの衣装に着替えた。こうすれば、従軍カメラマンのようにカメラを担いで浜辺を自由に走りまわることができる。

闇のなか、チュニジア海軍の三隻の船影が沖合に浮かんでいるのが見えた。準備万端整った。空が少しずつ明るみを帯びてくる。おびただしい数のアメリカ兵たちが海兵隊に援護されながら、今にも上陸しようとしていた。

そのときだった。夜間に岸に乗り上げてしまったらしい貨物船の姿が目に飛び込んできたのは。監督は目をぱちくりさせた。

浜辺のど真ん中に巨大な船がでんと鎮座ましましていた。完全にフレームインしてしまっている。画面から切るのは不可能だ。どうしたものかスタッフが相談している間に、助監督がリハーサルをおこなう。ぼくのほうは、とっくに問題を解決していた。USARMYと文字の入った大きなドラム缶を浜辺の真ん中に据えたのだ。あとは貨物船がドラム缶の後ろに隠れて映り込まないように撮ればいい。

ぼくはリハーサルを徹底的に撮影した。そうやって、インサート用に使える映像をたくさん撮りためておく。

砂丘の上でも解決策が見つかっていた。クレーンを百メートルばかり右へ移動させることにしたのだ。しかし、それとともにチュニジアの軍艦三隻も湾の左手から右手に動かさなければならなくなった。

シミ一つない白い軍服をまとったチュニジア海軍司令官は監督から説明を受けると、心得たとばかりに頷き、その場を離れて大きな無線機に向かって命じた。

「おい、ラシッド、聞こえるか？　ああ、俺だ。向かって左に移動してくれ。アフメドとユーセフにもそう伝えて、きみの後ろにつくようにしろ」

ぼくは笑い出しそうになるのをこらえていた。司令官はパンテオンのような威厳と風格を漂わせながら、市場《スーク》にでもいるような口調で指示している。いずれにしても、それで艦長たちに話が通じるといいのだが……。

正午、湾の中央で三隻の軍艦はてんでばらばらな方向を向いていた。

監督はじれったそうにしている。司令官もそうだ。

「ユーセフか？　おまえ、バカじゃないのか！　俺は左手に行けって言ったんだ、岸から離れてどうする！　さっきの位置に戻るような格好で浜辺と平行になるようにしろ。それでもって、少し前進したところで止まれ！　……ああ、もう、違うって。岸から離れろよ、ユーセフ！」司令官が無線機に向かって唾を飛ばしながらがなり立てる。

十五時、三隻の船首はさらにおかしな方向を向いていて、もう撮影どころの沙汰ではなくなっていた。

監督は降参し、その日の撮影を終了させた。

トラックに乗り込んだ三千の兵士たちと戦車がビゼルトの町を目指して帰っていく。

ふと、ぼくはいい考えを思いついた。帰路は海に沿って一直線に延びている道だ。うまくいけば、夕日を背に移動する隊列全体をカメラに収められるかもしれない。

ぼくはジープに飛び乗り、ぞろぞろと続く縦列を追い越して先頭に出た。カメラは足もとに置いてある。道路は中央がやや窪んでいた。隊列が徐々に形を整えていく。先頭は戦車、続いて数十台のトラックと道端を歩くGIたち。沈みゆく太陽がその光景を赤く染めている。部隊全体をフレームに収め、望遠レンズで撮りはじめる。最高だ。画面左端には海も入っている。さらには、奇跡じゃないだろうか、なんとビゼルトの港へ帰還する三隻の軍艦が見事に一線に並んで岬の向こうから現れたのだ。

こんな映像は撮ろうと思っていたって、なかなか撮れるものじゃない。

それから数週間後、ぼくはアルカディ監督に呼ばれて編集作業室に行った。監督はぼくが撮影しておいたインサート用のショットすべてに目を通したところだった。

「いやあ、きみのおかげで助かったよ！」監督がしみじみとした調子で言った。

いえ、こちらこそ感謝しています――監督がぼくを信頼してくれたことが何よりありがたかった。

そうだ。ぼくはもっともっと人から信頼されるようにならなければいけない。

第十七章　スティングとイザベル・アジャーニ

一九八四年

パリに帰るとすぐにまた仕事のオファーがあった。信じられない。何年もの間、毎日のように仕事を探して駆けずりまわっていたのに。今はもうそんなことをする必要もなく、留守番電話のメッセージを聞くだけでいい。『最後の戦い』のおかげで状況が一変してしまったのだ。

今回の仕事はアンダーウェアのブランド、ディムのパンティーストッキングのコマーシャルフィルムの制作だ。しかも、先方はモノクロ映像を希望しており、あたかもモノクロがぼくの専売特許だとでもいうかのように依頼してきたのだ。実際のところ、広告マンはそれ以上のことは考えていない。注目の若手監督が終末の世界を白黒で表現してみせた。モノクロでストッキングを撮影させるなら、そいつが適任だろう――せいぜいそんなところだ。

広告業界は特殊な世界で、積極的に関わろうとは思わない。虚飾や利己主義や権力争いに満ち満ちている。ぼくが住めるような世界ではないけれど、経験が積めるのは大歓迎だ。何より、これで長らく不当に安い給料で働かせてきた撮影スタッフたちに多めに支払ってやることができるし、これまでカタログでしか見たことのなかった機材の数々を存分に使うこともできる。

それに、女性を撮るのもはじめてだった。女性の美しさを引き出すライティングを編み出し、脚をすらりと見せるアングルを見つける。女性を撮影することは特権であり、味わったことのない喜びであり、女性らしさを見出す新たな手段にもなった。ぼくのカメラはそよ風がくすぐるようにあらゆる角度からモデルの姿を捉えた。

カメラの前で男優が見せるのは自らの肉体だが、女優は自らの魂を差し出す。そんな感じがする。女優はすぐに心を開いて、こちらに委ねてくれるが、男優の場合はそうなるよう仕向けていかなくてはならない。もっとも、ドパルデューだけは例外で、何でもこなしてしまう。同時に美女にも野獣にもなれるのだ。

ピエール・ジョリヴェとの関係はいくぶん改善されてはいた。しばらくの間は相手にしてもらえなかったが、粘り強く働きかけたおかげで、話を聞いてくれるようになり、ついには書き上げたシナリオの第二稿を読ませてくれた。読むとすぐ、ぼくは手放しで褒めちぎった。タオルミーナの二の舞はしたくはなかったのだ。あのときは、感じたことをありのままに述べてしまったけれど、それは友だちならそうして然《しか》るべきだと思ったからだ。だから、今回はべた褒めしてみたのだが、ぼくの下手な芝居にピエールは騙されなかった。実をいえば、第二稿でも前回の欠点がそのまま残っていて、ピエールはまだそれに気づかずにいた。それでも、何とか歩み寄ろうとするぼくの気持ちは汲んでくれたようだ。どうやら、ぼくたちはもう一度やり直せそうだった。ピエールは自分で起ち上げようと準備している製作会社に一緒に参加してみないかと言ってきた。ぼくはその申し出に舞い上がり、数週間後に弁護士の事務所で落ち合う約束をした。

帰宅すると、また留守番電話に仕事の依頼が入っていた。リリースされたイザベル・アジャーニのファーストアルバムのビデオクリップを撮ってほしいという内容だった。ゴーモン社でも仕事をしているプロデューサーが監督としてぼくのことを推薦してくれたらしい。今度は本格的な短編映画の仕事だ。イザベルは『最後の戦い』を見てOKしたという。当時からすでにイザベルは唯一無二のスターだった。イザベル・アジャーニが出演を承諾すれば、その日のうちに映画製作費の全額出資が決まるくらいの人気ぶりだ。

イザベルとははじめてカフェで顔を合わせることになった。約束より一時間遅れてイザベルは現れた。山へでも行くように厚着して、あらゆるものから身を守っている。直射日光や視線や照り返し、隙間風、細菌など、あらゆるものから……。

席に着くなり、イザベルはぼくを褒めた。褒めちぎりはしない。適度に褒める。聡明で率直な女性である。曰《いわ》く、映画監督かどうかは見ればわかるそうだ。監督として認めてもらえて、ぼくは震えるほど感激した。スターというのは他を寄せつけず、言葉を交わすなど畏《おそ》れ多く、ひたすらひれ伏すだけの女神のような存在だと思っていたから……。

それどころか、まったくその逆だった。役者には自分を引き受けてくれる存在が必要なのだ。安心して身を委ねることができるように支えてくれる存在が。監督は空中ブランコの安全ネットの役割を果たす。監督がいればこそ、役者は命知らずの演技ができるのだ。

イザベルは一瞬にしてぼくを信頼してくれた。

信頼されて、ぼくはとても光栄に思った。彼女をがっかりさせるわけにはいかない。ぼくは全身全霊を注ぐつもりだった。

使用する楽曲は、セルジュ・ゲンズブールによって書かれた曲で『マリンブルーのセーター』（邦題は『マリン・ブルーの瞳』〕という。イザベルは、本業でもないのにアルバムを出すのはどうかと思っていたらしい。アルバム制作中はとても楽しかったが、それが世に出ることを考えると、迷いに迷った。嘲笑われるのも、キャリアに傷がつくのもごめんだったから。確かに、世間の反応というのはときに面倒なものだ。自分自身も世間の一人ではあるが、世間は自分自身ではない。世間に好かれている日もあれば、翌日には嫌われていることもあるのだ。

だが、今はもう何も心配することはない。アルバムに収められた曲はどれも気取りがなく、映画の撮影の合間に彼女がちょっと遊んでみたことは誰もがわかっているからだ。ぼくは前もって用意しておいた歌の世界から想像したシナリオを話して聞かせた。イザベルは夢中になり、諸手を挙げて賛成してくれた。本人の気持ちを尊重したプロダクション側からも同意が得られ、翌日から撮影の準備に入った。

イザベルのメイクと衣装の着付けにたいそう時間がかかり、撮影は長引いた。ぼくはそういうことには慣れていなかった。なにせこれまでは黙示録後の世界に生き残った全身垢まみれの連中だけが仕事相手だったからだ。

イザベルがひとたびカメラの前に立つと、魔法がかかった。イザベルはライトを浴びるのにふさわしい女優だ。画面に入るや、すべてがその存在に吸い込まれ、その瞳にこちらは幻惑されてしまう。舞台装置や小道具に手をかける必要はない。そんなものはあったところで彼女の存在にかき消されてしまうのだから。イザベルはプロ中のプロで、誰に対しても礼儀正しく、監督の言うことに熱心に耳を傾けた。なんたる幸せ。ぼくは仕事をしている気がしなかった。ただのツイている男に過ぎない。

この企画には共同プロデューサーがいた。政界進出を狙っている実業家で、ベルナール・タピという。その秘書が撮影所脇にヘリコプターを発着させても差し支えないか問い合わせてきた。

「どちらからいらっしゃるんですか」助監督がたずねた。

「パリですけど」と秘書が答える。

「でも……撮影所があるのはスタンですよ。パリからはほんの三キロですが」

「わかっていますが、そのあたりは治安がよくないと聞いたもので」

まだ会いもしないうちからぼくの心は決まった。その御仁には票を入れないでおこう。たとえ政界入りを果たしたとしても、せめて郊外問題担当大臣にはならないでいただきたい〔ベルナール・タピはミッテラン内閣で都市問題担当大臣を務めた〕。

結局、タピ氏はみんなと同じように車で来ることになった。まあこれを機に、住民たちが笑顔で暮らすこの田園都市に氏が好感を持つようになるといい。

イザベルは現場にボーイフレンドのウォーレン・ベイティを連れてきていた。ウォーレンこそまさしく極めつきのアメリカンスターだった。背が高く、ハンサムでたくましく、にこやかで頭の回転も速い。常にカメラがそばで回っているような、まるで映画のなかを生きているような人だ。強大で人を惹きつけるアメリカそのものを体現している。それに引き換え、ぼくなどはバゲットを抱き締める田舎者みたいなものだ。

ウォーレンはイザベルの楽屋にこもって、アメリカ大統領選挙の予備選の民主党候補と目されるゲイリー・ハートの演説の草稿を書いていた。そのため、耳から無線機のコードを垂らしたＣＩＡの護衛官があたりをうろうろしていた。

撮影現場は何やらものものしく、カンヌ映画祭の様相を呈してきた。

政界志望の実業家、タピ氏は予告より四時間遅れて到着した。撮影現場をひと巡りして、あちこちで握手を交わしている。イザベルにはたっぷりと賛辞を浴びせ、ウォーレン・ベイティには相手が何者かも知らずに挨拶した。部下たちに先導され、動く歩道の上を早足で歩く子どものように片時も立ち止まろうとしない。何かに目を留めて味わう余裕もない。それが何かを理解する暇さえない。ひたすら目の前の光景が次々と切り替わっていくのみといった感覚なのだろう。それでもタピ氏には気取ったところがなく、むしろ気さくで、こちらに感動している様子が見受けられた。だが、そんな氏もやがては政治の世界に毒されていくことになるのだ。間違いなく。

撮影最終日を迎えた。翌日には、イザベルがウォーレンとニューヨークへ飛んでいってしまう。だから、その日のうちにすべてを撮り終えなければならない。結局は大残業となってしまい、ぼくたちはピザの出前を取って空腹をしのいだ。撮影は朝の五時に終了した。みんなはくたくたに疲れ切っていたが、幸せだった。

そんなこんなで、ぼくはピエールと弁護士事務所で会う約束をしていたことをすっかり忘れてしまっていた。ピエールの製作会社に参加するため、十八時に書類にサインすることになっていたのだが、撮影の慌ただしさに紛れて完全に失念していたのだ。それに、当時は携帯電話がなく、知らせる手段もなかった。

翌日、ピエールはかんかんに怒っていた。いくらなんでもひどすぎるだろう……大スターと仕事をするようになると、仲間のことなどどうでもよくなってしまうのか……恩を仇で返すとはこのことだ、云々。もちろん、恩を仇で返すだなんて、そんなつもりは毛頭なかったのだが。あれから何十年経った今でも、折りに触れてはピエールのことや、ピエールがぼくのためにしてくれたことに思いを馳せる。ピエールに対するぼくの愛情と感謝の念は永遠に変わらないのだ。

しかし、その頃のぼくはまだまだ青すぎて、次々と目まぐるしく飛び込んでくる仕事に熱中していて、周りのことが目に入っていなかった。ダンスに夢中になるあまり時が経つのも忘れ、門限を破ってしまうティーンエイジャーのように浮かれていたのだ。

ピエールは誇り高く、頑なに態度を崩そうとしなかった。こちらの言い訳も謝罪も受けつけてくれない。曲がったことが嫌いなのだ。たぶん度が過ぎるくらいに。ピエールはぼくを一人前の大人として扱い、鉄槌《てっつい》を下した。それがどういうことなのか、ぼくにはまだわからなかった。悲しいかな、二人の関係はそれきりになってしまった。ピエールはぼく抜きで、初の監督作品を撮った。どんな形であれ、ぼくは何も手伝うことができなかった。作品は数か月後に公開されたが、それほどヒットはしなかった。ぼくがタオルミーナで指摘した欠点はそっくりそのまま残っていた。一人で映画を作ることはできない。ピエールがいてくれたおかげで、ぼくはそのことをすでに知っていたのだ。

例の『サブウェイ』のシナリオはまだ完成を見ていなかった。登場人物はひととおり揃えたものの、まだ人物同士をうまく絡み合わせられずにいる。これまでは時々ピエールが手伝ってくれていたけれど、今となってはそれもかなわない。とりあえず、ぼくは第五稿に取りかかっていた。そんな折、アルカディ監督の撮影スタッフの伝手で脚本家のアラン・ル・アンリと知り合い、シナリオを引き受けてもらえることになった。アランは几帳面な人だ。約束の時間には正確だし、原稿はきっちりと端が合うように揃えるし、アパルトマンに行けば、室内は整理整頓が行き届いていて、博物館にでもいるような心地がする。しかし、その几帳面さのおかげで、シナリオは少しずつ形になっていった。アランが着実にストーリーを組み立てていく一方で、ぼくが荒唐無稽《こうとうむけい》なアイディアを次々と思いつく。二人の融合はたちまち成果を生み出した。メインとなる人物たちの個性がより鮮やかになり、迷路のような地下鉄構内での邂逅《かいこう》がついに実現したのだ。

ぼくは〈ローラースケートの男〉が話のキーマンになると考えていた。このキャラクターは、地下鉄に潜り込んで探検をしていたときに出くわした、実際にローラースケートを履いているスリから着想を得ている。

かねての約束を守って、ぼくはリシャール・アンコニナに連絡をとった。リシャールは『チャオ・パンタン』のすばらしい演技でセザール賞を獲得し、今や演技派としての地位を確立している。ぼくたちはカフェで落ち合った。ぼくはリシャールにシナリオを渡せることが得意でならなかった。それぞれがたどってきた道も含め、自分たちのことが誇らしかった。

二人がマルク・ジョリヴェのアパルトマンの一室に居候して、ともにおこぼれにあずかっていたのは、ほんの三、四年前のことなのに、今ではどうだ、互いに自分が奢《おご》ると言って譲らないまでに成長している。別れ際、ぼくたちは抱擁を交わし、リシャールは脚本を小脇に抱え、笑顔で帰っていった。

ヒロインのキャスティングについては、ちょっと無謀な考えがあった。シャーロット・ランプリングを起用したいと思ったのだ。シャーロット・ランプリングといえば大スターだ。エージェントに打診してみると、奇跡的に本人が会ってくれるという。

ぼくたちはしゃれたホテルのバーで会った。シャーロットはセクシーな声の持ち主で、瞳にも人を惑わすような力がある。ぼくは『ジャングル・ブック』で大蛇のカーに魅入られたモーグリになった気がした。ハイソサエティな雰囲気もたまらなかった。シャーロットは夫のジャン＝ミシェル・ジャールを連れてきたが、あいにく夫のほうがおしゃべりだった。音楽のほうは任せてほしいと自分を売り込んできたので、丁重にお断りした。エリック・セラを裏切るなんてとんでもない。シャーロットはヴォーグ誌でも見ているようにシナリオのページをめくっていた。その仕草がこれまた女っぽくて、悩殺されてしまう。ヒロインにうってつけだった。

その頃、ゴーモン社は経営的な苦境に立たされていた。イタリアに巨額の投資をしたものの、ローマ人たちはどうも映画製作より劇場の充実のほうに金を注ぎ込んでしまったようだ。この件で、トスカン社長の影響力にやや翳《かげ》りが見えはじめ、製作リストにあった三十の作品は週ごとに数を減らしていった。

それでも『サブウェイ』は何とか生きながらえており、ぼくは準備を進めていた。

リシャール・アンコニナから電話があった。作品には出演できないという。それを聞いて、即座にぼくはスケジュールの都合かと思ったが、そうではなく、なんと理由はセリフにあった！　リシャールはシナリオにある自分のセリフを数え、『チャオ・パンタン』よりも少ないことを知り、参加を見合わせたいというのだ。ぼくは愕然とした。苦杯をなめても笑い飛ばして貪欲に生きようとしていた野犬は、決まった時刻に餌をもらえるお座敷犬に変わり果てていた。ぼくはすっかり嫌気がさして、相手を説得しようという気にもならなかった。

リシャールは〝フォースの暗黒面《ダークサイド》〟に堕ちてしまったのだ。残念だがしかたがない。下積み時代の苦労に思いを馳せ、あいつの人生に幸あれと祈るばかりだ。

シャーロットと一回目の打ち合わせをした。シナリオは気に入ってくれたようだが、いくらか注文をつけられた。もちろん、あちらにはぼくとは違ってキャリアがあるし、声もとても美しいから、ぼくはありがたく拝聴したが、シャーロットは気まぐれで、気分次第で指示がころころ変わる。すぐに熱くなり、今にもOKを出してくれるかと思いきや、翌日には、議論を延々と続け、出演を保留にすると言い出すこともあった。

ゴーモン社との契約の話は進んでいたが、サインはまだ交わしていなかった。

正式に決定していることはほとんどなく、あちらでもこちらでも返事を待たされた。こちらとしては、然るべく国立映画映像センターのルールと手続きに則り、然るべく製作者も俳優も用意し、然るべく映画を制作しようと準備を進めているのだが、実際のところは何も具体的に決まっていないのだ。

ぼくはすでにもう古きよき時代が懐かしくなり出していた。以前ならルールや常識にとらわれず、ゲリラ作戦で何もない状態から作品を生み出していったのに。

この映画界の体制というやつはどうも性《しょう》に合わない。自分の神に祈りを捧げるのに黄金の神殿は必要ない。絨毯さえ要らないのに。ぼくは少し心が萎えた。沖から風が吹いてくるのを待つカモメになった気がした。

ところが、そんなある朝、思いがけず朗報が飛び込んできた。なんと、『最後の戦い』がセザール賞の新人監督賞にノミネートされたのだ。信じられない。国際映画祭で十四の賞を獲ったあとで、ようやく自国に認められたとは。ぼくはスーツを新調し、招待状を手に授賞式に臨んだ。壮麗な会場に息を止めて足を踏み入れると、そこにはフランス映画界を代表する錚々たる面々が勢揃いしていた。誰一人欠けることなく。裾の長いドレス、ダイヤモンドのアクセサリー、一点の隙もない盛装に身を包んでいる。実に感動的な光景だが、ぼくはたちまち居心地が悪くなった。全員が顔見知り同士で笑みを浮かべ、抱擁しては、キスを交し合っているなかで、自分だけが誰とも知り合いではない。ぼくは給仕のようにひっそりと会場を横切った。

会場に一人だけ、顔見知りがいた。シャーロット・ランプリングがとっさにばつの悪そうな笑みを投げかけてくる。実は、前日にシャーロットの自宅で、三時間にわたってともにシナリオを練り直す作業をしてきたのだ。しかし、今夜のぼくは一介の駆け出しの監督に過ぎず、連れ立って人前に現れるにふさわしい存在ではない。だから、シャーロットが大物監督たちの間を蝶のように飛び回るのを横目に、自分は指定席におとなしく納まった。ぼくにあてがわれた席は端っこのハズレの席で、早くも賞はもらえないものと察しがついた。授賞式はもったいぶった演出でうんざりするくらい延々と続き、結局、ぼくは手ぶらで地下鉄に乗り、帰途についた。

この夜、ぼくは唇を噛んでオベール駅の出入口を睨みつけながら、誓った。二作目を撮ったらまたここに戻ってきて、みんなの目を覚ましてみせると。

主役を誰に演ってもらうかはまだ決まっていなかった。ぼくは主人公にポリスのボーカル、スティングのイメージを重ねていた。

「じゃあ、スティングに頼めばいいじゃないか」

仕事仲間にそう言われ、ぼくはハッとした。そんなことは考えもつかなかった。スティングは世界を股にかけるスーパースターだ。「ロクサーヌ」は全世界のラジオで最もかけられている曲の一つではないだろうか。スティング自身は飛行機で移動中か、熱狂するファンで埋め尽くされたスタジアムにいるかという忙しい日々を送っているはずで、スケジュールを押さえるどころか、本人もなかなかつかまらないだろう。

しかし、たとえがっかりすることになろうとも、やらずに後悔するよりはましだ。

ロンドンの代理人を見つけて交渉してみたら、願ってもない奇跡が起きた。スティングがぼくに会って『最後の戦い』を見たいと言っているそうだ。夢みたいだ。実は、スティングは映画制作に関心があって、まずは、気兼ねなく話ができそうな若手の映像作家と組みたいと考えていたらしい。アンコニナのときとは大違いだ。

ぼくはプリントを持ってロンドンへ飛び、このために用意された試写室で上映の準備をした。スティングは一人で現れた。ややとっつきにくい印象があるが、礼儀正しい。間もなく上映が始まった。ぼくは試写室の奥で、万一ランボーが近所で暴れ出した場合に備えて音量ボタンに手をかけていた。映画のなかほどで、スティングが両方の親指を立てるポーズをした。作品にのめり込んで楽しんでいるようだ。上映が終わると、スティングはにっこり笑って作品を褒め、ぼくを温かく受け入れてくれた。まるで、これでもうぼくは仲間だ、バンドの一員だとでもいうように。

一杯やろうと誘われ、二人で向かいのパブに入った。店の窓の向こうにはあっという間にファンの人だかりができたが、本人は知らんぷりをしている。いや、常にファンがともにいて、慣れっこになっているのだ。スティングは田舎町の国語教師として出発した。スティングもまた、裕福な家庭の生まれではない。そして、この人にとって唯一の神とは音楽だ。音楽が全身の血管を巡っている。そう、体内を流れるのは音楽以外の何ものでもない。ぼくは兄を見つけたような気がした。

ぼくはフランス語訛りの英語でたどたどしく『サブウェイ』の内容について話しはじめた。一時間後、スティングはこう言った。

「オール・ライト、レッツ・ドゥー・イット」

そして、ぼくを抱き締めた。それからサングラスをかけ、ファンの群れを掻き分けて運転手の待つ車へと向かっていった。

赤毛の代理人が満面の笑みを浮かべて駆け寄ってきた。

「すごいじゃないの、コングラチュレーションズ!」

ぼくには信じられなかった。

「あの……レッツ・ドゥー・イットって、映画をやりたいってことなんでしょうか?」ぼくは少し困惑してたずねた。

代理人は興奮していた。スティングとは昔からの付き合いだが、面会に十分以上かけたためしはないのだという。ぼくたちは二時間喋っていたから、記録は大幅に更新されたわけだ。

「スティングは映画をやりたいのよ」ぼくに言い聞かせるように、代理人は一語一語はっきりと言った。

ぼくはようやく納得したが、すぐに心配になった。スティングのような世界的なスターに見合うギャラが用意できるだろうか。

「彼はとんでもないくらいの億万長者だから、ギャラは気にしたりしないわ。シャーロット・ランプリングと同額なら、問題ないでしょう」

ぼくは起きたまま夢を見ている気分だった。

携帯電話などない時代だから、この喜びを誰かと分かつこともできない。パリに帰る途中で、何度大声で叫びたくなったことか。パリに到着すると、ぼくはゴーモン社に直行し、社長室に押しかけた。報告する前から、嬉しすぎて爆発してしまわないか心配になる。突然のことにもかかわらず、トスカン・デュ・プランティエ社長は時間を割いて会ってくれた。

「スティングが主役を引き受けてくれたんです！」興奮を抑えながら、ぼくは言った。

「それは誰かね？」口髭をわずかに動かして社長が訊いた。

一瞬、何も聞こえなくなった。誰かが音響装置のコンセントでも抜いたのか？　地上にスティングを知らない人間がまだ生息していたとは……。しかも、それがトスカン・デュ・プランティエ──ぼくの映画の生殺与奪の権利を握っている人間だったなんて……いやはや、これは……。いかにもぼくの不覚だった。ラジオはフランス・アンテルを、テレビはベルナール・ピヴォの教養番組を視聴し、オペラを鑑賞しに劇場へ通い、ルーブル美術館を散策するトスカン社長は、網の目から抜け落ちていたのだ。さっそくぼくは教えてさしあげた。

「ザ・ビートルズはご存じですか？」

「まあね」ためらいがちに社長が答える。

「言ってみれば、スティングはザ・ビートルズのソロ・バージョンです」

けれども、社長の反応は鈍い。こちらとしては、サッカーの話題でも振ってしまったような気分になる。この人は、現在製作中のオペラ映画『カルメン』のことしか眼中にないのかもしれない。

とにかくぼくを信用してください。そう社長に訴えた。スティングは若者にとってカリスマ的なスターなんです。少ないギャラでも引き受けるとさえ言ってくれています。すぐにでも飛行機に飛び乗って、向こうの気が変わらないうちに契約を取りつけるべきです……。だが、社長は少し考えたいと言った。ぼくの話に納得していないのだ。

シャーロット・ランプリングにそれを話すと、思案顔になった。

「おもしろそうなアイディアだけど、役者が演じるようにはいかないわ」と言う。

しかし、スティングは連日連夜、十万人の観客と十二台のカメラを前にして歌っているのだ。ぼくの映画に出るくらいのことで動じたりはしないだろう。

シャーロットは本人と直接会って確かめたいという。先方がOKしてくれたので、ぼくたちはロンドンへ行き、スティングの夫人のトゥルーディからディナーの招待を受けた。

シャーロットは愛想はいいが、決して打ち解けているわけではなかった。いかにもイギリス人らしく、いつもよそよそしくて、感情を露わにせず、冷静で理路整然としている。ぼくはこの旅をきっかけに壁を取り払いたいと思っていたが、どうすることもできない。シャーロットはお城の塔にいて、階級と高貴な身分の鎧をまとっているのだ。

スティング邸の前まで来ると、シャーロットはいきなり切り出した。

「リュック、スティングはわたしと同じイギリス人だから、最初に少し二人だけでお話しさせてもらえないかしら。十分だけちょうだい、いいわね」

有無を言わせぬ調子で言われたので、ぼくは何と答えていいかわからなかった。シャーロットがスティングの家に入り、ぼくは通りで待たされた。何を企んでいるのかは知らないが、嫌な予感がした。

日がとっぷり暮れて、外は寒かった。ティーンエイジャーの少女が二人、鉄柵の前にいた。ファンクラブの会員だという。会員たちはスティングから用を言いつかるために、こうして毎日二十四時間体制で、二時間交替で待機しているそうだ。ぼくは少し共感を覚えた。少女たちの献身は純粋だ。彼女たちにとってスティングは神なのだ。映画がぼくの神であるように。

十五分ほど経って、ぼくは呼び鈴を鳴らした。トゥルーディ夫人が優しくにこやかに迎えてくれたが、その場の空気は違った。

スティングは困惑しているように見えた。シャーロットはといえば、もはや別人と化していて、そのさまはまさに舞台で演じる女優そのものだ。自分の人生や出会いやキャリアや才能について滔々《とうとう》と語り、相手を喋り倒して、最初から優位に立とうとしている。今やシャーロットの独擅場だった。しまいにシャーロットはぼくに向かって言った。

「スティングと話し合ったの。シナリオについては、二人とも同意見よ。これで完成とは言いがたいわ。まだまだ練り直しが必要ね」

ぼくは茫然とした。まんまと出し抜かれてしまったのだ。しかも、彼女はそれをにこやかにいとも親切そうにやってのけた。まさにイギリス流だ。

スティングは視線を落とし、トゥルーディ夫人はこわばった笑顔を見せている。ぼくは大人げなく、牡蠣《かき》のように固く口を閉ざしていた。ぼくだけ蚊帳の外で、ディナーは続けられた。

やがてシャーロットはいとまを告げ、ほかにもまだ仕事がありますのでとでも言いたげな顔でそそくさと退場していった。ぼくは泊まっていくように勧められ、そのままスティング邸に残ることになった。玄関の扉が閉まるや、ぼくはブチ切れた。シャーロットの抜け駆けに怒りが収まらない。もうシャーロットはぼくの作品に出てくれなくて結構。ぼくが出てほしいのはスティングだ。ほかの誰でもない、スティングなのだ。スティングはぼくを安心させるように微笑んだ。彼女の肚《はら》の内は読めていて、勝手にやらせておいただけだという。そして、「きみへの友情と支援は変わらないよ」と力づけてくれた。おかげでぼくは少し気持ちがほぐれた。

それから、ぼくたちはサンドイッチを用意して外へ出た。スティングは家の前で待っているファンの二人組のほうへ歩いていくと、サンドイッチを手渡し、軽く言葉を交わした。二人とも遠慮深くて礼儀を知っている。キャーキャー騒ぐこともない。互いの立場をわかっていて、互いに意思を尊重し合っている。スティングも少女たちも同じ一つのパズルのピースなのだ。スティングが歌を通して与えるものに、少女たちはここにこうしていることで報いている。シンプルで実に感動的な情景だった。シャーロットとその取り巻き連とは月とスッポンだ。

翌朝、ぼくはかすかな調べで目を覚ました。居間へ下りていってみると、スティングがピアノに向かって新曲の歌詞を口ずさんでいる。ぼくは部屋の片隅で、一人きりのささやかなコンサートを楽しませてもらった。

ロシア人も子どもを愛しているんじゃないのかと、独特のハスキーな歌声が問いかける。やがてこの曲は世界的にヒットすることになる。スティングは朝めし前にすでに何百万ドルも稼いでしまっているのだ。ただ思うに任せてリスナーに自分をほんの少し提供するだけで。スティングはリスナーに何も売ってはいない。ただ与えてくれているだけだ。それが芸術の原則であり、だからぼくは芸術を愛する。創造とは献血のようなものだ。

パリに戻ると、ぼくはシャーロットに電話した。自分では決断できないようだから、こちらから引導を渡して、役を降りてもらった。フランス流に合理的に。向こうは冷静に受け入れた。ぼくがそうすることで、向こうも助かったのではないだろうか。そんな気がした。そのあとすぐに、ぼくはイザベル・アジャーニに電話した。

「きみに当て書きした役ではないんだけれど、ストーリーを気に入ってくれたら書き直してもいい」ぼくは率直に言った。

イザベルは笑い出した。

「わたしに当て書きした役じゃないと前置きしたうえで、出演を依頼してくるなんて、度胸あるわね」とおどけて答える。

確かに、ぼくの頼みはいささか無謀だったかもしれない。イザベルのもとにはパリ中からシナリオが集まってきていて、女王さまに何とかお読みいただけないものかと、プロデューサーたちがひたすらぺこぺこしているのだ。

ぼくはイザベルがラジオ番組を終えて局から出てくるところを待ちかまえて、シナリオを手渡した。あとは返事を待つしかない。

そのあと、ぼくはソフィーと新たに暮らすようになったピガール地区のアパルトマンに戻って夕食をとった。ちょうどその晩は、上京してきたソフィーの女友だちがぼくらの新居に泊まっていた。

翌朝、朝食時に、その友だちが当惑した面持ちで訊いてきた。

「ねえ……あなたがイザベル・アジャーニと知り合いなんてこと、ある？」

「うん、一緒にビデオクリップの仕事をしたことがあるけど」

「まさか、真夜中に彼女から電話がかかってくるなんて思いもしないから……」

友だちには居間のソファで寝てもらっていたのだ。

「二時頃に電話が鳴って、アジャーニを名乗る人から伝言を頼まれたの」

「どんな伝言だった？」もうすでに緊張している。

「すばらしい脚本《ホン》だから役を引き受けたいって」

ぼくは喜びではち切れそうになった。さすが、イザベルは最高の女優だ。シナリオを数時間で読みきって、もう返事をくれた。シャーロットのときは何か月も待たされたのに。

ぼくはゴーモン社に連絡を入れた。昨日までは〝まだまだ練り直しが必要〟だったシナリオは、一夜にして今年最高のシナリオとなったのだ。これでいよいよ歯車が回り出した。

スティングとイザベル・アジャーニ。夢の共演だ。それが実現するなんて。とにかく、あとは日程の調整をするのみだ。

イザベルには先約があって、アンジェイ・ズラウスキー監督の映画のクランクインを控えていたし、片やスティングも世界ツアーの日程を組まなければならず、両者のスケジュールを合わせるのはなかなか至難の業だった。

ぼくはポンテュー通りに事務所を構えており、まったくの偶然だが、中庭を挟んで同じ建物の向かい側にズラウスキー監督の事務所があった。また、互いのチーフ助監督が顔見知り同士でもあった。イザベルは先年ズラウスキー監督の作品で主演を務めていて、二人の関係性は映画監督と女優という言葉で片づけるほど単純なものではない感じがする。もちろん、向こうの作品が優先されるのは当然で、そのことにまったく異存はない。ただ、こちらの撮影予定を立てるには向こうの撮影日程を知っておく必要がある。ところが、ズラウスキー監督はあまり社交的な人ではないようだった。じかに会って説明したくても、つかまえられたためしがない。

そのズラウスキー監督が向かいのカフェにいるところをたまたま助手が見かけ、ぼくは取るものもとりあえず、カフェに向かった。

「はじめまして、リュック・ベッソンと申します。先生の後塵を拝して、自分もイザベルを起用して映画を撮ることになりました」ぼくは偉大なる監督に敬意を表し、思いきり笑顔を作って話しかけた。

「ほう、そんなことを言って、わたしを出し抜くつもりではないのかね？　背後からナイフでぶすりとやられてはかなわんよ」

もうすでに血を見ているような言いようだ。だが、あいにくその程度の脅かしで動じるようなぼくじゃない。だてにピアラ監督の現場を踏んできたわけではないのだ。相手の罪悪感や動揺や不安を煽りながら生きている種族なら実際にこの目で見て知っている。

「ご冗談を。刺すなら正面からぐさりとやりますよ」

よし、これで対等に話し合えそうだ。

「イザベルはあなたの作品が大好きなんです。はっきりとそう言っていましたから。もちろんイザベルにはあなたの作品のほうを優先してもらいます。そのあとでぼくの作品を撮らせてもらえるならこんなに嬉しいことはありません。今はただ、お互いのスケジュールを調整したいだけなんです」ぼくは率直に話した。

相手が緊張を少し解く。ぼくはすかさず、あなたはすばらしい監督だと賛辞を贈った。褒めすぎないように褒める。でないと、すぐに怪しまれてしまうから。

ズラウスキー監督はぐだぐだと不平不満を漏らしはじめた。映画について、プロデューサーについて、果ては世間や人生について。しかしながら、そうした悪態の後ろに透けて見えてくるものは心の傷や愛の渇き以外の何ものでもない。すべからく芸術家すべてに共通していることだ。ぼくは監督と熱い握手を交わしてその場を辞した。

その後、ズラウスキー監督は何か別の理由からその映画の制作を取りやめることになった。

撮影の日程は、スティングが何とか都合をつけようとぎりぎりまで待ってくれているにもかかわらず、いまだに定まっていなかった。トスカン社長のほうにも依然として契約にサインをする兆《きざ》しが見られない。やがて、ついに恐れていた知らせが来てしまった。スティング本人から電話がかかってきたのだ。これ以上世界ツアーの日程を遅らせることはできないそうだ。「また次の機会に声をかけてくれないか、幸運を祈るよ」と言われた。

ぼくは悲しんだ。だが、相手はスーパースターだ。こちらとは格が違う。それに、説得しようにも、説得できるだけの材料に欠いていた。スティングの起用にはトスカン社長が及び腰だし、準備不足でまともな撮影ができるような状態ではなかったのだ。

ぼくは気を取り直し、ずっとファンだったフランソワ・クリュゼに話を持っていってはどうだろうと、イザベルに相談してみた。クリュゼにぴったりというわけではないが、彼ならどんな役でもこなせるはずだ。すると、イザベルはクリュゼはとてもいい役者だと前置きしたうえで、『殺意の夏』で共演したばかりなので、今度は新たな相手と組んでみたいという。

「この映画って何もかもが斬新じゃない？　無名の俳優を使ってでも、徹底的に斬新なスタイルを貫くべきよ」

彼女ほどの人気女優ともなれば、みんな守りに入ってしまいがちだが、イザベルは挑戦をやめない。自分の住む場所は扉も窓も取っ払って、吹きさらしにしておきたいのだ。

イザベルは小さな芸能事務所に所属していた。事務所の社長は若い女性でマルジョリーという。フランス系アメリカ人だが、生粋《きっすい》のニューヨーカーのように見える。もとは人気の大手プロダクションにいたらしいが、そこを飛び出して小さな事務所を起ち上げ、そのときにイザベルも一緒についてきたと聞く（いかにも変化を好む彼女らしい話だ）。事務所は目下、三人の俳優を抱えているに過ぎず、それが、イザベル・アジャーニ、ジャン＝ユーグ・アングラード、クリストファー・ランバートの三人だった。

クリストファーは駆け出しの役者で、ちょうどアメリカ映画で初主演を務めたばかりのところだった。作品はヒュー・ハドソン監督の『グレイストーク 類人猿の王者 ターザンの伝説』で、クリストファーはターザンを演じている。

クリストファーとは最初に会ったときからすぐに意気投合した。クリストファーには成長の早すぎた思春期の若者といった趣があった。あちこち傷つきながらも強いハートを持っている。よその惑星からやってきたような不思議な魅力を漂わせているところなどは、スティングに通じるものがある。髪はブラウン系で、癖の強いのが玉に瑕《きず》だが、まあそれはヘアメイクで何とかなるだろう。何よりぼくから見たクリストファーは優れた性格の持ち主だった。とにかくあくどさがない。自分を飾らず、根っから親切で、思いやりがあり、まさに無邪気そのものだった。『サブウェイ』の主人公フレッドになるための要素がすべて揃っている。ぼくが打診すると、クリストファーは二つ返事でＯＫしてくれた。所属事務所がイザベルと同じだから、契約はものの十分で済んだ。

ほかの配役も続々と決まっていった。もちろん、ジャン・ブイーズは欠かせない役者だ。ブイーズ抜きに映画を撮るなんて考えられない。その存在はぼくらの心の拠りどころなのだ。勢いで、奥さんのイザベル・サドヤンにも小さな役だけど引き受けてもらった。それから、リシャール・ボーランジェ。彼は、その昔レストランでくだを巻いているときに辛抱強く相手を務めたリュック坊やのことを覚えていてくれた。ボーランジェには花売りの男をやってもらう。ジャン＝ピエール・バクリも、『グラン・カルナヴァル』で第二班の監督を務めたぼくのことを忘れずにいてくれて、正義感に燃えるバットマン刑事を演じることになった。ミシェル・ガラブリュは、セリフを覚えるまでぼくが放っておかないことを承知のうえで、ジベール警部の役を引き受けてくれた。

アンコニナに代わる俳優として、ぼくは若手のジャン＝ユーグ・アングラードの起用を考えていた。パトリス・シェロー監督の映画で強烈な印象のあった役者だ。マルジョリーが彼のエージェントだったことも幸いした。ジャン＝ユーグは内気で内向的で無口だが、その代わり、明らかにカリスマ的な存在感があり、映画向きの声をしている。しかし、ぼくが思い描いていた役とはまったくイメージが違う。もともと〈ローラースケートの男〉はいかつくて偏狭で低俗な人物だったのだ。でも、それを繊細なキャラクターに変えてみたらどうだろうか？　人生に迷っていて、一瞬でも心の休まるときがなく、傷つきやすい人物とか？　そうだ、もっとジャン＝ユーグの性格に近づけてみてもいいかもしれない。そのほうがはるかにおもしろくなりそうだ。そこで、ぼくはジャン＝ユーグを〈ローラースケートの男〉にはめ込む代わりに、ジャン＝ユーグに合わせて登場人物を書き換えた。

ジャン・レノにはドラマーを演ってもらうことにした。仕事を探して地下鉄の構内をさまよう失業中のドラマーだ。そのため、ジャンは何か月もドラムの特訓をすることになった。

ベーシスト役も必要で、これは当然ながらエリック・セラに頼んだ。役者ではないが、少なくとも本物のミュージシャンだから、わざわざ演技をしなくて済む。『グラン・カルナヴァル』の現場で知り合ったシムズ兄弟がそこに加わり、メトロの住人たちで結成するバンドのメンバーが揃った。

残るは一つ、小さな役どころだ。イザベル演じるエレナの夫の役で、この役には反社会的で冷酷な権力者タイプがふさわしい。ぼくには心当たりがあった。うってつけの人物がいるのだ。それは、『最後の戦い』のロシア人プロデューサー、コンスタンタン・アレクサンドロフだ。本人は決して悪党などではなく好人物だが、笑っていないときの彼には凄みがあり、イザベルでさえ怯えるほどだった。

ぼくはイザベル宅に足しげく通った。イザベルが自分の役柄についてぼくと話し合い、ぼく相手に稽古をするのを望んだからだ。それは、ぼくにとって至福の時間だった。イザベルは気前がよくて優しいし、稽古にはいつもお茶とケーキが用意されていたから。二人ともいずれ劣らぬ食いしん坊なのだ。

イザベルの瀟洒《しょうしゃ》なアパルトマンは建物の一階にあった。ある日のこと、いつものように訪ねたら、鎧戸が全部閉ざされていた。呼び鈴を鳴らしても返事がない。しばらく待つと、玄関の扉が細めに開いたので、そこから体を滑り込ませるようにして入った。なかではイザベルが息を潜めていた。

「どうしたの？」ぼくは少し心配になってたずねた。

「わたしが死んだって、みんなが噂しているからよ」

巷では数時間前から、イザベルがエイズで亡くなったという噂が流れていた。その情報にあらゆるメディアが飛びついたのだ。真偽のほどを確認するために、みんながみんなイザベルの居どころを血眼《ちまなこ》になって探しまわっているらしい。そこで、イザベルは、事実確認もせずに訃報を発表してしまうような愚か者が出てきやしないか、隠れて様子をうかがっているのだという。

ぼくたちの稽古も暗がりのなかで声を殺しておこなわれた。帰りは裏口から出るように言われた。というのも、その頃にはもう十人ほどのパパラッチが表の通りに詰めかけていたからだ。やがて、とうとう一人の記者がしびれを切らしてイザベルの死を報道した。あくまで断定表現は避けるようにして。

後日、イザベルはTF1の〈二十時のニュース〉に出演し、自分が死んでおらず病気でもないことを証明せざるを得なくなった。嘆かわしい。まだインターネットが普及してもいないこの頃でさえ、こうだったのだ……。

さて、先にも触れたゴーモン社の経営危機だが、状況はいよいよ深刻になっていた。ブラジルとイタリアで発生した不祥事が契機となり、嵐のさなかにあった。どうも経営陣のなかに、ニコラ・セドゥ会長をうまいこと信用させて巨額の資金を流用した者がいるらしい。トスカン・デュ・プランティエ社長は不正に加担してはいないものの、代表取締役としての責任を問われ、地位が危うくなっていた。その結果、製作リストに載っていた三十本の映画はみるみるうちに日なたの雪のように消えていった。毎週のように、一本か二本の作品が製作中止となる。そのなかを『サブウェイ』は何とか生き延びた。撮影が数週間後に迫った頃には、リストに残った作品は三本きりになった。南米の作品とピアラ監督の作品とぼくの作品だ。それでもうかうかはしていられない。頭上にダモクレスの剣を吊るされた状態で、ぼくは撮影の準備を進めていた。

撮影スタッフに関しては『最後の戦い』のメンバーのほぼ全員を再び起用した。みんなにはようやくまともな給料の額が提示できる。そう思うと嬉しくてならなかった。もちろん、トランスパリュクス社のディディエ・ディアズ社長やエクレールラボのベルトラン・ドルモワ社長との約束を果たすことも忘れずに覚えていた。

かつて何度もゴーモン社に足を運んで、本編上映前に流す短編の企画を持ち込んだことがあったが、そのときに応対してくれたのがエディット・コルネル女史だ。そのコルネル女史は会社を辞めてフリーのプロデューサーになっていた。ぼくはコルネル女史に映画の制作責任者を引き受けてもらい、予算オーバーにならないように制作費の管理を任せた。苦労はお互い承知のうえだった。というのも、ゴーモン社が日に日に予算を削っていったからだ。

二千二百万フランの予算は最終的に千四百万フランまで減らされた。加えて、作品の完成を保証する書類への署名を求められた。つまり、もし予算がオーバーした場合、こちらが全額かぶることになる。ぼくは承諾した。もとより金はないのだから、今さら騒ぎ立てるほどのことでもない。

その代わり、ぼくのほうからも一つ条件を出した。予算と超過分の責任を負わねばならないのなら、それ以外のことについても責任を負い、裁量権を持ちたい。ぼくは最終編集権《ファイナルカット》を要求した。つまり、作品の最終的な編集について決定権を持つのはぼくだけということだ。取引は成立した。

撮影間近となり、ゴーモン社はようやく制作の最終決定を下した。何を隠そう、ぼくはあまり心配はしていなかった。

「アジャーニの映画を中止にすることはないよ」と、悪戯っぽく笑いながら、トスカン社長が教えてくれたからだ。

ありがとう、イザベル。永遠に感謝するよ。

撮影は明後日に迫っていたが、この期に及んで一つ問題があった。美術監督を引き受けてくれる人が見つからないのだ。マリー＝クリスティーヌ・ド・モンブリアルに相談すると、心当たりがあるという。

「お年を召していらっしゃるけれど、チャーミングで、すばらしいお仕事をされるかたなのよ」好きにならずにはいられない品のよい小さな声で、一人の美術監督を紹介してくれた。

即刻、ぼくは先方へシナリオを送った。十四時に会う約束を取りつけたので、午前中に目を通しておいてもらう必要がある。

ぼくは六区にある豪勢な建物にバイクで乗りつけた。広々としたアパルトマンに『スター・ウォーズ』のヨーダを思わせる小男がいた。ぼくは切羽詰まっていて焦るあまり、失敬な奴だと思われてもしかたのないような態度をとってしまった。

「脚本《ホン》はどうでした？　気に入ってくれました？」と、前置きもなくいきなり切り出したのだ。

相手は微笑んだ。紅茶を勧められたものの、テーブルが低すぎて、膝がつかえてしまう。

「ああ、おもしろかった。『地下鉄のザジ』を思い出したよ」

言葉に東欧の訛りがあったが、いずれにしても、その映画をぼくは知らない。

「それでなんですが、こちらがセットにかけられる予算とお支払いできる報酬です。少なくてすみませんが、これで検討していただけますか。予算の責任者はぼくですけど、これが精一杯なんです」

相手はまた笑った。

「金は、あまり問題じゃない。何とかするさ。それより、このすばらしいシナリオの話をしようじゃないか」もの静かな口調は先ほどから変わらない。

緊張がほぐれ、会話は映画美術の話題に移っていった。マリー＝クリスティーヌの言っていたとおりだ。相手はすこぶる魅力的な人だった。部屋を見まわせば、四方の壁には巨匠の名画。しかも、コクトーやシャガールの原画だ。この人の経歴に目を通してくればよかったと、ぼくは次第に後悔しはじめていた。

いったん会話が途切れたところで、中座してトイレを借りた。廊下にはいくつも飾り棚が並ぶ。そのうちの一つが壊れかかっていて、そこに埃をかぶったセザール賞やアカデミー賞のトロフィーがところ狭しと置かれていた。

しまった。ぼくは慌てた。いきなり金の話から入るのではなかった。やはり事前にこの人についてちゃんと調べておくべきだったのだ。居間に戻ると、ぼくはかしこまって、それ以上無礼は働かないように気をつけた。

最後にぼくたちは握手を交わした。そして、最初の下見をするために、翌日早々地下鉄のオベール駅で落ち合う約束をして別れた。

家に帰ると、ぼくはすぐさま映画辞典を引き、〈T〉のページでトローネルという名を探した。

ファーストネームはアレクサンドルだ。

アレクサンドル・トローネル――あの老人は『天井桟敷の人々』をはじめ、オーソン・ウェルズ監督の作品など、なんと百本以上もの映画や舞台のセットを手がけた偉大なる美術監督だったのだ。

本当にぼくはバカ野郎だ。自分の間抜けさ加減にほとほとあきれた。あんなに愚かで失礼な態度をとってしまうなんて。翌朝、ぼくはトローネルに謝り、自分が不案内であったことを告げた。すると、トローネルはまるで気にしないといったふうに笑い飛ばした。たぶん、こちらの作品にかける思いを汲み取ってくれたのではないだろうか。この人は創造的な活動をする人間のヴァイタリティと熱意を知り抜いていたのだ。それも五十年前からすでに。

後日、トローネルは木製ボードに油彩で描いたセットのデザイン画を見せてくれた。それこそまさに芸術作品といえるもので、ぼくは思わず目頭が熱くなった。自分にはまだまだ学ぶべきことがたくさんあると思い知らされた。こんなにも寛容な芸術家たちが周りにいることがつくづくありがたかった。

それから二、三日して、ぼくたちはブーローニュの撮影所を訪れた。トローネルと一緒に撮影所へ入るのは、ローマ教皇とともに教会へ入るようなものだ。所内の誰もが帽子を取って挨拶し、「先生」と呼ぶ。だが、このハンガリー出身の巨匠は地位や名誉など眼中になく、すでに創作活動に没頭していた。

入り口で、ぼくはかつて門前払いを食らった警備員を見かけた。笑顔を作って挨拶をしたが、向こうは覚えていないようだった。それはそれで構わない。ここには仕返しをしに来たのではなく、二作目の映画を撮りに来たのだから。

撮影所では、地下鉄の立入禁止区域、つまり、関係者以外は入れない場所のセットをすべて作るつもりだった。

実はそれ以前に、撮影許可をもらいにRATP(パリ交通公団)を訪ねていたのだ。ところが、こちら側の希望はなかなか通らず、映画の世界に入って以来、耳に胼胝ができるほど言われてきた言葉をそこでも日がな一日聞かされる羽目になった。

「それはできません」

結果的には、シナリオにあるシーンの半分の撮影を却下されるという憂き目を見た。そこで、ぼくはシナリオをいじり、何もかもがきれいでおとなしい、直接的な表現を避けたバージョンを四十八時間で書き上げた。そちらを見せると、担当の女性職員はそれを鵜呑《うの》みにし、撮影許可が下りた。ダメ出しされて偽バージョンから外しておいた問題のシーンはすべて撮影所か、〈RATPの管轄外の〉フォーラム・デ・アールで撮ることにする。こうして嘘をつかざるを得なくなったのも、そもそも向こうが撮影を認めてくれないのだからしかたない。といっても、撮影所内では再現できない場面が二つだけあった。車内で警備員を襲うシーンと、〈ローラースケートの男〉が線路を跳び越えるシーンだ。でもまあ、とにかく撮影を開始するとしよう。どうするかは、やりながら考えればいい。

美容院に行ってきたクリストファー・ランバートが姿を見せた。金髪に染めた髪を逆立てている。スティングの髪型だ。それが実に様になっている。これでクリストファーはすっかり『サブウェイ』の無軌道なヒーロー、フレッドに変身した。

第十八章　『サブウェイ』

撮影初日。

役者なしのスタントシーンの撮影から始める。プジョー205GTIとそれを追うメルセデスが、袋小路の向こう側にある階段を跳び越えるシーンだ。

スタントマンが着地用の安全マットの位置を調節する。この男、レイバンのサングラスでクリント・イーストウッド気取りだ。

メルセデス社からの協賛は得られなかったので、レンタカーのハーツから一台調達してきている。調整がうまくいけば、まず問題はないはずだ。

ジャック・ラング文化大臣が最初のシーンの撮影の視察に来ていた。お目にかかれて光栄だが、何が目的でここに来たのかはよくわからない。『サブウェイ』が今一番ホット、な、現場だとは思えないし、カメラマンを引き連れてこの場にお出ましになることが何かの役に立つとも思えなかった。

ぼくは脇目も振らず、スタントシーンを絶対に失敗させないことだけに意識を集中した。

プジョーが走ってきてカメラの上を跳び越え、安全マットの先端に着地する。前輪が路面にかかっている。危ないところだった。スタントマンは少しスピードを落とす必要がある。でないと、着地の際に安全マットを食み出してしまう。

スタントマンはレイバンをかけたまま、計算し直すふりをしていた。さも学業優秀だったかのような振る舞いを見せているが、ミニバイクを盗んで中学を退学になったことはつとに有名な話だ。

次にメルセデスが発進する。頭上を飛んで、安全マットの十五メートル先へ。うまいこと着地したものの、シャーシが真二つに折れてしまった。

「よくあることなのかね？」大臣が質問する。

ぼくはそれに答えもせず、スタントマンのところへ飛んでいって怒鳴りつけた。

「おかしいなあ。ちゃんと計算したはずなんですけどね」カリメロみたいにきょとんとした顔で抜かしやがる。

「何も計算なんかしてないだろ。ろくに数を数えることもできないくせに！」

ぼくの怒りは鎮まらず、そいつは地下鉄で家へ帰っていった。

いい画が撮れて、怪我人も出なかったのが幸いだった。午前一時近くになって、助監督が謝罪の言葉を添えて、ハーツの店舗の前にメルセデスを返してきた。

翌日からは役者たちが現場に入り、初日のような騒ぎもなく撮影する日々が続いた。

地下鉄構内でのロケは二十二時から朝の五時までの間におこなう。全員にカロテンサプリメントが配られた。蛍光照明に終始曝されることになるため、目に負担がかかるからだ。

今回の撮影では新しいフィルムＦＵＪＩ２５０を使用する。照明助手たちは蛍光灯を詰め込んだ籠を作って、自らサンタクロースのように背負った。それで、地下鉄の通路の色彩の調節をする。

さらにはマイクブームの先にも小さな蛍光灯を取りつけて、イザベルの顔に少しだけ光が当たるように工夫した。また、アメリカから届いたばかりのステディカムという新しい機材を借りてきた。

ステディカムはひじょうに優れたカメラ防振装置《スタビライザー》で、移動ショットでもスムーズな映像が撮れるため、カメラワークの可能性が広がった。

ぼくはあらかじめ地下鉄の通路の人の流れを調べておいた。海と似ていて、通行人は波が押し寄せるように一定の間隔をおいてやってくる。つまりそのリズムをつかんで、波と波の合間に撮影しなければならない。この方法が功を奏し、エキストラをそれほど使わずに済んだため、経費面での節約になった。

構内での追跡シーンを撮影する際は、ゴーカートを持ち込み、その上にカメラを据えつけた。そいつに乗ってバットマン刑事とロビン刑事に追われるクリストファーを追いかければいいのだ。

プレミア誌がコンタクトをとってきた。この映画を大きく取り上げたいらしい。それで、かの有名な編集長と会うことになった。作品を持ち上げすぎだと指摘して記者に『最後の戦い』の批評記事を三度も書き直させたというあの編集長だ。だが、そのことはとやかく言うまい。過去にはこだわらず前を向こう。先方は取材の際にカメラマンを寄こしたいという。こちらの同意なしに記事を掲載しないことを条件に、ぼくは承諾した。向こうもジャーナリストとして取材相手の意思は尊重すると約束してくれた。

クリストファー・ランバートは役柄にぴったりとはまっていた。ぼくらはとても波長が合い、撮影は快調に運んだ。ところが、ある日を境に状況が一変した。『グレイストーク 類人猿の王者 ターザンの伝説』が封切られ、地下鉄の乗降客がクリストファーの存在に気づくようになったのだ。クリストファーはいつしかスターになっていた。

本人はたいして変わらないのに、周囲の人間たちが変わった。クリストファーはいろいろな場に招待され、みんなから声をかけられた。ＣＭ契約や映画のオファーがほうぼうから飛び込んでくる。クリストファーは努めて撮影に集中しようとし、ぼくもそれを手助けした。

エディット・コルネルからは予算が超過しそうだと告げられていた。百万フランか、もしかしたらもう少しオーバーするかもしれない。ぼくは承知のうえで、何も変更しなかった。あとでどうにかすればいい。何であれ、作品の質を落とすわけにはいかないのだ。だが、悩みの種は金銭のことばかりではなかった。たとえば、マルティーヌ・ラパンが蚤《のみ》の市でクリストファー用にと見つけてきたプルオーバー。ぼくはそいつがぞっこん気に入り、ぜひ本人に着てもらいたいと思ったが、一枚しかないので替えが利かない。それでも、思い切って採用することにした。しかし、破損や紛失の恐れがないとは言いきれない。そんなわけで、クリストファーがその日の撮影を終えるやいなや、いつもマルティーヌがそれを回収して自分のバッグにしまっていた。きっとなくさないように枕の下に敷いて寝ていたに違いない。そのプルオーバーはダイヤの首飾り以上に貴重なもので、十六週間にわたる撮影期間中、マルティーヌは片時も気の休まることがなかったろう。

イザベル・アジャーニはまさに天使だった。自由闊達《かったつ》で、素直で、時間をきちんと守る。夢みたいだ。イザベルを撮っているときは、ケーキを食べているような気持ちになった。ラッシュを見ても言うことなしで、イザベルはキラキラ輝いていた。毎朝、六時くらいに撮影を終えると、何人かで集まって朝食のテーブルを囲む。

マルティーヌ・ラパン、カルロ・ヴァリーニ、ジャン・レノ……以前からの仲間たち。まだ二作目に取りかかっているところなのに、何だかもう長いこと一緒に走ってきたような気がする。そんなぼくも、だいぶ打たれ強くなってきたようだった。

ある朝、キヨスクにプレミア誌が並んだ。十二ページを割いてぼくたちの映画の記事を載せている。事前の連絡はなかった。当然ながら、こちらで写真を選んだり、チェックしたりもしていない。ぼくは怒りに燃えた。編集長から形ばかりの謝罪を受けたくらいでは、腹の虫が収まらない。なんて卑劣な連中なんだ。自然界を見渡したって、これほど薄汚い生き物はいないのではないか。きっとハイエナくらいなものだろう。

おまけに、記事はいかにも好意的に書いているようだが、撮影の様子をきちんと伝えていない。何日かかけて現場に通ってきたくせに、何もわかっておらず、内容が薄っぺらだ。誠意のかけらもなければ、実感のこもった言葉もない。甘言を弄して、小馬鹿にしているだけだ。ダイバーと称しながら踝《くるぶし》までしか水に浸からないのと同じだ。

こういう似非《えせ》ジャーナリストは例外であることを願うしかない。これから出会うジャーナリストが正真正銘のプロであることを期待するとしよう。

まずは六週分を撮り終え、現像を済ませた。ラッシュは申し分なく、製作者サイドのゴーモン社もTF1も満足している。スタッフたちも有頂天になっていた。全員の気が緩み、少し浮足立っている。ふと、脳裡に『最後の戦い』の記憶がよみがえってきた。負債を返済するため、世の人々に映画館に足を運んでもらうため、精一杯努力して、苦労を重ねたあの日々が……。

現場では全員が和気藹々《あいあい》として狎《な》れ合いになっていた。しかし撮影はまだまだこれからであることを、ちゃんと意識している者はいなかった。ハーフタイムでリードしていても、試合に勝てるとは限らない。何としても、ここでみんなの気を引き締める必要がある。自己満足とか自己陶酔とかそんなものは追いやって、汗水を流さなければならない。ぼくはしゃにむに努力してからでないと、疲れるにはまだ早いと考えていた。

翌日は地下鉄のホームでダンスをするシーンの撮影だった。クリストファーがイザベルと踊っているところに、ジャン＝ユーグ・アングラードが割り込んできて相手を代わる。テイクは五十二回に及んだ。ぼくが要求のレベルを五段階引き上げたので、みんなは慌てた。ただ一人、イザベルを除いては。完璧への追求はイザベルにとっても望むところだろう。

翌日も同じシーンを撮り直した。十六回のテイク。スタッフたちは途方に暮れたが、ついに目を覚ました。そこで全員の士気が高まった。これで映画に魔法がかかったに違いない。

しかし、魔法をかけたツケは払わなければならない。コルネル女史から予算の超過分がさらに増えたことを知らされた。設定していた限度額の二百万フランを突破してしまったのだ。こうなったらうまくやり繰りしていくしかない。つまり、経費を減らして質を向上させなくては。

まったく、学校ではそういうことを習いたかった。ワーテルローの戦いが何年に起きたかなんてどうでもいいから。

撮影日程は終わりに近づいていた。ぼくたちは模範的に振る舞っていたので、ＲＡＴＰのロケーションサービス担当の女史は、ローラースケートで線路を跳び越えるシーンの撮影を許可してくれた。ぼくたちはホームとホームの間に幅のある薄い板を渡しておいて、少しも危険ではないことを示してみせた。カメラは板ぎりぎりの高さから狙っているので、板は画面に入らない。リアルな跳躍シーンだが、別の角度から見ると、安全対策は万全だった。

車内の強盗シーンのほうは輪をかけて厄介なシーンであるため、女史には言わないでおいた。却下されるのが目に見えていたからだ。そんなわけで、撮影最終日、ぼくたちはインサート用の映像を撮影するという口実でオベール駅にやってきた。この駅には十分おきに回送車両がやってきてホームに停車する。計画は、押し込み強盗を企てるのと同じくらい綿密に練っておいた。

役者二人が現金輸送中の警備員に扮し、ホームの先端でぼくの合図を待っていた。この場面はカルロが手持ちで撮影する。ぼくたちは駐車場でリハーサルを重ねてきた。

ぼくが撮影に立ち会う女史にバカンスの話題を振ると、相手はアフリカへ行く話を始めた。作戦開始。ぼくの目配せでチーフ助監督が姿を消す。

一分後、構内アナウンスが流れた。女史に指令室から呼び出しがかかる。女史はちょっとごめんなさいねと言って立ち去る。その姿が上りのエスカレーターから消えた瞬間、警備員姿の二人が走ってくる。花売りのボーランジェとフレッド役のクリストファーが位置につく。

小道具係がズボンから拳銃を二挺取り出してそれぞれ二人に渡す。ぼくはビニール袋からＲＡＴＰの制服を出して身につけ、頭に制帽をかぶった。そして、ロケハンの際に拝借しておいた三角形の鍵を使って運転室に入り込み、運転手のふりをする。

アクション！

フレッドが警備員二人に銃口を向け、花売りが運転士の顔に銃を突きつける。計算によればこのショットだけで四十秒だ。指令室へ行って戻ってくるまでに四分三十秒かかる。

そこでカメラを止めずに、続けざまにテイク３まで撮った。回を重ねるごとにどんどんよくなり、流れがスムーズでスピーディーになっていく。テイク４で凄いのが撮れるぞと確信したが、計算ではもう一度撮影している時間はない。今にも女史がホームに戻ってきそうな気配だ。えい、ままよ、とばかりぼくは賭けに出た。緊張がいや増しに増して、実際に強盗を働いている気分だ……。最後のテイクは最高だった。ぼくが制服と制帽を脱いだとたん、女史がホームに姿を現した。マルティーヌが制服をセーターの下にたくし込み、反対方向へ去っていく。

「ごめんなさいね、指令室から呼び出されたものだから」女史はぼくのところへ来て言った。

「大丈夫ですか?」

「電話があったんだけど、出たらもう切れていたのよね」

女史の背後では、二人の警備員が退場し、ボーランジェが拳銃を花の下に隠していた。シーンは無事撮影完了。強盗はまんまと成功した。

この作品では多彩なキャストに恵まれたことが何より幸運だった。リシャール・ボーランジェはまさに詩人そのものだ。声に魔力があり、現場のみんなを虜にした。ジャン゠ピエール・バクリの間の抜けた演技には誰もが笑わずにはいられない。ミシェル・ガラブリュのセリフ回しには脱帽する。パンに浸み込んだ蜂蜜のように、人の好さそうな仮面の下に潜む老獪《ろうかい》さがセリフの内側にじんわりと感じられる。クリストファー・ランバートは羽根の抜け落ちた鳥であり、浮き草だ。ヘッドライトに目の眩《くら》んだ山猫を思わせる。世界の終末に生き残っていたジャン・レノは、今回もまた無言。ドラムスティックを手放さず、何でも手当たり次第に叩いている。イザベルはその場の空気をすべて自分のものにしてしまう女神だ。エジプトに君臨するクレオパトラのように、イザベルは映画に君臨する。ジャン゠ユーグ・アングラードは傷ついた動物のよう。迷いがあり、不安げで、内向的な雰囲気を醸している。カメラ映りがよく、その声にも心が揺さぶられる。アンコニナには、とてもこの雰囲気は出せないだろう。

それから、何といってもジャン・ブイーズの存在が大きい。みんなのボスであり、いつも安定していてメトロノームのような役割を果たしている。穏やかで公正な人。自分はなぜ映画の仕事が好きなのか、毎朝のように思い起こさせてくれる人だ。

これらの役者たちからは多くのことを教わった。彼らがぼくのパレットに色とりどりの絵の具を揃えてくれたので、ぼくはうっとりと見とれてしまい、何を描けばいいかわからなくなるほどだった。可能性が無限にあって、そのすべてがぼくに提供されていたのだ。ぼくは誰よりも幸せな監督だ。

彼らには心の底から感謝を捧げたい。

撮影の終わりには、お決まりの打ち上げが盛大におこなわれた。ポストプロダクションの作業は順調に運んだ。今回は金策に追われることもない。編集に時間をかけられるうえ、ちゃんと（ドルビーの音響方式で）ミキシングの作業ができるように、立派なダビングスタジオも用意されている。エリック・セラはパレ・デ・コングレのスタジオで録音をした。

もう先輩がたの陰に隠れて作業をすることもない。予約席とまではいかなくても、ぼくたちには仕事ができる場所があった。

ＳＩＳのスタジオでは、午前十一時になると、ベテランの編集技師たちがテーブルを確保するため見習いを食堂へ走らせ、また、別の見習いには近所のクリーニング屋へ白手袋を取りに行かせる。白手袋はフィルムに触れる編集技師にとって象徴的な道具だ。達人は粋に見えるように左手にしかつけない。

というわけで、一日目、ぼくたちは目立たないテーブルの周りに集まって昼食をとりながら、こうした粋人たちが映画を語るのを観察していた。そのさまは、神に会ったこともないくせに神を語る司祭を思わせた。

少しずつだが、それまで知らなかった、作品を取り巻く世界が見えてきた。それは、気取りと自負心と宗教心で作られた世界だ。

彼らにとっては、尊敬に値するのはお堅い映画だけで、貧しさを知る者だけが芸術家と呼ばれ、エリート層だけが正当なのだ。

ぼくなどは〝アジャーニと仕事をしている運のいい野郎〟の部類に入り、しかも、料理人の言葉で映画の話をするものだから、たちどころに彼らから信用されなくなった。光の当たる場所と金の匂いに引き寄せられた無信心な輩《やから》として片づけられてしまったのだ。

正統派で才能があると評されるには、社会派の人間ドラマを自宅の厨房で撮らなくてはならない。色づかいと音楽にこだわるイカれたコメディで、前評判の高い作品など問題外というわけだ。

まだ見てもいないうちからヒットすると予想されていることが我慢ならないようで、ほかの作品のスタッフたちはぼくが通りかかると顔をプイと横に背けた。悲しくなったが、とにかく映画を完成させなくてはならない。そこで、ぼくは昼になっても編集室にこもったまま、サンドイッチを頬張って、一日十八時間作業した。

あるとき、イザベルからディナーに呼ばれた。作業の進捗状況が知りたいらしい。

ぼくは順調だと答えて安心させようとしたが、向こうは別に心配していたわけではなかった。

「次はどんな作品を撮るつもり?」相変わらずイザベルは好奇心旺盛だ。

次回作のことなど考えてもいなかった。でも、構想中の案ならある。

海の話だ。

「どんな話？」イザベルが興味深げに訊いてくる。

ああ、それを訊くか。訊かれたら最後、ぼくの話は止まらなくなるのに。海の話なら何日でも話していられる。相手が海の世界にどっぷりと浸るまで話をやめない。たっぷり堪能してもらう。

イザベルは大きな青い瞳を見開いて、貪るように話を聞いていた。とりあえず、ぼくは二時間で海のすべてを案内した。

その晩、イザベルは『グラン・ブルー』のファン第一号となった。


一回目の編集が終わった。いい出来だが、全体の尺がだいぶ長すぎる。二時間二十分だ。どう考えても長い。

撮影に夢中になるあまり、鉄則を忘れていたのだ。伝えたい内容と伝えるために必要な時間とのバランスをとるということ。どちらか一方に重きを置いてしまうと、バランスが悪くなる。尺が短すぎると、作品の核となる部分や視点、繊細な部分が損なわれ、わかりにくい作品になってしまう。長すぎれば、冗長でもったいぶった印象になり、退屈を招く。

ぼくはどのシーンもそれが一番重要なシーンであるかのように撮影していた。初歩的なミスだ。どれもが愛おしくて、つい欲張ってしまったのだ。

ゴーモン社とTF1のために一回目の試写会を催した。当時のTF1はまだ公共放送だった。会長はジャガーから降りてくると、葉巻の煙でぼくをいぶしてから握手した。もう若くはないがダンディーで、日焼けサロンでこんがり焼いた肌に赤いカシミアのマフラー、光沢のある青いスーツという出で立ちだ。コート・ダジュールの広告マン風で、クロワゼット通りでプードルを散歩させるように夫人を引き連れている。見るからにいけ好かないタイプだ。

会長は尊大ぶっていて、やることなすことがいちいちわざとらしい。ラ・ガレンヌ＝コロンブくんだりまで来させられて、大いに疲れたといった顔で、映写室の椅子にどっかと腰を下ろした。

何だか昔に逆戻りして、学校の職員会議に呼び出されたときのような嫌な感じがした。

ぼくの心はまだまだ脆かった。確かにここ何年かでだいぶ鍛えられ、カメの甲羅くらいには打たれ強くなってきたかもしれない。しかし、カメを引っくり返して仰向けにするのはいとも簡単だったのだ。

ぼくは深呼吸をすると、いつものように簡単な前説明を始めた。

「まだ編集は終わっていません。ミキシングも色調調整もまだです。尺も十分ほど長すぎます。そちらのほうは現在作業中です」

「御託はけっこう」TF1の会長が冷ややかに遮った。

上映が始まった。拷問の二時間だ。

結果は惨敗だった。ぼくはうっかりしていた。致命的なミスと言ってもいい。試写室の座席には五十歳未満の人間が一人もいなかったのだ。それも、大人になってからは、地下鉄構内に足を踏み入れたことがないような人たちばかりだ。

銀行家にラップを聞かせるも同然だった。

TF1の会長は、十分どころか少なくとも三十分は削るべきだとのたまい、ぼくの敬愛するベネックス監督の『溝の中の月』に対して言い放ったように、〝この映画はコケる〟と予言した。

その隣で、夫から付属品扱いされている夫人がか細い声を懸命に張り上げて感想を言いかける。とても気に入ってくれたようで、それを伝えたいらしい。だが、会長は聞く耳を持たない。妻は映画のことなど何も知らないド素人だというわけだ。それでも、夫人は会長の背後からぼくに微笑みかけて、Vサインを出した。そして、帰りがけにぼくを脇へ呼んで耳もとで囁いた。

「子どもたちを連れて見にいくわね。きっと夢中になるわ」

こんなふうに、いつだって女性は孤立無援の相手の心情を察知して、弱みにつけ込まないように配慮することができる。男とは反対だ。

励ましの言葉で傷が癒え、また歩み出せるようになることを知っている。

また、傷つきやすい子どもにはいつも救いの手を差しのべてやらなければならないことも知っている。たとえ、それが大人の内面に隠れている子どもであっても。

今回の試写会を受け、ぼくはかなり不安を覚えた。間違っても、相手から理解されずに批判されたのだとは思っていない。批評はしっかり受け止める。それらを分析し、分類して、そこから作品をよりよくするのに役立つものを選び出す必要がある。

ぼくは編集スタッフとともに、外しても支障の出ない部分を少しずつ削っていった。

外してしまえば一挙に六分短縮できそうな箇所があったが、そこはイザベルが映っているシーンでもあるので悩ましい。結局、イザベルに電話して、ラ・ガレンヌ＝コロンブの編集作業室まで来てもらうことになった。イザベルは編集台に向かい、外科医がレントゲン写真を見るように問題のシーンを見つめた。

「そうね、そのほうがよくなるわ。外しちゃってよ」メスのようにすっぱりと思いきりがいい。

それだけにとどまらず、イザベルは直前のシーンも外すように提案した。その場ですぐに切ってみると、なるほど、そのほうがずっといい。一気に十二分も短縮することができた。

イザベルはたとえ自分が映っていようが、映像を素材として扱う。一方、ぼくは自分で撮った映像が愛おしくて、未練を断ち切ることができなかったのだ。

イザベルは医者のように潔くメスを入れる。迷いはない。だが、それは見事な裁断だった。おかげで、編集に対する考え方が変わった。もう二度と同じ真似はすまい。ぼくは監督から職人になった。

エディット・コルネルがかかった費用を算出した。少なくとも二百万フランは予算をオーバーしていることを聞いていたから、ある程度の覚悟はできていた。

ところが、エディットによると、七百万フランの超過だという。ぼくはびっくり仰天した。

「どういうことですか？　撮影が終わった時点で二百万前後になるって言っていたじゃないですか！」

「そうだけど……あのときは、計算途中だったから」間の抜けた返事を聞かされて、即座にぼくはエディットが金勘定のできない人だということを悟った。

ぼくは思わず怒鳴りつけてしまった。エディットを予算管理の責任者にすることは、ぼくがヘアメイクのチーフになるようなものだったのだ。

『最後の戦い』のときの悪夢がまた始まった。だが、支払いはあとの話だ。今は仕上げの作業をしっかり終わらせ、作品がヒットすることを祈るほかない。

ようやく映画が完成した。シェイプアップした結果、二時間以内に収まった。みんなよく頑張ったと思う。エリックがいい仕事をしている。地下鉄のエレクトリック・ブルーが印象的な映像は文句なしに斬新だ。

完成作品を見てもらおうとイザベルに電話をしたら、ウォーレン・ベイティを上映会に連れてきてもいいかと訊かれた。ウォーレンが次の作品にイザベルを起用しようと考えていて、その参考に『サブウェイ』をぜひ見たいと言っているらしい。

もちろん大歓迎だ。

ウォーレンはコンコルドに飛び乗って、その日の夕方に到着した。

ぼくたちはしゃれたレストランでディナーをともにした。二人はぼくに真っ黒で小さな粒々の卵を勧めてきた。「キャビアっていうのよ」とイザベルが教えてくれたが、添えられていた小さなクレープのほうがよほど美味い。

イザベルから海や『グラン・ブルー』の話題を振られたが、ぼくはウォーレンを前に気後れしていた。だが、やはりじっとしてはいられない。思い切って話しはじめると、あとは水を得た魚のように勢いが止まらなくなった。

翌日、二人に『サブウェイ』を披露した。

上映後、ウォーレンからお褒めにあずかった。ウォーレンは、イザベルではなくぼくに会いに来たのだと明かした。イザベルに才能があることは言わずもがなで、それよりも、ぼくの力量を確かめたかったのだそうだ。どうやらぼくはお眼鏡にかなったらしい。ウォーレンは、ぼくの次回作をプロデュースしたいという。そう、海がテーマの映画だ。イザベルがこっそりとぼくに微笑んだ。

もしフランス人のプロデューサーから同じことを言われたら、五十パーセントの確率で空手形に終わると考えたほうがいい。

しかし、ウォーレンはアメリカ流にその場で二万五千ドルの小切手をぽんと寄こした。ぼくを心配させないため、心置きなく仕事に取りかかれるようにするための前払い金だ。契約はあとでいいという。

ぼくは即座に返す言葉が見つからなかった。こんな場面は映画でしかお目にかかれないものと思っていた。

ぼくは驚きからさめやらぬまま、感謝の言葉を述べた。

この小切手をすぐに現金化してしまうのはもったいない。それから一週間の間、ぼくは仲間に見せびらかさずにはいられなかった。スターの署名に仲間たちもうっとり見とれていた。

だが、目下のところは公開を控えている作品に集中しなければならない。

大規模上映となるらしい。『最後の戦い』のときは七館の小規模公開だったことが嘘のようだ。ゴーモン社は強気だった。二百五十館以上で封切られるという話に、ぼくは頭がくらくらした。

しばらく前より、例のＲＡＴＰの女史から完成品を見せるよう催促されていたのだが、ぼくは何やかやと口実を設けてそれを先延ばしにしていた。映画を公開するには彼女から許可を得なければならない。女史には公開を差し止める権限があるのだ。

またしても作戦を練る必要があった。

まずは〈十三時のニュース〉のイヴ・ムルジに作品を見せた。興奮したイヴは自分の番組をオベール駅から生中継で届けたいという。そして、自分も〈ローラースケートの男〉のように上りと下りのエスカレーターの間を滑り降りてみたいものだと目を輝かせた。

そこで、ムルジをＲＡＴＰの会長に会わせることにした。それを聞いて女史が声を上げた。その前に自分も映画を見ておきたいと抗議する。もちろん、こちらとしてもそのつもりだ。どうぞ、どうぞ。ぼくたちは女史に映画を見てもらった……会合の二時間前のことだ。映画を見終えた女史の顔から血の気が引いている。現金輸送中の襲撃、強盗を働く花売り、危険な離れ技、地下に棲みついた訳ありの人間たち、拳銃もちょくちょく登場する……。

「わたしを騙したのね！」女史は声を震わせた。

「ええ。でも、もっと駅を開放してくれていれば、こちらも嘘をつかずに済んだんですけどね」

「限度ってものがあるでしょうが！」怒りに息を詰まらせている。

「映画に限度はないんです」申し訳なさそうな表情を作って、ぼくは肩をすくめた。

ムルジがＲＡＴＰの会長の手を握る。会長は有名人と会えて興奮を隠せない。その後ろには女史が控えている。

ムルジはぼくが直面する問題を承知していて、全面的にバックアップするつもりでいた。会長には番組の特集でＲＡＴＰの功績を称えましょうと約束する。一千万人のフランス人が番組を見ることになりますよ。会長は目を輝かせた。女史が会長の袖を引いて口を挟もうとする。話がまとまり、二人はにこやかに肩をたたき合う。それでも、女史がしつこく注意を引こうとするものだから、会長は苛立ってたずねた。

「何だね、どうかしたのか？」

「映画のことですが、内容的に見過ごせない箇所があります。これではわが公団のイメージが……」と口ごもる。

「電車の運転士がおかまを掘られるシーンでもあるのかな？」

会長の冗談にムルジが大笑いして興を添える。

「いえ……そういうわけでは」面食らったように女史は口ごもった。

「じゃあ、構わないだろう！」

数日後、ＴＦ１の〈十三時のニュース〉がオベール駅の構内から生中継された。人気キャスターのムルジがエスカレーターの間を滑り降りてきて、この日の視聴率は過去最高をマークした。

プレミア試写会の日、ぼくはくだんの女史を王女さまのようにもてなし、イザベル・アジャーニのすぐ後ろの席にお座りいただいた。

やがて映画が封切られた。

シャンゼリゼ通りでは、ゴーモン・アンバサード館の前に長蛇の列ができた。そのほとんどが地下鉄に乗ってやってきた若者たちだ。

初日の観客数はパリの二十八館だけで二万八千四百四人を記録した。

ボックスオフィス一位。輝かしき勝利だった。

当然ながら、ジャーナリストたちからはこきおろされた。ぼくがもう彼らのものではなくなったからだ。彼らから見出され、前面に押し出されたのに、今では彼らを裏切ってみんなのものになったからだ。映画が当たって嬉しい反面、ぼくはすでに苦々しい思いを抱いていた。成功が気に入らない。成功にはいらいらする。自分でもどういうことなのかよくわからないのだが、ぼくにとっての成功とはみんなが幸福になることなのだった。

第十九章　ウォーレン・ベイティ

一九八五年四月十日の映画の封切から数週間後、ぼくはカンヌ映画祭に招待された。かつてのように、もう浜辺で眠らなくてもいい。マジェスティックホテルに立派な部屋が用意されていた。さすがにレイバンのサングラスくらいは許されるんじゃないだろうか。日差しも強いことだし……。

ぼくはテラス席に座って紅茶を注文した。映画のほうは相変わらず興行成績第一位で、宝くじを当てたような気分だ。

けれども、ぼくはテーブルで孤独を嚙みしめていた。話しかけてくる人は一人もいない。数時間のうちに、いかに自分が映画界においてよそ者であるかを思い知らされた。お世辞にも自慢できるような出自ではなく、名門校で学んできたわけでもない。まともな家族に恵まれていたとも言いがたい。

ぼくは雑草のように砂礫《されき》のなかから生えてきた。名前は間違えられるし、作品も無知な若者向けのミュージックビデオとして扱われる。ぼくは嫌われ者になりつつあった。人に愛されるために映画を作ってきたのに。

そうこうしている間に、例のＲＡＴＰの女史は職を辞し、アフリカに移り住むべく発っていった。

クリストファー・ランバートはスター街道を突き進んでいた。『グレイストーク 類人猿の王者 ターザンの伝説』『サブウェイ』に続いて、『ハイランダー 悪魔の戦士』での主演が決まっている。クリストファーが雑誌の表紙を飾らない週はないくらいだった。

ぼくはニューヨークでクリストファーと再会した。『サブウェイ』がアメリカで公開された折である。公開といっても、大々的なものではない。せいぜい百館とちょっというところか。それがフランス語作品の運命《さだめ》なのだ。それに引き換え、大作のアメリカ映画になると、三千館以上で公開される。まあしかたない。不遇だったものが日の目を見るようになるのは、本当にたいへんなことなのだ。そう言えば、後年、そんな内容の歌詞をＮＴＭの二人組がヒップホップのリズムに乗せて歌っていたような……。

ぼくたち二人には、マンハッタンのど真ん中にある豪華なホテルのスイートルームがそれぞれ用意されていた。クリストファーのほうは数週間前からホテルに滞在していた。ぼくが部屋を訪ねてノックすると、ドアを開けたのは息を呑むほど美しい黒人モデルだった。しかも裸にシーツを巻きつけただけの姿だ。おっと、これがニューヨークスタイルのお出迎えなのか。

部屋を間違えたかと焦ったが、美人モデルは、そんなことはない、クリストファーはじきに帰ってくると言う。なかで待つように勧められたが、やはりバーで待つことにした。

一時間後、クリストファーが姿を現した。リハーサルに行っていたそうだ。ぼくたちは前もってイタリアンレストランで食事する約束をしていた。

「デ・ニーロが一緒でもかまわないかな？」クリストファーが従兄弟の話でもするように言う。

「ああ、いいとも」ぼくは間の抜けた返事をした。

ロバート・デ・ニーロ――押しも押されもせぬ大スター、雲の上の存在だ。ニューヨークの〝タクシードライバー〟トラヴィス・ビックルだ。アヴォリアッツの映画祭の壇上で一瞬だけ、お目にかかったことがある。デ・ニーロは人目を避けるようにひっそりとホテルのロビーに現れた。目立たないようにしているので、どこかの会社の会計係といっても通りそうだ。しかし、握手をすると、目力といい相手を虜にしてしまう笑顔といい、その貫禄に圧倒される。スターになるべくしてなった人だ。

デ・ニーロは近くでたまたま出会ったクリストファー・ウォーケンを連れてきた。二人は『ディア・ハンター』以来、気の置けない仲らしい。

「アル・パチーノも呼んでいいかい?」デ・ニーロがそっとたずねた。

冗談だろうと思ったら、数分後、アル・パチーノが到着した。ハリー・ディーン・スタントンも一緒だ。『エイリアン』での名演は強く記憶に残っている。

パチーノもデ・ニーロも髪を長く伸ばしていた。

パチーノはヒュー・ハドソン監督の『レボリューション・めぐり逢い』、デ・ニーロはローランド・ジョフィ監督の『ミッション』の撮影中だった。この錚々たるメンバーでSUV車に乗り込む。一行はぎゅうぎゅう詰めの状態でレストランへ向かった。

レストランでは、さらにテリー・ギリアムも加わった。カンヌでもこんなに豪華なテーブルは見たことがない。ぼくはアル・パチーノとクリストファー・ウォーケンに挟まれて席に着いた。正面にはデ・ニーロ、その隣にクリストファー・ランバートがいる。ぼくは片言の英語で悪戦苦闘した。プレッシャーのあまり、汗をかきかき、汗が滴り落ちないように八方手を尽くす。しまいには進退窮まって、ダチョウが頭を砂地に突っ込むように、トマトとモッツァレラの前菜に没頭するしかなかった。しかし、その場の空気はぎこちなく、一向に盛り上がる気配を見せない。

彼らのような人々はスポットライトを浴びているときは輝いているが、そうでないときは内にこもってしまうのだろう。揃いも揃って内向型の人間が集合していたのだ。

キャスティング・ディレクターのイギリス人女性がクリストファー・ランバートに挨拶しに来て、テーブルを見渡し、すばらしいみなさんがお揃いですわねと褒めちぎった。たった一人その場になじんでいないのは、山男のようにガタイのいい金髪野郎だ。その金髪野郎が何者なのか知らない女性に、クリストファーが説明する。すると、女性はレストラン中に響き渡るような大声を上げた。

「オーマイガー！　ユー・アー・ザ・ディレクター・オブ・サブウェイ？」

一斉に店内の注目を浴びることになり、ぼくはたちまち顔が火照った。生涯であれほどバツの悪い思いをしたことはない。

パチーノが頰を緩め、デ・ニーロはにやにやし、ほかのみんなも腹を抱えた。

キャスティング・ディレクターは『サブウェイ』を傑作だと言って、一分間の熱弁を振るう。ぼくは穴があったら入りたかった。

けれど、それがきっかけで、その場はリラックスして楽しい雰囲気になった。アル・パチーノは自分が企画している短編映画について話してくれた。ぼくのことをフランスの知識人と思ったらしい。ぼくはていねいに頷きながら聞いていたが、相手の言っていることがほぼ理解できていなかった。

二十二時にはみんなが帰った。明日は仕事なのだ。クリストファー・ランバートだけは恋人（今度は服をまとっていて、さらに美しくなっていた）を呼んで、ナイトクラブへ繰り出していった。ぼくは時差に参っていたので寝ることにした。夢なんか見なくていい。今晩の出来事を思い返すだけで……。

十代の頃にどんなに無謀な憧れを抱いていたとしても、あんなにゴージャスなディナーの席に自分がいる光景までは想像できなかっただろう。あの席で一番感じ入ったのは、彼らが寛大に、そして気軽にぼくを受け入れてくれたことだ。それを思うと本当に胸が熱くなった。

ぼくは負債の待つパリに戻った。ゴーモン社のトスカン・デュ・プランティエは社長の任を解かれていた。『サブウェイ』はヒットしたものの、度重なる不祥事と損失の責任をとる羽目になったのだ。後任に就いたのがパトリス・ルドゥだった。プリンスに代えて会計士を代表取締役に据えたようなものだ。ルドゥ社長は数字に強く、銀行家的な一面を併せ持っている。そこで、ぼくは自分の抱える負債の話を切り出してみた。『サブウェイ』で会社側ががっぽり儲けたことを考えれば、こちらの負担だって軽くしてくれたってよさそうなものだ。

「いくら必要なんだ？」

出しぬけに訊かれて、虚を衝かれた。具体的な金額までは考えていなかったのだ。

「ええと……百万では？」ぼくは口ごもりながら答えた。

百万フランはぼくにとっては大金だ。

「わかった。百万だな。それでは、次回作の話をしようじゃないか」

ルドゥ社長は損得勘定に長《た》けていた。家に帰ってから、ぼくは自分がへまをしたことに気づいて唇を噛んだ。向こうの思うつぼにはまってしまったのだ。社長はこちらの要求額をすんなり受け入れたが、あとの六百万フランだって、本来ならばゴーモン社が負ってくれてもいい製作費なのだ。ああ、まったくぼくは商売に不向きな人間だ。

ぼくは『サブウェイ』の共同製作者のTF1へ赴き、負債の一部を肩代わりしてほしいと頼み込んだ。だめだった。ぼくの訴えはあえなく退けられた。びた一文出そうとしない。自分の借金は自分で始末しろってことか。ぼくは二十歳で三百万フランの借金を抱え、二十五歳で七百万フランの借金を作った。たいした進歩じゃないか。

URSSAFをはじめ、関係各所へ支払うべき金を捻出するには、一つしか道がない。次の映画を製作して、それが大当たりすることだ。

書き上げた『グラン・ブルー』の第一稿は満足のいく仕上がりだった。それを翻訳してもらい、ウォーレン・ベイティに送ると、まだ手を加える必要があるとのこと。ウォーレンから、ロサンゼルスの自宅に滞在してアメリカ人の脚本家と一緒に作業してはどうかとの誘いを受けた。

ウォーレンの住まいは、ハリウッドを一望する山の稜線沿いを走る、かの有名なマルホランド・ドライブのそばにあった。左隣にジャック・ニコルソン、右隣にはマーロン・ブランドが住む。周りがこんなご近所さんばかりなら、しょっちゅう調味料を借りに行きたくなってもおかしくないだろう。屋敷は豪華で広々として、眼下にはすばらしい眺望が広がっていた。

ウォーレンは大画面のテレビでCNNを流しっぱなしにして、それを前にルームランナーで走っていた。イザベルはキッチンとプールの間を行ったり来たりして、少し退屈しているようだった。ウォーレンがぼくを呼んだのは、ひょっとしてイザベルの話し相手をさせるためでもあったのかもしれない。まあ、ぼくとしては嬉しい限りだが。

一緒に作業する脚本家はマリリンという。四十歳くらいで、穏やかで感じのいい声の持ち主だ。海に関する知識はなかったが、登場人物の心理を掘り下げることには長けている。アメリカ人のシナリオへの取り組み方はまったく異なっていた。ぼくらよりも几帳面で、専門的で、厳密なのだ。車にたとえるなら、フランス人のほうはすでにシートの色を選ぶ段階まで来ているときに、アメリカ人は時間をかけてじっくりとシャーシを組み立てているといった案配だろうか。

マリリンに学ぶことは多かった。その優しさにも癒された。ぼくの場合、何でももぎとってくるのが常だったが、マリリンからは単に拾い上げることを教わった。

ある朝、ぼくは車が次々と停止する音で目を覚ました。敷地内に十台の警察車両が停まっている。CIAのエージェントがノックもせずにぼくの部屋へ入ってきて、クローゼットに誰も隠れていないことを確認した。せめておはようくらいは言ってくれてもよさそうなものだが。

屋敷のなかは私服のエージェントでいっぱいだった。ゲイリー・ハート議員がウォーレンに書いてもらっている演説原稿を受け取りにきたのだ。ウォーレンがキッチンで原稿に手を加えている間、議員は水着になってプールサイドでイザベルと笑いこけていた。

そこへジャック・ニコルソンがバスローブ姿のまま登場した。

改めてハリウッドの世界にお邪魔していることを実感させられる。

ジャックはコーヒーを切らしていたので、ウォーレンのところに飲みに来た。別に何てことはない。日常茶飯なのだ。もはやマーロン・ブランドが現れてここでサンドイッチを用意しはじめてもおかしくはないだろう。

このハリウッド式の生活は信じられないことだらけで、それを体験させてくれたウォーレンには感謝のしようもない。それでも、ぼくはほかのことに心を奪われていた。

ぼくの心はすでに海のなかにあった。運転手付きで街をめぐるより、テーブルの片隅で何時間でも海の話をしていたかった。しかし、ウォーレンにはぼくに構っている時間があまりなかった。もっとも、それはぼくだけに限ったことではないが。

ぼくは第二稿を手にパリへ帰った。心はすでに第三稿へと向かっている。まずはコート・ダジュールまで飛んで、水中撮影カメラマンのクリスチャン・ペトロンに会いに行く。クリスチャンは自作の水中撮影用カメラを見せてくれた。水中撮影には詳しい人だが、ぼくの望みはシネマスコープサイズで撮ることだ。当時シネスコサイズに対応できる水中カメラはなかったため、ゼロから作り上げなくてはならず、それも二台要る。クリスチャンはカメラのほうは自分に任せてもらっていいが、問題はレンズだという。水中での光の回折や色度測定、塩分までも考慮に入れる必要がある。つまり、特殊なレンズを製作しなければならない。それができそうなスイス人の技術者をクリスチャンは知っていた。

数週間後、クリスチャンから見積書が送られてきた。費用に三十万フラン（五万ユーロ）、製作時間に八か月かかる。つまり、来年の夏に撮影を開始するつもりなら、すぐにも製作に取りかからなければならない。

ぼくはニューヨークへ飛んだ。ウォーレンはイザベルやダスティン・ホフマンとともに『イシュタール』の撮影に入っていた。現場に入れてもらえたので、ぼくは隅っこで撮影風景を見学した。

監督のエレイン・メイは大物俳優たちに翻弄され、少し困惑しているようだった。ウォーレンなどは自分のペースを崩そうとはせず、じれったいくらいのんびりしている。

実は、ウォーレンはいつも悠然と構えていて、みんながブチ切れそうになる寸前にやっと腰を上げるタイプだったのだ。

ダスティン・ホフマンは人の言いなりにはならず、いつもウォーレンをからかっていた。一筋縄ではいかない役者と見た。セットに入れば水を得た魚のように生き生きとして、自然体で、心に残る演技をする。何にでも染まり、どんな役でも演じられる。カメラに映らない足もとでも演技をしている。

アメリカの名優の仕事ぶりを見るのははじめてだった。ぼくの目は一日中ダスティンに釘付けになっていた。今はまだ無理でも、いつか一緒に仕事ができるようになりたいと思ったものだ。

夜、ウォーレンとイザベルとともにディナーの席を囲んだ。しかし、正式な契約を結ぶには至らなかった。新たに書き直した第三稿のシナリオの評価も聞かせてもらえなかった。つまり、水中カメラの製作に取りかかるための資金は得られずじまいということだ。シナリオが完成しない限り、ウォーレンは金を出してくれない。だが、シナリオを完成させるには感想を聞かせてもらわなくてはならない。ぼくは自分が回し車を走り続けるハムスターに思えた。

ぼくはパリに帰り、パトリス・ルドゥ社長と面会した。ルドゥ社長は地方の公証人のような風貌で目端が利くが、あくどい人間ではない。とにかく有言実行型の一匹狼で、行動に移すのが早い。まったく、ウォーレン・ベイティとは正反対だ。

ルドゥ社長は次回作の話をちゃんと覚えていて、あの件はどうなっているのかとしつこく迫ってきた。ゴーモン社で『グラン・ブルー』をやりたいと思っているのだ。ぼくはルドゥ社長を信頼して、ウォーレンとの間で難航している問題を打ち明けた。ルドゥ社長はぼくが迷いを覚えていることを感じ取り、ゴーモン社の陰の大ボス、ニコラ・セドゥ会長と会って話すように勧めた。前社長のトスカン・デュ・プランティエがいた頃は、セドゥ会長は常にその陰に隠れていたが、目先の利くルドゥ社長は、会長を光の当たる場所に引っ張り出して、その存在を際立たせ、製作会議に参加してもらおうと考えていた。そうやって会長に権限を預けることで、失敗したときでも自分が矢面に立たされずに済むことを承知していたのだ。

というわけで、ぼくは最上階の最高経営責任者の執務室にはじめて足を踏み入れることになった。まさに雲の上の人にお目通りする心持ちだった。

ニコラ・セドゥ会長は明らかにぼくとは出自が違う。あちらは裕福で高貴な家柄であり、申し分のない教育を受け、その聞きやすくわかりやすい話しぶりは大臣のスピーチの手本になりそうだ。傍から見たら、二人が向かい合う光景はさぞかしシュールに映ったことだろう。品格のあるキリンが陸に上がったラッコと話をしているようなものだ。ラ・フォンテーヌの寓話に出てきてもおかしくはなさそうだ。

そうはいっても、最初に会った日から、ぼくは相手の瞳の奥にきらりと光るものがあることに気づいていた。ぼくのよく知る小さな炎。欲求が満たされなかったり、愛情に恵まれなかったり、または見捨てられたりした子どもたちの瞳に宿る光だ。きっとニコラ少年も辛い思いをしたのではないか。もちろん金銭面ではなく、愛情面においてだ。耳に心地よい美辞麗句を連ねたその裏に感情を隠してはいても、そこには心の痛みがあるに違いない。

ぼくは海の話をした。話が進むにつれ、セドゥ会長の目が輝いてくる。間違いない。この人は海が好きなのだ。会長自身、自分の船に乗っているときが最高だと明かしてくれた。それならば、ぼくは船の下にいるときが最高ですと返した。そんな次第でキリンとラッコは妙に馬が合い、意外や意外、一緒に海辺へ向かうことになったのだった。

ウォーレン・ベイティはものすごいやり手だが、結局のところ、ぼくとは反りが合わなかった。映画を作るのに二年も待ちたくはない。そこで、ぼくはていねいに手紙をしたため、これまでのことを感謝して、自分の自由を取り戻した。けじめとして、封筒には二万五千ドルの小切手を入れておいた。

翌週、ウォーレンの弁護士から郵送で小切手が送り返されてきた。きっと、ぼくの英語があまりにお粗末で、相手に通じなかったに違いない。ぼくはもう一度小切手を送ったが、何日かしてまたもや送り返されてきた。

どうやら問題があるらしい。それをはっきりさせるため、ルドゥ社長は先方の弁護士に電話した。すると、先方の言い分は、ぼくとはすでに契約を交わしており、それを尊重してもらいたいということだった。ぼくはびっくり仰天した。誰とも契約を交わした覚えはない。そこで、ルドゥ社長は独自に調査し、真相を突きとめた。

なんとイザベルのエージェントのマルジョリーが、ぼくの代理人を騙って『グラン・ブルー』の権利をウォーレンに渡していたのだ。イザベルが出演する『イシュタール』で有利な契約を結ぶためだったらしい。テレックスで送った簡単なメッセージを契約書代わりにして、マルジョリーはウォーレンに『グラン・ブルー』の権利を二万五千ドルで売っていた。そんなことをする資格も権利もないのに。しかし、アメリカ人にとってはその程度の問題などどうでもいいことなのだ。テレックスで権利を手に入れたウォーレンは、友人の20世紀フォックスの社長のところに『グラン・ブルー』を持ち込んで、制作費の前払い金として五十万ドルを受け取った。

つまり、ぼくの二万五千ドルを受け取れば、五十万ドルを20世紀フォックスに返さなければならなくなる。すでにかなりの額を使ってしまっていたウォーレンにそんなつもりは毛頭ない。気づけば、ぼくはゴタゴタに巻き込まれていたのだ。

この一件はイザベルの与《あずか》り知るところではなく、状況を知った彼女は心を痛めた。まだ完成してもいないうちから、シナリオはもうぼくのものではなくなっていた。ぼくの権利を取り戻すには、マルジョリーやウォーレンや20世紀フォックスを相手どって訴訟を起こさなければならない。ルドゥ社長が顧問弁護士たちに相談すると、十年はかかると言われた。

人生で最も大切な作品、人生の一部をもの語り、自分の存在の本質である作品が、もう自分のものではない。その事実がどうしても信じられなかった。自分の名前が、アイデンティティが、人生が奪われてしまったのだ。

ルドゥ社長が一つだけ方法があるという。20世紀フォックスからぼくの権利を買い戻すのだ。まったく世の中はあべこべだ。盗人に追い銭。自分が盗まれたものを買い戻さなければならないなんて。さらに面倒なことに、ウォーレンが機嫌を損ね、ぼくに無礼を詫びろと言ってきた！　こちらがそのやり口を暴いてみせたことで、20世紀フォックスの大切な友人に対して面目が保てなくなったからだ。

ウォーレンとはハリウッド大通りのバーで会うことになった。ルドゥ社長は大急ぎでぼくに講義した。笑みを浮かべて屈辱に甘んじる方法を。もちろん、そうする以外に手だてはなく、少しでもやり方を間違えれば最後、自分の権利を失ってしまう。ぼくは待ち合わせたバーになかなか入ることができず、ルドゥ社長から背中を押された。

約束の時間になってもウォーレンは現れない。待っている間、ぼくは外の空気を吸いにバーの裏へ回った。はらわたが煮えくり返り、今にも嵐が吹き荒れそうだった。このままでは相手を前に怒りを抑えきれず、永久に自分の権利を失うことになりかねない。ぼくはワーッと叫んで、その辺のゴミバケツをガンガン殴りつけた。それから店内に戻り、血まみれの両手をタオルで巻いた。嵐は過ぎ去った。これでウォーレンを心静かに待っていられる。そのウォーレンは二時間遅刻して到着した。

向こうは傷ついたアーティストを演じながら、こちらがへつらうのを待ちかまえていた。そこでぼくはひたすら平身低頭し、歯を食いしばって相手が望んでいるような弁を述べた。自分は世間知らずの愚か者でした。あなたとご一緒できる機会に恵まれながら、それがどれほどありがたいことなのかわかっていませんでした。お願いします。どうか自分が自分の映画を作ることを許してもらえませんか――。これまでの人生で一番屈辱的な瞬間だった。

相手は極めつきの越権行為を見せつけてきた。なんて度量の狭い人なんだろう。いったい良心が咎めることはないのか。ひたすらぼくのことを疎外しようとしている。

ぼくは手のひらに乗せられた蟻に過ぎなかった。失言でもしようものなら即座に握り潰されてしまう運命にある。権力に害悪を感じたのはこれがはじめてだった。権力を濫用したり無責任に行使するようでは、もはや創造的活動は実を結ばない。破壊行為につながるだけだ。

相手が聞きたがっているお追従を並べながら、ぼくは二つのことを心に誓った。二度とこんな羽目に陥らないように気をつけよう。また、絶対に権力を大量破壊兵器のようには使うまい。権力は創造や愛のために使われるべきで、滅ぼすために使われてはならないのだ。

第二十章　ロザンナ・アークエットとジャン＝マルク・バール

数週間後、ぼくはゴーモン社で三作目の映画の契約を交わした。

シナリオをブラッシュアップする前にどうしても会っておきたい人物がいた。ジャック・マイヨールだ。

イタリア人の代理人を介して消息をつかんだはいいが、この代理人にしても連絡がつくのが水曜日だけだった。マイヨール自身はエルバ島にいるそうだが、トレーニング中であり、邪魔をするわけにはいかないらしい。本人が家族に会いにマルセイユに出てくるのを待つしかないという。ある日、代理人から電話が入り、ようやく面会がかない、翌日の正午にマルセイユのサン＝シャルル駅で待ち合わせることになった。

ぼくは約束の一時間前には駅に到着していた。会いそこなうようなことがあったらと思うと気が気でなかった。

ついに憧れの人と対面するのだ。ぼくはドキドキしていた。マイヨールに会える嬉しさと、同時に、自分の企画を気に入ってもらえるだろうかという不安に挟まれて。ぼくはマイヨールの人生を映画のモデルにしたかった。だが、それには本人から賛同と同意を得なければならない。

正午五分過ぎ。人波のなかにあってもマイヨールの姿はすぐわかった。心ここにあらずといった様子で、マイペースで歩いているのは彼一人だからだ。せかせかと行き交う周囲の人の群れなど目に入らないのだろう。まるで原生林を散策しているようだ。

その微笑みはイルカそのもので、今もなおクラーク・ゲーブル風の小さな口髭を蓄えていた。求道者のような風貌で姿勢がよく、こちらの目をまっすぐに見つめる。何かに動じたり、不安を覚えたりすることなどまったくなさそうだ。この世界には寄り道をしているだけで、長居をするつもりはないのだろう。陸の上は騒音が多く、息苦しいに違いない。

「一緒に海を見に行こう」自己紹介もそこそこにマイヨールが言う。

ぼくたちは港の突端に腰を下ろして、きらめく海面を眺めた。そうしているとマイヨールは気持ちが落ち着くようだった。ぼくたちは話を始めた。次々と話題が変わるが、ちっとも会話が成立しない。

とりとめもなく、支離滅裂な受け答えが続いた。

マイヨールはこちらの言うことをほとんど聞いていなかった。話はしょっちゅう遮られ、質問とは関係のない答えが返ってくる。かと思えば、突然、腹が減ったなどと呟く。まるで情緒不安定な思春期の子どもだ。いや、実際は、水槽から飛び出してしまって暴れている魚そのものだった。マルセイユの街を移動しながら、十四歳の少年同士のように喋るうちに、時間は流れていく。いきなり、マイヨールが「もう行かなければ」と言い出した。頭痛がするらしい。ここは彼にとって空気が十分ではないのだ。ぼくのやりたいことを全部話して聞かせる余裕などまったくなかった。まさか、はじめてフィンをつけたときのように、ぼくの企画に対して不安を感じているのでは……。だが、別れる間際、マイヨールはぼくを抱き締めてこう言った。

「きみが海の世界《ブルー》の映画を作るのはいいことだ。みんなに知ってもらいたいからね。作りなさい。きみを信頼しているよ。また会おう」

マイヨールは赤信号が変わるのを待たずに大通りを渡り、四度、車に轢《ひ》かれそうになった。運転手がマルセイユ訛りで罵声を浴びせても、その耳には届かない。心はすでに海のなかにあるのだ。

ルドゥ社長にどんな具合だったか訊かれたので、ぼくはすらすらと嘘をついた。

「うまくいきましたよ。こちらの構想を気に入ってくれて、協力してくれるそうです！」

マイヨールはそんなことは一言も言わなかったけれど、彼の気持ちを尊重して、美しい作品に仕上げれば、きっと満足してくれるはずだ。それ以外のことは気にしないだろう。


夏になった。ルドゥ社長は制作費の一部を前払いしてくれた。それで、水中撮影用のカメラの製作費とロケハンにかかる費用をまかなうつもりだ。全長十四メートルの船をチャーターする。コート・ダジュールのアンティーブを出発し、コルシカ島に向かって南下、イタリア半島を回ってから、コリントス海峡を通ってギリシャを横断し、ドデカネス諸島をめぐることにした。ぼくはイオス島しか知らない。子ども時代の一時期を過ごした島が、実際にどこよりも美しい島なのか確かめてみたいと思った。船旅はジュール・ベルヌの世界一周のように八十日間続いた。ジャン・レノとエリック・セラも同行した。ぼくたちにとってこの旅はそれまで体験したなかで何より美しい冒険となった。

毎朝、大好きな地中海を前にデッキの上でシナリオの修正原稿を書く。それから食卓に乗せる魚を釣る。腹ごしらえをしたあとは島に上陸して探索した。ぼくたちは順番に一つ一つ島を訪ねて回った。

実はロケハンに出発する前に、ぼくはジャンを近所のプールに連れ出していた。ジャンにはエンゾというフリーダイバーの役をやってもらうつもりでいた。はまり役だと思うが、まずは水に対する適性を確かめる必要がある。最初のテストの結果はさんざんで、ジャンはほぼカナヅチに近かった。あと一年でジャンをダイバーに仕立て上げなければならない。船旅の間、毎日のようにダイビングをするうちにジャンはだんだんと海の男の体つきになっていったが、それでもアンダルシアの雄牛のような体軀を魚のような流線形に変えるのは容易なことではなかった。

海への順応はジャンよりもエリック・セラのほうが早かった。海が好きになり、海から着想を得ていた。

ギリシャに着くと、ぼくたちは島を一つずつつぶさにめぐって、小さな湾や奥まった入り江や人目につかないような浜辺まで調べ上げた。写真を撮りまくり、書きつけたメモは手帳何冊分にも上った。

なかでも、子ども時代を過ごしたイオス島はどこにも増して美しい島だった。

両親が働いていたホテルがある。マンガナリはちっとも変わっていない。海岸沿いを歩いていくと見覚えのある岩に出くわした。当時はその下にフィンを隠していたものだ。

ああ、ここでロケをしたいと、そう思った。少年のジャックが同じその岩の下からフィンを取り出すシーンが見たい。ぼくは心ひそかにマイヨールと自分の過去を重ね合わせつつあった。マイヨールが歩んできた人生をそれほど知っているわけではないので、自分の人生をあてがったのだ。

その頃、ジャック・マイヨールの最大のライバルといえば、シチリア人のエンゾ・マイオルカだった。ぼくはマイオルカに連絡を取ろうとしたが、間にたちふさがった代理人から、彼は乗り気ではないと言われた。

当時はマイオルカについて書かれた本が一冊もなかったため、マイヨールから聞いたいくつかの逸話を除き、マイオルカのことは何も知らなかった。この偉大なイタリア人ダイバーに敬意を表したいところだが、どうしようもない。そこで、マイオルカには姓を変えてご登場いただくことにした。その名もエンゾ・モリナーリ。さらには弟二人と妹一人に母親という家族構成を考えた。マイヨールと切磋琢磨《せっさたくま》し合う好敵手にふさわしいキャラクターを創り上げるつもりだった。

最高の友でありライバルである二人。海についての二つの解釈。モーツァルトとサリエリ。あとは交響曲を書き上げるまでだ。しかし、口で言うほど簡単にはいかなかった。必死で原稿に向かうのだが、ジャック・マイヨールという人間をどう表現すればいいかがわからず、いっこうにペンが進まない。はじめから終わりまで、彼が進化を遂げていくさまを明確に説明することができないのだ。何となく感じはつかめてはいても、脚本家としての経験不足から、一日十八時間かけても作業は捗らなかった。

そんなぼくを助けてくれたのが、アメリカ人の脚本家、ロバート・ガーランドだ。ぼくたちは数週間かけてシナリオを修正した。ガーランドは人当たりがよく、ライターとしても優れていた。ただ、海中や入り江で展開する話よりは、大西部の平原を舞台とする話を得意とする。それでも、シナリオの構成はぐんとよくなり、次第に光が見えはじめてきた。シナリオは七稿目になっていた。

ある映画雑誌をめくっているときのことだった。一枚の小さな写真に目が留まり、そこに写る女優に強く心を惹かれた。ぼくの思い描くヒロインにぴったりなのだ。その女優は近くフランスで公開される『マドンナのスーザンを探して』でマドンナと共演しており、名前をロザンナ・アークエットという。ぼくはエージェントに連絡をとり、ロサンゼルスで会うことになった。

ロザンナは眩しいばかりに輝いていた。おどけたところがあり、声音も独特で、何より彼女の放つ魅力といったら、それはもう破壊級なのだ。早口で話すので、ぼくのお粗末な英語力ではとてもついていけず、たぶん冗談を言われているのだろうが、意味もわからずに笑うしかなかった。一時間ほどして、ようやくこちらの話す番となる。ぼくは愛情を込めて熱く海について語った。ロザンナは目に涙を浮かべて聞いている。ぼくは直感した。このキュートな女性なら、きっとぼくたちの作品に参加してくれるに違いない。実際、ロザンナはハリウッドに息が詰まりそうになっていた。カルチャーとアドベンチャーを望み、ゲレンデの外に出たがっていた。

そういうことなら、ぼくたちにお任せあれ。冒険にかけてはお手のもの。決して失望させはしない。

数週間後、契約にサインをして、ロザンナは冒険に身を投じることになる。共演者も製作会社も知らずに飛び込むなんて、とても勇敢だ。大きな賭けでもある。気鋭の女優としてキャリアを築きはじめ、大手からは引く手あまただというのに、ろくに知らない人間と映画を作るため、ギリシャの辺境で半年間過ごす決意をしたわけだから。彼女は海《ブルー》とぼくたちを突き動かしている情熱の虜になったのだ。

ありがとう、ロザンナ。その勇気と才能と友情に永遠に感謝する。

当然ながら、エージェントのほうはロザンナが半年も留守にすることに大反対だった。何とか思いとどまらせようと手を尽くす。あげくには、熱帯病のワクチンが開発されるまではギリシャに行けないとまででっち上げる始末。だが、ロザンナの意思は固い。嵐が来ようが海が荒れようが、ロザンナに船を下りる気はなかったのだ。

キャスティングはまずまず順調に進んでいったが、肝心の主役がまだ見つからない。

いろいろと考えたあげく、一周めぐって『サブウェイ』のクリストファー・ランバートに戻ってきた。主役にぴったりの体形とは言えないが、そこは鍛えればいいだろう。実は、ジャンとエリックと一緒にロケハンの航海に出た際、クリストファーも合流して、何日かを船上で過ごしたのだ。しかし、このときのクリストファーはエネルギーと野心と情熱に満ちあふれすぎていて、こちらが手ほどきしてもダイビングの技術を身につけるような余裕がなく、ティーンエイジャーが美術館を見学するように駆け足でひととおりダイビングを経験したに過ぎなかった。

それでも、ぼくはクリストファーにシナリオを渡した。ところが、向こうはオファーを断ってきた。作品の世界観が感じられず、演じることができないそうだ。まあ、無理もない。クリストファーは『ハイランダー　悪魔の戦士』を撮り終えたばかりで、そこでは剣を手に激しいバトルを繰り返していたのに、今度の役ときたら不器用な男なのだから。

断られるのはあまり気分のいいものではないが、ぼくはそれほど執着しなかった。なぜなら、心のどこかでこの役はクリストファーではないような気がしていたからだ。

ほうぼうをあたってみても、これぞという役者が見つからない。

この役にふさわしい体つきをしているのはジェラール・ランヴァンだけだった。ゴーモン社は大歓迎だろうが、イメージが今一つ、ピンと来ない。しかし、会ってから判断しても遅くはないだろう。ぼくはさっそく面会の約束を取りつけた。

実際にランヴァンは人柄がよく、飾らず自然体で、偏見を持たない人だった。ぼくの話に興味を持ってくれたが、自分自身は陸上に生きる人間のように思うから、少し考えさせてくれないかと言われた。

ぼくはこっそり想像してみた。さて、リノ・ヴァンチュラ張りのがっしりした体軀をどうやってイルカに変身させたものか……。まあ一朝一夕にはいかないだろうが、出演作すべてに目を通し、才能のあることはわかっているから、何とかなりそうに思えた。

やがてランヴァンから電話がかかってきた。南西部の海の町、ビアリッツまで行って、海に突き出した岩の上で何時間も考えたそうだ。

「駄目だよ、リュック。海が語りかけてこないんだ。ぼくが徹底して陸に生きている人間だからだろう。この役はやれそうもない」悲しそうなくらいに言う。

ランヴァンはやれるだけのことはやってくれたのだ。そんな相手を説得してその気にさせることはできそうもない。この役は無理だと、向こうはそう直感したのだ。自分のことは他人のぼくよりもよくわかっているはずだ。

これで振り出しに戻った。主役が決まらず、ぼくはだんだん不安になってきた。そこで、ぼくたちは海外に目を向けて、アメリカ東海岸や西海岸、あるいはロンドンでの俳優探しに乗り出した。

シナリオは第八稿が上がってさらに改良されているのに、主人公を演じてくれる役者がいない。もうすぐ映画の制作に取りかかるという頃が、一番不安定な時期でもある。関係者が一丸となるべきときなのに、作品から手を引こうとするのもたいていこの時期なのだ。

ゴーモン社は準備に手をこまねいており、ＴＦ１もカナル・プリュスも二の足を踏んでいた。映画が英語の作品であることがお気に召さないのだ。

「フランス映画はフランス語でないといかん！」放送網の会長が断じる。

「海の映画がうまくいったためしはない！」テレビ界の大御所も言い放つ。

いかにもフランス的な画一主義が作品の前に立ちふさがった。

またしても、神殿の番人たちと対峙《たいじ》することになるとは。けれども、実益を考えれば一目瞭然だろう。フランス語の映画が十か国でしか公開されないのに対し、英語の映画なら九十か国で公開される。映画はフランス語を守るためにあるわけじゃない。映画にそんな役目を押しつけないでもらいたい。セリフは英語でも、この作品はフランス映画だ。なぜなら、監督も製作会社も、多くのキャストやスタッフもフランス人であり、音楽も作品の神髄もフランス人の手によるものだからだ。ゴッホはオランダ人だけれど、フランスに移り住み、作品はニューヨークにもあるではないか。芸術には国境もなければ言語の壁もない。芸術は唯一パスポートの要らない国だと思う。フランス語を擁護するのは文化大臣の仕事で、映画の役目ではない。それに、写真や彫刻について、フランス語にこだわれと要求する人がどこにいる？　日本人がヴィクトル・ユゴーの作品を日本語で読んでも、ユゴーの作品であることに変わりはないのに。

そのうちゴーモン社のニコラ・セドゥ会長が前面に出てくるようになった。シナリオをたいへん気に入って、映画の制作に並々ならぬ意欲を見せている。本当の意味で矢面に立ってくれたのはこの人がはじめてだ。周囲からのクレームを跳ね返してしまうその押しの強さといったら……。テレビ局側の協賛があろうがなかろうが、わが社はこの映画を制作する。断固として会社の姿勢を示してみせたので、態度を決めかねていた関係者らもたちまち安堵し、テレビ局もおとなしくあとに続くことになった。

一方、パトリス・ルドゥ社長からは提案があった。最後にフランシス・ヴェベールの手を借りてシナリオのブラッシュアップを図ってはどうかと言われたのだ。本音を明かせば、ぼくは少し懐疑的だった。フランシス・ヴェベールはコメディ映画の第一人者で、なるほど八一年公開の『雌山羊』ではシナリオ以外に監督も務めているが、イルカは山羊のようにはいかないのではないか。とはいえ、フランシスには優れた脚本家として定評があり、すでに百本近くの作品を手掛けている。

「アドバイスしてもらいなさい。気に入らないものは採用しなければいい」

確かにルドゥ社長の言うとおりかもしれない。ぼくは提案を受け入れ、フランシスを訪ねることにした。結局、フランシスの自宅には十回ほど通うことになった。

フランシスは温かく迎えて入れてくれ、ぼくたちはすぐさま作業に取りかかった。

最初にぼくはストーリーを聞かせてほしいと言われた。だが、フランシスはぼくの話をしょっちゅう遮っては同じ質問を繰り返す。

「どうしてそうなったのかな?」

答えられる限り答えても、また同じことを訊かれる。「どうして?」

ぼくは汗をかき出した。どんどん追い込まれ、痛いところを突かれる。この作品に、海に、ブルーの世界に熱い想いを抱いているが、ストーリーの構造にまだ甘さがあった。骨組みを木から鋼鉄に替えなければならない。

フランシスはぼくのシナリオにケチをつけるようなことはせず、ただ、すべての弱点をはっきりさせた。本当にぼくの手助けをすることに徹し、どうすればいいかを心得ていたのだ。

それに続く作業でも、ぼくは貴重な体験をさせてもらえた。ぼくたちは同じ作品に取り組んでいる職人同士のようだった。

ストーリーの構造はみるみる確かなものになっていった。いくつかのシーンが移動され、ジャックとエンゾのライバル関係が鮮やかに浮かび上がってくる。

海中のシーンになると、そこには手を触れまいとするようにフランシスは決まってページを飛ばした。

「海のなかの話はきみがわかっていることだから、わたしに言うことはない」親切にそう説明してくれる。

海中のシーンは視覚的かつ音楽的な演出になるだろうから、自分の出る幕ではないことがわかっていたのだ。フランシスの助言は明確で役に立ち、自分の色を付けることなくぼくの作品を尊重してくれた。

これまで一緒に仕事をしてきた脚本家を全部ひっくるめても及ばないくらい多くのことを、フランシスと過ごした十日間で学ぶことができた。フランシスのおかげで、シナリオはいつ撮影が始まってもいい状態までに仕上がっていた。あとはジャックを演じる俳優を見つけるだけだった。

ロザンナが衣装合わせのためにパリへやってきた。

まだ相手役が決まっていないので、ぼくは少し気まずかった。

「どうして？　あなたがやればいい話じゃない？」わかりきったことのように、ロザンナが言う。

ぼくはとっさに当たり前すぎる返事をした。

「だって……ぼくは役者じゃないから！」

ロザンナは食い下がった。

「主人公は半分のシーンは水中にいるのよ。その部分については、あなたよりうまく演じられる人はいないわ。あと、演技のほうは稽古すればいいじゃない。手伝ってあげる。そんなに難しくないから。体重を十キロ落とせばいいだけよ！」

ごもっとも。しかし、すでに演出だけでもかなりたいへんそうなのに、その上で、ほかの仕事まで引き受けることはできない。それに、ぼくが役者をやったら、誰がぼくに演出をつけるのだ？あまり気が進まないが、さりとてほかに方法があるわけではない。結局はロザンナの熱意にほだされてしまった。

ロザンナは優れた役者だ。そのロザンナがぼくに可能性を感じ、冒険をするつもりでいるなら、きっと確信があってのこと。彼女の考えに乗ってもいいのかもしれない。そこで、ぼくは三つのことを決めた。第二の選択肢として自分を候補に入れること、役者としてテストを自分に課すこと、そして、万一の場合に備えてダイエットを始めることだ。

テストについては翌週実施するつもりでいたが、いずれにしても、監督の立場からぼくに容赦なくダメ出しをしてくれる人が必要になる。そこで、映画祭で知り合ったジャン・ベッケル監督に電話してみた。監督は笑ってぼくの頼みを引き受けてくれた。週末はロンドンでの最終オーディションに立ち会うことになっているため、テストの実施日は、ロンドンから戻ってきたあとの月曜に予定しておいた。

ぼくはロンドンに飛んだ。最終オーディションに残っているのは五名。イギリス人が四人にアメリカ人が一人だ。彼らとはホテルのスイートルームで対面した。

一番手で部屋に入ってきたのはアメリカ人だった。名前はジャン゠マルク・バール。会うなり強い印象を受けたのは、その美しい顔立ちだ。どこか天使を思わせる。声も耳に心地よい。この男もまた、マルセイユのサン゠シャルル駅でのマイヨールと同じく、心ここにあらずといったふうに見えた。

聞けば、車を盗まれたばかりだという。それどころかフィアンセとアパルトマンを同時に失ったうえに、失業中の身だそうだ。おまけに、自分の身の上をおかしがっている。

潜水の経験があるかたずねてみると、十代の頃にサンディエゴの海岸でライフガードをしていたという。英語もフランス語も流暢《りゅうちょう》に話す。ぼくは神さまから真珠を贈られたような気がした。

ジャン・ベッケル監督にテストしてもらう前に、ぼくはジャン゠マルクのテストを実施した。ロザンナに引き合わせてみたら、二人はたちまち意気投合した。相性のよいパートナーが見つかって、ロザンナは乗り気になっている。ぼくはほっとした。これでもう主役を務めずに済む（ベッケル監督には感謝しなくてはなるまい）。ジャック・マイヨールを演じるのはジャン゠マルクだ。ぼくは映画を実現させてみせる。

一九八七年

撮影開始まであと数週間となった。

当時、ぼくはトロカデロ広場に近い明るめのアパルトマンで、ある女優と所帯を持っていた。前二作で編集を担当していたソフィーとはすでに別れていた。日陰から日の当たる場所へと住む世界が変わったことが二人に破局をもたらした。ぼくらには友情が残っていたが、それゆえに愛情が損なわれてしまったのだ。

そのあと、マガリという若い娘《こ》と同棲したが、その関係も二年で終わる。ぼくはいつも同じ過ちを繰り返していた。一人の女性を愛しながらも、自分と同じようなパッションを持つ女性たちに向かってしまうのだ。

ぼくは人をどう愛せばいいのかを知らずにいた。教えてはもらえなかった。両親はまるで手本にならず、クラブメッドではよからぬことを覚えた。その結果、実際に愛情を感じることも理解することもなく、自分なりに愛情とはこんなものだという考えを持つに至った。ぼくの唯一知る愛の形とは、長年にわたってディズニーによって刷り込まれたものだった。つまり、《二人は愛し合い、幸せに暮らし、たくさんの子どもに恵まれました》という……。

マガリと別れたあと、もっと大人の女性と付き合った。ぼくは無防備で、世間知らずで、愛情に飢えていた。それは誰の目にも明らかだったことと思う。ぼくは免疫ができていなかった。しかし、相手は違った。その人は女優だった。世間慣れして処世術を身につけている。いとも簡単に攻略され、ぼくの抱く愛のイメージはもろくも砕け散ってしまった。その人が考える愛のイメージはまったく別物だった。食うか食われるか。武器を向けるか両手を挙げるか。男を踏み台にして上を目指す、いわば雌のカマキリだ。

その人はすぐに妊娠した。子どもが生まれることを考えると、嬉しいと同時に怖くなった。心の準備がまったくできていなかったのだ。一方で、何が何でも家庭を作らなければとも思った。早くこの手でわが子を抱き締めたくてたまらなかった。

こうして書いている今も、ぼくは頭が混乱していて、心中穏やかではない。いや、これ以上その人について言及するのはやめておこう。生まれてくる子ども以外、その人と共有するものは何もないのだから。ぼくは騙されてしまったけれど（妊娠の事実まで）、子どものことは愛そうと決めた。どうやら、ぼくの人生に裏切りは付き物のようだ。そういう運命に生まれついたに違いない。家族がすごく欲しかったから、そこにつけ込まれたのだ。しかたがない。生まれてくる子に罪はないのだ。とりあえず今のところは映画に全身全霊を傾けよう。ぼくの人生は紛れもなくこの『グラン・ブルー』にかかっている。

撮影開始の五週間前、まだ水中撮影用のカメラは準備できていなかったが、撮影スタッフはプールでトレーニングを開始した。

かつてクラブメッドでダイビングインストラクターを取りまとめていたマルクスが、水中撮影の段取りを整え、監視をすることになった。ジャン゠マルクは猛訓練に音《ね》をあげるどころか余裕すら見せている。一方、ジャン・レノは……行方をくらましていた。ジャンのトレーナーは二日前から姿を見ていないという。

自宅に電話してみると、奥さんもやはり二日前から会っていないそうだ。近しい友人たちにも電話でたずねたが、ジャンの行方はわからない。心配になって、パリ中の病院や警察署を当たったが、何の手がかりも得られなかった。ぼくはオートバイに乗ってジャンの友人を一人一人訪ねてまわった。行きつけのレストランものぞいてみた。オーナーのゲイのカップルはジャンとは旧知の仲だったが、本人から連絡はないらしい。

これは一大事だ。ぼくはオフィスに戻ると机の前に座り、目を閉じて記憶の糸をたぐり寄せた。何でもいいから手がかりになりそうなことはないか？　だが、これといって見つからない。いったいジャンはどこへ消えてしまったのだろう。ふと、些細なことが思い出された。そういえば、先ほどのレストランのオーナーの一人の様子がおかしくなかったか？　ぼくからジャンがいなくなったことを聞いて返事をするまでに不自然な間《ま》があった。何となく後ろめたそうな、下手な芝居をしているような。ぼくは藁《わら》にもすがる思いでレストランへもう一度行ってみることにした。

ぼくが戻ってきたのを見るや、オーナーの顔に動揺の色が見えた。間違いない。二人は何か事情を知っている。ぼくは話があると言い、三人でテーブルの席に着いた。店内に客はいなかった。ぼくはしばらく黙り、それから、落ち着いた声で静かに言った。

「よろしいですか？……こちらは四週間後にクランクインを控えています。フランス映画史上、最も金を注ぎ込んでいる映画です。そのメインキャストを務めるジャンがいなくなってしまったのです。自分はこの作品に人生を賭けています。もし、そちらが何かを知りながら黙っているのだとしたら、ただではすみませんよ。両腕両脚をへし折ることくらい何でもありませんから。最後にもう一度おたずねします。ジャンの居どころをご存じですか？」

二人はすぐに頷いた。額からすでに汗が噴き出している。

ぼくはふーっと大きく息を吐いた。

「どこにいるんです？」

「ソローニュのわたしたちの別荘に」

「そこに電話はありますか」

「あるけど」

「番号を教えてもらえますか」

一人が震える手で紙のテーブルクロスに走り書きをする。

「ありがとう」ほっとしてぼくは礼を言った。

カウンターの電話を借りて、その番号にかけてみると、はたしてジャンが出た。

「もしもし」

「リュックだ」

「えっ?! ……よくここがわかったな」

「まあね。いったいどうしたんだよ、ジャン?」

ジャンは観念して、兄弟に話すようにぶちまけた。

「リュック、脚本《ホン》を読み直してみたんだ。まったくきみはどうかしているよ、こんな映画を作ろうなんて! できっこないよ。水中でベン・ハーをやるようなものじゃないか! スケールが大きすぎて、自分にはとうてい無理だ!」

ジャンは白旗を上げようとしていた。怖くてたまらないのだ。だが、ジャンにも壁を乗り越えてもらわなくては。この映画が、もう食卓で楽しく語らうような絵空事ではなく、現実であることを受け入れなければならないのだ。月へ行くぞという者がいれば、実際に行く者もいる。

「どうすればいい? リュック、どうすればいいんだよ!」いらいらした声が返ってくる。

ジャンは半狂乱になっていた。このままではまずい。すぐにも向こうが納得できるような言葉をかけてやらなければ。ジャンにはエンゾが神の域に達していて、常人には演じられない役のように感じられるのだろう。だから、自分にもできることだと思ってもらう必要がある。常人でもできることだと。

「ジャン、ショット一つならいけそうかい？」

「なんだって？」

「ショットだよ！『用意！』でカメラが回り出して『アクション！』で始まって『カット！』がかかるまでだよ！」

「ああ、一つならできる」

「だったら、まずはショットを一つ撮ろう。それから、また一つ撮る。きみはどうすればいいのかと訊いたね。それに対する答えは……ショットを一つずつ撮っていけばいい！」

ジャンは黙っていた。ぼくの言ったことを反芻しているのだろう。ぼくは崖を恐がる馬に遮眼帯をつけてやったのだ。

「うん……そんなふうに考えれば……できそうかな」とジャンは言った。

翌日、ジャンはトレーニングに戻ってきた。

その晩、ぼくはジャンとジャン゠マルクをロケ地のコート・ダジュールのル・ラヴァンドゥへ連れていこうと決めた。二人には一日中海と向き合っていてほしかった。海が二人に語りかけ、二人の不安を解くことを、二人が海に親しむことを望んだのだ。ぼくたちは日に六時間以上は水のなかに入っていた。三週間のトレーニングで、ジャンは素潜りで四十メートル潜り、三分以上息を止めていられるようになった。

劇中、エンゾは言う。「海に求められているときと求められていないときが自分にはわかる」

ジャン・レノはエンゾ・モリナーリとなり、海はジャンの生涯の友となった。

映画はカンヌ映画祭開催中の五月十一日にクランクイン。水中撮影用のカメラは二台のうち一台しか準備できていない。しかもビデオモニターが使えないときた。そこで、プレキシガラス製のファインダーを取りつけ、ファインダー上の十字の印を頼りに見当をつけて撮影対象をフレームに収めることになった。

初日は海がやや荒れていた。撮影スタッフの半分がすでに船酔い状態で、残りのメンバーで水中の作業に取りかかるも、現場は悪夢を見るようだった。連中がデッキに放置しておいた道具類が、船が揺れたとたんに滑り落ちて海の底へと沈んでいく。

すべてがぶち壊しになる前に食い止め、マルクスとぼくで五十メートル下の海底まで下りて、沈んだ道具を回収してきた。

チームの足並みが揃うまでに三日かかり、ぼくたちはようやく最初のシーンの撮影に取りかかった。

あいにく撮影フィルムはパリに送らないと現像できず、ラッシュを確認するのは三日後になった。上がってきたラッシュを見ると、画面のジャック・マイヨールは頭部が切れ、フィンの下にはたっぷりとブルーの余白がある。

フレームの位置が下すぎたのだ。その状態で三日間撮影を続けていたわけだ。そこで、上方に照準を合わせてフレームの位置を修正した。はたして三日後の結果はというと、今度は頭の上にブルーの空間が広がり、フィンが切れているではないか！　結局、フレームにきちんと対象が収まるまでに十二日を要した。

つまり、十二日間の撮影で使えそうな映像は一秒たりとも撮れなかったのだ。ラッシュを見たパトリス・ルドゥ社長もさすがに焦り出していた。海の映画は当たらないと言われている。ここは何としても価値のある映像を撮らなくてはならない。さもないと、制作を打ち切られてしまう。

十三日目の海は凪いでいて、船上のスタッフたちも落ち着いていた。ぼくは水深四十メートルまで潜ってカメラを構えた。ジャン＝マルクが錘に引かれて通過していく。続いてジャンが潜降する。ブルーの世界は神々しく果てしない広がりを見せている。いい画が撮れていることを期待せずにはいられなかった。

撮影を終え、水深三メートルで四十分の減圧停止をしているときだった。猛烈に腹がへってヴァッシュキリを頬張っていると、紐にぶらさがった石盤がするすると目の前に下りてきた。ぼく宛ての伝言が書かれている。《大至急、病院へ》

そろそろ子どもが産まれるのだと悟った。ぼくは石盤に返事を書いた。《酸素を頼む》

酸素キットを使えば減圧停止時間を半分に減らせる。ただ一つ問題なのは多幸感がもたらされることだ。本来ならそんな状態で車の運転をするのは賢明とは言えない。

ル・ラヴァンドゥからニースの病院まで、ぼくは通常より短い時間で走り抜け、車のタイヤを全部ダメにした。

第二十一章　途方もない冒険の日々

一九八七年五月二十二日の晴れた昼下がり、ジュリエット・ベッソンが誕生した。

ぼくは娘を抱き上げるのがとても不安だったが、助産師はそんなことにはお構いなくぼくの腕のなかに押しつけた。

恐くてならなかった、とはいえ、生まれたばかりのわが子をこの腕に抱くのがこの世で最高の感覚であるのも、間違いなく本当だった。ぼくは目に涙をいっぱいにため、息をすることもできなかった。幸い、訓練のおかげで四分以上息を止めていられたけど。

ジュリエットはかわいくて壊れそうで、安らかに眠っていた。やっと手に入れたぼくの存在の証に、ぼくは永遠の愛を誓った。

その晩、パリからラッシュが戻ってきた。すばらしいカットが三か所あった。ジュリエットと同時に、ぼくの作品もようやく産声を上げた。だが、喜ぶのはまだ早い。そして、幸福の時間はいつも不幸より短い。天候は崩れ、海は荒れ、娘の心臓に問題が見つかった。酸素がうまく循環しないのだ。

「青色児〔先天的心疾患によるチアノーゼ〕です」と医師は告げた。

青色児《ブルーベイビー》とは何という皮肉だろう。それでも、医師たちは心配要りませんよと言って治療を施し、夏期休暇が終わったらまた連れてくるように指示した。

悪天候にもかかわらず撮影は再開された。曇天を避けて撮影はすべて夜間におこなわれた。水深八十メートルを超えるともはや光はない。だから、八十メートル以上の深さで展開される水中シーンを、すべて水深三十メートルで夜間に撮影することにした。

夜の撮影は勝手が違い、減圧待機時間が延々と流れたが、ぼくたちはカットを一つ一つ物にしていった。八週間の水中撮影が終わる頃には、百ほどのカットがフィルム缶に納まっていた。そこでロザンナが合流し、いよいよ地上での撮影が始まった。

コート・ダジュールでいくつかシーンを撮ったあと、ぼくたちはシチリアのタオルミーナに移動した。数年前、タオルミーナ映画祭の際に目をつけておいたすばらしい場所で、ようやく撮影するときがやってきたのだ。

ここは、登場人物たちが出会い人間関係が形作られる作品の核となる部分だ。ロザンナとジャン＝マルクは仲よくなって、もう少しで小さなロマンスが生まれそうだった。それは、ぼくにとってはむしろ好都合だ。

二人のために、すばらしい古代の円形劇場で催されるオペラの席を予約してやったくらいだ。そして当日には、ぼくは頭痛がすると言って二人だけで行かせた。

映画のなかでジャックとジョアンナは双子星のように引かれ合うのだが、ジャン＝マルクとロザンナも同じだった。一方、エンゾの弟役のマルク・デュレは、エンゾを演じるジャン・レノと片時も離れなかった。

タオルミーナはシチリアにあるので、その筋の庇護を受けなければ撮影できなかった。助監督が調べて地元のボスと話をつけてきた。それで、撮影現場にはマフィアの用心棒が三人付き添っていた。三人ともいつも少し離れた場所にいて、口数は少なかった。上着のポケットには鈍器が潜ませてあるらしく、不恰好に膨らんでいた。三人のなかのリーダー格はぼくに好意的だった。いかにもくだらないことのために、ぼくがあちこち駆けずりまわっているのがおもしろかったのだろう。

ある日、ぼくは海岸通りのカットが撮影できずにいらいらしていた。観光客が大勢いて、土地の警官たちはくたくたになって座り込んでいた。

ぼくの様子を見て、どうしたのかとそのマフィアの幹部《カポ》はたずねた。ぼくが事情を説明すると、相手は勢いよく口笛を鳴らして警察署長の注意を引き、身振りで通行人を立ち退かせるように命令した。瞬《また》く間に海岸通りは空っぽになった。こういう人たちの力というのは噂だけではなかったのだ。

それ以来、ぼくはその男と気が合い、疑問に思っていたことをいくつかたずねた。とりわけかねがね訊きたいと思っていたのはこれだ。

「お昼にレストランへ行って、メニューも見ないのに食事が出てくるのはどういうわけなんです?」

相手にはぼくの観察がおもしろかったに違いない、にっこりして答えた。

「俺たちがファミリーの一員だということを知っていれば、何も言わずにその店一番の料理を出してくる。そいつがあまり美味くなくても、それは構わない。もし店主が知らなければ……メニューを持ってくる」

ぼくは『ゴッドファーザー』の世界にいる気がした。

撮影中ずっと、その男はカメラから数メートル離れたところにいて、ぼくを見守っていた。おかげで、群衆は散り、撮影トラックは開けっ放しだったけれど機材は盗まれず、電車は時間どおりにやってきた。

撮影はきつかったが、しあわせであり、ぼくはそれを楽しんだ。幸福は決して長くは続かないと知っていたから。

ある日、パトリス・ルドゥから朝食に招かれた。絶対に悪い知らせだ。ぼくたちは六時半に、海の見渡せるパトリスのスイートのバルコニーで会った。

パトリスはクロワッサンを食べながら、十二ページ分の脚本をテーブルに投げ出した。

「予定より十二日間の遅れだ。だいたい一ページあたり一日の撮影だから、昨夜シナリオを読み直して必要のないシーンを抜き出した。そうすれば撮影の遅れを取り戻せる」と、鼻持ちならない平然さで言い放った。

毎晩ラッシュで見ているすばらしいショットについては一言もない。見事な演技を披露している三人の役者についても、粗編集の終わった壮観なシーンについても、何の感想もなかった。ビジネスだけだ。皮肉屋たちの世界へ逆戻りだ。食うか食われるかだ。

だが、相手にとって今日は間が悪かった。ぼくはラッシュを見て元気一杯で、ロバを一頭丸ごと平らげてしまいそうな勢いだったから。ぼくは原稿を取り上げバルコニーから放り投げた。パトリスはクロワッサンを喉に詰まらせた。

「おい、気でもふれたのか？　何をするんだ、いったい何の権利があって……？　きみは無責任だ、わたしはきみのプロデューサーだぞ！」パトリスは声を荒らげた。

「だからですよ、あなたは脚本家ではない！」

「そりゃそうだが……」

「じゃあ、どんな権利があってこんなことをするんです！　あなたはフランシス・ヴェベールに大金を払って脚本を直させた、そのあなたが、ヴェベールがせっかくまとめあげた脚本をばらばらにして、勝手にシーンを捨てて、それが必要のないシーンだからですって？　無責任きわまるのはあなたですよ！」ぼくは大声で言った。

「だが、予算オーバーになってしまう。なんといっても、解決策を見つけるのはわたしの役目だろう！」と弁解する。

「解決策は、ぼくが見つけます。今度、シーンを省きたくなったら、ヴェベールを呼んでここに連れてきてください。必要なら二人で夜を徹して直しましょう。でも、脚本の直しをするのはヴェベールで、他の誰でもありません！　それまで、ぼくはシナリオにある全部のシーンを撮影します！」

ぼくは自尊心を傷つけられたみたいに胸を膨らませて席を立ったが、心のなかではびくびくものだった。一か八かだった。

それから三日間、パトリスは撮影現場に姿を見せなかった。

ぼくに隠れて味方を作ろうとしているのはわかっていたけれど、現場の製作責任者はぼくが倹約家であることを請け合ってくれたし、記録係はぼくが一秒も無駄にしていないことを確証してくれた。

実際、ぼくはスタッフ全員にプレッシャーをかけており、手抜きをせずにそれ以上早く仕事を進めるのは人間業ではなかった。

パトリスは結局フランシス・ヴェベールを呼ぶことはなく、予算の超過を軽減するためにぼくを信頼してくれた。

四週間、スタジオで撮影するために、パリへ戻ってきた。まだ十日間の遅れ、ぼくはそれを一時間でも一分でも取り戻そうとしていた。ところが突然、事態が暗転した。夏が終わって、予定どおりジュリエットは再検査を受けたが、ニースの医師たちに誤診があったようで、そのまま病院にとどまり、翌日にも緊急手術を受けねばならなくなった。

ぼくの世界が崩れていった。自分が何の報いを受けているのかわからない。神はぼくに子どもを与えておいて、今度はそれを取り上げようというのか？　ぼくが映画を完成することをお望みではないのか？　まるで娘と映画のどちらかを選べとでもいうように。なんのためにこんな邪悪なゲームを始めたのか？

ぼくは立っていられなくなった。吐き気が止まらなかった。頭痛が激しくてアスピリンなしには喋ることもできなくなった。ぼくは撮影を中断した。ジュリエットが手術台にのせられた。五か月になったばかりというのに。

ジュリエットの体が開かれ、心臓が取り出され、手術は四時間に及んだ。四時間の間、人生は意味を失った。ぼくは巣穴にうずくまって死を待つ獣でしかなかった。娘を失うくらいなら自分が死んだほうがましだった。

ジュリエットは集中治療室へ移された。小さな体には十倍も広すぎるベッドに寝かされ、十本ほどの管につながれていた。

心臓に通じる動脈の一部が萎縮していたので、代わりに牛の動脈が移植された。サイズは8だという。

配管工の話を聞いているようだった。移植がうまくいったかどうか、これから二十四時間待たなければならない。二十四時間、昏睡状態にあるわが子を見守り、二十四時間、あらゆる神に懇願し涙にくれることになった。

移植はうまくいかなかった。代用の動脈が細過ぎたのだ。ジュリエットは手術台に戻って、再び四時間の手術に耐えなければならない。サイズ8の動脈を取り去り、代わりにサイズ10の動脈を移植する。ぼくは力も勇気もなくなり、あっという間に溶けてしまいそうだった。それでも手術は成功して、ジュリエットは集中治療室へ戻ってきた。

今度は娘の体に十五本ほどの管がつながれていた。またしても二十四時間待たねばならなかった。ぼくは一秒ずつ時の過ぎていくのを数えていた。

ぼくもパートナーも何も食べず、何も聞こえず、昼も夜も区別がつかなかった。どうすることもできないまま、涙が流れるばかりで、涙が涸れてしまうと、体のほうが自然と涙を作って、ぼくらはまた泣き続けるのだった。

移植はうまくいったけれど、今度は心臓に流れ込む血液の量が多くなりすぎ、ジュリエットはまたしても手術を受けることになる。同じ週に三度目だ。手術では血量を少し減らすために、問題の動脈に小さな外科用クリップが取り付けられた。

そうして、また集中治療室へ戻ってきた。

医師たちが判断を下せるまで、ジュリエットはそこに十七日間とどまった。ぼくらは毎朝、娘の体につながれている管の数を数えた。看護師が管を一本取り去るたびに、ぼくらはそれを希望のしるしと考えた。いまではそれだけがぼくの人生で重要な数字となった。娘の体につながれた管の数は、少しずつ、日ごとに減っていった。十二本、十一本、十本、九本……。また十本に戻って、十一本……。九本……八本……。命を数字で表すようになってしまった。ジュリエットは相変わらず人工的な昏睡状態にある。

そして、ある日、管がまだ七本残っているのに、昏睡状態を解くと医師から告げられた。ジュリエットはどんよりとした目を開いた。自分がどこにいるのか知るまでしばらく時間がかかり、それからぼくに気づいて憎しみをこめた視線を投げかけた。それは大人の眼差しだった。

「あたしに何をしたの?」そう言われているみたいだった。

それを見てぼくはぞっとして、罪悪感に押しつぶされそうになった。医師は目ざとくそれを見てとり、ぼくを安心させ、罪悪感を取り除いてくれた。自然の悪戯でそんなふうに見えただけで、両親を咎めているわけではないと。

ジュリエットはその後も三週間入院していたが、危機は脱した。とはいえ、体が成長して動脈も大きくなった一年後に、もう一度手術を受けねばならなかった。

次第に、また周囲の声が聞こえてくるようになった。中でもパトリス・ルドゥは、ぼくに撮影が継続できるかどうか、十日前から問い合わせてきていた。撮影が大幅に遅れていたから。

そのことを医師に話したら、

「いまのところ、付き添っていただく必要はありません。娘さんが起きられるようになったときに、あなたが健康であることこそ何よりです」と、優しく分別のある言葉で安心させてくれた。

それには仕事を始めるのが最善の策だった。

そこで、ぼくは撮影を再開することを決心した。ニューヨークでの撮影が待っていた。パトリス・ルドゥと空港で待ち合わせた。ぼくのためにコンコルドの席を予約してくれていたが、嬉しくはなかった。ぼくは笑うこともまともに喋ることもできなかった。胃の痛みが治まらず、止まらないしゃっくりのように、五分ごとに涙が溢れてくる。

パトリスがぼくの気分を変えさせようと話しかけてきた。

「そうだ、喜んでいいニュースがある。きみが続けられなかった場合に備えて、誰がきみの映画を引き継ぐことに同意してくれたかわかるかい？」

自分が発した言葉の暴力に、パトリスはまるで気づいていない。普通なら顔に一発くれてやるところだが、そのときのぼくにはそんな元気さえなかった。

「いや」ぼくは無感情に答えた。

「ジャン＝ジャック・ベネックスだよ！」パトリスは満足そうに笑って言った。

「……そう……」ぼくはそう呟いて、また涙が出てきそうになったのでトイレに駆け込んだ。

あとでベネックス自身の口から聞いたところでは、ぼくが引き継ぎに同意している相手はベネックスだけだ、と言われて嬉しかったという。パトリスはぼくたち二人にそれぞれ逆のことを話していたわけだ。

ぼくにとってニューヨークでの撮影はつらかったが、役者たちやスタッフに迷惑をかけないように努めた。この試練の間中、みんなはぼくを心から支えてくれた。

ぼくは元気を取り戻したみたいに振る舞ったが、一時間おきにパリへ電話して、管が何本に減ったか確かめていた。

ニューヨークでの五日間の撮影が終わる頃には、ジュリエットにつながれた管は栄養を送るための一本だけになっていた。

こうなったら、ぼくとしてもエネルギーレベルを上げるしかない。まだ十二週の撮影と半年の編集が残っている。二週間の遅れを取り戻さなくてはならなかった。

ぼくは再び映画に没頭することにした。それはまた、ジュリエットの次の手術のことを考えないための最も有効な方法でもあった。

撮影隊は六週間の予定でギリシャに滞在した。ぼくの子ども時代の島イオスとアモルゴス島で撮影する。

ぼくはまだ、子ども時代のジャック・マイヨールを演じる少年を見つけていなかった。そこで次善の策で間に合わせることにした。ぼくのスペアタイヤは弟のブルースだった。彼は、イルカのように美しかった。わざわざ夢見る少年を演じるように教える必要はなかった、弟はいつもそうだったから。ブルースは誰にも話しかけず、水のなかで過ごしていた。まさに少年マイヨールだった。

その父親の役には当初、エンゾ・マイオルカを考えていた。映画のエンゾのモデルであるシチリア出身のダイバーだ。エンゾがマイヨールの父親を演じる。実現すればその象徴的意味は卓抜だったろう。だが、マイオルカは一切接触を拒絶したので、ここでも次善の策に頼らざるをえなかった。ぼくの父だ。父にはこの役にふさわしい体格があり、プロ並みのダイバーで、ジャン・レノの筋トレを担当していたので普段から撮影現場にいた。

当然のことながら、弟のブルースは両親に、すなわち、ぼくの母と義父のフランソワに伴われて撮影にやってくる。そこでややこしい事態が起きた。期せずして、ぼくは父と母を、二人が唯一幸せそうに見えた場所、イオス島のマンガナリの村で再会させることになったのだ。

父は妻のカティーとともにやってきて、全員が一つところに泊まった。撮影当日、ぼくは弟に父親の死を嘆くように求めたが、その父親というのはぼくの父が演じる。弟の本当の父が見ている前で演じるのをぼくの母と義理の母が見守るという形だ。

フロイドさん、いったいどうしてこんな状況にはまり込んでしまったのでしょう？　かくも込み入った家族関係に？

ぼくはめいめいの戸籍上の関係を忘れて登場人物としてだけ考えるようにした。赤の他人のように演技を指導し激励した。その結果、少年マイヨールは、胸を引き裂く迫真の演技で父親の死を嘆き悲しんだ。

フランソワはこの光景をいたたまれぬ思いで眺めたことだろう。自分の息子が父親の死を嘆いている、ところがその父親というのは、かつて雪の街で自分を殺そうとした海賊にほかならないのだから。母も身の置きどころがなかったに違いない。一方、カティーはほろりと涙ぐんでいた。映画館にいるようにこのシーンを眺めていたのは、カティーだけだった。

撮影が始まって以来、ジャン・レノが恐れていたシーンが一つあった。エンゾの死だ。何度もぼくのところへ相談に来た。どのように心の準備をしたらよいかわからず、パニックに陥っているようだった。そのシーンを撮るまでには間があるからと、ぼくはジャンを安心させようとした。役柄になりきる時間は十分にあるから、どのように演じればよいかわかるようになるさ、と。ジャンのことはよく知っていたから、それ以上のことは話さなかった。ぼくがいま何か言ったら、ああでもないこうでもないとそのシーンについて何か月も考えたあげく、色褪せて擦り切れた演技をすることだろう。ぼくはこのシーンに真実味が欲しかった。それが不可欠だった。自分を信じることが必要だったが、それはジャンにとって簡単なことではなかった。

そのシーンを撮影する一週間前、イオス島のマンガナリホテルに滞在していたときのこと、ジャンは港でぼくをつかまえて自信たっぷりに言った。

「エンゾの死のシーンはバッチリだ」

ジャンが言いたかったのはこういうことだ。

「苦しまずに演技してきみのカメラを満足させる手を見つけたよ、きみには絶対にわかりっこない方法をね」

ぼくはポーカーフェイスの笑みを浮かべて相手を眺めた。

「それはよかった」それ以外のことは何も答えなかった。

翌週、いよいよそのシーンの撮影の日がやってきた。

ぼくたちはイオス島の沖合に投錨したダイビングの浮き台の上にいた。マイヨール役のジャン＝マルクは浮き台の端に座り、足を水に浸けていた。

ぐったりと横たわったジャンをジャン＝マルクが両腕に抱きかかえる。永遠に海に帰される前に、エンゾが最期の言葉を吐く。

カメラは二人の役者の真上に固定され、ジャンをがっちりと捉えている。

最初のテイクはウォーミングアップみたいなものだった。それから三回のテイクが続いた。まずまずの出来だ。が、それはぼくの恐れていたことだった。ジャンは何か月もかけて築き上げた手摺りにしがみついていた。

ジャンはエンゾの死を演じようとしているが、体験したいとは思っていない。おそらくは子ども時代に経験したさまざまな苦痛がよみがえってくるのを恐れていて、苦しみたくないのだ。そこで、ぼくは何も言わずにテイクを繰り返した。八テイク目になってようやく、ジャンのまとう鎧にひびが入り出し、顔が強張ってきた。

「フィルム交換！」溜め息をつきながら、ぼくは撮影助手に叫んだ。

ジャンはキレそうになっていた。自分は動けないので、ぼくを手招きした。

「どうしたんだ、リュック？」途方に暮れた子どものようにたずねる。

ぼくは相手の目の奥を見つめて答えた。

「それだけの芝居しかできないのか、ジャン。この役はきみのために書いたんだ、きみを信頼したからだ。それなのにきみにできるのはこれだけか？　こんなちゃちな芝居なのか？　きみはぼくの友だちだと信じていたのに。もったいぶらないで全力を出してくれてもいいじゃないか？　フィルムを無駄にするのにはうんざりした。だから、もう一度だけチャンスをやる。これが最後のテイクだ」

ぼくは相手に目もくれずカメラの後ろへ戻った。

やりすぎだったかもしれない。だが、おあいにくさま。最高の芝居を引き出さねばならないのだし、ジャンの場合はそれしか方法がなかった。何も言わず、いきなり歯を引き抜かなくてはならなかった。

カメラが回りはじめた。ジャンは動かない。何も言わない。空っぽになっている。やがて、ゆっくりとエンゾが立ち現れた。そのエンゾが死んでいく。すばらしいテイクが撮れた。純粋で、正直で、信じられないほどシンプルな。

「カット！」ぼくは叫んだ。

それから、感動でにっこり笑ってジャンを見た。

「ほら、やろうと思えば」悪戯っぽく言った。

「あんたはほんとにとんでもない奴だな！」涙を拭いながらジャンは答えた。

ぼくは吹き出して、抱き合うように覆いかぶさり、二人で水のなかへ転がり落ちた。

ジャンはぼくの生涯の友であり、エンゾは不滅の存在となった。


その夜は浮き桟橋のシーンを撮らなければならなかった。ジョアンナがジャックに最期の別れを告げ、ジャックは海のなかへ永遠に帰っていく。

悪天候のために、もう三晩も撮影が延期されていた。あいにく、風はいっそう強さを増してきている。ぼくらについてまわる運の悪さにほとほとうんざりしていたので、ぼくは頭にきて撮影を強行することに決めた。ジョアンナの怒りと監督の怒り、この二つのエネルギーが合わされば、そこから何かが生まれるかもしれない。ぼくたちの奮闘は一晩中続いた。ジョアンナはジャックに向かって声を張り上げ、監督はスタッフに向かって怒鳴り、風はギリシャに向かって唸りを上げた。

だが、ぼくの決断は正しかった。そこから発するエネルギーは途方もないもので、ライオンが肉の塊をむしりとるように、ぼくたちはシーンをもぎとった。ロザンナは本性を剝き出しにしてスタッフ全員に鳥肌を立たせた。ジャン＝マルクは精魂尽き果て、すべてを投げ出した。それ以上強烈なシーンにはできなかったろう。

粘り強さとプレッシャーのおかげで、撮影の遅れを五日取り戻すことができた。これで、ぼくの少年時代のグラン・ブルーで二日間の水中撮影をすることができる。ここのブルーはほかのどこよりも美しく、力強く、澄み切って底知れない。その二日間の撮影を奮発するため、ぼくはあちらこちらのカットから数分ずつ捻出してきたのだった。

その日の終わりにはすべてのカットを撮り終え、これで明日は潜れるものと、ぼくは意気揚々とマンガナリへ戻ってきた。

ところが港まで来てみると、機材を積み込んだ船が遠ざかっていくところではないか。記録係が盲腸炎になり、病院へ連れていくのに、ほかに船がなかったのだという。一番近い病院はここから船で二時間のところ、目の前に見えるサントリーニ島にあった。

「水中カメラは下ろしたかい?」ぼくはたちまち心配になってたずねた。

「いいえ、でも心配はありません。船は記録係を下ろしたら今夜のうちに戻ってきますから」と助監督は言う。

ぼくは最悪の事態を恐れた。そして、恐れることはいつだって起こるものだ。

風は強まり、一時間後には強風となった。周辺の島々ではすべての船の出航が禁じられた。

それからの四十八時間、ぼくはサントリーニ島を眺めて過ごした。カメラは向こうにあって、ぼくには撮影の手段がない。ぼくは世界中を呪い、手当たり次第に石を蹴飛ばした。

しかも皮肉の極み、記録係は盲腸炎ですらなかったのだ。ただの腹痛で、ここにいても手当てはできたのだった。この期に及んで、またもや医者の誤診とは。

カメラが戻ってくると、日曜日だったけれど、スタッフの協力で水中のカットを撮影することができた（どれもすばらしいショットですぐさま編集へ回されることになった）。

日が傾いてきた頃だった。錘がケーブルを伝って滑り下りていくきれいな音がほしいと録音技師に言われた。完璧な音を録るためには、水中には錘に引かれて降下する素潜りの人間だけで、安全要員のダイバーは一人もいないようにしなくてはならない。

とはいえ、安全要員なしでジャン＝マルクやジャンを潜らせるわけにはいかず、そこでぼくが志願した。ケーブルは五十メートルの深さまで伸びている。ぼくはフィンを水中に揺らめかせながら、素潜りのために呼吸を整えた。両手は錘をつかんでいる。小道具係のリシー（『ムーンレイカー』の美術スタッフ、ギエ氏の息子だ）がケーブルを引くと、錘はまっすぐ海のなかへ消えた。

ぼくはケーブルに沿って、果てしないブルーの世界へ下りていった。聞こえるのは錘の滑る音だけだ。一分後には水深五十メートルに達した。ぼくはケーブルをいっぱいに張って軋ませた、独特な音がするからだ。ぼくはその数秒間の、果てしない広がりと平穏と絶対の世界を楽しんだ。

だが、ほどほどのところでとどめた。ぼくの周囲には何の安全設備もないからだ。ぼくは錘についた握りをつかみ、レバーを回した。これでパラシュートと呼ばれる風船《バルーン》が膨らむはずだ。プシュと情けない音がする。圧縮空気のボンベは空だった。

スズメバチに刺されたみたいに、ぼくはたちまちパニックに襲われた。ケーブルをつかみフィンを使って、大急ぎで上昇した。体内の酸素が急速に使われていく。このペースでは水面に出るまで持たないだろう。そう考えて平静を取り戻し、筋肉の緊張を解き、ウェットスーツの浮力でゆっくりと上昇するのに任せた。上昇を助けるため、イルカのようにかすかに体をうねらせる。やがて水面が見えてきた。このまま静かにしていれば、何とかなるだろう。

ぼくは水面に出て、空気を胸一杯に吸い込んだ。酸素不足で目眩《めまい》がして、回復するまで何秒かかかった。

「すごい、三分十秒だよ！」笑顔でリシーが叫んだ。

「リシー……圧縮空気のボンベが空だったよ」ぼくは喘ぎながら答えた。

リシーの顔から血の気が失せた。今度はリシーが気絶寸前になる番だった。

録音技師はぼくが録ってきたばかりの音を聴いて大喜びしていた。よかった。この音は潜水シーンのすべてで使うことにしよう。

ぼくはパリに戻った。

ジュリエットは退院して、頬に少し赤味が差してきていた。これまでに見られなかった血色だ。

パリに滞在したのも束の間で、まだ、コート・ダジュールで三週間の水中撮影をおこなわなくてはならなかった。

あいにく、すでに夏の終わりのプランクトンが発生し、水が濁っていた。数日、撮影不能の海で過ごしたあと、まだ一週間はプランクトンが現れないだろうコルシカ島で間に合わせることにした。

だが、コルシカでも海の状態は悪く、何日も待たされた。夜間の撮影でさえたいへんだった。何とかかんとか、三十ほどのカットを撮ることはできたものの、プランクトンが現れたためにすべて撮り終えることはできなかった。

ぼくたちは再び撮影スタッフを縮小して、イルカのシーンを撮影するためにカリブ海のヴァージン諸島へ向かった。

マンディ・ロドリゲスはイルカの専門家で、フロリダ沖合にある島で海洋センターを運営している。マンディは専用プール付きの大型飛行機に三頭のイルカを乗せてやってきて、ぼくたちが用意した入り江のなかへ放した。入り江の入り口は、洋上からは見えないように水面すれすれのところに網を張って塞がれていた。

入り江は水が澄んですばらしかったが、イルカたちがやってくると大騒ぎになった。実際、魚たちにとってイルカはよそ者だ。イルカはほんの数百万年前から海で暮らすようになった陸の動物で、いわば新参者なのだ。

おまけに、魚はみんな尾ビレを水平に振るのに対し、イルカは垂直に振る。しかも、泡を出すわ奇妙な音を立てるわ、何でもオモチャにして、魚を食べもする。まったく迷惑でヤンチャなよそ者、まさにアンファン・テリブルなのだ。

そんなわけで、イルカが現れるや、魚たちはたちまち恐慌を来たした。入り江は数時間のうちに濁ってしまい、ちゃんと水のなかで撮影ができるようになるまで、三日間待たねばならなかった。

朝は六時に、イルカたちと泳ぐために入り江へ出かける。イルカたちは好奇心を示して、ぼくの海中散歩についてきた。ある日、ぼくは、一頭が海底に生えている茶色の海草をむしりとるところを見かけた。そいつはしばらくそれを弄んでから、ボールのように放り出した。次の瞬間、二頭目がその海草のボールに突進してきて、あっという間に蹴散らした。まるでゲームのようだった。そこで、今度はぼくが潜って、茶色の海草を引き抜き、水面に浮上して放り投げた。すると、すぐに一頭がやってきて、驚くべき速さで海草のボールを粉砕した。それはまさしくボール遊びで、イルカたちはぼくを仲間に加えてくれたのだ。それからは毎朝、三頭のイルカと遊ぶために通った。

そのかわり、イルカたちの撮影は一筋縄ではいかなかった。

イルカたちは、遊んだり、食べたり、愛を交わしたりして、一日を過ごす。一つのショットが撮れたら、ほかのことに夢中になってどこかへ行ってしまい、三十分は姿を見せない。しばらくすると、決まって、からかうような笑みを浮かべて戻ってくる一頭がいて、うまくいけば、二つめのショットを撮らせてもらえる。

イルカたちと仕事をするのは難しく、どうすれば見せ場となるイルカたちのシーンが撮れるか、ぼくは頭を悩ませた。

のちにぼくの『アーサーとミニモイの不思議な国』で3D製作を担当するビュフ・カンパニー社はイルカの3D映像に取り組んでいる。また当時、リシーと父親のギエ氏は、樹脂で実物大のイルカの模型まで作っていた。でも、そういう作りもののイルカでは、いい画は撮れまい。滑稽なシーンにしかならないだろう。

ぼくは悩みをマンディに打ち明けた。この専門家なら名案があるかもしれない。一つあると言う。バハマ諸島の北部に野生のイルカの群れがいるのを知っている、そこのイルカたちなら撮影させてくれるに違いない、と。

「気は確かか?」パトリス・ルドゥが怒鳴った。「船をチャーターして大海原にイルカを撮りにいきたいって? 仲間のマンディがそこのイルカを知っているからか?」

一か八かの勝負だと思う。でも、それしか望みが残されていないのだ。

「もっともな理由を挙げてくれ、一つでいいから、きみにゴーサインが出せるような!」パトリスは言った。

探してみたが何も出てこない。それでこう答えた。

「なぜなら……ぼくがそう感じるから」

パトリスはぽかんと口を開けたまま、言い返す言葉もなかった。

二日後、ぼくたちはおんぼろのDC3に乗ってバハマ諸島の北部へやってきた。週末の滞在予定だった。ぼくたちは借りた船に乗り込み、マンディの案内で、沖へ向かった。数時間後、突然、スジイルカの群れが現れた。帯状の模様があるイルカだ。三十頭ほどいる。

ぼくたちは大急ぎでカメラを魚雷型の推進機に固定して水中に下ろし、ぼくがそれに跨って水深五メートルを全速力で進んだ。

だが、周囲にイルカの姿はない。ぼくはスピードを緩めようとしたが、変速装置が言うことをきかず、停止することもできない。このままバッテリーが切れるまで三十分間走り続けるしかなかった。そのとき、あのカチカチというクリック音がはっきりと聞こえた。ぼくが水に入った瞬間から、イルカたちはぼくがいることをちゃんと知っていたのだ。

イルカたちが遊ぶ気になっているのかを知るにはただ待てばいい。

前方から大きな魚群のような影が近づいてきた。迷いながら、ぼくはカメラを回した。思ったとおりだ。三十頭ほどのイルカの群れがぼくを目がけて全速力でやってくる。ぼくは思わず目を閉じた。すると、イルカたちはぼくを通り越していった。ぼくには水の動きだけが感じられた。再び目を開けたときには、イルカたちはUターンしていて、ぼくと同じスピードで周囲を取り巻いて進んでいた。

たちまち、イルカたちは船の舳先でやるように、われ先にとぼくの前に出ては戯れはじめる。ぼくは自分の目が信じられなかった。幸せのあまり、雄叫びを上げたかった。

ぼくはカメラを回し続けたが、すぐにフィルムが底をつき、相変わらず停止することもできなかった。そこで、右へ左へ、あらゆる方向へとんぼ返りを打つと、イルカたちはおもしろがって真似をした。

二十五分も続けていたら、ぼくの腕の力も尽きてきたが、幸いにもバッテリーが弱まってきて推進機が止まった。

推進機はウインチで船上へ引き揚げられた。ぼくは幸福感の絶頂にあった。これほどまでに美しいショットが撮れるとは思ってもみなかった。ぼくが空想で思い描いていたより十倍もすばらしい。映画史に残るショットが撮れていることは間違いなかった。

ぼくが恍惚状態のカンガルーみたいに喋っている間に、助手がカメラを確認した。あろうことか、カメラは回っていなかった。何一つ撮れていなかったのだ。間抜けのクリスチャン・ペトロンの野郎がいつものくせで、バッテリーを長持ちさせるため電源をオフにしていたのだ。

全身の血が一気に沸き立ち、ぼくは怒りの炎に包まれた。わめきちらし、そこらにある物を蹴りまくった。ここまで容赦しない運命なんてもうごめんだ。神さまをぶん殴るわけにいかないなら、クリスチャン・ペトロンを絞め殺してやる。

当のクリスチャンは人喰い狼さながらのぼくの咆哮《ほうこう》を聞きつけ、賢明にも水に飛び込んで船の下に隠れてしまっていた。すると、照明主任で大ベテランのジャン＝クロード・ルーが、ぼくの顔を足もとに向かせた。

「そら、俺が予備の推進機にカメラを取り付けてやった！　イルカたちはまだそこにいるじゃないか、あんたはいますぐ水に戻れる！」

ぼくはまだ闘牛場の雄牛のように息が荒かったが、なるほど、イルカたちは船の周囲を旋回しているようだった。マルクスがぼくにボンベを背負わせ、背中を押してくれた。

撮り直し《テイク・ツー》だ。

今度の推進機は小型でパワーも小さいが、カメラのバッテリーのパイロットランプはちゃんと緑色になっていた。推進機が発進すると、すぐにまたイルカたちは群れになり、ぼくのほうへ突進してきた。カメラを回しはじめる。

さあ、仕切り直そう。さっきに負けず劣らず優美に、創造性豊かに、陽気に。フィルムがなくなると、スタッフが猛スピードで交換してくれ、ぼくは舞踏場に舞い戻った。

撮影フィルムは全部で四巻になった。太陽が赤くなり、撮影には明るさが足りなくなるまでイルカたちは遊んでくれた。クリスチャンのほうでも二台目のカメラを使い、やはり四巻分の撮影をしていた。

その晩はシャンパンで祝杯を挙げた。大洋の真ん中で、野生のイルカの群れをこんなにたくさん撮影できるとは想像もしていなかった。ありがとう、マンディ。ありがとう、パトリス。

翌朝、ぼくはラッシュを持って空港へ急行した。一刻も早く八巻のフィルムを現像したかった。一方、クリスチャンは念のために残って撮影を続けていた。フィルムが傷《いた》むのではないかと心配するあまり、ぼくは到着するまで肌身離さず抱えていた。ラボでは、フィルムが現像液から出てくるまで現像係の前を離れなかった。それから、ラッシュを見るためにゴーモン社へ突っ走った。

あいにく映写室は塞がっていた。ミッテラン大統領が映画を見ていたのだ。大統領はこんなふうに、週末、こっそりお忍びで映画を鑑賞することがよくあった。ホールの入り口で三十分ほど待っているとと大統領が出てきた。その場にいた人がぼくを紹介してくれた。

「新しい作品を作ってくれているの？」大統領は優しくたずねた。

「はい、大海原でイルカを撮影してきたところです。びっくりなさると思いますよ！　ごらんになりませんか？」興奮を抑えきれずにぼくは言った。

「そうだな、いいとも！」大統領はそう答えて、ぼくと一緒にホールへ戻った。

一巻目のフィルムは魔法のようだった。純粋に美しい四分間だった。音はまったくない。ぼくは目に涙が溢れてきた。ラッシュはどれも非の打ちどころがなかった。一点の疵《きず》もなく、光も完璧だ。

三巻を見終わってもぼくはまだ恍惚状態だったが、大統領は飽きてきたらしい。

「すばらしいが、そろそろ失礼させてもらうよ。まだ仕事が残っているものでね！」大統領は愛想よく暇乞《いとまご》いをした。

ぼくはスクリーンに現れる映像にすっかり心を奪われていたので、ろくにお別れのご挨拶もできなかった。

このラッシュはぼくの人生で最高のものとなった。

ジャックとジョアンナの出会いのシーンを撮るべくペルーへ向かう。予算を少し削減するために場面を二つに分け、最初の部分はペルーで、残りはアルプスのティーニュで撮影することにした。

ぼくたちは列車をチャーターしてクスコを出発し、標高四千三百二十メートルのラ・ラヤ峠を目指した。

ペルーの大統領が親切にも自らの紋章付きの専用車両を貸してくれた。列車は何だかんだと故障を繰り返しながら、ラ・ラヤまでの百二十キロを六時間かけて進んだ。十四時頃、また列車が停止した。だが、今度は故障ではない。馬に乗った男が列車を止めたのだった。窓の向こうにはひたすら広大な平原が広がるばかり。標高三千メートルを超える高原地帯を、いずれも七千メートルに達する遠い山並みが取り巻いている。

列車から百メートルほど離れたところに、騎馬の男たちが並んで何かを待っているようだった。ぼくたちのガイド兼通訳の男が客車に駆け込んできた。冷や汗を浮かべ、あれは輝ける道《センデロ・ルミノソ》の一隊だと告げる。センデロ・ルミノソは現政権と敵対する武装集団だ。大統領の車両が見えたので列車を止めたらしい。そしたら、なかにぼくたちがいたというわけだ。

ぼくたちはガイドに誤解を解いてやればいいことだと言った。ぼくたちは政治目的ではなく、映画を撮りにきただけだ、と。

「言いましたとも！」ガイドは断言した。

「……それで？」

「そしたら、映画の内容を知りたいって言うんです！」ガイドは答えた。

パトリス・ルドゥが卑怯にもぼくの肩を叩いて言った。

「きみ以上にこの映画について話せる奴はいないだろう？」

ぼくは客車を降りて、騎馬の一隊に向かって歩いていった。草が丈高く生い茂り、空気がかなり薄い。向こうへたどり着くまで十分かかったので、連中が銃を持っているのに気づく暇はたっぷりあった。極上の西部劇に出てきそうな銃だった。ぼくは息を切らしながらようやく首領の足もとまでやってきた。

首領は肩から斜めに弾帯をかけ、濃い口髭を生やし、ソンブレロをかぶっていた。『革命児サパタ』のマーロン・ブランドみたいだ。ぼくは笑顔で自己紹介したが、何の反応も返ってこない。相手にとって、ぼくは憎むべき車両から降りてきた若造に過ぎないのだろう。空気がぴんと張りつめる。発砲されたら、とうてい車両まで逃げ帰ることはできない。格好のそれこそ蜂の巣にされるだろう。

「かしらは映画のあらすじを知りたがっています」ガイドが通訳した。

ぼくは突然、孤独感に襲われた。

標高三千メートルの場所で人間とイルカの友情の物語を語り聞かせねばならない。しかも相手は、おそらく一度も海を見たことのないセンデロ・ルミノソのゲリラなのだ。

まず深呼吸をして、よいと思える点を探そう。

何か月もの間、果たして『グラン・ブルー』はおもしろい物語だろうかと、ぼくは自分に問いかけてきた。ようやくその答えが得られる。というのも、このかしらがぼくを見逃してくれるとしたら、それはぼくの物語が立派に成り立っているということなのだから。そこでぼくは、盛んに身ぶり手ぶりや擬音語を交えて話しはじめた。ガイドが順次それを通訳していく。ジャック・マイヨールのこと、その友のエンゾのこと、ジョアンナへの愛、そしてそれよりもっと強い、海とイルカへの愛について語った。

十分も経つと、ぼくはへとへとで汗だくになっていた。

かしらの男は眉一つ動かさず、途中で遮ることもなく話を聞いていた。それからしばらく黙り込んだ。あたりは静まり返り、物音を立てるのは馬だけになった。理解できなかった言葉の向こうにある真実を探すように、相手はぼくの顔をじろじろ見つめた。

ぼくは目の前が霞んだ。ぼくのすべてを相手に伝えた。ほかに話せる真実はない。

相手は顎をしゃくり上げ、通訳に二言三言話した。

「大丈夫、行ってもいいそうです」

かしらは馬の手綱を引き、一隊はたちまち遠ざかっていった。ぼくの物語が気に入ったのかどうかは知りようもないけれど、いつかこの作品を見て、どれほどぼくがこの国を撮りたがっていたかをわかってくれたらいいのだが……。

ラ・ラヤ峠は七千メートル級の山々の頂に取り囲まれていた。そこには駅長の小さな家と教会が一つあるきりだった。

ぼくは一連の場面を壮大なシーンから始めようと、クレーンショットを予定していた。ただし、ペルー中を探してみても映画用のクレーンはなかった。博物館以外には。問題はない。博物館からクレーンを借り出してトラックに積み込み、舗装していない六百キロのでこぼこ道を撮影現場まで運ぶまでだ。ぼくは撮影用のプラットフォームに陣取り、釣り合いをとるための吊り籠《ゴンドラ》にはペルー人たちが乗り込んだ。毛糸で編んだ小さなペルー帽をかぶった連中が五人、劇場のバルコニー席から芝居を眺めているようなシュールな光景だった。

晩には、食堂用に張られた大テントに全員が集まって食事をした。

そこへ、突然、嵐がやってきた。ものすごい嵐だ。この地方ではスケールの小さいものはない。住民を除いては。

稲妻が垂直に走り、幾筋にも分かれて谷のあちこちや山々の頂に落ちる。世界の終末みたいだ。

雹《ひょう》が降りはじめる。一キロほどもありそうな氷塊が降ってきて、テントを突き破るものもある。

「全員、テーブルの下へ！」ぼくはとっさに叫んだ。

スタッフは地べたに伏せ、食卓の下に潜り込んだ。轟音は耳をつんざき、叩きつける雹の衝撃に大地は震える。テーブルの下で両手両膝をついたロザンナと目が合った。ハリウッドではありえない出来事だろう。あまりにも不条理な状況にロザンナは笑い出した。

ぼくらは標高四千メートルにいて、ペタンクの玉くらいの大きさの雹の塊に襲われ、テーブルの下で身動きできずにいながら、海とイルカの映画を撮っているのだ。まったく、映画をやってるといろんな目に遭う。ロザンナの笑いはとても伝染しやすくて、たちまち全員が大爆笑の渦に巻き込まれた。

嵐は長く続かなかった。外へ出てみると、谷間は雹に覆われ、嵐が遠ざかっていた。

スタッフはぐしゃぐしゃになった各自のテントへようやく戻ると、空気の薄いなか、眠りにつこうと努めた。

数日後、スタッフを少し減らして、ぼくたちはモルディヴへ出発した。コルシカ島で撮り切れなかった水中シーンを撮影するためだ。気温は四〇度で、スタッフはみな水着になった。なかにはまだペルー帽をかぶっている者もいた。みんなを笑わせようとして。

海の水は澄んでいて、ちょうどいい具合だった。そうなると、もう仕事どころではなく、ただ遊びたくなる。とはいえ、ぼくたちは二つの場面を撮らねばならなかった。少年ジャックがウツボと遊ぶシーンと、ジャックの父親が海綿を採るシーンだ。本物に近づけようと、リシーはギリシャから海綿を持ってきていた。一方、まるでギリシャの海に似つかわしくなかったのは熱帯の魚たちだった。

それを遠ざけるのはマルクスの役目だった。カメラの視野外に待機して、餌の詰まった袋を開ける。すると、たちまち魚の群れのなかに姿が消えてしまった。マルクスが魚の大群と格闘するさまを見て、ぼくは必死に笑いをこらえた。その間に、魚に邪魔されずに、弟が素潜りで下りてきてウツボに餌をやった。

撮影を二日間で終わらせて、ぼくたちは帰る前に一日の休暇をとった。もちろん、ぼくはそれを利用してダイビングに行った。


続いての目的地はアルプスのティーニュ。

気温の落差は半端じゃない。零下一〇度で、町は二メートルの雪に埋まっていた。

ぼくたちはモルディヴの丸木船をスキー場整備の雪上車に代えて、町を見下ろす小さな湖へ機材を運び上げた。

そこに美術主任は小屋をいくつか建て、ペルーのトーテム像を据えた。ここでジャック・マイヨールは氷の下の潜水をする。本物のジャック・マイヨールは実際にペルーの氷の下で潜水している。撮影だけでも並大抵の苦労でなかったことを考えると、本物の潜水を実行するために、マイヨールはそうとう苦労したに違いない。

だが、水中のカットは近くにある別の大きな湖で撮影された。こちらのほうが町から行きやすいからだ。まずはチェーンソーを使って氷に二つ穴を穿った。その一つからジャン゠マルクが入り、氷の下を三十秒間潜行して、もう一つの穴から出てくることになる。

マルクスとマルコが安全のため、ボンベを背負ってカメラの視野外に待機した。ジャン＝マルクの体に分厚くオイルが塗りたくられ、潜水服が着せられた。水温は一度。ジャン＝マルクは精神を集中する。ぼくはカメラを持ち、氷の下に潜って位置についた。助手が氷の穴から棒を振った。もうすぐ役者が現れるという合図だ。

カメラが回り出す。ジャン＝マルクが氷の下の凍えるような水のなかへ下りてきた。ぼくはカメラで追いかける。ジャン＝マルクはさりげなくエレガントで、鏡を撫でるように氷の天井に触れる。美しいショットだが、動きが速すぎる。ぼくはもうワンテイクの指示をした。ジャン＝マルクはもう少し時間をかけて氷の下を進む。こちらのほうがいい。だが、ぼくは三度目のテイクを要求した。さらにもっとゆっくりと、もっと官能的に、まるで温水のなかを進んでいるようにしてほしい。

ジャン＝マルクが三度目のテイクに臨む。優美で洗練されたショットになった。それでも万が一のため、ぼくはもう一度撮りたかった。しかし、穴に近づいてみると、ジャン＝マルクは両足を穴に入れたまま震えていた。顔面は蒼白で唇は紫だ。目さえ白くなりかけていた。

「いまのは最高だった！　今日の撮影は終わりだ！」ぼくは笑顔で言った。

ジャン＝マルクの瞳に深い安堵の色が表れた。同時に、衣装係が山ほどの毛布を肩へ投げかけた。この撮影でぼくが妥協したのはこのときだけだった。

撮影では、あれやこれやの理由で後回しにされ、最後まで残ってしまうシーンがある。『グラン・ブルー』の場合、それは、ジャックとエンゾがプールの底でシャンパンを飲むシーンだった。

本来なら、タオルミーナの実際のホテルのプールで撮るはずだったのに、その時間がとれなかったのだ。そこで、パリに持ち越すことにしたが、それもかなわず、ペルーでのロケの際、リマのホテルで撮ろうとして、そこでも時間が押して、撮れずじまいになっていた。

そんなわけで、氷点下一五度のアルプスの地で、夏のシーンの撮影を敢行することになった。場所はティーニュ近郊のヴァル゠ディゼールのプール。リシーは、しっかりプールの水温を上げるように手配して、プールサイドに積もる雪を撤去させた。

ジャンとジャン゠マルクはタキシード姿で水のなかに飛び込んだ。息を止めたまま、エンゾはシャンパンの栓を抜き、友と乾杯する。そのショットは二分間続いた。ぼくは感慨深く二人を撮影していた。

二人は互いの友情に乾杯しているだけではない、映画の終わりを祝して乾杯している。というのも、これが最後のカットになるからだ。二十二週に及ぶ陸上での撮影。二十四週の水中撮影。九か月続いた途方もない冒険では、絶えず生と死がぶつかり合っていた。ぼくの子ども時代の夢だった映画。ぼくの生涯の作品。水のなかでシャンパンを飲む二人を、ぼくはなおも撮り続けていた。カメラを持ったまま ずっとそうしていたかった。

自分が何者であるのかはまだよくわからない。でも自分が何をなしたかはわかっていた。ぼくは自分の名を石に刻みつけたのだ。時を経ても消えずに残る名を。ぼくはようやく自分が存在していると感じられた。

第二十二章　『グラン・ブルー』

一九八八年

当時はまだデジタル化されていなかったため、編集は手作業でおこなう。だから、とんでもなく時間がかかる。ぼくたちは恩義のあるＳＩＳで編集作業をした。そこでは相変わらず、気取ったベテラン技師たちが幅を利かせていた。その見習いたちが食堂のテーブルを確保しようと先を争っているのも以前と変わらない。

カンヌ映画祭のオープニングで上映することになったと聞かされ、ぼくはほとんど一日中、編集室にこもりっきりになった。猫の手も借りたいくらいだ。なにしろあと半年しかない。半年ですべての作業を終えなければならないのだ。そうは言っても、撮影と編集では見える景色がまったく違う。どのショットも最高だと思っていたのに、編集されたものを目にすると、色褪せて見えてくる。ぼくは戸惑いを覚え、何もうまくいっていないような気がした。とにかく編集後の映像に慣れるしかないだろう。それは、一回聴いたくらいでは本当のよさが決してわからない音楽アルバムに少し似ているかもしれない。音楽に慣れ、新しい音色に慣れ、新しい言語に慣れる必要がある。

フィルム編集は思った以上に時間がかかり、はじめの三か月は胃がキリキリと締めつけられる思いだった。映画音楽を担当するエリック・セラも、同じく神経をすり減らしていた。なかなか上がってこない編集映像を今か今かと待ちかねている。そこで、ぼくはエリックが作曲に取りかかれるように、ジャックの最初の深海での潜水シーンを大きなスクリーンに映して見せてやった。エリックは瞳を潤ませていた。映像に圧倒されてしまったらしい。果たしてこの画にふさわしい音楽が自分に作れるだろうかとまで言う。

こんなふうに人が映像に感動するさまを目の当たりにするのははじめてだった。瞬間的に魔法がかかって生じる小さな奇跡。フィルム映像から放たれたものが人々の琴線に触れる。滑稽なのは、いかにチームが総力を挙げようと、気が遠くなるほどの時間をかけようと、結局、ぼくらにはどうすることもできないものがあることだ。最後に感情を動かすのはぼくらではない。観客だ。ぼくらがなすべきは、ひたすら熱心に勇敢に、かつ謙虚に、できるかぎり真実に近づくこと。真実を手にするのは決してぼくらではなく、それを見る人なのだ。

ぼくらはあくまでもかまどの前に立つ料理人であり、料理を味わうのは常に観客ということになる。それでいいと思う。

イルカたちのシーンの編集をようやく終える。この瞬間をずっと心待ちにしていたのだ。お祝いにささやかな試写会を催すことにした。音楽はとりあえずU2の曲で代用する。ぼくは試写室の椅子でゆったりとくつろぎ、映像に見入った。涙で頬を濡らしながら。

最高の友だちの姿を大スクリーンで見るという幸せ。今となっては懐かしい、あの撮影に明け暮れた日々。海で過ごした子ども時代。スクリーンに映し出されたすべてに心が揺さぶられた。

室内の照明が点き、ぼくは涙を悟られないようにしてから、編集チームのスタッフたちを振り返った。

「どうかな?」みんなの反応を期待して、ぼくは得意げに訊いた。

しかし、みんなの表情は硬い。答えに窮しているようだ。

「あれ? どうしたの?」ぼくは心配になってたずねた。

編集主任は足もとを見つめている。ほかのスタッフは天井の照明を見上げていた。

みんなが満足していないことは確かだ。ついに最年長の（といっても三十だが）編集助手が口を切った。

「リュック、イルカのシーンもすごくいいとは思うのね。でも、尺が長すぎるわ」

「えっ、そんなことないだろう? ここは深く感動するところなんだから! 長く感じたりはしないはずだ! せいぜい三分くらいとか……」ぼくはまごついた。

スタッフたちのまさかの反応に息が詰まりそうだった。ぼくは拘束を振りほどこうとする犬のようにじたばたした。

「シーンは九分三十秒よ。あまりにも長すぎるわ」助手が平然と言ってのける。

ぼくはむっとしたが、気を取り直して言った。

「わかった。映画自体が長すぎるから、きみたちがカットしたいところを外そう。でも、このシーンをいじるわけにはいかない。奇跡的なシーンなんだ。ここにはぼくの人生が詰まっている。お願いだから、ここを縮めろなんて言わないでくれよ」

みんなは黙り込んで、まるで自分の靴が気になるかのように急に俯《うつむ》いてしまった。

映画には二つの敵がある。独りよがりと自己満足だ。自分の作品を成功させたいと思ったら、決してそのことを忘れてはならない。

一本の映画を作り上げるのに二年かけ、たった二分で作品を駄作にしてしまうこともある。イルカたちのシーンは最終的に一分四十秒に縮められた。


カンヌ映画祭が近づいていたが、映画の完成まではほど遠かった。

エリック・セラからは最初の何曲かがぼつぼつ送られてくるようになっていた。冒頭のクレジットタイトルはすばらしい。いい感じに仕上がっている。あとは、イルカたちのシーンをばっさりカットしたとしてもまだ三時間近くある尺を短くするだけだった。


ところで、アヴォリアッツの映画祭でぼくに映画のPRをさせてくれたラジオ7の女性がいたが、覚えておいでだろうか。彼女は今やプレミア誌を辞め、プレミア誌の編集長となっていた。そして、あの名物編集者のマルケス・ポジトのほうはプレミア誌を辞め、ライバル誌となるステュディオ・マガジーヌ誌を発行していた。いずれにしても、《映画史に残るであろう作品》について雄弁を振るう映画誌であることには違いない。

まったく思い上がりもいいところだ。またしても、どのように神に語りかければよいのか教えを説く司祭さまのご登場とあいなった。

プレミア誌から作品を見せてほしいと乞われたが、まだ完成していなかったため、作品全体を見てもらうわけにはいかなかった。それでも、一部を披露したところ、反応は上々で、相手はぼくの映画に飛びついた。

そんなわけで、プレミア誌八八年カンヌ映画祭特別号の表紙をイルカのアップが飾り、《カンヌのスターはイルカだ》というすてきで愉快なキャッチコピーが躍ることになった。

編集作業のスピードがさらに加速する。スタッフたちは週末返上で働き、ぼくはたまに編集室で三、四時間睡眠をとるだけになり、ストレスと疲労が積もりに積もって、とうとう作業中にぶっ倒れてしまった。

医者から注射を打たれ、四週間は仕事を休むように命じられる。それよりも四週間を乗り切る方法はないのか？　あとで必ず休みますからと約束したうえで訊いてみると、通常は馬に使われる薬を処方してくれた。

「これ以上強力なものとなるとコカインになりますが、まあそういった類《たぐい》のものはうちでは扱っていませんがね」などと、医者は笑えない冗談を言った。


はたしてカンヌのオープニングまでに間に合うだろうか。しかし、それ以上に心配なのがジュリエットの再手術だった。そろそろその時期が来る頃だ。あれからもう十か月が経っている。娘はもう一度手術台に上らねばならないのだ。

担当の外科医はカレンダーを睨みながら手術の日取りを決めようとしていた。何だか嫌な予感がする。天はまたしてもぼくに悪戯をしかけてくるに違いない。外科医の指はスケジュール帳のページを繰っている。

「そうですね……じゃあ……十日にしましょうか」外科医が満足げに言った。

五月十日。カンヌ映画祭のオープニングの日ではないか。『グラン・ブルー』が上映される日だ。

ぼくは青ざめた。

「十日でよろしいですか？」医師が念を押す。

自分が天に弄ばれている毛糸玉のような気がした。けれども、娘と映画を天秤にかけるなど論外ではないか。

「十日で構いません」ぼくはかすれ声で答えた。

だが、こちらの動揺はすぐに医者に気づかれてしまった。

「まあ、十日とは言いましたが、十一日か十二日でもいいですよ。たいした違いはありませんから。十日ではご都合が悪いとか？」

そうだとは言えなかった。優先順位を引っくり返すわけにはいくまい。映画のほうを優先させてしまったら、将来娘から恨まれるかもしれない。ぼくは何でもないふりをしたが、医師はぼくから本音を聞き出そうとした。

「ただ……自分の映画がカンヌ映画祭のオープニングに掛かることになっていて……」ぼくはとうとう震える声で白状した。

「それなら十二日がいいですね！」医師は快活に答えた。

衣装チーフのマガリが、ぼくとジャン゠マルクとジャンのためにきれいなブルーの礼服を仕立てさせていた。ロザンナはギンガムチェックのミニドレスを着ることになっている。

マスコミからは公開前に作品を見せるよう催促されていたが、断るしかなかった。なにせ映画が完成していないのだからしかたあるまい。痺《しび》れを切らした報道陣から不満の声が上がっていると、ゴーモン社の広報担当者が知らせてきた。TF1のニュースキャスター、ポワーヴル・ダルヴォールが試写会の開催を要求し、リベラシオン紙が侮辱されたと憤慨し、TF1で毎年カンヌを取材しているアラン・ベヴェリーニは「あとで痛い目に遭わせてやる」などと穏やかならぬことを言っているらしい。

なぜ、ここまで非難されることになったかといえば、プレミア誌が表紙にイルカの顔を載せ《カンヌのスターはイルカだ》というキャッチコピーを打った特別号を出したからだ。別にこちらは頼んだわけでも、やらせたわけでもない。そういったことを決定するのは神殿の番人たちである。生殺与奪の権利を握っているのはマスコミだ。あの連中はいったい何様のつもりだろう？　不遜にも自ら王冠を戴いたナポレオンか？

度重なるマスコミからの攻勢に広報の担当者は神経がまいりかけていた。そこで、毎度のことながら、ぼくは馬鹿正直にマスコミに向けて手紙を書くことにした。映画が完成していないため、映画祭に先駆けてお見せできないことを謝罪し、小さな試写室などで見るよりも、ぜひカンヌの〈パレ〉の巨大なスクリーンでご覧いただきたいと綴った。

もちろん、連中は手紙の内容を悪くとって、こちらの誠意はまったく向こうに伝わらなかった。あいつはマーケティングに長けていて、マスコミの裏をかこうとしているとまで言われてしまった。映画を全部見もせずに、プレミア誌があんな表紙の特別号を出すわけがないだろう。誰もがそう思い込んでいた。しかし、映画を全部見もせずにあんな表紙の特別号を出したというのが事実なのだ。けれども、事実を伝えて相手に納得してもらうような段階はとうに通り越していた。

こうなったら、作品を見てもらってみんなの心が静まることを願うしかない……。

ぼくたちはカンヌの地にいた。やっとのことで上映用のプリントがラボから届き、午前二時に大ホールでチェックを開始する。画にも音にも飛びがなく、問題なし。完璧だ。午前九時三十分、プレス向けの試写会が〈パレ〉で開催される。

ぼくはその向かいにあるマジェスティックホテルのバーの奥に座って、落ち着きなく爪を噛んでいた。〈パレ〉に近づくのだけはまっぴらごめんだ。アヴォリアッツ国際ファンタスティック映画祭で『最後の戦い』が上映されているときの記憶がまざまざとよみがえってくる。あのときはピエールと二人でやはりバーの奥にいて、胃を締めつけられる思いで借金の計算をしていたのだった。

会場の反応の第一報がぼくの耳にも入ってきた。あちこちで口笛が鳴り、野次が飛んでいたようだ。クロワゼット通りでは、不穏な気配が死を告げる霧のように漂っていた。嘲笑っている人もいれば、目を合わせない人、ぼくを避けようとする人までいる。

カンヌでは失敗作の噂がペストのように広がっていくらしい。

路上で元プレミア誌記者のアンリ・ベアールとすれ違った。アヴォリアッツ国際ファンタスティック映画祭で批評家賞を授与してくれたあのジャーナリストだ。この人なら、本音を聞かせてくれるだろう。

「うーん、失敗作かといえば、失敗作だな。まあ誰でも経験することだ。次回作で挽回すればいい」相手は少し気まずそうに答えた。

えっ、たったそれだけ？　何年もかけて仕上げた労作に対する報いがこれか？　何百時間も水中撮影を重ねてきた結果がこれだけなのか？　全身から力が抜け、へなへなとその場に崩れそうになった。まるでこちらが放射能汚染されているかのように、近しい人たちまでが離れていく。その瞬間、ぼくは激しく打ちのめされた。この凄まじい衝撃は一生忘れられそうもない。ぼくは消えてなくなりたかった。このままクロワゼット通りを突っ切って海に飛び込み、イルカたちと永久にどこかへ行ってしまいたかった。ぼくのことをわかってくれるのはイルカたちだけだ。

だが、苦難はこれで終わったわけではない。まだ十二日がある。ジュリエットが手術を受ける十二日が待っているのだ。

ぼくは顔を洗って落ち着きを取り戻し、記者会見の場に向かった。

会場の雰囲気は張りつめていた。誰も敗者には関心を寄せていない。質問は決まりきっているし、答えも決まりきっている。

作品のことはまったく黙殺された。どうやら髪を整えた晴れやかな表情の面々とイルカと美しい音楽を引っさげてカンヌに乗り込んではいけなかったようだ。カンヌに参加するならカラシニコフとサングラスを忘れてはならない。愛情ではなく、殺意を持ってこの場に臨む必要があるからだ。

十三時には、ロザンナがアラン・ベヴェリーニにさんざんこきおろされているところがTF1のニュース番組の生中継で流れる。ベヴェリーニは予告どおりのことをやってのけたわけだ。

「この映画にはいったいシナリオというものがあるのでしょうか。何よりも監督は何をしていたのでしょう。その存在がまったく感じられません」

ちっぽけな権力を振りかざし、口角泡を飛ばしてまくしたてやがる。

気の毒なロザンナはポカンとしている。通訳の声がイヤホンを通じて入ってくるまでにけっこうな時間がかかっているのだ。

カンヌ映画祭の偉大なる立役者、ジル・ジャコブ会長が、ロザンナと作品の擁護に回り、ベヴェリーニをやり込める。しかも、そのやり方がすごくスマートで、カッコいい。

権力はものを歪めて見せる。ぼくから権力を取り去ったら、あとにはわずかな才能と何本かの映画が残るだろう。アラン・ベヴェリーニの場合、権力を失ったらただの人だ。

十九時。ぼくたちは美しいブルーの衣装に身を包み、レッドカーペットに導かれ、大階段を上って夜の部の上映に臨んだ。胃がキリキリと締めつけられる思いだった。

十年前、ぼくは映画祭に潜り込もうとして、カンヌの駅のコインロッカーに軍服を預けた。そのぼくが、今では映画祭のオープニングに参加するまでになった。クロミエを飛び出し、プレミア誌を小脇に抱えて上京したのは十二年前だったか。今では、ぼくの作品がプレミア誌の表紙を飾っている。

はじめてジャック・マイヨールの映像を見たのも十年あまり前のことだった。今回の作品はそのマイヨールをモデルにしたものだ。さらにはその数年前に、ぼくは一頭のイルカと出会っている。このときのイルカと交えたささやかな友情によって、愛情に飢えていたぼくは人生を救われたのだ。ぼくを救ってくれたイルカが、今、カンヌ映画祭のスターとなっている。

傷つき、ボロボロになって、屈辱感に喘いではいても、カンヌ映画祭の大階段をてっぺんまで上っていくこのすばらしい瞬間を台無しにしたくはなかった。とはいえ、午前中から不評の声が囁かれていて、夜の部の観客にはもやもやした空気が漂っていた。さて、今から二時間二十分で観客たちの心をどこまで癒せるだろうか。

上映が始まった。ロザンナとジャン・レノがぼくの両脇に座り、ともにぼくの手を握ってくれた。三千六百人の着飾った観客がこれから『グラン・ブルー』の冒険を目の当たりにするのだ。エリック・セラの音楽が流れ、モノクロームの映像で幕が開く。少年ジャックが裸足でアモルゴス島の断崖の上を駆け回っている。順調な滑り出しだ。観客もおとなしく鑑賞している。すると、いきなり、画面の下に次のコマのフレームが現れた。縦方向にズレが生じているかのようだ。最初はごくわずかだったが、次第にひどくなり、五分もすると次のコマの上部まで映り込むようになった。これはまずい。額から汗が噴き出してきた。

「ズレてるぞ！」観客から声が上がる。

ふと、タキシード姿の係員が身を屈めながらこちらにやってくるのが目に入った。係員はぼくの席まで来ると、耳もとで囁いた。

「ベッソンさん、ちょっと問題が起きまして。一号機の映写機のプレッシャープレートがいかれていて、フィルムが縦にずれてしまいます。今のところ、係の者が指でプレートを押さえてしのいでいますが、かなりきついようで、ずっと押さえているのはむずかしそうです。どうしましょう？上映を中止して修理するか、このまま上映を続けるか……」

なんで天はいつもぼくをこんな目に遭わせるのだろう？ぼくが何をやったというのか？何かの報いなのか？頭をひねったところでわからない。だが、そんなたいそうな疑問はさておいて、目の前の問題を解決しなくてはならない。

「こちらのスタッフを五人行かせます。映画が終わるまで交替でプレートを押さえるようにさせましょう」ぼくは動じることなく言った。

「了解しました」下士官を見つけて安心した兵士のように、係員は答えた。

ぼくは席を立ち、ホールに散っていたスタッフ五人に声をかけ、映写室に連れていった。

映写画面を安定させるまでに数分かかったが、ぼくにはそれが永遠に続くように思われた。そのあとは一瞬たりともプレートから指が離れることがないように睨みつつ、五分ごとにスタッフを交替させ、フィルムが終わるまでの時間を何とか乗り切ってみせた。上映中は地獄さながらで、歯医者で二時間、口を開けっぱなしにしている気分だった。

スクリーンにエンドマークが現れると、それを合図にぼくはほっと一息ついた。一方、ホールではとんでもないことになっていた。まさか、まさかのスタンディングオベーションだ。そうか。観客は見てくれたのだ。映画を。ぼくの作品を。ぼくがひたすらプレッシャープレートを押さえる指と向き合っている間、観客はジャックとエンゾを、ジョアンナとイルカたちを見ていたのだ。なんと涙で頬を濡らしている人までいる。感動したということではないか。午前中のプレス向けの上映会は不評の嵐でさんざんだったが、夜の部は幸福感に満ちていた。紛れもなく、映画の作り手と観客が同じ空間を共有していたのだ。

その翌日は、また破廉恥《はれんち》な世界を相手にしなければならなかった。

ル・フィルム・フランセ誌に、批評家たちの採点表が掲載された。

連日、二十名の識者が出品作品に対して意見を述べる。評価は星一つから星四つで示され、優秀作品には〝シュロの葉《パルム》〟のマークが付いている。

『グラン・ブルー』の欄には〝駄作〟を意味するマークがずらりと並んだ。ここまでウケの悪い作品は、映画祭史上はじめてのことらしい。マスコミはこぞって『グラン・ブルー』は失敗作だと唱えていた。

ぼくたちはこの何とも絶妙なタイミングでメディアからの取材を受けることになった。次から次へとやってくる二十五名のインタビュアーを快く迎えなければならない。ぼくはジャン・レノと最初のインタビューに臨んだ。ぼくたちはかなりへこんでいたものの、夜の部の上映でのすばらしい反響を思い返し、何とか気持ちを奮い立たせようとした。やってきたのは女性記者で、約束の時間を過ぎていた。記者は遅刻を詫びた。考えてみれば、ぼくたちは二年前から少しも変わっていない。ちゃんと時間を守っていることも。

記者は首から二十五枚のパスをぶらさげていた。全作品に目を通し、全映画祭をめぐっているのだろう。さもありなん、彼女はテレ・セット・ジュール誌の文化欄の責任者だった。

「実は作品を拝見する時間がなかったのですが、いくつか質問させてください」

のっけからこれでは先が思いやられる。これ以上侮辱されるのはごめんだ。もう十分だ。

「まず一つ目の質問です。ジャン゠リュック・ビュイソンさん、ご自身初の監督作品がカンヌ映画祭のオープニングを飾ったわけですが、どのような感想をお持ちですか?」

ジャンもぼくも声が出なかった。これはどっきりカメラだろうか? いや、そんなわけはない。だが、向こうは当たり前のようにこちらの答えを待っている。ぼくはやんわりと名前の間違いを訂正してから、『グラン・ブルー』はぼくの三作目の映画だと説明した。

「あら、あの『サブウェイ』って、あなたの作品でしたのね?」記者は間の抜けた笑みを浮かべた。そのくせ、『最後の戦い』については聞いたこともないという。文化欄担当だなんて、ついさっき担当になったばかりじゃないのか? そうとしか思えない。

「では、ジャン・レノさん、映画にははじめてのご出演とのことですが、以前は何をされていたのですか?」

おいおい、いくらなんでも、そりゃないだろう。そっと隣に目をやると、ジャンが体を弓のように反らせている。今にも殴りかかりそうな勢いだ。ジャンは立ち上がると、大きな体をさらに大きく膨らませて、雷を落とした。

記者は嵐のように激しい罵りの言葉と大量の唾を浴びた。

こうなるとジャンは手に負えない。

記者は象の咆哮に怯える鼠のように身を縮めた。そして、持ち物を掻き集めると、涙ぐみながら一目散に部屋を飛び出していった。

ジャンはKO勝ちしたボクサーのように部屋をのしのしと歩き回った。

「ざまあみろだ！」

ぼくたちは腹の底から笑った。確かに気分がよかった。この数週間ずっとプレッシャーをかけられっぱなしだったが、少しはそれを払いのけることができた。

残りのインタビューも、特にいいこともなく終わった。記者の半分は作品を見ていなかったし、あとの半分は試写会で不評だったことを知っていて、それを喜んでいるのが見え見えだった。

オープニングの翌日の五月十一日、映画が封切られた。公開初日の興行成績の速報が届く。観客の入りは思わしくなかった。『サブウェイ』の半分にも達していない。メディアから一斉に酷評されたため、客足が遠のいてしまったのだ。厳然たる事実の前に、ぼくは屈するしかなかった。映画は失敗したのだ。ゴーモン社は苦境に陥るだろう。

パンチを何発も食らってぼくは倒れる寸前だったが、何とかパリに戻ってジュリエットをネッケル小児病院へ連れていった。

ジュリエットは十一時に手術室に入った。手術は二時間ほどかかるという。ぼくは表に出て、ショッピングを装い、その辺を歩き回った。だが、本当のところは気が気でなかった。

ぼくはここに至るまでの道を思い返していた。

両親はいないも同然だった。学校の成績は芳《かんば》しくなかった。海が大好きだったから、海の映画を作ったのに、それはぼくの敗北が約束されている映画だった。ぼくは天に弄ばれ、あげくの果てには、娘まで取り上げられそうになっている。

これは何かの報いなのか。どこで何を間違ってしまったのか。

今まで生きてきたなかで、こんなに絶望を感じたことはない。でも、天がそこまで徹底して意地悪をすることなんてあるだろうか。いや、そんなはずはない。何か理由があってのことで、どこかに希望が残されているはずだ。すべてが破廉恥な連中のものであっていいわけがない――。とりとめもない考えが次々と浮かんできて、それを想像力が補う。またしても、ぼくは自分の唯一の避難所に逃げ込んだ。自分自身の世界。そこは道理にかなった世界で、善いおこないが報われる。そこでなら、天に語りかけて、特別のはからいをお願いしてもかまわないのだ。

どうかジュリエットを生かしてください。それがぼくの願い、唯一の願いだ。テーブルを囲んでぼくを見下ろしている神さまたちにお願いしたいのは、それだけだ。

四時間経ってもジュリエットは手術室から出てこない。ぼくは廊下を通りかかった医師をつかまえた。聞けば、ジュリエットは別の手術室に移されたという。

「どうして手術室を移ることになったのでしょう?」不安に駆られてぼくはたずねた。

「さあ、わかりませんが、いい傾向でないことは確かです」

まったく無神経な医者だ。こいつの心理学の成績はそうとうひどかったに違いない。こみ上げてくる怒りをぼくはもう抑えきれなかった。牙をむいた野獣が今にも飛び出そうとしていた。

ぼくはゴリラ顔負けの握力で相手の胸倉をつかんだ。

「こっちはずっと待っているんだぞ。何があったのか、さっさと確かめてこいよ！」

ぼくは人間の顔をしていなかった。もはや肉体も魂もなくした、ただのかんしゃく玉に過ぎない。ぼくの生存はジュリエットの生存にかかっていた。

結局、手術は五時間にも及んだ。手術室から出てきた外科医は上半身裸で汗だくだった。

「申し訳ありません。少し時間がかかってしまいましたが、すべて順調です。服を着てからご説明します」外科医は手術用のマスクをしたまま、ぼくたちに言った。

数分後、ぼくとパートナーは部屋で外科医と向かい合っていた。外科医は紙を一枚取り出して心臓の図を描くと、手術の説明を始めた。

「さて、これが心臓です。よろしいですか？　切除したのは動脈のこの部分で、もともとここに問題があったんです。サイズ9に入れ替えておきました。これでこの先置換の必要はなくなるでしょう。ついでに弁もきれいにお掃除しておきましたよ。ここと、ここね。これでもう大丈夫です！」

外科医は誇らしげに配管工がするような話をした。

ぼくが気になっていることは一つだけだ。だが、なかなか切り出せなかった。

「それで……その……娘は生きられるのでしょうか？」ぼくは喉から絞り出すようにして小声でたずねた。

「ハンマー投げのオリンピック代表になるのは無理でしょうが、そうでなければ、八十歳まで心配いりませんよ」外科医はユーモアを交えて答えた。

張り詰めていた心が一気に緩んだ。風船の空気が抜けるように、大西洋で氷山が崩れ落ちるように。涙が勝手に頬を伝ってくる。止めようにも止まらない。いや、止めなくてもいいだろう。悲しい涙ではないのだから。ジュリエットはこの先もずっと生き続ける。それさえかなえばいい。

その日から、クリスマスがめぐってくるたびに、ぼくはジュリエットの健康を祈った。それだけをお願いした。どうか娘がこのまま生きていますように、と。神さまが本当にいるのかどうかは結局わからずじまいだが、いるものと考えて、神さまには感謝している。ぼくの願いが聞き届けられたのは、これがはじめてだったから。

この『グラン・ブルー』をジュリエットに捧げる。いつか彼女がこれを見る日が来るだろう。ぼく自身は借金で首が回らず、映画は大失敗で、心はぼろぼろだったが、ジュリエットは生きている。生きているということが肝心なのだ。

その夜、ぼくはベッドに入ってもなかなか寝つけなかった。それで、これまであったことを整理してみることにした。つまり、ぼくが生きてきた三十年間の総ざらいだ。目も当てられないような年月ではあったけれど、ぼくは今も生きている。それだけでもありがたいことじゃないか。

《もし、おまえが『グラン・ブルー』をリメイクすることになったら、オリジナルどおりの作品にするか？》

ぼくはこの問いに対してじっくり考えてみた。ぼくはこの映画を自分の心のままに、心を込めて、そのとき思いつく限りの知恵を絞って制作した。最善を尽くしたつもりだ。だから……。

《うん、オリジナルどおりにするよ》

《よし、それでよければ、眠るがいい》小さな声が囁いた。

作品の責任はぼくにある。だが、ヒットするか不発に終わるかについての責任はない。純粋に作品に対して責任を持つだけだ。《おまえは映画を作りたかったのだろう？　現におまえは映画を作っている。ならば、つべこべ言わずに、感謝して、前へ進め》この魔法の言葉が胸のわだかまりをすっかり解いてくれ、ぼくは生まれたばかりの赤ん坊のようにすとんと眠りに落ちた。

翌日、観客動員数は少し増加を見た。パリでは、映画を見に若者たちがグラン・レックスに押し寄せるようになった。

マスコミの酷評にもかかわらず、来る日も来る日も観客が劇場を埋めていく。大衆がこの作品を認め、支持してくれるようになった。作品は六十週のロングランを達成し、一千万人近い動員数を記録した。『グラン・ブルー』は社会的現象となり、やがて、八〇年代を代表する映画と見なされるようになる。


このとき、ぼくは二十九歳。これを境に何もかもが変わっていく。成功と金が転がり込んできても、慣れていないため、どう扱えばいいか、ぼくは学ぼうとしていた。世界は広がったが、友人は少なくなり、敵の数が増えていった。

それでも、海《ブルー》のどこかでイルカと出会い、向こうがぼくに微笑みかけてくれたなら、何でもうまくいきそうな気がする。

妻に、子どもたちに、両親にこの本を捧げる。

恐るべき子ども

リュック・ベッソン『グラン・ブルー』までの物語

２０２２年６月25日　初版第１刷発行

著者　リュック・ベッソン
監訳　大林《おおばやし》　薫《かおり》
翻訳　中市《なかいち》和孝《かずたか》
翻訳コーディネート　高野《たかの》　優《ゆう》
発行者　廣瀬和二
発行所　辰巳出版株式会社
〒113-0033　東京都文京区本郷1-33-13　春日町ビル５F
TEL　03-5931-5920(代表)
FAX　03-6386-3087(販売部)
印刷・製本所　中央精版印刷株式会社

ISBN978-4-7778-2937-8 C0098　Printed in Japan